アーレント＝ハイデガー往復書簡

1925-1975

ウルズラ・ルッツ編

大島かおり
木田　元
共訳

みすず書房

HANNAH ARENDT / MARTIN HEIDEGGER
BRIEFE 1925 BIS 1975
UND ANDERE ZEUGNISSE

Aus den Nachlässen Herausgegeben
von Ursula Ludz

First published by Vittorio Klostermann GmbH,
Frankfurt am Main, 1998

凡例

1　本書は Hannah Arendt / Martin Heidegger, BRIEFE 1925 BIS 1975 UND ANDERE ZEUGNISSE, Aus den Nachlässen Herausgegeben von Ursula Ludz, Vittorio Klostermann GmbH, Frankfurt am Main, 1998 の翻訳である。ハンナ・アーレントとマルティン・ハイデガーの遺稿をもとに、ウルズラ・ルッツが編集し、注をつけた。

2　各文書タイトルに含まれる「ハイデガー」は「マルティン・ハイデガー」を、「アーレント」は「ハンナ・アーレント」を指す。それ以外の名前（たとえば「エルフリーデ・ハイデガー」）が含まれる場合はフルネームで表記した。

3　原書では本文に注記番号を入れない方針を取っているが（「編者あとがき」三二四ページを見よ）、訳書では番号を付し、注記参照の指示がある場合にもこの番号を活かした。

4　ハイデガーの詩への彼自身の注記は、本文では省略したが、巻末に載せた詩の原文（xxxiv–lii ページ）には付してある。

5　記号の使い方は以下のとおりである。

『』　書名、雑誌名
「」　引用、および論文、講義、講演、詩などのタイトル
《》　原著で » « 付きになっている語句
〈〉　原著には記号は使われていないが、大文字、造語など、特殊な用法の語
［］　編者による挿入部分
〔〕　訳者による注（割注）
†　訳者による注を示す。本文中の略号その他は欄外に注記、長めの訳注は巻末「補遺」の注記に組み入れた。

目次

一九二五-七五年の手紙とその他の文書

補遺

一九二五－七五年の手紙とその他の文書

まなざし

1　ハイデガーからアーレントへ

二五年二月一〇日

親愛なフロイライン・アーレント！

どうしても今晩のうちに出かけていって、あなたの心に語りかけずにはいられません。

私たちのあいだでは、すべてが率直で、明白で、純粋でなくてはいけない。そうであってのみ、私たちは出会うのを許されたというそのことにふさわしくなれるのです。あなたが私の教え子になり、私があなたの教師になったこと[1]は、私たちに起きたできごとのきっかけにすぎません。

私には、あなたを所有することはけっして許されますまい。しかしあなたは今後ずっと私のいのちの一部となるでしょう、そして私のいのちは、あなたをよりどころにして成長してゆくのです。

私たちの存在をつうじて私たちがどんな別のありようになりうるのか、私たちにはけっしてわかりません。しかし、私たちがどのくらい破壊的・阻害的に作用してしまうかは、少し思慮を働かせればわかることです。

あなたの若いいのちがどのような道をとるのかは、まだ見えていません。その道を私たちは柔順に受けいれましょう。そしてあなたにたいする私の忠実《トロイエ》さは、ただひとえに、あなたが自分自身に忠実なままでいられるよう、力添えをすることでなくてはなりません。

あなたの《心の動揺《ウンルーエ》》が消えたということは、あなたが娘らしい純な本質のもっとも内なる核を見いだしたということです。そしてあなたはいつか理解し、感謝することでしょう――私にではありません――《面会時間》のときのあの訪問が決定的な一歩だったということに。あのときあなたは、敷かれた軌道から身をそむけて、男だけが耐えうる学問的研究のおそろしい孤独に足を踏み入れたのです――男ですら、その重荷と、生産的たろうとする死に物狂いの努力をもちこたえてはじめて耐えうる孤独に。

《喜びなさい！》――これがあなたへの私の挨拶となりました。

そしてみずから喜ぶときにのみ、あなたは喜びを与えうる女性、そしてまわりのすべてが歓喜、安心、やすらぎ、そして生への尊敬と感謝となるような女性になるでしょう。

そのようであってはじめてあなたは、大学が与えうるもの、与えるべきものを、わがものにするための正しい用意ができたことになります。そこにこそ真正さと真剣さがあるのであって、あなたの同性の多くに見られる強迫じみた猛勉強にではありません——そんな熱心さはいつかは崩れ去って、彼女たちを途方にくれさせ、みずからに不誠実たらしめるのです。

そして独特の精神労働に取り組もうとするのであればなおのこと、女にもっとも固有な本質を根本的に保持することが決定的に重要です。

出会うのを許されたということを、私たちは贈りものとして胸の奥ふかくに大事に守ってゆきましょう。清らかに息づいているその贈りものを自己欺瞞などによって醜く歪めたくないものです。つまり、魂の友情などといった幻想は抱かないことにしましょう、そんなものは人間のあいだには成り立ちえないものなのですから。

私はあなたの純真な瞳、あなたの愛らしい姿かたちを、あなたの曇りない信頼、あなたの乙女らしい本質の善良さと純粋さから、切り離すことができないし、切り離したくもありません。

だが、そうすると、私たちの友情という贈りものは、私たちがそれを守ることで成長したいと思うような一つの義務となります。そしてそれはただちに私に謝罪をうながします。散歩の途中で私が一瞬われを忘れてしまったことを、赦してください。

でも、どうかあなたへの感謝を言わせてほしい。そしてあなたの曇りない額にくちづけするとき、願わくはあなたの本質の純粋さを、私の仕事に取りこむことが許されますように。

喜びなさい、よきひとよ！

あなたの

M・H

2　ハイデガーからアーレントへ

二五年二月二一日

愛するハンナ！

なぜ愛は、ほかの人間的可能性のすべてを越えるほど豊かで、当事者たちにとって甘美な重荷になるのだろう？　それはぼくたちが自分を、自分の愛するものへ、それでいて自分でありつづけるものへと変えてゆくからだ。そのときぼくたちは愛する相手に感謝したくなり、その人を満足させるにはどんなことをしても足りないと思うのだ。

おたがいに感謝するだけではすまない。愛は感謝を自分自身への忠実さに、相手への無条件の信頼に変える。こうして愛は、愛にもっとも固有の秘密をたえず増大させてゆく。

近さはここでは、相手から最大限遠くにいることだ――その遠さは、視界をけっしてぼやけさせるものではない――むしろ《きみ Du》を、一つの啓示のように透明に――しかしとらえがたく――〈ただそこにいること Nur-Da〉にしてしまうのだ。他者が突如われわれの人生に闖入してきて眼前にいるということは、どんな感情《ゲミュート》をもってしても克服できることがらではない。人間の運命は、人間の運命にみずからを委ねるのであって、純粋な愛のなすべき務めは、この〈みずからを委ねる Sichgeben〉ということを、最初の日とおなじように活きいきと保ちつづけることなのだ。

もしきみが一三歳でぼくに出会ったとしたら、もしそれがいまから一〇年後であったとしたら――そういう謎解きはやってみてもしかたない。そうではない、いま出会ったのだ、きみの人生が静かに女のそれになろうとしているときに、きみが予感、憧憬、開花、笑い声を――きみの少女時代を――失うことなく、女らしく〈つねにひたすら与える Immer-nur-Schenken〉というありようの善良さ、信頼、美しさの源泉として、きみの人生にともに持ちこむべきときに。

この瞬間にたいして、ぼくになにができる？

つねに心をくばること。きみのなかでなにか一つでも壊れることがないように。きみの過去が困難や苦痛として抱えているものが純化してゆくように。異物だの他人の口出しだのが、入りこんだりしないように。

きみの環境で女性的本質のもつ可能性は、《女子学生》たちが思っているのとはまったくちがうし、彼女らが予想しているよりはるかに有利なのだ。きみにぶつかって、空虚な批判は砕け散り、僭越な否定は退散するがいい。

男の問いは、ひたすらな献身に接して畏敬を学び知らなくてはならない。一面的な仕事への没入は、女性的存在の根源的な全体性に触れて、世界のひろがりを学び知らなくてはならない。

好奇心、うわさ話、学校での見栄の張り合いは、根絶できまい。高貴さを自由な精神生活に与えることは、女だけが、そのありようにおいてよく果たしうるものだろう。

新しい学期がはじまるころは、もう五月だ。ライラックが古びた塀越しに咲きこぼれ、人目をしのぶ庭々に、果樹が枝もたわわに花をつけるだろうね——そしてきみは薄い夏服姿で古い門を通ってゆく。夏の夕暮れがきみの部屋へ入ってきて、きみの若い魂の鐘を鳴らし、ぼくたちのいのちのひそかな明るさを告げ知らせるだろう。やがて草花が目ざめ、きみのかわいい手がそれを摘む。森の土には苔が。きみのしあわせな夢がそこを歩むだろう。

そして、ぼくはまもなく孤独な山歩きで、山に挨拶するだろう。その岩だらけの静寂にきみもいつか相まみえ、その稜線に、きみの本質の抑えられていたものがこだまして、ふたたびきみへもどってくるだろう。そしてぼくは山の湖を訪れて、断崖のもっとも険しい急斜面から、しずかな峪底を見おろすだろう。

きみの

M

3　ハイデガーからアーレントへ

二五年二月二七日

愛するハンナ！

デモーニッシュなものがぼくをひっつかんでしまった。きみのかわいらしい手のひそかな祈りと、きみの輝く額が、神々しいばかりの女性的変容のうちに、それを危険から護ってくれたのだ。

こんなことがぼくに起きるなんて、いまだかつて一度もなかった。

帰りの風雨のなか、きみはいっそう美しく、いっそう偉大だった。どんなにか、きみと夜どおしさすらい歩きたかったことか。

ぼくの感謝のしるしとして、この小さな本[1]を受けとってほしい。同時にそれはこの学期のシンボルでもありますように。

どうか、ハンナ、ぼくに数語なりとも贈ってください。きみをこのまま行かせてしまうなんて、ぼくにはできない。

旅立つまえで忙しいことでしょう。でもほんの少しでいい、《美しく》書いてなくてもいい。

きみなりの書きようで。大事なのはきみが書いてくれたということだけです。

きみの

M

きみのお母さんに会うのがとても楽しみです[2]——

4　ハイデガーからアーレントへ

フライブルク、二五年M［三月］二日

Lb. H.†

裏面にあるのがわれわれの登山道（1）。いましがたまで、フッサール（2）と楽しい二時間を過ごしてきました。

心からの挨拶を

M

5　ハイデガーからアーレントへ

二五年三月六日

心からの挨拶を

M

あとは手紙で。

6　ハイデガーからアーレントへ

トットナウベルク、二五年三月二一日

愛するハンナ！

ここ山の上はみごとな冬になり、おかげですばらしく気持のいい山スキーができました。

でも一週間まえからはまた座って仕事をしています。三月二四日には谷へ滑降しようと、いまからみんなで準備中。

きみがよい休養をとれるよう願うことしきりです、ここでのぼくとおなじように。山の孤独、山びとの落ち着いた暮らしぶり、太陽や嵐や空の荒々しい近さ、遠くの雪深い斜面にひとすじ残るシュプールの単純さ――これらすべてが、こま切れにされ絞り滓のようにされたあらゆる人間存在から、魂をはじめてほんとうに遠ざけてくれる。

そしてここは純粋な喜びのふるさと。《興味をそそること》など要らなくなり、仕事は遠く森にひびく樵の斧の安定したリズムにのってゆく。

こうしたすべてに加えて、きみが《偶然》ぼくに行き逢ってもういちど別れの挨拶をしてくれたとき、きみをいっしょに連れてきてしまえばどんなによかったことか。

しかしぼくには、きみが心に大きな喜びをいだいて休暇に旅立つだろうとわかってもいました。だから不安はなかった。とはいえ毎日、きみが元気を回復するよう願っています。

きみが学期中にもたらされた不調和、摩擦、不快事、気持の負担などを、きみ自身のなかからきれいさっぱり捨て去るだろうと、ぼくは思っている。

リヒテンシュタイン(1)がまだそちらにいたとのこと、読んでとてもうれしかった。フッサールの夕べ(2)といえば、感心できない点は、他を出し抜こうと無理な努力をする空気があったこと。それだけにいっそう、きみが静かに片隅に座っていたのがうれしかったね。リヒテンシュタインはいちばん気持よく話のできる相手だった。これからは彼はもう来ないから、こんな顔ぶれでこの夕べの会を続けてゆくことは、ぼくはたぶんしないだろう。しかし、なんらかの種類の《サークル》を伝統として定着させることは、やりたいと思っている。だが、それがうまくいくかどうかは、テーマよりも、適切な人を集められるかどうかにかかっている。きみにも言ったように、夏にはまた《若い連中《ディ・ユンゲン》(3)》をぼくのところに連れてこようと思う。ぼくに付き合う心構えを十分にさせて、彼らとまたなにか思いきったことができるようにしたいのだ。いまはよくフライブルク時代の学期(4)のことが思い出される。あのころ試みたことの多くは、未熟で性急にすぎた――だが教師としての仕事は疲労困憊のもとだった。いまでは、引っぱっていって無理やり呑みこませることが仕事になってしまっている。このままでは続かないことはわかっている。それに本来の仕事のほうは、つねに問いの孤独のなかでおこなうしかないだろうからね。

マールブルクはこの冬以来、ぼくにとって前より好ましいところになった。あそこへもどるのを楽しみにしているなんて、はじめてのことだ。

山も森も古い庭も、きみが帰ってくるころには格別に美しく装っていることだろう。それにおそらく、無力にさせてしまうような精神も追いはらわれているだろうね、あの町はそいつの存在を最初からぼくに感じさせたのだが。

しかし停滞は、おそらくわが国の大学のどこにもひろがっている。フライブルクについていま耳にするのも、やはり愕然とさせられるような話だ。だが結局のところ、おそらくベルリンで《おっぱじまっている》多くのことにくらべれば、まだ多少の価値はあろうというものだ。――

† 「愛するハンナ」の意。

そちらでもやはり時期遅れの冬にまたなってしまったのだろうか？　それともきみは海にほんとうに行ったのかな？(5)　新しく出たラーエルとアレクサンダー・フォン・デア・マルヴィッツの往復書簡集(6)の正確な題名は、探したけれど見つからなかった。図書館のは貸出中だった。もういちどすっかり解放されて読書したい欲求を、つよく感じている。ところがなかなか時間がとれない。いまはカッセルでの連続講演の準備に四苦八苦していて、いまのところそれが過大な重荷になっている。わかりやすくするというのは、哲学では妙なぐあいになる仕事でね――単純化されればされるほど、ことはいっそう謎めいてくる。それにぼくは聴衆に、哲学が彼らの疑問に答えうると思いこませるようなこともしたくない。

ぼくがいまやろうとしているのは、世界観の形成と学的哲学の研究のちがいをはっきりさせること、しかもそれを歴史の本質と意味への具体的な問いに即しておこなうこと。ところが、この解明自体、やはり学的＝概念的方法によらなければできない。だからぼくの研究はいつでも、講演が《一般の》聴衆にとってわけのわからぬものになってしまうという結果に終わる。しかし引き受けてしまったのだから、なんとか喰らいついて切り抜けるよりしかたがない。

三月二四日から二七日までは、フライブルクのフッサールのところにいる予定で、この日をとても楽しみにしています。そのあと、郷里（バーデンのメスキルヒ）へ行って、四月三日まで滞在。そっちへ手紙をもらえないだろうか？　そしてきみが休暇をどう過ごしているか教えてくれないか？

山小屋のまわりで嵐が唸りをあげるとき、ぼくは《ぼくたちの》嵐を思う――あるいはラーン川〔マールブルクの川〕沿いの静かな道を行き――あるいは若い乙女の姿を想いうかべながら、夢うつつのひとときを過ごす――レインコートを着て、帽子をものしずかな大きな目にかぶさるほど深くかぶって、はじめてぼくの研究室へ入ってきた姿、そして控えめに、おずおずと、どの質問にも短く答えたあの様子――それからぼくは夢の絵柄を学期の最後の日へと移調する――そのときはじめてぼくは知る、人生は歴史なのだと。

ぼくは愛するきみを手放さない

きみの

マルティン

7　ハイデガーからアーレントへ

二五年三月二四日

愛するハンナ！

うちの子[1]がスキーで事故に遭ったので、ぼくの旅行計画はだめになってしまった。息子は捻挫して、この山の上でじっとしていなくてはならない。ぼくがメスキルヒへ行くかどうか、正確なところは二、三日中に連絡します。ひょっとするとフライブルクにもう少し長く滞在せざるをえないかもしれない。

心からの挨拶を
きみのマルティン

8　ハイデガーからアーレントへ

フライブルク、［一九二五年］三月二九日

Lb.
H.†
息子を移動させるのはかなり困難なので、ぼくはメスキルヒへは行きません。またすぐ手紙を書きます。

フッサールと過ごした日々は幻滅だった[1]。彼はひどく疲れていて、おどろくほど早く老けてゆく。町はふたたび上天気になりました。

心からの挨拶を
M

9　ハイデガーからアーレントへ

マールブルク、二五年四月一二日

愛するハンナ！

ぼくは仕事と、きみがもうすぐ来るという喜びとで、狂ったように暮らしている。

葉書をほんとうにありがとう。

ぼくは以前は客間にしていた隣りの部屋に引っ越した[1]。通りの騒音が我慢しきれなくなったので。

カッセル講演のためにはずいぶんと苦労させられた。一六日にカッセルへ行って、二二日まで滞在します。ホテル

† 愛するハンナ。

に泊まるけれど——どのホテルかはまだわかっていない。手紙を書いてくれるだろうね、あるいはもう書いてあるのをそっちへ送ってくれる？　それから、きみの写真があるだろうか？　お母さんは夏には来てくださるかな？

ヤコービー(2)からもう写真を受け取っただろうね。ここにまた何枚か、とてもいい眺めの写真を同封します。すぐに手紙をください、そうすれば講演のとききみがそばにいると感じられる。

ぼくは多くの時をヘルダーリンとともに生きている、そしてどこにいても、きみがいつも近くにいる。

夏学期がとても楽しみだ！

二八日よりまえには、ぼくは講義をはじめないだろう。もしかすると五月になってからだ。

きみはどこに住む？　いつ来る？

きみの

M

手紙の宛て先は、枢密顧問ベーラウ博士(3)方、
カッセル、レッシング街二番地

10　ハイデガーからアーレントへ

［一九二五年］四月一七日午後

愛するハンナ！

とり急ぎひとこと。お手紙ありがとう。

すばらしい、来てくれるのだね。講演は二〇日、二一日とも、州立図書館（フリードリッヒ広場）、八時c.t.〔大学時間で、定刻より一五分遅れの意〕。

ブレッカー(1)はもちろん来ているよ！　彼にはあらかじめ、ケーニヒスベルクの連中が来たいと言っている、だれが来るのかは知らないが、と話してある。来るのはきみとヤコービーなのだが。

だからマールブルクへの汽車は、ぼくたちふたりきりというわけにはいかないだろう。でもここでは会える——いずれにしても晩の講演のあとに。

月曜の晩には休憩時間に会えるだろう。ぼくが泊まっているのは市外のシュロス・ヴィルヘルムスヘーエ、たいへん品格のあるホテルだ。おそらくきみは《シュティフト》に泊まれるだろう——きみを出迎えに行く時間があるかどうか——それにきみの着く時刻も正確には知らないし。

いずれにしても講演のあと、ぼくは知人や招待主に別れを告げて——いまも毎日そうしているのだが——市電の一

番線に乗って終点のヴィルヘルムスヘーエへ行く――きみはおなじ線のつぎの電車に――人目につかないようにして――乗ることにしてはどうだろう。あとでぼくがまた送っていってあげる。

再会を楽しみに

きみの
マルティン

11　アーレントがハイデガーのために

影

この長い、夢見がちな、それでいてぐっすりと深い眠り、そこでは自分が自分と完全に一つであるのと同時に、夢に見ているものともぴったり一致しているこの眠り、彼女はそこから目覚めるたびに、この世のことにたいしていつも同じ、おずおずと手さぐりする優しい気持になったが、そういうときには、自分の本来の生活の大きな部分がすっかり沈没して――これにくらべられる例がふつうの生活にあるとすれば、眠りに沈むときのようにとでも言おうか――どこかに逃げてしまっているのがはっきりとわかった。それというのも、違和感《フレムトハイト》と感じやすさ《ツエルトリッヒカイト》は、すでに早くから彼女にとって同じ一つのことになりかけていたからだ。感じやすさが意味していたのは、おずおずとした遠慮がちな愛情だった。自分を与えるのではなく、見知らぬ姿かたちのものにそっと指で触れ、撫でてみること、そうするときの喜びと感嘆だった。

すべては、彼女が青春のとばくちにいて、まだほとんど目覚めてもいないころからすでに、尋常ならぬものや不思議なものといつも袖すりあわせていたことから来たのかもしれない。そのせいで彼女は、のちにはまさにそのことに自分でも愕然とするのだが、そのころはまったく自明のこととして、自分の生を二つの分身にわけてしまうことに馴染んでいた。〈今ここ Hier und Jetzt〉の生と、〈どこかむこうの時と場所 Dann und Dort〉の生。到達したいなにか特定のものへの憧憬を言っているのではない。そうではなく、人生を人生たらしめる構成的なものとしての憧憬である。

というのも、彼女は要するにこんなふうだったからだ――つまり、彼女の自立性と特異さのそもそもの原因は、特異なものへの真の情熱を自分に植え付けてしまったことにあって、みかけはごく自明で陳腐なことにさえ注目すべきものを見てとるのが習い性となり、ついには、生活の単純で日常的な出来事に衝撃を受けたときでも、そんなものは世の人すべてが慣れきって話題にすらしない陳腐なこと、取るに足りないことだろうとは、思いもよらず、感じさえしなくなっていたのである。

しかしそういうことについて、なにか口に出して言ったことは一度もない。彼女がそこで育ち、深い親しみをもって愛着していた町の空は、そうするにはあまりにも雲が厚くたれこめ、彼女自身はあまりにも打ち解けず、自閉的だった。彼女は多くのことを知っていた——経験と、つねに目覚めた注意力によって。しかし彼女にそのようにして起きたことのすべては、魂の底へと落ちていって、そこで孤立したままカプセルにしまいこまれていた。自縛を解けず心を開くことのなかった彼女は、出来事にたいして、鈍い疼きか、夢うつつの呪わしい追放感をもってしか対応するすべがなかった。だから自分で自分をどうすることもできず、かといって自分だけに目を向けていることもできなかったのだが、それでも魔法の呪縛と言ってもいいこの状態は、深まれば深まるほど、ある意味で徹底すればするほど、もちろんいっそうひどい不条理へと嵩じてゆき、やがて彼女は自分自身のほかはなに一つ知らないようになった。なにかが忘れられたというのではない。まさに沈没してしまったのだ——あるものは行方知れずになり、あるものは規律も秩序もなしに鎌首をもたげてくるのが漠然と感じられた。

彼女の自壊は、おそらく彼女のよるべない、裏切られた青春に原因があっただけなのだろうが、それはこの〈自分自身へ押しつけられている Auf-sich-selbst-gedrückt-Sein〉というかたちであらわれ、だから彼女自身が自分へ向ける視線と接近をみずからさえぎり歪めてしまうことになった。彼女の本質の二重性がそこにはっきり姿をあらわしたために、彼女は自分で道を塞ぐ結果になり、年ふるごとにますます過激に、排他的に、盲目的になっていった。

魔法に呪縛され、非人間的で不条理なものに浸りきっている彼女には、限界も停止も存在しなかった。いつも極端へと走る過激さのゆえに、自分を護ることも武器をもつこともせず、盃を傾けて最後のもっとも苦《にが》い滴を飲み干すこともできなかった。——善きことはすべて悪しき結果に終わり、悪しきことは善き結果になった。なにが耐えがたかったのかは、いわく言いがたい。なぜならまさにその言いようのなさが、もっとも耐えがたいことなのだ——それは呼吸をはばみ、当人はひたすら、気後れなど叩き壊して寄せつけない無限の不安のなかでそのことだけを考え、ついにはそうやって苦しむことに慣れ親しむようになる。刻一刻、注意ぶかく、かつ嘲笑を浮かべながら、最悪の苦痛にも感謝しなくてはいけない、いや、まさにこの受苦こそ、そのために苦しむ意味があり値打ちがあるものなのだと、知ることに。

したがって、教養や趣味への逃げ道はなかった。そんなものがなんになろうか、どんな重要性をもつのか、あらゆるものが決定打と化して無防備な者に襲いかかるとき、しかも彼女はけっしてどこにも帰属しないがゆえにどれも命中はしないときに。――そのあいだにも、すでに彼女をいつもいくぶんか閉鎖的にさせていた感受性と傷つきやすさが、ほとんどグロテスクなまでにふくれあがっていった。自分を護ろうとせず護れもしないがゆえに身を隠そうとする動物のような不安、その一方では、なんらかの粗暴さをほとんど客観的に吟味しながら待ちかまえている姿勢、この両方が結びあわさったために、生活上のこのうえなく単純で自明なことが彼女にはますます不可能となっていった。

若い人生のはじめ、内気で無愛想な子だったころ、彼女は自分のもっとも固有な本質の表現であり外界との交際形式だったあの手探りする優しさと、まだ折り合いがつかなくなってはいなくて、夢のなかで現実の諸領域は彼女に扉を開けてくれたものだった――苦悩と喜びにみちた夢、甘美であろうと苦《にが》かろうと、つねに生の歓びに満たされたあのころの夢。やがてのちに、奇妙で、暴力的で、破壊的な自己支配欲にかられて、彼女が自分の若いころの王国を――嘘っぱちで不十分だと――ぶち壊し拒否したとき、それらの夢は〈自己へと追放された者〉から消え去ってしまい、現実への不安がこの〈無力に横たわる者〉に襲いかかった――意味も対象ももたない空っぽのこの不安。その盲いたまなざしのまえではいっさいが無となって、迷妄、喜びのなさ、追いつめられた苦しさ、破壊を意味するようになる。この不安は、おのが鏡像に負けず劣らずおそろしく、死をもたらす。そしてこれが彼女の性格特徴、そして同時に彼女の恥辱のしるしなのだ。だが彼女にとって　おのれ自身の現実以上におぞましく理解しがたく思えるものがどうしてありえただろうか。

不安はかつての憧憬とおなじように彼女を捕らえてむしばんだ。こんどもまた、つねに特定されるなにものかへの特定可能な不安ではなく、生存一般への不安だった。多くを知っていた彼女は、この不安も以前から知ってはいた。しかしこんどはその手中に落ちてしまったのだ。――破壊的な支配欲――この奴隷的＝専制的なまでの自己への暴行――、これによって起きた、憧憬から不安へのこの急変は、つぎの点を考慮にいれればもっと理解しやすく、意味がはっきりするかもしれない。つまり途方もない方向へ走らせる可能性は、あれほど荒れはてて展望のない時代のうちにすでにかなり潜んでいたのだ。しかも時代の芸術・文学・文化の騒々しくて極端な自暴自棄の試みは、ついには恥も外聞もなく野放図な奇矯さへ走ることで、見せかけの生存を保っていたから、それにたいして、生来えり好みが激しく洗練されていた趣味がつよく反撥し、意識的に反抗すればするほど、その可能性は強まるのだった。

しかしこれはたんにきっかけを説明し、いわば私的で内密なことを超えて人間的に理解できるようにするための一つの試みにすぎず、これとおなじ確実さでつぎのことも言えるのだ。つまり、この絶望への本来の可能性はおよそ人間的領域一般にひそんでいて、他の可能性と同様、いつの瞬間にもそこにはっきり目覚めて在る、そしてその点からしか、ことの成り行きの恐ろしいところ、幽鬼じみたところは、ほんとうには理解できないのだ、と。

思うに、不安の虜になっていることと憧憬の虜になっていることには、等しい部分があったのかもしれない。どちらの場合も、虜になり、病的欲求に呪縛されている——唯一のものへのこの頑ななまでの没入。そのとき虚ろなまなざしは多様性を忘れ去るか、なに一つ目に入らないかで、その欲求と情熱だけが完全にそこを満たしている。しかしこうも言えるかもしれない。憧憬は彼女に王国を開示してくれた——多彩で風変わりな王国、そこを彼女はわが家とし、あのいつも変わらぬ生の歓びをもって愛することができた。だが不安のほうは、すべてを重苦しく閉ざして、自由な呼吸を奪い、それに追いたてられること自体のなかで彼女を硬直させてしまった、と。——だからもしだれかが、彼女は以前より醜く凡庸になって、いまでは鈍感でだらしないと言えるくらいだ、と主張するなら、そのとおりだと認めよう。ただし彼女のほうにも、そのような比較考量と非難にたいしてはいつでも無頓着でいる自由があると言っておきたい。

この硬直と、追いたてられること——そのために喜びと苦しみ、痛みと絶望が、死肉を貫くように彼女のなかを駆けめぐった——、これらはあらゆる現実を雲散霧消させ、現在をいわば撃退して、そのあとに唯一確かなこととして残ったのは、いっさいのものに終わりがある、ということだけだった。だから、かつてはどんな極端なこともやりぬき耐えさせた彼女の過激さは、変わりはててしまった。いまでは、彼女が素直な好意を示してすがりつく努力をしないかぎり、すべてのものが彼女から流れ去り、道をかすめる影の不気味さをただよわせながら、蒼ざめ生彩なしに飛び散ってゆく。

もしかしたら彼女の若さは、この呪縛から身をもぎ離せるかもしれない、そして彼女の魂はべつの空のもとで発話と解放の可能性を経験し、そうすることで病いと錯誤を克服して、忍耐を学び、有機的成長の単純さと自由を識るかもしれない——しかし、もっとありそうなのは、これからさきも無定見な実験と無法で底なしの好奇心のままに人生を送ること、そのあげくは、久しく待ちこがれていた終末が彼女を不意打ちして、無益な所業に気ままな終止符を打つことだろう。

ケーニヒスベルク、一九二五年四月

12　ハイデガーからアーレントへ

二五年四月二四日

最愛のひと！

今日きみに原稿をあげたとき、きみはあんなにも激しい喜び方でぼくを圧倒してしまって、どうしていいかわからなかった。ぼくは魂の一部をきみにあげたのだ——きみの愛に報いるには少なすぎるにしても——しかしきみの喜びあふれる感謝はすべてを越えていた。

きみが原稿をもってきてくれたのは[1]偶然だったのだろうか、ぼくはそう頼もうと心を決めたところだった、あらためてそれをきみに贈るために——ひとえにシンボルとして贈るために——きみは今後ぼくの仕事のなかでともに生きてゆく——きみの「おずおずとした遠慮がちな愛情」[2]、そのおかげでまれにみる明晰さのうちにきみが自分の本質を発見したその愛情の、無尽蔵な衝動をもって、ともに生きてゆくことのシンボルとして。

きみの日記[3]を読んだ以上、《きみはわかっていない》など言うことはぼくにはもう許されない。それを予感しているね、きみは——そしていっしょに来てくれるのだね。「影」があるのは太陽のあるところだけ。これこそがきみの魂の基盤だ。きみの実存の芯からまるごと、きみはぼくに近い、そして永久にぼくの人生に作用しつづける力となった。きみの献身的な愛がぼくの仕事のうちに熟させてくれるようなものを、内的分裂や絶望はけっしてもたらすことはできないのだ。

カッセルへ送ってくれたきみの手紙は、何日もぼくの心をつかんで放さなかった。「わたしを欲しいとお思いならば」——「そうなさりたいのならば」。このおずおずとした、それでいてじつに確かな期待をまえにして、ぼくはどうすればよかったのだろう。そしてこのうえない困難のほかに、きみになにをもたらしただろう。それはきみの魂の絶えまない犠牲ではなかったか。そしてきみは駅のホールで、いつものおずおずとした、しずかな《はい《ヤー》》しか言わなかった。そしてきみから遠いところにぼくを残していってしまったとき、きみははじめてぼくに近くなった、そしてそのとききみの本質が啓示された——きみはこの瞬間に——ことばなしで——完全に自由にぼくに語りかけたのだ。ぼくのほうが借りをつくったこの不思議な別れ〔Ent-fernung 距離の除去〕以来——ぼくはきみの人生とその安全と重みを心やすらかに受けとめ、それを喜びとしている。

「影」を投げかけたのは、きみの境遇であり、時代であり、一つの若いいのちが強行した成熟なのだよ。

あれはきみではないと、もしも信じなかったら、ぼくはきみを愛しはしないだろう——あれは外から闖入したとほうもない自己解剖がつくりだした歪曲、錯覚なのだ。

きみの衝撃的な告白は、きみの実存の純粋で豊かな内的衝動を信じるぼくの気持をゆるがしはしない。それどころか逆に、きみがひろびろとした外へ出てきたことの証明なのだ——たとえ、本来はきみのものではないこの心のねじれからの脱出が、長い道のりになるだろうとしても。

ぼくの人生は出自や境遇や可能性から言って、今日の多くの若い人びとよりも単純だった——直感を頼りに危なげなく進むことも、現実感覚や仕事をもっと簡単に身につけることも。だからきみにたいしてすら、まちがった理解をしやすいかもしれない。だがきみの本質の近さは——そしていまはきみの写真が——ぼくにとって疑いもなく確かだから、愛の知は過《あやま》つことがないという自信は完全に度外視するとしても、ぼくはけっして、きみが自分の人生を「無定見な実験」[4]のうちに生きうるとも、生きるだろうとも信じはしない。——

今日のきみはじつに楽しげに、顔を輝かせ、のびのびとしてやって来た、マールブルクへまた帰ってきてほしいとぼくが願ったときもそうだった。[5] この人間存在のすばらしさに——ぼくはきみにおいてそのような存在の近くにいられるのだ——頭がくらくらしてしまった。きみは、ぼくが放心しているらしいのを見て、もう行ったほうがいいでしょうか、と訊いたね——そのときぼくはきみとともに——ふたりきりで——世間への気遣いや心配から自由だった——きみがいるということの曇りない喜びにひたっていたのだ。——

講義はまた11番教室でする。[6] なんという講義かわかっているね。

おやすみ、最愛のハンナ!

きみの

マルティン

13　ハイデガーからアーレントへ

二五年五月一日

最愛のひと！

もしも愛に、ほかならぬ待つこと、注意ぶかく守りぬくことがつねに伴っていないとしたら、それでもなお愛は、魂のうちに愛とともに高まりゆく大いなる信頼《グラウベン》でありうるだろうか？　愛する者にたいして待つことが許されているということ――これはもっとも奇跡に近いすばらしいことだ――なぜならそこにこそ、愛する者がまさに《現前《ゲーゲン》している《ヴァルト》》のだから。

この信頼をもって、ぼくをきみの魂のもっとも内なる、もっとも純なところに住まわせてほしい。きみが日記のなかで、また沈黙のうちに苦悩をにじませていた出会いのなかで、ぼくに明らかにしてくれたのは、きみの生には挫けることのない確かさと自信とがひそんでいるということなのだ。

そしてまさにきみの魂のこのおずおずとした自由さと、脅かされることのない希望についてこそ、ぼくは責任を負う身となったのだ。

だがぼくは、薔薇の花や澄んだ小川にではなく、野にあふれる陽の光にでもなく、嵐の咆哮や山々の沈黙にでもなく――こんなものはすべて、つまらぬ子どもだましのようなものだが――、そうではなく美しからざるもの――荒涼としたもの――よそよそしいもの――作為的なものへと、きみの凍える魂を追いこんでしまった。

そしてこのあいだ、静けさと夜のさわやかな冷気がぼくたちを包み、暗い樹々の幹のあいだから川面のかがやきが浮かびあがり、馬の澄んだ足音がひと気のない通りをゆき、きみがあれほど純粋にこれらすべてを喜んだとき――ぼくはそのときふたたび思い知ったのだ、ぼくがどんな苦悩をきみに与えていたのかを。

きみからもらった《書きつけ》を、きみの日記帖に挟みこんでおいた。それは日記の結びにしるされた二つの疑問の、最初のものにたいする根源的で確かな肯定《ヤー》だね――きみは自分をふたたび見いだした、なぜならきみは自分をけっして見失うことはできなかったし、いまもできないからだ。そしてこの肯定は、神から贈られた自分自身の本質にたいする謙虚さを物語っているがゆえに、こんなにも悦ばしいのだ。このような本質を永遠に期待しうること、それが許されていること、これにまさる大いなることが考えられようか？——

きみのマルティン

14　ハイデガーからアーレントへ

二五年五月八日

愛するハンナ！

きみに日曜日への心からの挨拶を送る。音楽会のあと、きみがそばにいることに感動したあまり、もう我慢できなくなって、帰ってしまった——できようことなら、五月の夜をきみといっしょに夜どおしさすらいたかったのに——きみと並んで黙って歩きながら、きみの愛らしい手を、きみの大きな眼を感じていたかったのに——なんのためにとも、なぜとも問わずに、ただ《在る》だけ。

どんなにきみの存在がそのことを学ばせてくれることか——どんなにそこに力が感じとれることか、きみはその力のなかへきみの生をもちこんでゆく。きみが——ほかならぬきみが——はしゃいだ小妖精《コーボルト》であるときですら——そして舞踏会や映画館や社交の会を征服してしまうときですら。

きみは言ったね、はじめていっしょに散歩したとき、この先どうなるのかと急に不安に襲われたと。でもどんなふうにかなるということが、ありえただろうか？　いっさいがすでにあった、そしてこのさきもつねにそうである、ということではないのか？　そのためにぼくたちのしたことが、なにかあるだろうか？

それに、なにができる？　ただ一つ——自分たち自身を開くこと——そして、在るものをそのままに在らしめること、これしかない。それがぼくたちにとって純粋な喜びとなり、新しい生の日々の泉となるように、在らしめること。

ぼくたちが在るところのもの、それに歓喜すること。それでもやはり一方は他方に《語り》たいと思い、自分を開きたいと思う。しかしぼくたちに言えることは、世界はもはやぼくのものでも、きみのものでもなく——ぼくたちの世界になったということだけ、ぼくたちのすることなすことすべては、きみとぼくにではなく、ぼくたちに属するということだけだろう。家々の破風も、道も、五月の朝も、花々の香りも——ぼくたちのもの——。ほかの人びとへのあらゆる善意、自発的でほんものの模範的ありようの一つひとつが、ぼくたちの生だ——。凱歌をあげる戦いは——そして選ばれた目的への確実な努力の傾注は——ぼくたちのものだ、と——。ぼくたちのもの。それはもう二度と失われることはありえず——実存の大いなる情熱へと成長すべく、より豊かに、より明白に——より確実になってゆく可能性だけをもっている。——

いまではきみは居場所を見つけた——講義を筆記してもあまり役にはたたないよ——それよりよく聴くこと、そしていっしょに歩もうと試みること。ぼくのいまの講義(1)は秋にはとにかく印刷に付すつもりだから、できあがったら一部あげよう。

このあいだきみが話していたゲオルゲの詩(2)を、もってきてもらえまいか。

さわやかな日曜の喜びと、愛をこめた接吻を

きみの

マルティン

15　ハイデガーからアーレントへ

二五年五月一三日

おお、わが日はかくも壮大に
かくも速やかにひっさらわれてゆく(1)！

こんどばかりは、どんなことばも役にたたない——ぼくにできるのは泣くこと、泣くことだけ——そして〈なぜ〉の問いにも答えはなくて——むなしく待ちつつ——感謝と信頼にひたっている。「いまは天使の望むことすべてをおこなおう(2)」

この日からだ、ぼくにすべてをもたらしたこの日から——きみは——まだきみのまわりにヴェツラーの魔法(3)が感じられ——髪にはまだ花の夢がただよい——額には山の生気と稜線が、愛らしい手には夕べの冷気の震えがのこっていた。

そしてきみの大いなる時《シュトウンデ》——きみが一個の聖なるものとなるとき——きみが完全に明らかになるとき。きみの顔の線は——内なる力に衝き動かされて引き締まる——きみの生が引き受けているある贖罪の力。幼な子——きみが子どもでありうること——そのことに畏怖をいだいて大きくなったこと。その畏怖にたいして生はみずからを明かす——そして生に偉大さを与える。

きみの大いなる瞬間、幸福と夕べの別れとのあいだのひ

とときに——きみのこの世のものならぬ顔をみてぼくは感謝しつつ知るのだ、大きな赦しがきみの魂に呼び出されたということを、そしてきみがそれを献身的に大事に守ろうとしていることを。きみの日記が語っていることのすべてが——そこにある——だが克服されている——忘れられたのでも突き放されたのでもなく、本来的なもっとも内なる生のなかへ取りこまれているのだ。それに結局のところ、きみは内気すぎる——つまり、ほんとうの内気さというのはつねに弱気にすぎて、きみを認め、引き受けたもうた神の応諾《ヤー》を、きみの魂の所有にしてしまうことができない。しかし聖者は——きみはこの内気さを大切にするといい——きみに神の応諾を確保する——そして哲学者は——彼はアウグスティヌスとともに子どもだけを見るのだ——浜辺で海を小さな穴へ注ぎこもうとする子ども、そして人生に直面して自分の試みの頼りなさに呆然とする子ども。

　だから、きみが目の前にいることでぼくにとって究極の贈りものとなったとき、きみは現在《ゲーゲンヴァルト》だった。なに一つ——たんに地上的なもの——盲目なもの——粗野で無法なものはなに一つ、近くに押し寄せてはこなかった。

　そしてそのことはひとえにきみのおかげ——きみがそうであったおかげだ。いまぼくはそれをつねに魂にかかえている——そして神に、この宝物を大切にできるようにわが手を清らかに守りたまえと切願している。

　かくて今朝《けさ》は、休日がぼくの原稿用紙やノートの上に休らっていて、ぼくはアウグスティヌスの *de gratia et libero arbitrio*〔『恩寵と自由意志について』〕を読んでいる。——きみの手紙に——ぼくをきみの愛へ受け容れてくれたことに、感謝している——最愛のひと。きみは知っているだろうか、一人の人間に負うべく与えられるもののうち、もっとも重いものはなにかを。ほかのことすべてには道があり、助けや限界や理解がある——だがここでは、いっさいが次の等式に尽きる。愛のうちに在ること＝もっとも自分本来の実存へ追い込まれること。Amo とはすなわち volo, ut sis であると、アウグスティヌスは言っている[4]。わたしがあなたを愛するとは——あなたが在ること、あなたのあるがままを、わたしは欲する、ということだと。

　いとしいひと、ぼくの振る舞いをとやかくいう話を聞いても、なにも言わないように——ぼくたちはふたりとも口下手だが——しかし沈黙することを理解してもいる人間だ。

　香《かぐわ》しい花をありがとう、ぼくにとってきみの若い人生の、五月の一日《ひとひ》の記念。

　《きみの》詩[5]もありがとう。

　そしてきみに感謝を——たとえぼくにそんな資格も権利もないとしても——きみの愛にたいして。

つぎの金曜日午後四時に、ぼくを迎えに来てもらえるだろうか？　野原を少し歩こう。

そのときシェーラー(6)をもってきてほしい。

M

16　ハイデガーからアーレントへ

二五年五月二〇日

最愛のハンナ！

会えないままもう何年もたってしまったような気がする。もうすぐきみはぼくの愛する山々の方角へ旅して歩くのだね(1)、それもこのすばらしい五月に。

ところがぼくはどこにも行けない、この休暇をぼくの「論理学(2)」のために使わねばならないし、それに目下、なんとも不可解な風邪のせいで仕事の調子が出ない。

それに明日の音楽会のことでぼくたちはなにも相談しなかったけれど、会議があってぼくは行けなくなってしまった。

それでもぼくは喜びのうちに生きている、きみが楽しみ、勉強し、いろいろなことに親しんで成長していることに。

そしてわずかな休憩時間に、ぼくはあの詩を読んでいる。

きみへの憧憬は、しかし、ますます手に負えなくなるばかりだ。

きみの
マルティン

17　ハイデガーからアーレントへ

［一九二五年五月二一／二二日］

……

そういうわけで、まだいつとも予測のつかない協議のために、晩は連絡のつくところにいなくてはならない——だから今週はもう会うのはむずかしい。いずれにせよ火曜の二六日には、きみはまだいるね？　でも(1)九時すぎでないと無理だ。そのときフッサールへの手紙ももってゆく。

（この紙きれは破棄すること！）

18　ハイデガーからアーレントへ

［一九二五年］五月二九日

最愛のひと！

旅の挨拶、ほんとうにありがとう。このあいだ朝早く、ぼくがひと漕ぎして帰ってきたときにきみと出会ったあの偶然。夜になってその日の日課を整理していてはじめて気がついたのだが、ぼくはほんとうなら六時半に出かけるはずだったのだ。

きみの旅立ちの日はあれほど天気がよかったのに、いまはひどい。でも《南》ではちがうかもしれないね。

講義は六月九日に、ゼミナールは一五日に始める。それより早いと、おおぜいが欠席の断りを言ってきているから、無駄骨になってしまう。

きみの手紙とそのなかのアウグスティヌスの文章を、深い秘密としてぼくの心にだいじにしまっておこう。

同時にそれは、きみからもらった手紙のうち、いちばん緊張の解けた、のびやかな手紙だった。それにこのあいだベンチで再会したときのきみは、魔法のように呪縛を解か(1)れて、完全にきみ自身だったね。

これですべてよし、ぼくはくりかえしそう言わずにはいられなかった。ついに打ち明けてしまうということの不可思議は、それがほんとうの自己解放となることだ。だからカトリックの告解という制度には、とても大きな実存的可能性がひそんでいる――もちろんこの制度はおなじくらいひどく濫用されてもいるけどね。

このような打ち明けは、相手にとっては贈りものとなる――贈られた者がそれによってなにかの知を得るというわけではない――まさに知ではないのだ――彼はそれを大切にして、それについて《知る》のでも《考える》のでもなく――用心ぶかい愛のうちにしまっておくだろう。なにが起こったかではなく、ただ一つ、なにかが運命になったということ――そしてこの運命によって相手は彼にすべてを委ねたのだということ――これがそのような知の知るただ一つのことなのだ。

だから、これで相手の魂への畏れが消えてしまうのではない――そうではなく、これによってはじめて高まってゆくのだ。

こうしてはじめて、この他者の生活の一部になることが、真の合一となる。そしてこの合一だけが、幸福をもたらす近さすべての源泉になり、それを照らす光になることができる。

この手紙が届くころきみはどこにいるのか、ぼくにはわからない。だが、すべてのことを楽しみ、すべてのことに心を開き、やさしい気持になっているきみのもとにこの手紙が届くこと、それがぼくにとってはすばらしい聖霊降臨祭の喜びだ。

M

19　ハイデガーからアーレントへ

二五年六月一四日

愛するひと!

ゆうべほど、ぼくがひとりの人間に喜びを感じたことがこれまであったろうか? ぼくたちの人生のこういった瞬間をけっして消えるがままにさせたくない。ぼくたちが動揺したり、ためらったり、やさしくするのを忘れたりするようなとき、いつもこれらの瞬間を目の前によみがえらせよう。

きみとぼくのあいだをさえぎるものは、なに一つなかった。ほんとうにじかに向き合った——不安も要求も、疑問も逡巡もなしに——完全に解き放たれて。もしもこの瞬間への畏怖がぼくの至福をさらに高めていなかったなら、歓喜の叫びをあげたいところだった。

あとになってふと——横になったまま、まだ目覚めていたとき——きみの日記[1]を思い出して、そこにあるきみのイメージと、ぼくがひどく生きいきと心にいだいているイメージとを、結びつけようとしてみた。内気さばかりをぼくはあのイメージに見ていたのだが、それがいまでは輝きに変容したのだ。きみの顔は別の表情を帯びるようになっているね——ぼくはすでに講義中に気がついたよ——おどろきのあまりことばに詰まったほどだ。旅、山々——それらは、もしもきみが内面の喜びと解放された自由で確かな存在をたずさえていかなかったなら、もの言わぬ貧しいものでありつづけたことだろう。きみは子どものころ以来、自分をそのような存在とは感じなくなってしまったと言ってたね。いまのきみはそれを取りもどしている——喜びに輝く眼、澄んだ額、そしてやさしい、おずおずとした手。

幼な子——きみはいまあのすべてを新たに獲得したのだから、もう子どものころを失いはしない。きみの幼年期を、たんなる自然の賜物としてではなく、きみの魂の基盤として、きみの存在の力として、もつようになるだろう。

きみが遠くにいたあいだ、ぼくはしばしば詩を読んで、きみの生命《いのち》をいまここに、いっそうまざまざと感じることができるようになった。きみがいるということが、うれしくてならないし、感謝している——いまのぼくは仕事そっちのけでそこに心を奪われている。仕事が《うまくできない》とすれば、それはいつも《うまくいっている》しるしなのだ。

きみがすぐ隣りにいる身近さをほとんど肌で感じている——

このあいだのきみは、ぼくにとてもやさしかった——ほんとうはぼくはそれに値しないのに。

きみの心がいつもやさしく朗らかでありますように。

きみの　M

20　ハイデガーからアーレントへ

二五年六月二二日

最愛のひと！

お手紙ありがとう。ぼくがきみをどれほど喜びとしているかを、言いあらわせたらいいのに——きみに人生と世界が新しく開けてゆくさまに、ともに立ち会えるのがどれほどうれしいかを。ぼくにしても、きみがどれほどしっかりときみ自身をとらえたか、いかにすべてが摂理《フューグング》どおりに運んでいるかは、たぶん見ることはできないだろう。人が見そこなっているのはほかでもない、自分を実験台とする実験もあらゆる協定も、あらゆる技術、あらゆるお説教、自分と折り合いをつけようとするあらゆる逃げ道も、現存在の適合《フューグング》をさまたげ狂わせてしまうという意味しかもたないということだ。そしてこの誤解は、われわれが《信仰《グラウベン》》の代用品ばかりかかえこんで現存在そのものへの真の確信《グラウベン》をもたず、そうした確信を保持するすべを知らないせいなのだ。適合を信ずることはなんの《言いわけ》でもないし、ぼくとうまく折り合うための方便でもない。

このような確信は、他者を信じることでもある——それが愛なのだ。唯一この確信だけが、他者である《きみ《ドゥ》》をほんとうに受けとめることができる。ぼくが、きみへの喜びは大きくて強まるばかりだと言うとき、それは、きみの歴史をなすものすべてを、ぼくもともに信じるということなのだ。理想をふりかざして恰好をつけているのではない——まして、きみをそんなふうに教育しようなどという誘惑を感じるなんて、ぼくにはありえない。ただ完全にきみを――いま在るがままに、そしてきみの歴史とともに在りつづけるであろうままに――そんなふうにぼくはきみを愛する。そうであってのみ、愛は未来を期して強くもなり、ある機会の手軽な享受にはならない――そうであってのみ、他者の可能性がともにつかみとられて、きっとくるだろう危機や戦いにたいして強靭になる。しかしそのときもなおこのような確信は大切に守られており、愛において相手の信頼を悪用することはない。将来にわたって喜びとなりうるような愛は、しっかりと根をおろしているものだ。

女性の働きかけと存在は――われわれにとっては、はるかに始源的で――透視しにくいがゆえに、摂理《フューグング》であり――しかしそれだけにいっそう根元的なのだ。

われわれが働きかけるのは、与えることができるかぎりにおいてでしかない――与えるものがいつもたがいに同等かどうか、あるいはそもそも受けとめてもらえるかどうかは、どうでもいいことだ。そしてわれわれに存在する権利があるのは、われわれがどのくらい配慮しあえるかに応じてでしかない。なぜならわれわれが自分で与えうるものといえば、自分で自分に代償として要求するものだけなのだから。そして、どれほど深くぼくが自分自身にぼくの存在を要求しうるか、唯一その深さだけが他者にたいするぼくの存在を決定する。

そして愛が存在すること、それこそが現存在へのうれしい遺産なのだ、現存在が存在しうるということへの。

だからこそ、きみの顔にひろがるあの新しいやすらぎ――それは宙をただよう至福の反照ではなく、きみが完全にきみであることの確かさとこころよさのそれなのだ。

きみの

マルティン

21　ハイデガーからアーレントへ

二五年六月二六日

M.

Lb.†

天気があまりよくないし、来週ぼくは家にひとりきりだから、日曜（六月二八日）の晩九時すぎにぼくのところに来てもらえないだろうか。

† わが愛するひと

愛をこめて
きみの
M

22 ハイデガーからアーレントへ

二五年七月一日

愛するひと！

ちょうどきみに思いを馳せ、きみのことを考えながら仕事をひと休みしていたときだった、そこへきみがクレールヘン[1]といっしょに寄ってくれたのだ。どうか金曜の晩に、このあいだとおなじようにして来てほしい。

きみがいさえすれば、たとえきみがまだ《好調》ではないとしても、ぼくはうれしい。

いまはひどく腹だたしい状態にいる。仕上がった学位論文をもって襲ってきたやつがいて、それに目を通さなければならない――たとえ不合格だと言うためにだけでも。

このうえなくすばらしい仕事のさなかだというのに、これで週の半分が消えてしまう。きみが来るまでに終わっているといいのだが。少なくともそうするつもりだ。きみの近くにいるためなら、ぼくはいつでもよろこんで仕事を休むのだから。

きみの
M

23 ハイデガーからアーレントへ

二五年七月九日

愛するハンナ！

あの晩、そしてきみの手紙。ほんとうにありがとう！

その両方がぼくに告げている、ぼくはきみの愛にたいしてまだ十分に強くない、と。愛〈一般〉なんてものはたしかに存在しないものだね。

もしぼくが十分に強ければ、このあいだの晩、ぼくはおそらくきみの手助けなどせずに――もっと寛容であっただろう。あれではぼくはまるで、来てくれる以上きみは元気なのだと決めてかかる権利でもあるかのようだった――元気でないときこそ、ぜひ来なくてはいけないよと言うかわりに。

ぼくがあの瞬間にちゃんと対応できなかったことは、試練に耐えることができなかったということだ。しかしきみは最後の最後まで耐えぬいた。愛するハンナ、きみはそのことをさらに話し合うつもりはないのだね。起きてしまったことを《解剖する》ことはすまい。しかし愛するひと、ぼくはきみにお願いしたい、ああいう《疲れている》時や日をおそれないでほしい。それらが将来きみにとってなにか意味をもつようになってはいけない、ぼくにとっても意味はないのだから。

人間というのは、たえず驚嘆や幸福や冒険の高みにいつづけられるほど単調なしろものではない。だからきみは、ぼくの失敗のせいできみ自身を責めたりしてはいけないよ。

ぼくのほうには赦すことなどなにもない——ただ、いっそう感謝するばかりだ、このあいだの晩のきみの輝くばかりのやさしさに。きみの話しぶりにも語ることがらにも、快活さと曇りない喜びがふんだんに鳴りひびいていて、とてもうれしかった。きみは知っているだろうか、それがいつもぼくがきみを心からうれしく思う最良の瞬間だということを。でも、ぼくがきみの疲れた様子を見て悲しくならざるをえないとしたら、そういうときのぼくは、きみから少し遠ざかっているということなのだろうか？

いつかも言ったけれど、いまきみたち若者が昔よりどれほど困難な人生を生きているかを、ぼくはすぐ忘れてしまう——とはいっても、ぼくは《老人》の仲間入りはしたくないがね。

しかし時代と環境と世代構造が、きみたちの人生にじつに多くのものを早くからもちこんでくるのだから、しばしばくたびれやすくなるというのも無理はない、それも、なに一つ与えることのできない時代——すべてのものを簡単に古びさせてしまう時代——そこではきわめて強靭で寡黙な者だけが、人目を引くことも騒ぎたてることもなしに、なにごとかのために力を尽くすことができるのだ。

今日、さまざまな可能性を孕んで押し寄せてくるものはすべて、もしもそういう力がすでにそこにあるならば、その力を解き放つことだけはできる。

それに力は外部から生じはしない——そうではなく、おのれと他者への静かな信頼から放射されるのだ。

きみは話してくれたね、きみたちの青春にどれほど共同の生と存在が欠けていて、それを探し求めているかを。

ぼくは最初のころの手紙に、大学にいる女性はまさにこの点でどんな課題を負っているか、そして彼女たちがどれほどそれを果たしていないかを、もう書いたね。——

『魔の山』[1]を読みはじめた——ぼくにとっては刺激的だ、

ぼくのただひとりの幼友だち(2)のくれた手紙で、こういうことはすべてよく知っているし、学生時代にはこの世界を遠くからともに生きていたのだから。

もちろん描写の壮大さ――およそ前例がないね。《時間》については、これまで読んだところでは圧倒的な印象はない――しかしそれを求めてこの作品を読もうというのは、ばかげているだろう。

しかし、現存在がいかにその環境によって生かされているか、自分で生きていると思うのがいかに錯覚にすぎないか、この現象が至芸をもって描きだされているので、ぼくはいまのところそこにだけ集中している。でもぼくはたいへん鈍重な読者だし、おまけにいまは額にできた《角》(3)にひどく苦しめられて、気力が削がれている。

感染症がこれ以上すすまないといいのだが。このさき何週間もだいなしにされてはたまらない。水曜の午前中にブルトマン(4)がやって来て、講義を休めとぼくを説きふせた。おかげでやっと休養できた、なにしろ眠れぬ夜がもうかなりつづいたのだから。きみも辛抱してくれるよね。

月曜にぼくと話したときのきみは、これまでとまるでちがっていた。きみ自身であることの落ち着きと、ぼくのものだというこの澄明でのびやかな帰属感。

あれはなんとも愛らしかった、きみがうれしさのあまり、お人よしのヤコービーの肩を叩いたときの様子、ほんとうはぼくの肩のつもりだったんだね！

あの短い会話のとき、きみがそばにいたように、講義のときもきみはいつもそばにいる。

きみの人生は豊かになるだろう、挫折なんてありえない。この信念は、ぼくたちが強引にかきあつめたり享受したりするものすべてよりも、もっと大事だ。

喜びなさい、愛するひとよ――

きみの

マルティン

24　ハイデガーからアーレントへ

［二五年］七月一七日

愛するハンナ！

こんどの日曜の晩（七月一九日）に来てもらえないだろうか？　そのときを楽しみにぼくは生きている。九時ごろに！

だが、もしもぼくの部屋に明かりが灯っていれば、だれかと面談中でだめだということだ。その場合は――ほとんどありそうにもないことだが――水曜(1)のおなじ時間に来てほしい。火曜には残念ながらグレカがある。

来るときに、『魔の山』の第二巻をもってきてもらえないだろうか、きみの自由になる本であれば。仕事ができなかった日々に、第一巻は一気に読んでしまった。ほんとうはじっくり《勉強》すべき本なのだろうが。

試験だの会議だの審査報告書だの、くだらぬ負担が多すぎて、ぼくは人間というより公務員だ。

それだけにいっそう、きみとともに休らえるときを楽しみに待っている。

きみの

M

25 ハイデガーからアーレントへ

二五年七月二四日

愛するハンナ!

お手紙ありがとう。とても安心できるのびのびとした手紙なので、特別な喜びをきみと分かちあうことができた。

神学で苦労しているんだね。ふしぎはないよ。神学なら当然だ。それに、これまでの努力がむだだったときみが思っても、最悪のしるしということにはならないさ

問題はただ、きみがその真面目さを正しく配分しているかどうか――これは一つの《テクニック》だろうね。おそらくそれ以上にきみに必要なのは、ひたすら熱中して学び知ろうとすること――それは《好奇心》でも皮相な受容でもある必要はなく、理解の可能性へ自分を開いておくことなのだ。

ただ、真剣なあまり硬直してはいけない! この危険はほかならぬわれわれの環境《ミリュー》ではことのほか強い――ブルトマンやぼくの仕事を思ってもね。まるで膠で固めたみたいな印象をいつも受けるのだが、若い人たちは自分の《真面目さ》について真面目になりすぎる。無鉄砲さがまるでない、かつてのわれわれにはあったし、いまでも――多少かたちを変えただけで――まだあると思うのだが。彼らは冒険を知らず、それにブルトマンにもぼくにも発展の歴史があることを忘れている――たしかにそれぞれの歴史はまったく異なるけれど、それが基盤として存在するからこそ、自分が迷走しているときでも熱中できたし、そこから仕事への集中力も――いまではもう失われてしまったが――汲

みだせたのだ。

　自分のうちにいまなお血潮と情熱をたぎらせている者ならば、この老人くさい誤った《真面目さ》に――しかもそれは《世人《マン》》からの《真面目》病感染によるところが大きいのだが――いつかはかならずうんざりするだろうし、逆に、倦怠からいっさいを皮肉な目で見るというこれまた誤った方向へ走ることもないだろう――これこそほんとうに箸にも棒にもかからないがね。

　だからきみ、いたずら好きな森の妖精、「むだになった学期」なんてものはなくて、あるのは一片の生きられた人生――つまり獲得された存在《ザイン》なのだ。ぼくだって、もういちど何学期かを「むだにする」ことができたらと思うよ。

きみの
マルティン

26　ハイデガーからアーレントへ

［一九二五年］七月三一日

愛するハンナ！


ぼくはまだここにいて、いまいましい会議[1]のせいでフッサールと面談できないでいる。この会議にはぼくも月曜日には出なくてはならない。

　われわれのところの女の子が明日からいなくなるので、いささか滑稽なてんてこ舞いをさせられている。これでは急に学生になったような始末だ。

　明日の九時一五分まえに来てくれないか。ぼくの部屋に明かりがついていなければ、だいじょうぶだからベルを鳴らしていい。

会えるのを楽しみに
きみのマルティン

27　ハイデガーからアーレントへ

二五年八月二日

愛するハンナ！

「別れ」をありがとう。

すばらしい一学期だった。これで大いに意気軒昂として仕事にかかれる。きみもぼくの仕事に加わってくれているんだよ。ぼくの山々がきっと休息と静けさと力を与えてくれて、すべてが、いまぼくが胸に思い描いているとおりになるだろう。

出発が延びのびになってしまったことをちっとも残念とは思っていない、おかげであのすばらしい晩ときみのことばが得られたのだから。

ぼくはきみの行く道に付き添っていこう、きみの夢のなかにも。きみの気立てのよさと、きみが成熟し強くなってゆくことが、ぼくの喜びだ。

きみのお母さんに心からよろしく。

喜びなさい、そして人生を愛し、きみのなかに大いに快活さを生みだしなさい。そうして今年は美しい晩夏にめぐまれますように。

きみの

マルティン

28　ハイデガーからアーレントへ

［一九二五年］八月二三日

愛するハンナ！

ここ山の上での滞在は最初はすばらしい休養になったのに、そのあとひどい風邪にやられて、かなり長いあいだ仕事を中断させられてしまった。そのせいで郵便を出しに村へ行くこともできなかった。

その間にきみはいくつか寄り道をしてからお母さんのところに行き着いたことだろうね。最近、きみの顔が目に浮かんだときに不意に気がついたよ、ラーン川から帰ってきたときにしばしばぼくの見たあの顔、きみのお母さんにそっくりだね。

きみも今学期とそのあとの日々から、ぼくとおなじくらい多くのものを得て、それを胸に休暇を送っているのだと思いたい。ぼくはようやくこれからの二、三週間、それをしっかり活かせると期待している。いまはどんよりした霧が山々にかかっている——昨日はまだ燦々と陽が照って、アルプス連山がベルンの高地からモンブランまでぜんぶ見えたのだが。

ぼくはここでふたたび自然とふるさとの大地とともに生きていて、いうなれば想念が育ってゆくのを感じている。樅の林を歩きまわっているときも、すばらしい瞑想となる。ごくたまに出会うのは樵ひとりだけ——保養客やそのたぐいの連中はここにはいない。どの林道も小さな泉もぼくにはおなじみだ、あるいは鹿の通り道も――雄の雷鳥の縄張りも。

こういう環境にいると、いがみあい奸策を弄しあう教授連のあいだでうろうろしているときとはちがった安定した持続性をもって仕事ができる。――

ブルトマンが最近の便り(2)で、海にすっかり感動していると書いてきた。長い手紙を書くと約束してくれたのに、それはまだこない。『魔の山』は最後まで読んだ。ほんとうのところ、ぼくには第二巻の冒頭部分はいささか弱々しくて頼りない――結末もそれに応じて締まらない。ペーペルコルンの催す夜の宴会のような場面は、だれもが造形できるたぐいのものではないね。この人物はほんとうに《純血種《ラッセ》》だし、ショーシャ夫人の話はみごとにできている――だってそれは終わりのない終わりなのだから。だからぼくは思うのだ、ハンス・カストルプはのちに戦場で水びたしの塹壕に銃をかかえて横たわったとき、彼女のことを《考え》ずにはいられなかった、そしてどこかで――彼女のほうも彼のことを《考えていた》し、今日もなおそうしている、と。このように語られないままに全体として立ちあらわれていることは、ほんとうのところ、きわめてポジティヴなことなのだ。

作品の良し悪しの基準は、ぼくの場合、すぐまたその作品をもう一度読もうとするかどうかにある――たとえいくつかの部分だけでも。そしてそれらの部分を研究してみなくてはいけない。《時間》についてはあまり大きな期待をもつわけにはいくまい。しかしそこを批判するのはそもそも無意味かもしれないね。

ぼくはしばしばケーニヒスベルクにいる――《気晴らし》にカントを読むからというだけではないよ。だがカントを読むと、今日、哲学の名のもとに幅をきかせているものがどんなに堕落しているかが、改めてよくわかる――姿勢や文体からだけでも。

レーヴィットが最近ミュンヘンから便りをよこした(3)――彼はいまだに古巣に落ち着けないでいる。秋にはマールブルクへ来るそうだ。

きみに助言したいことがあるのに、言い忘れていた。ブルトマンのゼミナール(4)からなにかを得るために、予習することを考えてみてはどうだろう。あの狭いテーマそのものについての本はほとんどないし、いずれにせよ満足なものは一冊もない。ぼくも書名しか知らないが、リューデマンの『パウロの人間学』という小さな本は、資料集のようなものでしかないだろうが、どこか貸出図書館で探してみるといい、みつかるかもしれない。

一面的だが――しかし優れたところもたくさんあるのは、

カービシュの『パウロの終末論』。そして、前にも一度言ったことがあると思うが、ブセの『新約時代におけるユダヤの宗教』、一九〇六年の第二版。これは完全に宗教史学派の方法論で書かれているが、材料が豊富で、概念史的にも教えられるところが多い。――

まもなく休暇も終わるね――ある面ではぼくにとってはあまりにも早く。だが残る数週間でもっと充実した仕事をしたいと思っている。――

第一順位にぼくがいる名簿(5)が、すでにベルリンに提出されている。そっちで名簿はおそらく長い冬眠に入って、新たな陰謀や策略にさらされることだろう。もしぼくが任命されたら、こんどはぼくの後任をめぐる戦いがいっそう熾烈になるだろう。こういうことにこそ教授たることの最大の魅力があると思っている連中がいるからね。

きみのお母さんを説き伏せて、冬にスキーの支度をして来られないだろうか？　ぼくの《書き物机》の上のわずかな本のなかに、ヘルダーリンの『ヒューペリオン』がある。それはつまり、きみときみの愛がぼくの仕事と実存の一部であるということだと、受けとってほしい。そして願わくは、もっとも神聖な思い出がきみにもぼくとおなじくらい頻々とよみがえってほしい。そうであれば、その思い出はぼくにとってつねに、きみとともにあるこの人生にふさわしい者であれという訓戒になってくれる。

内緒の計画があるのだがね。もしクレールヘンが冬にきみの近くに住むようになったら、ときおりぼくに弾いて聴かせてもらいたいのだ(6)。きみの《腕前》をもってすれば、実現させられるかもしれないね。

ぼくはまもなく故郷(7)へ行くことになるだろう。そのときは、きみからも便りがもらえるように宛先を知らせる。

またすぐに手紙を書くよ。

心から
きみのマルティン

29　ハイデガーからアーレントへ

トットナウベルク、一九二五年九月一四日

愛するハンナ！

ここ、山の上はすでに秋、ひんやりした夜とすばらしく陽の輝く昼がやってきた(1)。ぼくはひどく高揚して仕事に打ちこんでおり、雑務に煩わされずに突進できる。こんどばかりは学期がはじまると思うとぞっとする――くだらぬ雑事がふえるからだけでなく、ぼくを生産から引き離してしまうからだ。《時間》のところをもういちど推敲することを宿題にしていたのだが、果たせそうもない。そのかわりに新しい問題にぶつかって、当面そこにかかりきりになっている。ぼくの『論理学』はそのせいでまたしても足もとが危なっかしくなってしまった――だからいまの講義原稿でそれを開陳するのはむりだ。おそらく、まとまった構成のなかで論じるのはそもそも不可能だろう――個別の問いを特に取り出して究明するというかたちならできるだろうがね、そのなかでは《否定》の問題が特別な地位を占めている。

ぼくは《世の中》がどんなふうだったかもう忘れてしまって、まるではじめて町へ降りてゆく山びとのようだ。しかし思いもよらぬ力を与えてくれるこういう孤独のなかにいると、人間的ものごともやはりいっそう単純に、いっそう力づよくなって、そのもっとも厄介な面が――日常性が――消え去ってゆく。すべてが生まれたばかりのように新鮮な、そういうところへわれわれはくりかえし自分を連れてゆかなくてはいけないのだ――そうすることが生産的な仕事を与えてくれる、それも仕事が孤絶を生むことをつうじて。

ぼくはしばしば矢も盾もたまらなくなって、すぐ近くの山へ駆けのぼり、咆哮する嵐に身をさらす。自然のこの近さがぼくには必要なのだ。しばしば夜の二時ごろ仕事を終えて、谷の静けさを見つめ、星空をまぢかに感じるとき――そういうとき、ぼくは活動そのもの、生そのもの。そして思うのだ、おそらくきみもこの喜びをともにしてくれている、そしてそこからなにかを聴きとるにちがいない、と。いま『ヒューペリオン』を読んでいることは、もう書いたね。少しずつ理解できるようになってきた。

この手紙の一行ごとにきっときみは感じとるだろう、愛しいひとよ、ぼくのなかで嵐がどんなに逆巻いているかを。うまくそれをコントロールできるかどうか、ぼくはただ見ているしかない。

フッサールから長い手紙をもらった。(2) チロルの彼のところに来ないかと、また重ねて招いてくれた。でも、ぼく自身の大事な仕事がいまは焦眉の急を要するから、断らざるをえなかった。フッサールはもう前へ進めそうもない、生産性が尽きてしまったのではないかと心配だ。彼は学問的刺激を必要としている。ところがフライブルクではそれがひどく不足しているのだ。

一〇月一日にぼくの故郷（バーデンのメスキルヒ）へ行って、そこに八日間滞在する。そのあと一〇日間はハイデルベルクのヤスパースのところ。(3) 二〇日ごろにはマールブルクにもどっているだろう。

もしも仕事の手があいたら、九月二一日にちょっと山を降りてフライブルクへ行ってくる——グルリット(4)がコレギウム・ムジークムで、ドイツ・バロック音楽をプレトリウス・オルガンで演奏するのだ(プレトリウス、シャイト、パッヘルベル、ブクステフーデ)。グルリットが招待してくれた。

ブルトマンの授業にそなえてよく勉強したかな? ヘーゲル・ゼミナール(5)でぼくはまずはじめにカントを扱うつもりだ、それも『純粋理性批判』(超越論的感性論では時間について、そして超越論的論理学では図式機能と経験の類推について)。きみにとっても、このあたりをもう少しじっくり見てみる機会になるかもしれない。

スキー用具の話はどうなっている? ぼくはスキーをしながら、きみといっしょに滑りまわる日のことをはやくも思い描いているよ。

いま、山歩きのトレーニングにまたもや力が入ってきて、また平地をてくてく歩くなんてことになると変な気がしそうだ。

たったいま、アルプス連山がモンブランからベルン高地まで、夕映えのなかに全容をあらわした。夏ならこれは悪天候の予告になるところだ。でもここの山では、何日かの荒れがちな日を別にすれば、それほどひどい天候には見舞われずにすんでいる。

手紙はどうかメスキルヒのほうへ。

心から

きみの

マルティン

30　ハイデガーからアーレントへ

フライブルク、二五年一〇月七日

Lb. H.†　昨日、ふたたび《下界の人びと《フラッハレンダー》》のところへ降りてきて、フッサール家で二日間を過ごした。これからメスキルヒへ行って一七日までいる。むこうから詳しい手紙を書こう。山での最後の何週間かは言いようもないほどすばらしかった! みごと赤銅色に日焼けして、すっかり元気になったよ。

心からの挨拶を　M

---

† 愛するハンナ。

31　ハイデガーからアーレントへ

ハイデルベルク、二五年一〇月一八日

愛するハンナ！

メスキルヒへの手紙、ほんとうにありがとう。ぼくは着いたときにはひどい風邪をひいていて、あげくは気管支炎になってたっぷり苦しまされ、おかげで滞在は惨憺たる始末、せっかく取りもどした元気もほとんど使い果たしてしまった。

いまはいくらか回復した――しかしまだ爽快とはいかず、仕事への集中はとてもできない。山の孤独のなかでした仕事が目のまえに置いてあるけれど、だれか他人のものみたいだ。そこへすっかり入っていけるようになるまでには、だいぶ時間がかかるだろう。しかもこれからのいまいましい冬学期とその職務上の雑用が、そうするのをまったく許しそうもないときている。

きみが元気でいること、そしてぼくにたいして忍耐をもってくれていることが、とてもうれしい。

講義は一一月二日に始める――おなじ日に初級者ゼミナールも、そして火曜の三日には、上級者のためのゼミナールの事前説明。(1)

きみはそこにいてくれて、万事うまくいくようにぼくの力になってくれなくてはいけないよ。

ここ、ヤスパースのところには、残念ながらほんのちょっとしかいられない。(2)来週、欠席するわけにはいかない会議がまたあるから。

きみは一〇月末になればマールブルクへもどってくるだろうね――ということはあとわずか数日。この前会ったのがつい昨日のことのような気がする。こんなに多くを与えてくれた親密な数時間が、いまもあのときのまま、くりかえし甦ってくる――そうやってはじめて、その汲みつくしがたい豊かさを開示してくれるのだ。

そしてきみの手紙が、きみがこれらの時間とともにどんなふうに生きているかを語ってくれる。だからぼくたちは――これらの時間の歴史のなかで再会するのだ。きみの愛らしい瞳は喜びを告げ、そしてぼくにたいするきみのありようの、完全にきみ固有のものを告げるだろう――きみの奉仕的な喜びを。

でも、きみが元気になってもどってくること、夏にそうだったように朗らかになっていることも、ぼくは願っているよ。――

ヤスパースといっしょにいることで、ぼくはまた仕事に没入できそうだと期待している。いまのところはすべてに現実感がもてない、とりわけこれからの講義にも。しかし同時にこれは、過去数週間がほんとうに密度の高い生産の日々だったことのしるしでもあるね。

山を降りる直前にシュテルン博士から、こんなことを頼める立場ではないが困っているのでという手紙をもらった。つまり彼は夏に論文を(3)（環境──順境《ツウシュタント》──逆境《ヴィダーシュタント》について）書いたのだが、推敲しながら読みなおしてみると、どこからどこまでがぼくの《考え》で、どこが彼自身のものなのか区別できない、そこでヨーナス(4)にぼくの夏の講義(5)を読み聴かせてもらったところ、自分の考えはぼくと完全に一致していることがわかった。しかしぼくを誤って解釈していないかどうか確かめたいので、発表まえにその論文をぼくに読んでもらえまいか、というのだ。

こんなことをぬけぬけと頼んでくるのはシュテルン君くらいなものだろう、数年来、彼はぼくが演習やゼミナールで言ってきたことをすべて貯めこんできたのだ。そっけなく答えてやったよ(6)。「私なら、どれが自分の考えでどれがほかの人のかわからないような場合には、発表しようとは思いません。敬具」──

これはたまたま、シュテルン君があいにく最低の連中のひとりだということにすぎないかもしれない──しかしときおり、こういう経験に唖然とさせられて、教育活動に精力を使いすぎるのは割が合わない、それより研究に集中すべきではないか、と思ってしまう。結局のところ、やはりプラスの影響はあるのだろうが目に見えない、それはそれでいいのだ。

ブルトマンから最近、長い手紙をもらった(7)──個人的なことについても自分の殻から出て語ってくれている。われわれの友情は生気あるものになってきた。ところがぼくは遺憾ながら返事を書くこともできなかったのだ、なにしろすっかりへばっていたからね。

愛の接吻を・・・再会を待ちつつ

きみのマルティン

ぼくは二〇日にマールブルクへ向かう。

32　ハイデガーからアーレントへ

マールブルク、二五年一月五日

愛するハンナ！

今日ぼくは講義のあいだ、もどってきたきみに〈お帰り〉と挨拶を送り、きみを見る喜びを味わっていた。講義はやはりとても骨が折れるけれど、なんとか気持を引き立てて、妻のように流感にとっつかまらないようにしようと思う。彼女は肺炎を起こして——幾日も幾晩も、ぼくは気が気ではなかった。せっかく回復した元気がぜんぶ吹っ飛んでしまった。

子どもたちも病気だったから、ここのところ、よくない日つづきだった。

妻は回復するのにかなり手間どるだろう。このさき家事をどうするか、いまのところまだ見とおしが立たない。たぶんだれか手伝ってくれるひとがみつかるだろうが。

このことを書いたのは——きみが《理由の説明》など期待していないのはわかっているけれども——なぜ音沙汰なく過ぎたかを知ってもらいたいからだ。きみがまたそこにいるのがうれしい、もうすぐ会えるね。

ヤスパースとともに過ごした日々はぼくにはひじょうに貴重だったし、双方がふたたびぐっと近づいた。われわれは全体的に見ればかなり派手にやりあうけれど、それは友情のための厳しい闘争なのだ。——

今日のぼくはブルトマンのゼミナールに出るには、まだ疲れすぎで気持が落ち着かなかった。

さきごろブルトマンが、きみをほかの人と取り違えてしまった喜劇的事件を話してくれたよ——だれと取り違えたのかは聞けなかったが。なんとも滑稽だったろうね、彼がきみを迎えるなり、「お金を取りにきたのですね？」と言ったとは。

ブルトマンはここのところ、感動的なほど親切だった。

いまは気の揉める事情があるとはいえ、それでもまたぼくは学期の開始とこれからの仕事を喜ぶ気持になっている。

そしてきみの近さは太陽の光だ。

いとしさをこめて

きみの

マルティン

33　ハイデガーからアーレントへ

マールブルク、二五年一二月一〇日

最愛のひと！

明日（金曜日）の晩八時一五分ごろに、ぼくたちのベンチに来てくれないか。

楽しみにしている。

万一ぼくが行けそうもないときは、その旨を講義のあとできみに伝える。

きみの

M

34　ハイデガーからアーレントへ

マールブルク、二六年一月九日

愛するハンナ！

今日（土曜日）の晩八時四五分に来てくれるとうれしいのだが。ぼくの部屋に明かりがついていれば在宅。でももしかするときみは、やっと明日の晩にこっちへ着くのかもしれないね。そうだとすると残念だ。

再会を楽しみに

きみの

M

35　ハイデガーからアーレントへ

二六年一月一〇日

愛するハンナ！

今宵——ぼくは何週間も楽しみにしていたのだ——そして、きみの手紙。理解はできる、しかしだからといって耐えやすくなるわけではない。ぼくの愛がきみになにを求めているのかを知っているだけに、なおのことだ。きみが信頼《グラウベン》を失うぎりぎりの限界まで追いつめられてしまったということ——これは、どれほど強い忠実さをもっている者にとっても、ロマン主義的な理想化がそう思いたがるほど、起こりえないことではないのだ。

ぼくはきみを忘れていた——無関心からではない、外部の事情が割りこんできたからでもない。そうではなく、忘れなければならなかったからだ、これからも忘れるだろう、仕事の最終的集中の途につくたびに。それは何時間とか何日とかの問題ではなく、一つの過程——何週間も何か月もかけて準備をととのえ、やがてまた鎮静してゆく一過程なのだ。

そして、いっさいの人間的なものから離れ、あらゆる関係を絶ってこの途につくことは、創造という観点から見れば、人間の経験としてぼくの知るかぎりもっとも壮大なものだし——具体的な状況として見れば、およそ遭遇しうるもっとも非道なものだろう。完全に意識を保ったまま、からだから心臓が引き千切られるのだ。

そしてもっとも辛いのは——この孤立は自分のおこなっていることを引き合いに出して弁解などできないこと。なぜなら孤立の成果を測る物指はないし、単純に人間的関係の断念と差し引き勘定できるものでもないからだ。だからすべてを耐えなくてはならない——だからもっとも親しい人たちにたいしてさえ、それについてはなるべく語らないということになる。

そしてこの必要不可欠な孤立という重荷のもとで、そのつどぼくはさらにまた完全な外面的孤立をも願っているのだ——言うなれば、人びとのところへもどるのはほんの見かけだけにしたい、と。そして彼らから最終的かつ永続的に遠く離れていられる力がほしいと願う。なぜなら、そうなってはじめて、彼らはあらゆる犠牲と不可避な拒絶から安全でいられるだろうから。

しかしこの苦しい願いは成就されないばかりではない、忘れられてしまいさえする——その結果、きわめて生きいきとした人間関係がふたたび源泉となって原動力を生みだし、あげくはまたふたたび孤立へと駆り立てられることになる。すると、またしてもすべてが、ほかならぬもっとも忠実な人、もっとも強い絆で結ばれた人たちにとって、思いやりのなさと暴虐になってしまう——そしてそうなると、こういう生き方はなんの弁明もしないままにたえず要求するだけということになる。これと積極的に折り合いをつけること——なにか逃げを打ってどちらか一方の側にだけつくのではなく——、それが哲学者として実存するということなのだ。

ぼくがこうしてきみに言っていることは——弁解にはなりえないし、なってはならない。でも、これによって同時に、きみをまた新たに強くぼくに引き寄せているのはわかっている。なぜならきみは理解することができるからだ——ぼくたちの友情が大いなる力を得て、ひとえにその必然的な意味をもっと強烈に訴えかけようと、ぎりぎりの限界のところで動いていることを。《悲劇》などというのは月並みなことばだ、ぼくたちの積極的な実存意識にとってはーーそこでは、断絶は本来的な力としてとらえられているのだから——悲劇なんていうことばは意味をすっかり失ってしまう。

もしぼくがこういうことを黙っていて、直接にはただ、きみの思い違いだよと言って安心させるとしたら、それはごまかしにすぎないだろう。

そしてぼくが、いまは外的活動など思うだけでぞっとするときみに言ったのは——なんとしても《休暇》がほしいということなのだ、どんなお役所も与えてくれることのありっこない、強奪によってわがものにするしかない休暇。それに昨日は、すべてがほとんど不気味なほどの象徴的意味をおびていた——きみはぼくのことを《海賊》だと言ったね——ぼくは微笑して同意したが、同時に「恐れとおののき」のうちに航海の寒気と嵐を感じていたのだ。

きみたちがどんなふうに《哲学者》を冗談や逸話や冷やかしのたねにしているか、きみはいろいろ話してくれる——それはそれで大いに愉快な話で、そういうことを頭から非難したり、不愉快がって無視しようとしたりするのは、おとなげないし、枢密顧問官みたいなことになりそうだ。しかし勉学と卒業をめざすかたわら、そんなことしかきみたちの心を占めているものがないとしたら、若い人びとのためにはまことに情けない事態だね。

そしてきみの決心(1)——それにたいしては、ぼくは自分のことを考えれば《だめだ《ナイン》》と言うし、仕事の孤独のなかにいる自分を考えれば《よし《ヤー》》と言う。しかしその肯定は具体的な決断でなくてはいけない——ここではそれは、教授仲間や研究室内での決まり文句なんかじゃない。この最後の学期の、きみとぼくとのことから完全に切り離して考えると——はっきりしているのは、きみは吸収力のある若い身で数学期を過ごしたのに、ここにしっかり錨をおろしていないということだ。若い人は、去ってゆく力を奮い起こせないようではいけない。それは本能の自由さが消え失せた証拠で、そんなことではたとえ居残ったとしても、もはやプラスの成長はない——現にここにいるこの種の弟子たちは、新入生を一夜でだめにしてしまって、彼らを最初からほかならぬぼく自身の手から奪っているのだが、こんなことは別にしてもだ。《ハイデガーの門下生》がまことに芳しからぬ現象を呈していることは、ぼくにも十分想像がつく。心配になるほどいま広まっているのが、すっかり硬直したたぐいの思索・問い・論争だ。環境《ミリュー》が与えるこの種の刻印は個人の影響よりもしぶとく残るから、よほど闘わないかぎりわが身から削ぎ落とすことはできない。

だから、もしかするときみの決心は手本となって、ここの空気をもっと開放的にするのに役だつかもしれない。よい効果があるとしたら、それはひとえに、ぼくたちふたりから犠牲を要求するからなのだ。

今晩のことと、きみの手紙は、また新たにぼくに確信を与えてくれる。すべてが順調だし、よい方向へ進むだろうと。ぼくが激しさの時期には忘れ、忘れなくてはならないのと同様に、きみはまたきみの立場で喜ぶべきだ、若々しい心で期待と信念を強くもつ者だけにできる喜び方で、新しい世界を——新しい学習と、新鮮な風と成長を——期すべきだ。ぼくたちのそれぞれが、相手の実存に、つまり信念の自由と曇りない信頼の内的必然性に、匹敵しうる実存を保ちつづけること、そこにこそぼくたちの愛の確証がある。

　ぼくの人生は——ぼくがそのためになにか努力したのでも貢献したのでもないが——じつに不気味なある確かさのなかを進んでゆく。だからきみが去ることで訪れるだろうこの新たな空虚は、やはりあるべくしてあるのだと信じよう。この数週間、生産に向けてたかまってきた孤立、かなり長い時間をともに過ごしたいというフッサールの願い、きみの決心——じつにさまざまな力が、ぼくのまったく新しい計画と仕事への助走のために道を空けようとしてくれている。そうなればなったでまた、あの孤独な冷えびえとした日々がやってくるだろう——問題をかかえて病む現存在が、抑えきれぬ熱狂と必然性によって駆り立てられる日々が。そしてときにはきみも、もしきみの信念を守っているならば、孤独の挨拶と懇願をきみの心に聴きとって、それを喜び、信じてくれるだろう。

きみのマルティン

36　ハイデガーからアーレントへ

マールブルク、二六年七月二九日

最愛のひと！

うれしい挨拶をほんとうにありがとう。しばしばぼくは思い出のなかできみのそばにいた——この夏。するといつも、きみはきっと元気だと思えてきたものだ。

　J(1)が来てくれたときには、とても興奮して、きみときみのお母さんのことばかり聞いてしまったよ。彼をきみからの使者としか、みなさなかったのだ——Jがみごとに成長したということも、言わなくてはならないが。

　どうやったらきみの住所(2)を突きとめて手紙を出せるかと、これまで何度も考えた。でも一か八かで大学宛に出すところまでは、踏みきれなかった。

　できることならじかに会って話したい。ぼくに一案がある。

　ぼくの本がいま印刷の真最中なのだが(3)、学期中の《雑事》でぼくはかなりへとへとだから、どうしてもひと休みしないともちそうもない。フッサールに招かれてエンガディーンのジルヴァプラーナにまる一週間滞在する。そこから山小屋へもどって仕事をするつもりだ。

ここにはまだ来週はじめまで用事がある。いまのところ四日の水曜日にフライブルクへ向かう予定で、そこからスイスへは六日に行く。どうだろう、どこかで落ち合えないだろうか、たとえばヴァインハイムで。きみをそこへ招待するのを許してもらえないだろうか。そうしたらぼくは五日にそこからまた汽車で行く。

しかしJの話では、きみはマイン川旅行を計画しているとのこと、もしかするとこの手紙はもう間に合わないかもしれないね。

まずさしあたり訊いておきたいのは、いまからでもきみの都合がつくのかどうかだけだ。もし都合がつくなら、絵葉書にハイデルベルクでの学期終了の挨拶を書いて送ってほしい。そうしたら、詳しいことを手紙で知らせよう。

ぼくはいずれにしても四日の水曜日に、およそ午後三時ごろフライブルク着の急行に乗る。それがヴァインハイムに停車するかどうかは、まだ調べてないが。

もしもこの手紙がきみの出発まえには届かなかったとしても、とにかく水曜日には間に合って、ぼくに知らせを出すひまはないけれども来ることはできそうだという場合を考えて、ぼくはヴァインハイムか、マンハイムか、ハイデルベルクかで、きみを期待して待つことにする。ただきみはあらかじめ、どの駅で急行が停まるか、通過するだけか、きちんと確かめておかなくてはいけないよ。

とり急ぎこれまで。もしもうまく会えなかったときは、エンガディーンからケーニヒスベルクへ手紙を書こう。(4)

心からの接吻を添えて

きみの

マルティン

37　ハイデガーからアーレントへ

マールブルク・アン・デア・ラーン、二七年　二月七日
バールフューサートア一五

愛するハンナ！

Volo, ut sis!(1) これが、こんなにもうれしいきみの手紙にたいしてぼくのみつけられる唯一の答えだ。

きみはあの最初の日のままに、つねにぼくの現在にいつづけてきたとはいえ、きみの手紙はきみをぼくのすぐ近くに運んできた。きみのいとしい手をわが手にとって、ぼくはきみとともに、きみの幸せのために祈りをささげる。

奇跡に満ちた日々に「影」についてきみに書き送った手

紙を読んでほしい(2)——そうすればすべてわかる。いやいや、やはりすべてではない。きみは知らないのだ、ぼくがどんなにきみの幸福を喜んでいるかを。いとしい子、きみが信頼してほしいと言っているのは、たんに《希望》でしかないのか？　きみの心の奥底に問うてみてくれ、きみのすばらしく深い瞳からあれほどしばしばぼくにむかって輝き出たきみの心に。それはこう答えるよ、ぼくは心底からこの信頼を完全かつ純粋に確信している、と。

きみの手紙は、きみがはじめてそばに来たときとおなじほど、ぼくの心を揺さぶった。あのころの日々がこのように激しい力でもどってきたのは、今日のきみの愛のことばのおかげだ。——

八月にJo［ヨーナス］から、きみが秋にはハイデルベルクにいると聞いたとき、ぼくの唯一の渇望は、そちらできみともう一度会いたいということだった。ところがなかなか治らない重症の中耳炎のせいで、最良の仕事の時期はだいなしになり、ぼくの計画はどれも先延ばしになってしまった。フッサールとのある重要な仕事で(3)、一〇月はじめはフライブルクに釘づけだった。この何週間かの無上の喜びは、きみが通ったシュヴィムバート街を毎日通ることができたことだ、いまではぼくも知っているように、あそこできみはとても自由にのびのびと暮らしたのだね。ようやく一〇月末になってから、五月に他界した母の墓参をすませてのち、ほんの数日、ヤスパースのところへ行ってきたのだ(4)。

ひょっとしたらいまにもきみの姿を見かけはしまいかと、ハイデルベルクの街々をあてどなくさまよってみたが、それも耐えがたくなった。だれかときみの話をせずにはいられなくて、ヤスパースにきみのことを訊いてみた。すると彼はきみとその勉強ぶりをとてもほめて話してくれたので、ぼくは自制できなくなりそうだった。それがたんに他人を話題にし、伝聞をつたえる会話ではなくなったのは——彼がこう言ったときだ、自分の目に狂いはないだろう、彼女は婚約していると思う、と(5)。

ぼくはひとりになりたくて、それとなく会話を終わらせるように仕向けた。

愛するハンナ、ぼくはあたかも恩寵を授かったかのような気持だった——ある究極の大いなるものを自分から手放してひとに贈る、それはこの贈りものと、この贈る行為とを、新しい所有物としてふたたび与えられるためなのだ、と。ぼくはこれらの幾時間かにぼくたちの現存在における予期せぬ出来事のうちに見たものを、まだ乗り越えることはできていないし、ましてや、理解できるようにことばにすることはできない。

それまで以上に、ぼくはたえずきみを探しもとめはじめた、きみとともに喜ぶために——ついには喜び疲れて、立ち去るまで。

ヤスパースはたんに彼の《思う》ところを言っただけだし、ぼくのほうも、《だれと?》とか、《いつから?》とか、そういうたぐいの質問はいっさいしなかった。会話は終始、くだらぬ噂話からはおよそ遠いものだったから、ぼくは感謝と喜びをもって、どんなにヤスパースがきみとその勉強ぶりを純粋に本気で評価しているかを見てとることができた。

ぼくはこの会話をつうじて彼にいっそう近づいたのだ。

そしてきみのうれしい手紙は、ぼくが《知っている》ことをどうきみに伝えたらいいかという心配をすっかり取り除いてくれた。《話し合う》ことができたなら、ことばはもっと少ししか、あるいはまるっきり要らなかっただろうに。

そしていまのぼくに依然として残るのは、きみがこんなにも不安を感じていることへの心痛だ。

ぼくは自分の知ったことを、一瞬たりとも《だれか》から《聞きこんだ》こととして受け取りはしなかった。そうではなくてきみ自身が、離れてはいてもとても身近な対話、きみの現在がみずからをつねに新たに明らかにする対話のなかで、ぼくに打ち明けてくれたこととして受け取ったのだ。だからぼくが《知っていた》にもかかわらず、きみの手紙はこれまたぼくにとってまったく《新しい》。きみがぼくに直接知らせてくれたのだから。

いまこの瞬間にぼくに残されている道は、きみへの憧憬ときみの深い喜びをねがう熱望を注ぎこむ迂回路だけ——猛然と仕事をすること。

きみはぼくの本『存在と時間』を読んだ——ということはつまり、きみの愛をきみの新しい幸せと融合させたということだ。

きみの心の喜びのありったけを、きみの両手にすくいとりなさい——その手が一瞬ぼくの額をそっと撫でて、ぼくがきみの愛の力を無傷なままでぼくのなかに保管しておけるように。

つねにきみの現在のうちに在る
きみの
マルティン

きみのお母さんにくれぐれもよろしく。
ぼくが頼んだときには、また手紙を書いてくれるね。

38　ハイデガーからアーレントへ

マールブルク、二八年二月八日

愛するハンナ！

きみの最近のことを話してくれないかな。そうすれば休暇の静かな日々、きみとふたりで声なく交わす対話も、ふたたびいっそう歴史的に充実したものになる。

それから、きみの写真があるだろうか、海辺のは？　いとしいきみの姿がまるごとほしい——ぼくの深いところに大切にしまってあるきみの心の羞じらいと気立てのよさとおなじように。

きみの現在にぼくをつねにいさせてほしい

きみの

マルティン

きみはまたすぐ南へ来るだろうか？

39　ハイデガーからアーレントへ

マールブルク、二八年二月一九日

愛するハンナ！

きみは大きな喜びを送りとどけてくれた。ほんとうにありがとう。《注文》されて手紙を書くなんて、どだい、ほとんど不可能なことだ。でも、ぼくには手紙がとてもうれしくて、それだけにかえって、喜びのあまりどうしたらいいかわからない気持が、すぐさまとても強く働いてしまう。きみは喜びをまるごと、ほんとうに率直に言いあらわすことができたのだね。

きみは《ひたすらに幸せ》だ。それがきみの手紙から輝き出ている。「影」はすべて立ち去った。きみのすばらしい確かな落ち着きを分かちもたせてもらえて、ぼくはとてもうれしい。

愛するひと、ぼくにはわかるのだ、きみがしばしばぼくの孤独な道にいてくれるのが——たとえば、山中の大きな岩塊のまえに一輪の花が待っているとき、いやむしろ、花がただそこにあるとき。そういうときぼくは信じる、これが《永遠》なのだ、それ以外ではありえない、と。

写真を二葉贈ってくれて、とてもうれしい。その一枚のほう、頭を片手で支えて写っているきみは(1)、ほんとうに《ひたすらに幸せ》だね。そしてもう一枚のは、プラトン講義でぼくが教室へ入っていくたびに目にしたきみの姿そのままだ。まったくそのまま、つまりきみは、ひたすらうれしげなのと同時に、うれしさに浸る途上にある、その両方なのだ。

珍しいことに！――あるいはそうでもないかな――クリスマス休暇にぼくは『放浪者』を読んだよ。ハムスンは哲学者だ、しかしそれによって彼の芸術が重苦しくなってはいない。そして大地への、風景への、本能への、自然力への、このすばらしい近さ――損傷ひとつない生命のこの全体が、彼にあっては三つの文だけでつねにそこに現出する。ぼくはなんでもひどく晩生《おくて》の読者だから、まだ彼のことをほとんど知らない。でももう『最後のよろこび』を注文してある、休暇にそれを楽しむつもりだ。

きみも知ってのとおり――学期末というのはいいものじゃない。でもシュヴァルツヴァルトへもうすぐ行けるという楽しみがある。きみも大好きだと知ってからは、あそこがいっそう気に入っている。いつか、きみを案内して見せてあげられる幸運にめぐりあえるかもしれないね。

ぼくはいくつかすばらしい新型ノルウェー式スキー具をもっていて、それで滑るのをまるで子どものように楽しみにしている。また十分なほどの雪があるといいのだが。

ヤスパースが四月に来るようにとすでに招待してくれている[2]。きみに会えるかと思うと、それだけでもう喜びに震える。ぼくの休暇の計画がいくらかはっきりしたら、まずケーニヒスベルクへ手紙を書こう。というのも、こんどの休暇はどうやら平穏とはいかなくて、ぼくにある決心を迫ることになりそうなのだ。つまりぼくはフライブルクの教授会の全員一致で正教授（unico loco）に推薦されていて[3]、順調にことがはこべば招聘は三月にくることになる。だが、お願いだからこの件は完全に内密にしておいてほしい。夏には、いずれにせよまだここにいる。だから交渉も、せきたてられずに自分の思うようにできるわけだ。――

九月にリガのヘルダー大学へ講演に招かれている[1]。そこの風景を直接に知りたい気持がしきりとするので、たぶん承諾することになるだろう。ひょっとすると帰りにきみとお母さんを訪問できるかもしれない。

夏の講義は「論理学」をやる――完全に新しく。望むらくは、たえず集中できるだけの平穏にめぐまれるといいのだが。すべてがじつに壮大だ――一〇回生きても汲み尽くせないだろう。

きみのいとしい両手に接吻を――

完全にきみのものである

マルティン

きみのお母さんに心からよろしく、そして彼女のご挨拶がたいへんうれしかったと、お伝えください。

来週はシュヴァルツヴァルトから書こう。きみはそっちへ手紙をくれてもいいし、フライブルクかここ宛でもいい。

40　ハイデガーからアーレントへ

トットナウベルク、二八年四月二日

愛するハンナ！

昨日、フライブルクへの招聘を受諾した。招聘それ自体はさておくとしても、条件が並はずれていいので、とても断るなんてまねはできなかった。しかし引っ越すのは一〇月一日になってからだろう(1)、つまり夏はずっとまだマールブルクにいるということだ。三月二八日にベルリンで折衝(2)をすませて帰る途中、ハイデルベルクに一日だけ立ち寄った。ヤスパースのところへは四月一五日に行く旨を伝えてきた。だいたい二〇日ごろまでいることになるだろう。きみのハイデルベルクの住所を、ハイデルベルク中央郵便局留めの手紙でぼくにおしえてくれると、いちばん好都合だ。そうすればいつどこで会うかの取り決めができる。とても楽しみにしているよ。

過ぎ去ったこの四週間はひどく落ち着かなかったが、ほんとうに仕事のできるこれからの一四日間をいまは頼みとしている。講義はまた「論理学」だが、まったく別ものだ。ここ数日のほんの短いあいだに、ベルリンとシュヴァルツヴァルトの違いを身をもって味わったよ。あらためて、自分がどこに似つかわしいかがわかったね。――何日もしないうちにきみにまた会えるなんて、いまだにほんとうとは思えない。ついこのあいだもこういう気分でハイデルベルクの街を歩いたのだったが(3)――

きみのいとしい両手をぼくの両手に包み
心からの挨拶を

きみのマルティン

きみの母上にくれぐれもよろしく。

41　ハイデガーからアーレントへ

ハイデルベルク、［一九二八年］四月一八日愛するひと！

昨晩やっと着いた。地所購入のためにフライブルク(1)へ出かけたせいで、来るのが遅れてしまった。

ここには来週の月曜日までいられるだろう、会議（後任！）(2)のために呼びもどされたりしなければ。

今日の午後二時から四時のあいだにもしぼくが訪ねていかなかったら、夜一〇時に大学図書館のまえで待っていてくれないだろうか。そうすればこんどいつ会えるかの打ち合わせができるから。

心から

きみの

マルティン

42　アーレントからハイデガーへ

ハイデルベルク、二八年四月二二日

あなたはこんどはおいでにならない(1)——わたしはわかっていたと思います。それでも不安でなりません、ここ毎日、ほとんど不可解なほど激しい不安が幾度となく突然に襲ってくるのです。

これから申し上げようとしていることは、要するにひじょうに冷静な状況描写です。わたしは最初の日とおなじようにあなたを愛している——あなたはそれをご存知だし、わたしもいつも知っていました、こんどの再会の前にも。あなたがお示しくださった道は、わたしが思った以上に長くて困難です。それは長い人生まるごとを要します。この道の孤独さはみずから選んだもので、わたしに似つかわしい唯一の生の可能性です。けれども見捨てられた寂寥感は、運命がそれを止揚してくれましたが、世界のなかで生きる力、つまり孤立しないで生きる力をわたしから奪っただけでなく、この道そのものをわたしにたいして閉ざしてしまいかねなかったのです。なにしろそれは遠くて、世界をひと跳びで通りぬけられる道ではないからです。あなただけはこのことを知る権利をおもちです、あなたはそれを前からすでにご存知でしたから。そしてわたしは信じていますが、最後に沈黙するときにいたってもやはりわたしはけっして不正直にはならないでしょう。わたしはいつでも、自分に要求されるかぎりのものは与えます、そして道それ自体、わたしたちの愛がわたしに命じた課題にほかなりません。もしもあなたへの愛を失うようなら、わたしは生きる権利を失うでしょう。しかしもしも愛が強いたこの課題を忌避するようなら、わたしはこの愛を失い、そのリアリティを失ってしまうでしょう。

「そしてもしそれが神の思し召しなら
わたしは死後にこそもっとよくあなたを愛するでしょう」(2)

H

［一九二九年(1)］

43　アーレントからハイデガーへ

愛するマルティン

おそらくほかの人から偶然の機会に、わたしのことはすでにお聞きおよびのことでしょう。そのせいで無邪気にご報告することができなくなりましたが、でも信頼して打ち明ける気持に変わりはありません――その信頼を、ハイデルベルクでのわたしたちのこのあいだの再会が、いまいちど新たに、うれしくも確たるものにしてくれたのです。ですから今日わたしは、むかしながらの安心感をもって、むかしながらのお願いをあなたにいたします。わたしを忘れないでください、そしてわたしたちの愛がわたしの人生の祝福となっていることをわたしがどんなによく、どんなに深く知っているかを、忘れないでください。この知はけっして揺らぎはいたしません――わたしが落ち着かなさのゆえに、あなたにはたぶんもっとも理解しにくいひとりの人間(2)のもとに、わが家《ハイマート》と帰属感を見いだした今日でもなお。

よくあなたのことを耳にしますが、すべては、有名な人の名が言われるときのあの独特なよそよそしさと間接性につつまれていて――つまりわたしにとっては、それがあなただとはとても思えないのです。知りたくてなりません――ほとんど身を苛《さいな》むほどに――、あなたはお元気なのか、いまはなんのお仕事をなさっているのか、フライブルクの居心地はどんなふうか。

あなたの額と眼に接吻を

あなたのハンナ

44　アーレントからハイデガーへ

［三〇年九月］

マルティン

今日あなたを見送ったとき——ごめんなさい、わたしはただちにその手筈を考えたのです。けれどもそのおなじ瞬間に、想像図が稲妻のように脳裏をかすめました——あなたとギュンターがいっしょに窓辺に立ち、わたし自身はプラットフォームに立っている図。そしてわたしは、想像どおりのことが悪魔的な明確さで起きていくのを、避けることができなかったのです。お赦しください。

たくさんのことが重なって、わたしを混乱の極に追いこみました。あなたのお姿を見ると、かならずそうなるのですが、わたしの人生のもっとも明白でもっとも切実な連続性を知り、わたしたちの愛の連続性——どうかそう呼ばせてください——を知っているわたしの心に、いつも火がつくのです。

それだけではありません。わたしはすでに何秒かあなたの前に立っていました、あなたはほんとうはわたしを見た——目をあげてさっとあたりをごらんになったのですから。それでいてわたしだとお気づきにならなかった。小さな子どもだったころ、母がばかげた悪ふざけでわたしをひどく怯えさせたことがあります。わたしは童話の鼻小人を読んだところでした。鼻がどんどん大きくなってしまって、もう彼だとはだれもわかってくれないという話です。母はまるでわたしがそうなってしまったかのようなふりをしました。いまでもそのときのやみくもな恐怖がなまなましく記憶にのこっています、わたしはひたすら叫びました、でもわたしはお母さんの子よ、わたしはハンナよ、と。——これとそっくりでした、今日のことは。

そのとき、汽車はもうほとんど走りだしていました。そしてことは、わたしがすぐに思ったとおり、つまり、おそらくは望んでいたとおりになったのです。あなたがたふたりはすぐそこの上にいて、わたしはひとりで、まったく無力なまま、それに向き合っていた。わたしには、いつもそうであるように、出来事を起こるがままにしておく以外、待って、待って、待って、待ちつくす以外には、なにもできなかったのです。

45　ハイデガーからアーレントへ

［一九三二－三三年冬］

愛するハンナ！

きみの気持をかき乱している噂は中傷にすぎず、ぼくが最近何年間かに味わわされたそのほかの経験とまったくそっくりだ。

ぼくがユダヤ人をゼミナール案内から締め出しているのはけしからんという話は、ここ四学期、ぼくがおよそ一度もゼミナール案内をしなかったことからきているのだろう。ぼくがユダヤ人に挨拶をしないとかいうのはまことに悪意ある陰口だから、今後ともむろんしっかり記憶にとどめておこう。

ぼくがユダヤ人にたいしてどう振る舞っているかの説明に、以下の事実だけを挙げておく。

ぼくはこの冬学期を休ませてもらっているので[1]、みんなに前もって夏のうちに、ぼくを邪魔しないでほしい、論文その他は受け取らない、と言っておいた。

にもかかわらずやってきて、なにがなんでも学位を取らねばならないと言いたて、じっさいに取れるようになる、そいつはユダヤ人だ。毎月のようにやってきて、いま進行中の仕事（学位論文でも教授資格論文でもない）の報告をする、これまたユダヤ人。数週間まえ、ぜひともすぐに目を通してほしいと長大な論文を送りつけてきたのも、ユダヤ人だ。

過去三学期のあいだにぼくの後押しで研究助成団の奨学生[2]になれた二人は、ともにユダヤ人。ぼくをつうじてローマ留学の奨学金を受けているのも[3]、ユダヤ人。——

これを《熱狂的な反ユダヤ主義》と呼びたい者は、呼ぶがいい。

ちなみにぼくは今日、大学問題において、一〇年前マールブルクでそうであったとまさにおなじほど反ユダヤ主義者だ[4]。マールブルクではこの反ユダヤ主義にたいしてヤーコプスタールとフリートレンダーの支持さえ得ていたのだ[5]。

このことはユダヤ人との個人的関係（たとえばフッサール、ミッシュ、カッシーラー[6]、その他）とはまったくかかわりがない。

ましてやきみとの間柄にはどんな接点もありえない。

ぼくがかなり前からおよそ引きこもってしまっている理由は、一つにはぼくの仕事全体がどうしようもない無理解にぶつかっていることにあるが、それに加えて、教育活動で味わわされたありがたくない個人的経験のせいでもある。しかしいわゆる弟子たちからなんらかの感謝か、せめてまともな節操なりとも期待するなんてことは、もうとっくにやめてしまっている。

それ以外では、ぼくはますます困難になってゆく仕事に元気に取り組んでいる。

敬具

M

再会

M・H

46　ハイデガーからアーレントへ

フライブルク゠ツェーリンゲン、五〇年二月七日
レーテブックヴェーク四七

親愛なハンナ！

われわれのかつての出会いを、いまこのとき、永続的なものとして人生の晩年へ迎えいれる機会のきたことを、うれしく思います。

今晩八時ごろに、拙宅へお出向きいただけないでしょうか。妻は、すべてを承知しておりまして、あなたを喜んでお出迎えすべきところなのですが、残念ながら今晩は差支えがあってそれができません。

あなたのお手紙はやっと今日の昼ごろになって到着しました(1)。ツェーリンゲンの拙宅には電話がなく、郵便局の営業時間外には電話をかける手立てもないので、この手紙をあなたのホテルへとどけておいてから、六時半すぎにそちらにお寄りすることにします。

47　ハイデガーからアーレントへ

フライブルク i. B.　一九五〇年二月八日

親愛なハンナ！

静かな朝の光が、きみの帰ったあとも私の部屋にずっと残っていました。妻がそれを呼びよせた。きみはそれをたすけてくれた。きみの「もしかしたら vielleicht†」ということばが、応答しつつ縺れを解く光にふたたびなったのです。しかしこの朝の光の明るさのなかに現われ出たのは、沈黙してきた私の負い目でした。それは消えずに残るでしょう。

しかし朝の光がいまや闇を取り払いました。われわれのかつての出会いの上に、遠く離れて待つことの上に、垂れこめていた闇を。

「明るさは美しい」。きみがゆうべ私に言ったヤスパースのこのことばは、妻ときみの対話が誤解と手探りから、努力しあう心と心の調和へと向かってゆくあいだ、ずっと私

を感動させつづけていました。

　このことだけを、あの対話はもたらすべく期待されていたのです。われわれ二人の出会いとその永続性が、きみのためにも私のためにも、われわれ三人のあいだの自覚された信頼という純粋な境域へゆきつくことを。ただそのことだけを妻のことばはせつに求めていて、きみに彼女にたいする罪の告白を要求したわけではなかったのです。

　妻はけっして、われわれの愛の運命《ゲシック》に手出しをする気はありませんでした。彼女にとって唯一大事だったことは、この贈りものから、私の沈黙のゆえにそこに染みつかざるをえなかった汚点を拭い去ることでした。この沈黙は、たんに彼女の信頼を悪用しただけではありません。妻がわれわれの愛の恵みと豊かさを理解してくれるだろうことも、それればかりか運命的な贈りものとして肯定するだろうことも、私は知っていたのですから、まさにこの点から言えば私は彼女の信頼をそもそも足蹴にしてしまったのです。

　たいていの場合われわれは多くを語りすぎる。だがときには少なすぎることもある。私は妻を信頼して、彼女にたいして話すべきだったし、きみとも話さなくてはいけなかったのです。そうしていたら信頼が保たれただけでなく、妻の本質的特性がきみにもはっきりとわかって、このすべてがわれわれに有益に働いたでしょうに。

　しかしいまや、この重大な怠慢が埋め合わされ、調和の音《ね》が生きいきと鳴りひびいて、おたがいを真に知るようになる瞬間がやってきました。

　この家と同様、私の仕事場もその窓からの眺望も、すべては妻の長い熟考をかさねた設計をもとに実ったものです。だからいま成り立った調和が、今後ともこの部屋の木の壁のあたたかなひびきと溶け合ってユニゾンを奏でますように。

　きみがここに思いを馳せるとき、この仕事場と、草原や山々を見はるかす眺めを、きみが目に浮かべることができると思うと私はうれしい。

　すばらしかった昨晩と、心晴ればれとさせた今朝《けさ》、この両方の思いがけなさがいまも消えずに残っています。本質的なことはつねに不意打ちに起きる。Blitz〔稲妻〕というのはわれわれの言語では本来はBlick〔まなざし〕のこと。だがその不意打ちは、よいことの場合であれ悪いことの場合であれ、時満ちて訪れるまでには長い時間を要する。だから、話し合う時間があんなに短かったのが残念でならない。だから、愛するハンナ、きみの再訪をいっそう喜ばしい気持で待っています。それは最高にすばらしいものになるでしょう。いまはもう、はじめのころのことも、あとのことも、ひとしく純粋に、明るみにもちだされているのですから。私にはわかっています、きみ自身がこの純粋さからいっそう喜ばしい喜びを味わっている、そしてきみはわれわれ二人のものだ、ということを。

きみに心からの挨拶を送り、おいでくださったことに重ねて感謝します。妻も心からよろしくと申しております。

きみのマルティン

この木の葉は、妻が何年かまえにシュヴァルツヴァルトの農家からもらってきて植えた蔦のものです。彼女は部屋部屋をこの木蔦で飾っています、これを愛した神〔ディオニュソス〕の花冠のことはもはや知らずに。私の部屋からの挨拶として、この葉がいつもきみのそばにありますように。

M

48　アーレントからハイデガーへ

ヴィースバーデン
アレクサンダー街六―八
一九五〇年二月九日

お宅を出て車に乗りこんで以来、ずっとこの手紙を書いています。でも夜の更けたいま、もう書くに書けません（タイプライターを使っています、万年筆はこわれているし、わたしの手書きは読めたものではなくなっていますから）。

昨晩と今朝《けさ》は、全人生を確認してくれるものとなりました。ほんとうのところまったく予期していなかった確認です。ボーイがあなたの名を告げたとき（わたしはじっさい、あなたのおいでを予期していませんでした、お手紙はまだ受けとってなかったのです）、突然、時間が止まってしまったかのようでした。その瞬間、そのまえのわたしなら自分にもあなたにも、ほかのだれにたいしても、そうだと認めはしなかっただろうようなことが、稲妻のように意識にのぼりました。フリードリッヒ(1)にあなたの住所をおそわったあと、あのうむをいわせぬ内的衝動がわたしを救ったのだ、そのおかげで、唯一どうしても赦せない不誠実を犯して自分の人生をふいにしてしまわずにすんだのだ、と。でも一つだけは、ぜひとも知っておいてください（なにしろわたしたちの意思の疎通はあまり十分でも、ごく率直でもなかったのですから）。わたしが仮に内心の衝動に従わなかったとしても、それはひとえに誇りから、つまりはただもうほんものの途方もない愚かさからです。理由があってのことではありません。

わたしは、奥さまがわたしになにを期待しておいでなのかを知らないまま、お宅へうかがいました。お手紙(2)は車のなかで読みました、寝ぼけまなこで。もし知っていたなら、一瞬たりとも撥ねつけたりはしなかったことでしょう。わたしのはじめの拒否はたんに、あのときもやはり「ドイツ女性」という言い方でほのめかされたことと、前日の午後にお茶の席で人から聞いた話が、胸にわだかまっていたからにすぎません。どうか誤解しないでください、わたし個人にとってあんなことはまったくどうでもいいのです。自分がドイツ女性だと感じたことは一度もないし、ユダヤ女性だと感じることももう久しくなくなっています。わたしは自分をいままさにそうであるとおりのもの、異郷から来た娘 das Mädchen aus der Fremde〔シラーの詩より〕だと感じています。

あの非難の正直さと強烈さはショックでした、いまもまだ尾を引いています。でもわたしが「もしかしたら」と言ったのは、突然に彼女に連帯感をおぼえたからです。そして突然に深い共感がこみあげてきたからです。事実に即して言い添えさせていただくなら、わたしが沈黙を守ったのはもちろん慎みからだけではありません、矜持からでもあったのです。しかしまた、あなたへの愛ゆえでもありました——これ以上、ことをむずかしくしないために。わたしがマールブルクを去ったのは、もっぱらあなたのためにでした。

『森の道《ホルツヴェーゲ》』(3)はいまナイトテーブルの上にあります。ヘラクレイトス(4)は、いそいそと読みはじめたところです。Polla ta deinaには、なんとも言えずうれしくなります——完璧に成功していますね。わたしはいくらか運がついているのか、こちらに着いたとき車を運転手ともども返さなくてはならなかったせいで、二日間もこの町で休養がとれました。なにもかも延期にして、三月四‐五日を完全に確保できます。土曜にはベルリンへ飛び、金曜まで滞在（宿泊先はベルリン＝ダーレム、パルクホテル）。その後、土曜‐日曜にはここへもどって、それからイギリス軍占領地区へまいります。もしも、こんどの土曜か日曜にこちらへおいでになれるようなら——ずいぶん北ですけれど——わたしのお客さまとしてお迎えしたいのですが……

あなたは雑誌はお読みにならないし、本はうしろからしか読まない方ですから、数枚切りとったページ(5)だけをお送りします、ほんとうはあなただけでなく、奥さまにも見ていただければと思いまして。

ハンナ

49 アーレントからエルフリーデ・ハイデガーへ

一九五〇年二月一〇日

親愛なハイデガー夫人――

たったいまマルティンの手紙を拝受いたしましたが、それへのお返事はぜひともあなたへ差し上げたいのです。わたしはお宅にうかがってよかったと思っていますし、すべてが好転したことをうれしく存じております。

信頼の欠如とはほとんど関係がないけれども、心を閉ざしたために生ずる罪というものがあります。この意味では、思うに、マルティンとわたしは、おそらくあなたにたいしてとおなじ程度に、おたがいにたいして罪を犯しました。これは弁解ではありません。あなたはそんなものを期待なさらなかったし、わたしにしても弁解すべき理由はありません。あなたは呪縛を破ってくださった、そのことには心から感謝しております。ですから、あなたからなにかを期待されているとは思いもよりませんでした。というのも、この恋物語との関連で、わたしはその後もっと悪いことをたくさんしてしまいましたから、このむかしのことにはもう思いおよばなかったのです。おわかりくださるでしょうか、わたしはマールブルクを去ったとき、もう二度と男を愛することはすまいと堅く心に決めておりました。そしてその後、なんとなくだれでもいいという気分から、愛してもいない人と結婚しました。自分では完全に超然としているつもりだったので、なんでも思いどおりにしていいと信じたのです、まさしく自分のためにはなに一つ期待していなかったがゆえに。このすべてがはじめて変化してきたのは、いまの夫と知り合って[1]からのことでした。でもこれはこれで、またべつの章となる話です。

どうか、これ一つだけは信じてください、わたしたちのあいだに立ちはだかっていたもの、おそらくはいまでも邪魔しているものは、けっしてこういう個人的なことがらではなかった、いずれにせよわたしの意識にとってはそうではなかったのです。あなたはご自分の志操心情をお隠しになったことがない、今日もそうでした、わたしにたいしても。この志操心情は、会話をほとんど不可能にしてしまうところがあります。というのは、相手がなにを言おうと、あたまからある性格づけをほどこされ、(失礼ながら)カタログ化されてしまうからです――ユダヤ的、ドイツ的、中国的というふうに。わたしは、マルティンにそれとなく申しましたように、これらのことについて私情をまじえず政治的に語る用意ならつねにありますし、いくらか心得があるとうぬぼれてもおりますが、ただしそれは、個人的＝人間的なものを持ちこまないという条件付きでのこと。Argumentum ad hominem〔理性より感情に訴える議論〕は、人間の自由の埒外にあることがらまで引き入れて論じるために、どんな相互理解をも壊してしまいます。

　一つお教え願いたいのですが、もしもおっしゃりたくないのでしたら、それでもかまいません。どうしてヤスパースを審判官として呼ぼうなどと思いつかれたのでしょうか？　理由はただ、わたしが彼と親しいことを、たまたまご存知だということだけでしょうか？　それともひょっとしたら、彼にそれほどの信頼を寄せていらっしゃるということでしょうか？　わたしはびっくりしたあまり、返答できませんでした。いまでも疑問がつきまとって離れません。

　まもなくまたお目にかかれることでしょう。それまで、どうぞこれをご挨拶ならびに感謝としてお受け取りください。

あなたの

ハンナ・アーレント

50　ハイデガーがアーレントに贈る五つの詩

［無　題］＊

たぐいまれな不意打ちで、存在はわれわれに
稲妻のように閃く。
われわれは見張り、注視し――共振して一つになる。

＊　図版1を見よ。

き　み

炎を投げる、
はやくに自由を得たひとよ！
これがあの門だ、
その奥ふかくに
不意にたかだかと
しじまのひろがる彼方へ
――《それ》が呼びかけてくれたなら――
再会は消えていった。

異郷から来た娘

異郷の女《ひと》、
きみ自身にとってもよそびと、
彼女は
歓喜の山、
苦悩の海、
熱望の荒野、
ある到来の曙光。
異郷とは、世界を開始させる
あの一つのまなざしの故郷。
はじまりは犠牲なのだ。
犠牲は忠誠のかまど、
すべてが燃えて灰になったあとも
なおも微光をのこし、そして――
発火する。
穏かさのほむら、
静寂のきらめき。
異郷のまた異郷人であるきみよ――
始まりに住まいせよ。

合致

神を畏れぬのは
神ひとり、そのほかは
なにものもそうではない――
ようやくふたたび死が
めぐってきて
存在の
曙の詩《うた》に
応える。

死

死は世界の詩《うた》のなかの
存在の山稜。
死はきみとわたしの存在を救い出して
重力にゆだねる――
ひたすら地の星をめざして
あるやすらぎの高みへと落ちてゆく重力に。

女友だちのそのまた女友だちのために

51　ハイデガーからアーレントへ

フライブルク、一九五〇年二月一五日

ハンナ

聴くことは解放をもたらします。きみがあの声に従ったことは、すべてを解決して善い方へ向かわせ、retractatio〔修復〕の新しい保証を贈ってくれるのです。善は心ばえの良さを必要とします。心ばえの良さは、人間をその本質へと救出すべくすでにいっさいを見通しているがゆえに、ものが見える。ἑώρακεν ὁρᾷ(1)の、つねに保たれたまなざしの、究めがたい意味。われわれ以上に思考をする言葉のことの奇跡。フランス語のre-garder〔よくよく見つめる〕。

《救出》というのは、危急から救うという意味だけではない、なによりもまず、前もって本質へと自由に解き放ってやること。この無限の意図こそが、人間の有限性です。そこから、人間は復讐の亡霊に打ち克つことができる。もう長いこと、私はそれについて思案してきました。そのためにはたんに道徳的な態度だけでは足りず、同様に、自由に浮動する精神の教育だけでもまた不十分だからです。

人間は、正義とはなんら権力の機能ではなく救いとなる善意の放つ光なのだということに耐えぬけるところに立てるようになるために、存在のもっとも内なる結節を経験しなければなりません。名ばかりはインターナショナルだの《国際連合》だのと名乗っているものは、なお依然として、本質においてはまだ解放されていないナショナルなものを、ひそかに糧としているにすぎないのです。世界諸民族はまずおのれ自身の力を、救いとなる善意の無限の意図のなかへ贈りものとして投じなければなりません。そうしてこそ人類は、歴史的尊厳を保ちつつ、存在の歴運《ゲシツク》にふさわしいものに成長し、そこにおいてみずからを救いうるのです。

論文を送ってくださって、ありがとう。一九四四年のこのご論考(2)は、ドイツ民族のケースをはるかに超え出た、ある本質的な洞察をふくんでいる。強烈かつ大胆ですね。しかし、あらためて私にはっきりしたのは、このあいだの晩も話し合ったことですが、《組織》は、ある隠された核を、それも技術の核ではなく、技術の存在史的本質の核を、指し示しているということです。こんどまたおいでの折りに、それについていくつか読んで聞かせたいものがあります。

われわれふたりにとって、また身内の者にたいするわれわれふたりの関係にとって、そしてことがら全体とその歴史的瞬間にとって、きみが《然り《ヤー》》と答えて来てくれたことは、一つの贈りものです。妻ときみのあいだにおのずと生まれた和合は、永続的なものです。あとは少しばかり誤解をとりのぞくだけでいい、おそらく誤解のほんとうの根は他人の浅薄なおしゃべりにあるのでしょうからね。だからきみはまた来てくれなくてはいけません、きみが玄関を出るときに言った挨拶どおりに〔いとまを告げる挨拶はドイツ語では「再会を期して」の意〕。三月四日以前に、いやむしろ五日以後に、一日か二日とれませんか？(3) ハンナ、われわれの人生の四半世紀の空白を埋め合わせなくてはならないのです。きみの現在の道と活動についても、もっともっと聞きたい。そうすれば、うれしくも成り立った和合にまた一つの協和音がひびきあい、遠くのここかしこで声となり、きみがあのように美しく、同意をこめて語ったあのことばが、異郷のきびしさを和らげてくれるでしょう。

それに、この荒廃した国をたくさん旅したあと、きみは道と森と山々のかがやきをも見て、それを大事に胸にかかえてご主人へのお土産にもって帰らなくてはいけません。

マルティン

いつどうやってまた来てくださるか、どうか遅れずに知らせてください！

妻も心からよろしくと申しております。きみの手紙に感謝し、お話できるのを楽しみにしています、と。

52 ハイデガーからアーレントへ

フライブルク、五〇年二月二七日

ハンナ——

この数行が、きみの帰り(1)を出迎えてくれますように。

きみがそこにいると思うと、私はうれしい。

すべてがよくなると、信じている。

最愛の女友だち(2)がそんなにきみを待っているのに、最愛の男友だちが引き止めたりしてはいけないね、たとえ彼にも別れが迫っているにしても。しかしなにがあろうと、それは深い結びつきへと入ってゆく別れなのです。

マルティン

電報をいただきしだい、部屋の手配をいたします。

53

ハイデガーがアーレントのために

A・シュティフター「石灰石」

「ごく小さな二枚の白い布が――彼が身につけている唯一の白いものだが――黒いスカーフの上にさがっていて、彼の僧位を示していた。袖口からは、そうやって座っているとき、ときどきシャツのカフスのひだ飾りらしきものがちらっとのぞくのだが、そのたびに彼はこっそり中に押しこもうと苦心していた。おそらく、いささか人目を恥じねばならない状態のしろものだったのだろう」

――――

「私は本街道への道を歩きながら、その司祭のことをずっと考えていた。乞食身分より上の者には、まして清潔と秩序の手本として人の目に映るべきこういう身分の人には、およそ一度も見かけたことのないほどひどく貧しい様子が、たえず目のまえに浮かんでくる。たしかにあの司祭は小心なといえるほど気をつかって身ぎれいにしていたが、かえってこの身ぎれいさが貧しさをいっそう痛々しくきわだたせ、糸目のほつれを、衣服の態をなさなくなった痛みのひどさを、見せつけていた」

――――

「この婦人には娘もひとりおりました。子ども、いえ、もう子どもではなかった――当時のわたしには、まだ子どもなのか、そうではないのか、じつはわからなかったのです。この娘はとてもきれいな赤い頬をしていました。きれいな赤い唇に、けがれを知らぬ眼、その瞳はとび色で、あたたかなまなざしを周囲に向けていました。眼の上には大きくてやわらかな瞼、そこから長いまつげが下向きにのびている様子は、繊細でしとやかでした。色濃い髪は、母親がきれいに分け目をつけて梳り、頭にかたちよく映えていました。少女はよく細い籐で編んだ横長の籠をかかえていました。籠にはとても華奢な白い布が掛けてあって、中には、この娘がここかしこの婦人のところへ届けることになっている極上のリネン類の洗濯物が入っていたのでしょう。わたしはこの娘をじっくり眺めるのがたいそう好きでした」――

――――

「「ほんとに、きれいでしょ、母が言うには、リネンは家にあるもののうち銀器につぐ宝、すてきな白い銀のようなもの、汚れたらいつでもまたきれいにして、すてきな白い銀にできる。リネンはわたしたちのいちばん大切な、いちばん肌に近い着物ですって」。……わたしはこの［少女の］ことばを聞いて思い出したのですが、たしかにこれまでも、この娘の襟元や袖口からはいつも極上の白い下着が見えていましたし、その母親はきれいなひだ飾りのついた真っ白な頭巾をいつもかぶっていました」

［司祭は話をつづけた］

「「長くつづけているうちにこの状態は習慣になって、わたしはそれをとても好んでいます。ただ、こういう倹約にたいして、一つだけ良心に疚しい点があるのです。生家の庭側の翼棟の部屋で暮らしていたころ誂えた美しいリネン類を、いまでもまだもっていることです。これはひじょうに大きな過ちです、しかし自分のからだやその他のことではいっそう倹約につとめて、それを償おうとしてきました。わたしは弱くて、この過ちを絶てないのです。リネン類を手放さねばならないとしたら、あまりにも悲しい。わたしが死んだあと、売ればいくらかにはなるでしょう。それに見栄えのいい品々のほうは、まったく使ってないのです」

これではじめて私は、なぜ司祭が自分のみごとな下着を恥じているのかがわかったのだった」

これほどおずおずと語られた愛の物語はほかにありません。けっして忘れないというその心やさしさが、これほど激しい力をふるった物語も。

私は「石灰石」を、おそらくきみがまだお母さんのおなかにいた一九〇五年のクリスマス以来、毎年誕生日に読んでいます。

フライブルク、一九五〇年三月一〇日　H／M

54　ハイデガーがアーレントに贈る詩

H・Aへ

剝奪された恩寵から……

一九五〇年三月一一日

一九二四年一一月

取りあげられてしまった恩寵から　あの一つだけが
わたしをめがけて落ちてきた！
　将来いかなる道をあゆもうと
純粋なやすらぎの芯に食いこむほどに
わたしがいっそう真実に悔いるようにと。
　幼な児のようにおずおずとしたあのひとを
　　つねに新たに思い起こすようにと。
彼女のまなざしは信頼を訴えていた、
そしてわたしがそれに応えられないことを
　　　　　予感していたのだ。

人　間

だれが　世界の展がりゆくしじまを
　　　　　　　　　知っているだろうか？
だれが　幸福のするりと逃げてしまうところに
　　　　　　　あえて住むだろうか？
だれが　不意打ちをあるべき年に呼びだすのか？
だれに　出来事は
　存在の真理を近づけてくれるのか？
だれが　その詩に応えるのだろうか？

呼び声

近さのもつはるかな道のりに
住まいせよ。
その荒々しい不意打ちが
あまりにも長くつづいた運命にそそぐ
穏かなまなざしを
思いやれ、
このまなざしにふさわしいのは
《贈りもの！》というあの呼び声を
聴きいれる者たちなのだ。
存在の蝶番が
そこにはひそんで
働いている。

世界

四方《ゲフィアテ》をつらぬく
まなざしのゆきかいのうちに
もろもろの運命がやすらい
牧人はたたずむ
亀裂が走り
招きよせる声が
地下牢を通りぬけて
階層なす住居にひびく。

死すべきものたち

われわれは到来
世界劇のなかの歯車
傾斜の発するひびき
途中でくわわった歌、
帰還。まるっきり目は見えず、
不安なままに輪舞のなかにいる。

ペルソナ

きみたちは自我を去って役柄《ペルソナ》になりきろうと
　　　　　　　　　　　　していいるが、
一つの音《ソン》は像をとお《ペ》って《ル》はじめて
鳴りひびくしかないことを知らない。
　静寂の音、
　やわらかに鳴りひびいて
　意図することなしに鎮めてくれる。
　なぜならその音は　けっして忘れぬための
　基礎を築く和解によって、　苦悩しつつも
　もっとも離れた心と心を結びつけるのだから。

生起

光と音が娶わせられて
世界は成る。
だれが花嫁でありつづけ、
だれによって看とられるのか？
　あの出来事は
　　——愛の内気さが
いつまでも支配者でありつづけるようにと

——
愛の固有性を差異へと回収し、
差異に忠実に
もっともかけ離れたものを
ある探索のうちに取りこんだのだ、
それが発見を果たすのは、
見つけたもの一つひとつを克服して
同じ一つの花冠に編みこむときだけだ。

［無　題］

だれの耳がこの詩に開かれているのだろうか？
技術の結構が不安げにいまなお支配する。
それが壊れるまでに、まずやってくるのは砂漠だ。
詩は久しく水源に憩うている。

55　ハイデガーからアーレントへ

フライブルク、五〇年三月一九日

バッハ、ブランデンブルク協奏曲第三番
第二楽章、アレグロ

ハンナ

　五年を五回重ねた歳月の回帰と訪れという贈りものが、幾たびとなく、私の思索をおどろかしてやみません。きみは、私の思索のうちでは、はるか海を越えてつねに近くにいて、きみ自身、ここにあるもっとも懐かしいものや、きみにともに属するすべてのものに、思いを馳せていてくれるのです。

　この数日、毎日の一時間一時間が、きみをさらに遠く大都会へと連れ去ったとはいえ、その距離をつうじて、きみのもっとも固有のものをかえって近くへ運んできてくれます。なぜならきみは、視線をそらしはしないだろうからです。はるかな距離のなかに、近さを喚びさますだろうからです。

　時間がこんなふうに回帰して、すべてを変えてしまうことができるというのは、時間に特有の一つの不思議です。すべてがわれわれに新たに贈られる。これが終わることはけっしてないでしょう、われわれに起きたことにたいする感謝の気持が。

　このことを私は、二月六日[1]にふたたびきみに向き合って立ち、「きみ！」と言ったときに知ったのです、いまこそわれわれにとって新しい成長がはじまる、しかしまた、すべてを開かれた信頼のなかへ植えこむという、愛の努力もはじまるのだ、と。

妻への愛がいまようやく、ふたたび澄明さと覚醒へ入ってゆくのが見いだされたと、私がきみに言うとき、それは彼女の忠誠とわれわれへの信頼のおかげであり、そしてきみの愛のおかげなのです。

私が「美しい」ということばを口にしたとき、念頭にあったのは、リルケの、美しいものとは恐るべきことの始まりにほかならないということば、そしてヘルダーリンの、美しいものは極度に対立しあうものを緊密に結びつけて一つのものにすることができる、という考えでした。美しさの深みへ到達することが、愛する者たち以外にできるでしょうか。

ハンナ、きみがここでエルフリーデに近づいてくれたように、これからもずっと彼女の近くにいてやってください。われわれのものがいっそう美しくわれわれのものとなればなるほど、それは無傷のままで彼女のものにも、私のものにもなるのです。私には彼女の愛が必要です、その愛は長年にわたって無言のうちにすべてを支えてくれたし、いまでもなお成長しようとしている。私にはきみの愛が必要です、かつて芽生えた姿のまま秘めやかに保持されてきたその愛は、彼女のものをみずからの深みからもちきたらしてくれる。そして同様に私も、苦難の歳月にきみの伴侶となったご主人への、穏やかな友情を心にはぐくみたい。

その本質においてそのつど唯一無比であるもの、その唯一性を保持しているものは、唯一の他者の認知においてもやはり比類なく強力です。

思うに、いまだにわれわれは、唯一性と心の強靱さのひそかな掟、その点で偉大でありつづけるためには必要とされる掟に、いまなおなじんでいないのです。しかしおそらく、まさにこれらの掟を考え、愛によって確立することが、われわれに課されているのでしょう。愛は愛を必要とする、このことはあらゆる必要や支えにもまして本質的なのです。

ここ数日、「洞察 Einblick」の清書にかかっていました。書いているあいだずっと、森の谷への道や城への道を歩いたころのわれわれの会話が、胸にこだましていた。なんとすばらしいことか、ほとんど言わず語らずのうちに、じかに励ましの火をともしてくれるこの理解、それは、早くに築かれて悪や混乱によっても揺るがなかった、はるか遠くからひびきあう親和力からくるのです。もっとも信頼する者からもう二度と離れないこと、これが、それぞれに危難、苦境、身を守れぬ無力さをあとにしてきたきみと私を、たすける力となってくれますように。

ハンナ、大都会のめまぐるしさに翻弄されたときには、あのまっすぐな樅の木々を思い出してください、われわれの見上げた冬の山々に、真昼の天空の軽やかな空気のなかに屹立していたあの姿を。

ヨーロッパからの最後のご挨拶をありがとう。それにバーゼルからの手紙と、パリからのすばらしいブラックの画帖も。なかでもフランス菊と、向日葵と、青い水差しが、いちばんいいですね――しかしどの絵にも、大きく光を放つこれらの色彩。


これは、ハンナ、海を越えてきみの心へ送る最初の、そしてぎごちない挨拶です。信頼できるきみの心と、こちらへ向けられたきみのまなざしへの私の挨拶。

マルティン

ご主人と、あの女友だちによろしく。

エルフリーデが心からきみによろしくとのこと。

56　ハイデガーがアーレントへ贈る四つの詩

二五年

海のかなたのHに

いったいこれほどの
時間の秘密のうちに
長く保たれすぎたこのかたちは、
それでもなお　黄金の秋を与える
こよなくしずかなすべての星々の
草原なのだろうか?

三月のはじめ

Hのために

あなたの身振りこそは　三月はじめの《脱出》の
トびかけ！
身振りを出でて住まいせよ、と。
あなたは花ひらく。存在の

冠の飾り。
こよなく色濃い葡萄酒の酔い。

《森の道》

Hのために

ここにその名をのこしていっておくれ
きみとわたしにとっての
ただ一つの飾りにするために。

かつての種子の
遅ればせの実りが
それを理解するように。

わたしたちには手のとどかなかった実り、
それがようやくやってくる、
有益な灼熱の火となって。

思　索

存在の稲妻《ブリッツ》を見すえるまなざし
それが思索だ。
なぜならそれに撃たれて、思索は
一つの言葉の継ぎ目へ分け入ってゆく。まなざし《ブリック》と
稲妻《ブリッツ》、
それらは——けっして所有できないもの——
秘蔵された葡萄の
酒の甕から
おのずと溢れでる。
それらは大地を
離れようとする、
そこが牧人にとっての天空となるようにと。

57　ハイデガーからアーレントへ

フライブルク i. Br. 一九五〇年四月一二日

ベートーヴェン　作品一一一
アダージオ　終楽章

ハンナ——

どっちがすばらしいだろうか。きみの写真か、それともきみの手紙か。いや、すばらしいのはきみ自身だけ、そしてきみが両方を送ってくれたことです。写真にはなにかが漂っているね、きみがここにいた最後の日々にすでに光を放ちはじめ、そして海を渡るあいだにきみの顔立ちのなかでいっそう澄んだものになっていったなにかが。それを名指しすることは私にはできない。しかしそれは、エルフリーデときみが抱きあったとき、私の部屋にかがやきを投じたあの愛の、愛をそそぐ働きです。われわれはただゆっくりと時間をかけて、われわれに生じてきたものを、わがものにしてゆくでしょう。

きみが来てくれたこと、われわれのあいだに生じた近さがもっとも近い近さとなったこと。われわれの愛がエルフリーデの愛を必要とするあらゆる面において、彼女が手をさしのべてくれたこと。すべてが、きみのよき帰郷とともに、相互に反映しあい、浄化しあい、確証しあっていること。

これらすべてにつけて、きみもよく知っているにちがいないアウグスティヌスのあることばに、しばしば思いをいたさずにはいられません。

Nulla est enim maior ad amorem invitatio, quam praevenire amando.[1]〔相手が愛するより先に愛すること以上に、大きな愛への誘いはない〕

この praeventus〔先んずる〕は、隠された adventus〔来到〕のひそやかなこだまです。それは、自由の秘密にまで達している。それは、みずからを形成してゆく掟の源泉なのです。

このたび起きた奇跡は、ここにその在りかをもっている。きみの写真も、そしてそこに写っているきみも、その奇跡が召集したのです。しかしきみを追放して世界中を彷徨わせたものもまた、すべてそこに保存されている。Omnia et sublata et conservata et elevata.〔すべては耐えられ、保持され、高く引き揚げられている〕それゆえに、そしていま平安と助力がいっそう近くにあるがゆえに、作為的なものはなに一つ、親しみ熟知しているもののなかに入りこむことはできないのです。

きみが名指しているものを、私には無縁だと言うつもりはないし、ましてや忘れたりはしないでしょう。われわれの手紙はなに一つ避けて通ってはなりません。

権力についての手記[2]ではまだ私は[3]、きみが「根源悪？」という言い方で示唆しているものを見てはいなかった。何年かのちになって、力への意志のなかに意志への意志を認めたときに、存在におけるある絶対的我欲の無制約な蜂起に思いいたったのです。

しかしきみがここにいたこと、そしてこの《ここ》から離れてそこにとどまっていることが、すべてをいっそう近づけてくれた、われわれにも、きみにも。それと同時に、ソ連によるいやまさる脅威はいま、もっとはっきりと見ることをわれわれに強いている、いま西側が見ているよりもっとはっきりと見ることを。スターリンは、きみの言う戦争を、宣言するまでもない。毎日、戦闘に勝っているのです。

それに私のような考えをもつ者が、まっさきに抹殺される危険のもっとも高い部類の人間だということについても、私はなんの幻想もいだいていない。われわれが《物理的》にはほんの数日で戦車に蹂躙されうるということだけではない。その後の長きにわたって、偉大なるものを次の時代に継承することも、本質的なものを回復させることも、もはや不可能になるかもしれない。未来がいまは隠されているものを発見し、原初以来のものを保持するだろうという期待のたぐいも、もてなくなるでしょう。おそらく地球を覆いつくすジャーナリズムは、あらゆる始まりとその継承の、この訪れつつある荒廃化の最初の痙攣なのかもしれません。つまりこれはペシミズム？　絶望？　いや、ちがう！　一つの思索なのです。かならずしも歴史学的にのみ思い描かれる歴史が本質的な人間存在を規定しているわけではないのだから、持続とその長さは、現成してゆくものにとってなんら尺度とはならないこと、不意打ちという一瞬の半分もない瞬間のほうが、《より強い存在性をもつもの》でありうること、人間はこの《存在》への備えをし、もう一つ別の記憶を習得しなくてはならぬこと、こうしたすべてにくわえて、さらにある最高の重要事のまえに立たされていること、ユダヤ人およびドイツ人の運命は、われわれの歴史学的考量などには手の届かないそれ独自の真理をもっていること――こういうことに思いをめぐらす思索なのです。

もしも悪が、なにか起こるもの、起こったものであるならば、はじめてそこから、人間が思索し負うべきものとして、存在が神秘のうちへ立ちあらわれてくる。そのとき、なにかが存在するからといって、それだけですでにそれが善く正しいものだということにはならない。それは、たんに道徳的に、かつ人間の願望にそって、おまけとして現実に添えられるだけの景品ではありえないのです。

政治的なことに私は詳しくもないし才能もない。しかしこれまでいくらか学びはしたし、これからももっと学びたい、思索においてもなに一つ除外すまいと思ってはいます。だからじっさいわれわれの思索もやはり、この射程内にとどまらねばなりません。最初の再会のさい、こよなく美しい服を着たきみが歩みよってきたとき、私にとってきみは、いわば過ぎ去った四半世紀を通りぬけてきたのです。

ハンナ――きみは、鋤き返されたばかりの畑が夕暮れの光のなかで見せるあの茶色を知っているだろうか。すべてに耐えて打ち克ち、すべてにたいして備えのととのった色。私にとってきみの茶色の服は、再会のあの瞬間のしるしでありつづけるでしょう。このしるしが、われわれにいっそう多くのことを示してくれますように。

きみの帰宅がそんなに心地よく、すばらしかったとは、大きな慰めです。「伴侶」ということばに、私はきみの言う意味をこめています。どんな危険にあっても、つねにそこにともにいる、という意味を。

そしてヒルデに――きみの女友だちに、どうかよろしく。苦しみのなかにある人が私の数行の詩を病床の枕の下に入れている、これはありったけの名声をひっくるめたよりも、私にとってははるかに価値のあることです。ここに同封するものも、もしその女友だちが喜ぶとお思いでしたら、どうぞ、見せてあげてください。

そしていまきみは、ハンナ、おまけに、しかもうれしいことばを添えて、ベートーヴェンの作品一一一を贈ってくれた。いまはもうそのひびきは、私がこの手紙の最初で言ったあのかがやきと兄妹のように結びついてしまいました。

エルフリーデも、心からきみにお返しの挨拶と接吻を送り、きみの無事な帰国を喜んでいます。ご主人に私からよろしくとお伝えください。

ハンナ――エルフリーデが育てている前庭の花々、水仙、チューリップ、桜が、すべて咲きそろって、きみに挨拶を送っています。

マルティン

写真は、もしうまく撮れていたら次の手紙で送ります。

――

私の《住所》を見てきみが笑った声が、いまも耳にのこっています。しかし私は番地数字は大都会だけのものと思っていました。

58　ハイデガーがアーレントへ贈る二つの詩

[無　題]

きみの魂の深奥なる淵に
すべての苦悩をたくわえよ。
なぜならその淵は　人のかよわぬ森の

大気へおのれを開いているのだから、
森には苦痛が住まいする、それは鍛えられて
われわれのために存在の避難所となった金銀細工、
そこでは焔はふたたび水晶へもどり、
火に法が生じたのだ――真なるものの現成。

女友だちの女友だち(1)への挨拶とともに　M

［無題］

おお　なんとはるかなのだろう
近さを通りぬける
どの道も！

おお　きみたちはどうなのか
小径一つなくて。
それでもなお　だれが

高き恩寵の
めぐみを
ある技の

光のなかに見るのだろうか、
その技が忍耐であれば
それは断念を

生み出すだろう、自由に
愛の
記念碑のなかに、

愛を――あらしめるために
それ以外にもはや
選択の余地が残されていないならば。

59　ハイデガーからアーレントへ

フライブルク、一九五〇年五月三日

ハンナ
この挨拶をいそいで送ります。今日、メスキルヒの弟のところへ車に便乗してゆけることになりました。あちらに三週間ほどいて、カント書《ブーフ》のための仕事をします。夏休み

に山小屋へ行くまえに仕上げてしまいたいのです。お手紙をありがとう、それに復習とヘラクレイトス(1)、そして原稿(2)も。明日、メスキルヒから手紙を書いて、写真も送ります。

敬具

マルティン

手紙は下記の宛先で十分です。
Prof. M. H. メスキルヒ、バーデン
フランス占領地帯
ドイツ

60　ハイデガーからアーレントへ

メスキルヒ、一九五〇年五月四日

ハンナ

きみに「気にくわない三〇〇〇マイルの距離」のこちらから挨拶を送ります。解釈学的に読めば、これは憧憬の深淵ということになるね。それでも私は毎日、いまあるがままを喜んでいます。しかしどんなにしばしば、きみのもじゃもじゃの髪にわが五本の指の櫛をすべらせたくなることか、わけても、きみの写真が私の心臓のまんなかをひたとみつめるとき。きみはちっとも気づいていないだろうが、講壇の私をみつめていたのと同じまなざし——ああ、それはかつてもいまも、このさきも永遠に、かなたから近くへまっすぐやってくる。すべては四半世紀のあいだ、穀物の種のように、畑に深く休らっていなければならなかった、休らいつつこの無条件なものが熟成するのを待っていたのだね。なぜなら、あらゆる苦悩と多様な経験が、きみのあの同じまなざしに凝集し、その光がきみの顔を照らし返して、そこにまさしく女を現出させているからだ。

ギリシャ女神の像には、これと同じ不可思議さがある。乙女のなかに女が、女のなかに乙女が隠されている。そして本来的なのは、みずからを明示するこの隠匿の働きそれ自体だ。それが起きたのは、〈鳴りひびくソナタ *Sonata sonans*〉の日々だった(1)。かつてのことすべては、そこにそっくり無傷なまま保存されていたのです。

三月二日にきみがまた来てくれたとき、《中心》が出現して、それが過去を、永続するもののうちへ運びこんだ。時間は、近さという第四の次元に寄り集まり、あたかもわれわれは永遠から直接に出てきたかのよう——そしてそこへ帰ってきたかのようだった。ほんとうにそうなのかと、きみは訊いたね。ああ——存在もまた踏み越えられたのだ。

しかし、信頼するひとよ、知ってほしい、《想起され、そしてやさしく *gedacht und zart*》(2)なのだ――なに一つ忘れられてはいなかった。それにくわえて、まったく逆のもの も――ほとんど測りがたいきみの苦悩のすべてと、私の過失のすべても、なに一つ隠しだてなしに、われわれの心臓の打ち鳴らすこの世の鐘の長い一音からひびきわたった。それは朝の光のなかに鳴りわたり、それにつづく日々をして、はるか遠くにあってもいまや帰属しあう時間をわれわれに開かしめたのだ。きみよ――ハンナ――きみよ

きみのマルティン

61　ハイデガーがアーレントに贈る詩

鳴りひびくソナタより

嵐のさなかに

音

鳴りはじめると
その暗い音は
太古の〈すでに〉のなかへ
とうの昔の〈それから〉のなかへ、
澄んだひびきとなって入ってゆく、
そこでは一が他を獲得していたのだ、
それ自身から遠く離れて
それ自身のなかへ、彼方からくるやさしい
発見のくちづけに、ほとんど恍惚として。
親密さの過剰。

きみひとりに

―いまわれわれに生起しつつある―

この山歩きが
きみの深奥な到来の
最高の高みへの登攀となって
おわったこと……
なんだろうか――いまわれわれに生起しつつある
――将来とは？

あれ以外にありうるだろうか
純粋なほむらのあの高潮、
無傷に保たれ、
想起され、そしてやさしく守られてきたもの。

きみひとりに

光

いくら探してもきみはそこにはいない、
底知れぬほど幾重にもきみを縛っていたものが
芳情におのれを解き、
怒りを撃ちくだいて寛容のうちに入れるところには。

ひとすじの光が　存在のこの避難所から
崇高なことばへと射しこむ、
このことが　あのような贈りものを
　　聖別して供犠とし、
われわれに思索させ存在そのものへ
　　入りこませるのだ。
思索のなかでこそ、おのれの現成において
満たされた存在は流れこみ、流れ出てゆくのだ。

美しいひと……

長い苦悩の　にがい香りのなかで
きみの美しさはいやました。それは両方を――
穏やかさと奔放さを――きみの高貴な愛のうちで
　　一つに結びつけ、
流されることなく秘められた涙から、
《きみとわたし》のうちで　けっして
　　満たされることのなかった憧憬から、
ようやくそのかがやきを、そのほむらを、
　　慟哭によってかちとったのだ。

きみひとりに

ΠΥΡ ΑΕΙΖΩΟΝ〔永遠に生きる火〕
Πῦρ ἀείζωον
ἀπτόμενον μέτρα καὶ ἀποσβεννύμενον μέτρα

〔永遠に生きる火／きまっただけ燃え、きまっただけ消えながら〕
ヘラクレイトス　断片三〇

変わらぬ輝きを保ちつづけている灼熱の光
きまっただけ惹きつけ、きまっただけ遠ざけながら

きみが――稲妻に撃たれた近さの
痛みから――大きくうめくように発した声、
もっとも親しいことがらで和解の成った
《ヤー〔然り〕！》が
いまも耳にのこっている。

そしてそれは満たされた喜びの
深く守りぬかれていた叫びとして
夜になるとわたしに運んでくる、
はるかかなたの奥津城から
消えることのない陽の光を、
彼処ではあの一つの同じものが
――きまっただけ燃えさかる火が――
なじみぶかいもののなかで途方もなく、
おのれを異化して同一のものに帰るのだ。

きみひとりに

《想起され、そしてやさしく》

《想起される》――
おお　わたしに力をかして
これをあえて言えるようにしてくれ。
聞いてくれ！　《想起される》とは
いまではすなわち
目覚めさせられていること、
あの深い怨みのあらゆる淵へ沈められること、
そこからはきみの血潮の訴えにつぐ訴えが
ほとばしり出て――ああ　それを聞くがいい――、
きみへのわたしの呼びかけを
それからは《ああ！　問うてくれ！》へ投げ込んで
　しまう、
その難破した問いのかけらを、きみは来るたびに
わたしに重荷として負わせ、
荷はますます近く、ますます深く食いこんで、
あらゆる感情の大揺れを惹き起こして苦しめ、

触れ合いのやさしさを蝕む。

想起される、目覚めたままでいる……
休息を拒まれ、
幸せは遮断される。

《想起され、そしてやさしく》
苦悩の劫火がそれを鍛え、
選り分けてくれますように、
《そして》において自由に旅立てるように
和らげられて。

鳴りはじめた音がひびきわたる。
いちども口にされなかった嘆きのなかへ
沈みゆき
思いきって言えなかったことに分け入って歌う、
それがいま、生起して、花輪で飾られ、
愛と苦悩を同じ一つのことへ、やさしく
　　招じ入れるのだ。

きみひとりに

［無　題］

そして　それをこう名づけてくれ、
きみよ　親しきひとよ、
きみのために
きみの心のなかで。

それから焼きつくしてくれ、
二本のろうそくのあいだで
それを見つめた
わたしのために。

それはわれわれのために
不意打ちの注ぎ口から流れ出た
近さの接吻だ、と。

62　ハイデガーからアーレントへ

メスキルヒ、一九五〇年五月六日

ハンナ——

何重にも括弧のついたきみの手紙は、三〇〇〇マイルの距離にもかかわらず、間近に声をひびかせて、いまもそれが聞こえています。送ってくれたものはぜんぶ着きました。でもこれからは、なにか送るときは通常郵便にして、出費を節約してください。私のために原稿の写真コピーを作らせてくれて[1]、とてもうれしい。もっとうれしいのは、すでに一年半まえにもそれを送ってくれていたということ。ところがあの当時は、外国からの郵便物は——ヤスパースからのでさえ——届かないことが多かったのです。こちらで昨日、以前に書いたカント解釈の原稿に目を通していたとき（まだカント書《ブーフ》で悪戦苦闘中です）、きみのもっている原稿のもとになった草稿が人手をへてもどってきました。すべてが《現存在》を中心に回っていて、主観や意識から離れて、そこへ到達しようとしている。一九二四年一一月にケルンでおこなった講演、「現存在と真なる存在（ἀλήθεια）[2]」もそうです、その一部はその後ソフィスト講義への序論にも使いました。そもそもの発端は、一九二三年夏学期にフライブルクの私講師としてやった最後の講義、「現存在の存在論」でした。いま思うと、この鉱山にわけいり竪穴を掘りすすんでここまでやってきたことが、われながら不思議な気がする。《坑内》の作業はたいへんです。私は存在そのものへの問いを、あのころ（一九二〇年から一九二二年までのあいだ）徹底して考えぬいていたアリストテレス形而上学のかたちでではあったけれど、地下の闇からふたたび出られることを期待して坑外へ立ててみた。しかし昼の光で見ると、私の出た場所はどこか別のところで、こんどは回り道やあともどりをさんざんしたあげく、存在の究明に、そしてつまりは現存在と存在との関連の追求に、やっと向かったのです。私は、現存在の決断をἀλήθεια〔アレーテイア＝真理〕のほうからはっきりと見てとり、それに固執しようとしていたにもかかわらず、当時はまだA-Λήθεια〔脱-隠蔽態〕から考えることができなかった——つまり、現存在だけでなく、《存在》、そして存在《と》現存在をつなぐ《と》を、A-Λήθειαへと引きもどして考え、この《Zurück〔もどすこと〕》をVorauf〔前進〕として考えることができなかったのです。

いまここにある草稿を見てわかったのですが、現存在の分析というのはたえず山の稜線を歩むようなもので、そこには、少々かたちを変えただけの主観論の側への転落の危険と、まだ考えられていない――形而上学的思考からではまったく近づけない――*A-Ληθεια* の側への転落の危険とが、同時に待ちうけている。私がようやく成功したのは一九三五年になってからで、その前年に学長職から自分を内面的に解放して徐々にまた元気をとりもどしていたときでした。そのあと、もういちど一九三七‐三八年のショックがきて、そのときドイツの破局が私には明白となり[3]、この心労からある重圧感が放射されて、それが私をいっそう粘りづよく、時局からいっそう自由に、考えさせることになりました。そのころに「ヘラクレイトス」の基本的輪郭ができあがった。しかし「パルメニデス」のほうは、これとおなじ次元にはもっていけなかった。この二つは同一ならぬものとして、まさに同一のものに属しているのです。これが、ハンナ、なぜ私が出版に踏み切れないかの理由です。しかしおそらくそのすべてが、一つの道の一里程として、それなりの重みをまだもっている。それと関連するヘラクレイトスのロゴスについての、きみのまだ知らない諸論考も、やはりおなじです。

《暗号文字》というのはヤスパースのことを指していますが、《論理学》のほうはそうではありません[4]。しかも当時は、ヤスパースの《論理学》なるものについてはなにも知られておらず、私にたいして彼が以前にその話をしたことは一度もなかった。きみに「意地悪く」聞こえるという個所は、《たんに》絶望的な声にすぎません。それはラスクが一九一〇年に公刊した『哲学の論理学』[5]の考え方を指していて、この本はヤスパースにも私にもまったくちがうかたちでながら決定的な影響を与えたのです。同時にそれはディルタイも試みたような、《哲学の哲学》という見込みのない考えでもある。あれは自分自身の過誤を思い出して書いたのです。しかしまったくきみの言うとおり、こういう当てこすりはなんの役にも立ちませんね。名前を挙げなかったのには、それなりの事情もありました。自己弁明のために言うわけではないが、ヤスパースも彼の『哲学』のなかで《存在論》への論駁をおこなったさい[6]、私の名前を挙げなかった。そのあと『精神病理学』の新版[7]で遅ればせに、いささか安っぽいかたちでそれをやりました。でも、そんなのはたわいもないことで、われわれはおたがい根にもったりはしないものです。

G・ケラーのあのすばらしい詩[8]は知りませんでした。いろいろと深く考えさせる詩ですね。きみがふたたび蔵書に囲まれているのは喜ばしい。「薪の重荷」云々というのは、「火の洗礼をうけて、成熟し」[9]に出てきます――おそらくきみがそれを手紙に書いていたのとおなじ時刻に、私は薪の重荷を思っていました。

ハンナ、和解というのはおのれのうちに一つの富を秘めていて、世界が復讐という亡霊に打ち克つようになる転回《ケーレ》のそのときまで、われわれはその富を背負っていかなくてはならない、和解とはそういうものなのです。

ふらふらと浮動することどもが、かつてないほど縺れあって地表を飛びかっています。すべては旧態依然のまま。われわれには、すばらしい週など一つとしてなかった。そのせいもあって、私は大学の勢力圏から離れたところにいようと、ここへ来たのです。学部の連中は分別をもって思案してはいるらしい。しかし政府や教会の有力筋は私の復帰を望んではいない。そのことは完全に理解できる。だが、彼らはそれをはっきり言うだけの勇気をもつべきだ。清書は手書きで仕上がっています。六月六日には、比較的小さな規模の集まりでまた話すことになっていて〈物について über das Ding〉(11)、これはあとで印刷されます。そうしたらきみにも送りましょう。(10)

森の谷あいのあの木が、こよなく華奢な若葉の香りにしっとり包まれて、きみに挨拶を送っています。《時間》のことは、私にもどうもぴんとこない。エルフリーデに言わせると――彼女はきみに心からお返しの挨拶を、とのこと――、時差でここはそっちより六時間早いのだそうだが。(12)写真は気にいってもらえるだろうか。きみの手紙にはなにも書いてないが、ヒルデの容態は？

豊かな静けさに守られていますように。

マルティン

63　ハイデガーがアーレントに贈る五つの詩

鳴りひびくソナタ

鳴りはじめた音がひびきわたる。
いちども口にされなかった嘆きのなかへ
沈みゆき
思いきって言えなかったことに分け入って歌う、
それがいま、生起して、花輪で飾られ
愛と苦悩を同じ一つのものへ　やさしく招じ入れる
のだ

岩壁

おお　なんと大地の遠いことか！

あれはきみの星なのだろうか？
世界を背後に退けている岩壁の
万年雪をぐるりと囲む
休息の智慧の輪、
ひとつの遊戯がきみにやさしく
ひとつの死をなだめてくれる――
最後の神の
恵みの園に
はるか赴こうとする死、
さらには恩寵を
久しい封土、穏やかな招きを求める死を。

秘密はそだちゆく

五年を五たびも重ねた
久しきにわたり
時はわれわれに
混乱のなかで
一つ　また一つと隠しごとをして、
きみには放浪を命じ、
わたしには道を迷わせた。
おそらく時はそれを用意して
いたのだろう。つねに不安だ、
いつの日か到来する時の一つが
かつて信じられていたものを
馴染みぶかいものへと純粋に輝かしく変容させる
場所へ
われわれを救い出してくれるだろうか、
はじめに蒔いた種子とその早熟の芽が癒えて
育つなら、
その場所から新たな法が開花するだろうか、と。

再会

一九五〇年二月六日に寄せて

愛が思索のなかへと登りゆくなら、
すでに存在はその愛に好意を寄せている。
思索が愛にみずからを開いて明るむとしたら、
それは慈しみが思索にそそぐ光明をいっそう
つよめたとき。

ことば

《ああ!》
おまえ　歓喜の合図よ、
苦悩のうめきよ、
両方がひたと結びついて一つになった声。
静寂の亀裂、
もっとも近い近さの　最初の接合。

《ああ!》

おまえはなんとすばやく　それらの不意打ちに
呼応することか、
呼応しても　まずなにかを仄めかそうという
わけでもなければ
発語されても　なに一つ意味するわけでもなく、
みずからの合図によって
嘆きの歌へ招きよせられ、
ことばへと飛翔する語らいに
その余韻は消えてゆく。
語らいは鍛冶師、

静寂をまず静寂へと鎖でつないでゆき
単純さを事物のうちへと救出する。

《ああ!》　おまえ　《ああ!》よ

気ままにもどってこい
おまえの花冠へ、
そして踊れ
存在の痛みを
世界の火床で、
そのほむらは
世界から生じたものを
照らすあいだ
燃えあがるのだ。

おまえ《ああ!》よ

語られえぬことを語るもっともつつましい語、
しかし　ことばにとっての避難所よ。
最初の答えにして
究極の問いよ。

64　ハイデガーからアーレントへ

メスキルヒ、五〇年五月一六日

ああ、きみ！　もっとも信頼できるひと――きみがここにいてくれたら――きみはやはりそこにいるのだね――でも、私はきみのことばをとおして、魔法のようにきみを呼びだしたいのだ。しかし大きな海があいだにある。「ことば」〔彼の贈った詩〕は、ことばに寄せる私の思索を書いたもの。ことばについての哲学ではない。だがきみは覚えているね、いつか森の谷を散歩しながら、ことばについて語りあったことを。和解と復讐については、きみの言うとおりだ。[1] そのことに私はじっくりと思いをめぐらしている。こういった思索のすべてにおいて、きみがいつもすぐそばにいる。そして私は夢想する――きみがやっぱりここに住み、縦横に交わる山道を行き、事物のしずかな運行のすべてをともに担い、究極の喜びのまっただなかにいてくれたら、と。だから私は、きみの写真《だけ》しかもっていなくても――しかし心のなかにきみの心を、憧憬と希望を、いだいている。おたがいにますます単純となって純粋な単純さへ入ってゆきたいという希望を。二枚目の写真は別のものだが、それもきみがいつももっていてほしい。

異国にあって故郷にあれ、きみよ――もっとも信頼できるひと、きみよ、ふたたび来てくれたひと、いつかまた来てくれるひと――ハンナ――きみ――

マルティン

〔この手紙にはつぎの文面の紙片が同封されていた〕

たぶん五月二二日にはもうフライブルクへもどらなくてはならない。私がここから出した手紙への返事は、あちらへ、愛想のない解釈学のスタイルで書いて出してください。[2] 私の写真はどちらのほうが気にいったか、知らせてほしい、そうしたらお望みの写真のもっときれいな出来のものを、またお送りします。そしてもしきみの写真がまだほかにあれば、同封してください。なににつけても、あまりにも遠いね。きみが「ヘラクレイトス」をティリッヒ[3]にあげたいのなら、どうぞ、よろこんで。でもそのほかには、あの講義がひろまることのないように願います。

フライブルクを発つまえにブロッホの『ウェルギリウス[4]［の死］』を受け取りました。きみの論評はまだ手持ちがあるかな？　ここでは私は思索によく集中できた。しかしすべて、ますますことば少なになってゆく。ヤスパースの『入門』[5]をここへもってきています。*あの《話》は私がハイデルベルク[6]を訪ねたとき、きみがあの小さな家で話してくれたのだった。

きみよ——

M

* きみはもう読んだだろうね？　暗号文字について、簡単な説明をしてもらえるだろうか。

［さらにもう一枚、同封の紙］

きみに

きみ——ハンナ

《ヤスパースとハイデガー》のあいだにある本来の《とUnd》は、きみをおいてほかにない。

《Und》であるということは、すばらしい。しかしそれは女神の秘密。あらゆるコミュニケーションに先立ってそれは生起する。《きみ DU》のなかの《U》という深い音から鳴りひびくのだ——

M

65　ハイデガーからアーレントへ

フライブルク i. B.　五〇年六月二七日

ハンナ

きみの便りに長いこと返事をしないまま過ぎてしまった、少なくとも文字で書いた返事は。「物について」[1]の講演は、六月六日にミュンヘンでやりました。どうもバイエルンの獅子の洞穴に入りこんでしまったようなぐあいで、それもふつうの獅子とちがって、黒いうえにやたらと皮の厚いやつ。五官以上の勘ですぐさま感じられたのは、この講演会を侮辱と受け止めている人もいる、全体にちぐはぐな雰囲気でした。でも幸いなことに、私が特に頼んでおいたので若い連中も来ていました。晩には、ごく少数の面々と上質の会話。両隣りはグァルディーニ[2]とオルフ[3]、向かい側はマックス・プルファー[4]、彼は一九三五年のチューリッヒでの会話をいまだに活きいきと覚えていた。こんどのことはいくつか旋風を惹き起こしている、ここかしこで。しかしいちばんやりきれないのは、思索がひじょうに厳しい職人芸であることを、いくらかでもわかる人がほとんどいないことだ。仕事場で働く手とそれに必要な道具が人の目に見えるわけではないにしても、職人仕事であることには変わりはないのだが。

きみがヴァレリーのことば(5)を引いて言っていること、まさにそのとおりです。私がためらっているのは完璧をめざす執念のせいではなく、経験によって、少なきは多きにまさると知っているからです。ただし、それが職人的訓練によって補われ、新鮮なままに保たれていないと、すべてがいともたやすく硬直化してしまう。

エルフリーデと私はそのあとさらに田舎へ招待されたが、全体があれやこれやと盛りだくさんすぎたせいで、終わりのころは私の調子はあまりよくなかった。そのうえ、『カント』がどうもうまくいかない(6)。二〇年もたって、それもこのような二〇年をへたあとで補足をしようとすると、完全なつぎはぎ仕事になってしまう。あとがきや、あとがきへのさらなる付け足しを、いまさらもっともらしい著作の形式に仕立てあげたくはない。だからこの本は変更なしで、短いまえがきだけ付けて印刷へまわします。

二つのことをいっしょに、人知れず心に銘記しておく方法はないものかと、私はたえず思いめぐらしています。一つは、思索にはきわめて長くきわめて厳しい職人仕事がつきものだということ。もう一つは、思索は存在の現成を援けるものである以上、それ自体で行為であること。マイスター・エックハルトはヨハネ書注解のなかで言っているね、ipsa cogitatio...spirat ignem amoris〔思考そのものが……愛の火を吐く〕と(7)。きっとそこまでいかなくてはならないのだろう。

ところでカフカ全集は着きました(8)。この大きな贈りものに心から感謝します。まずは好奇心からぱらぱらめくってみただけですが、ちゃんと読むのは大仕事になりそうだとわかりました。

私たちは七月はじめには山小屋へ行きたいと思っています、雷雨ばかりのこの夏の天候がいくらか持ち直すといいのだが。物についての「洞察」の第一部は、いま筆写のために弟のもとへいっています。

ミュンヘンでの経験があってから、それに若い連中との経験からも感じるのだが、私はどこか別の世界からものを言っているようで、一般の考え方には、哲学のそれにさえも、私はもう落ち着き場所を見いだすことができず、接点すらほとんど見いだせなくなっている。

ごく少数の人にしか理解してもらえないのは、なかんずく、Ἀλήθεια にはじまって同じことの永劫回帰へといたる存在の歴史はけっして衰亡の歴史ではない、という点です。つまり、放っておくと哲学が脇道に入りこみそうだからハイデガーがそれを正道に引きもどす、などということではない。存在の歴史はそもそも、ある作用連関が出来《ゲシェーエン》するという意味での歴史ではないのです。こういう謬見はさしあたり克服されそうもないね。

きみはどうしてますか？　たった四日でなくてもっと長く、都会を脱出して山へ行ける見通しはたったかな？　ヒルデの具合はどう？　厚かましくいろいろお願いして恐縮だが、きみのお母さんのあのすばらしい写真のこと、まだ覚えていてくれただろうか。ミュンヘンでの講演会には、ハルダー[9]に入場券を一枚回してあげられた。彼はたいへん喜んで手紙をくれたが、頭脳の完全な明晰さとほんものの知をうかがわせる手紙だった。シャーデヴァルト[10]はいまはテュービンゲンにいて、すべてにフル回転中。私はハイデルベルクの講演は断わった[11]。そのほかでも、ここではすべてが相変わらずひどい。しかしもっと重要なことがあるのです。きみと野道を歩きながら、ことばについて語りあえたらすばらしいだろうに。しかしこの混乱した世界にもかかわらず、あのこと（Es）がよい方向にいって実にうれしい。

われわれに与えられたあの贈りものへの感謝から、ハンナ、きみに挨拶を送ります。

マルティン

エルフリーデが心からよろしくとのこと。――きみの次の手紙はバーデンのシュヴァルツヴァルト、トットナウベルクへ宛てて出してください。

66　ハイデガーからアーレントへ

トットナウベルク、五〇年七月二七日

ハンナ

こんなに筆不精なのを、どうか赦してほしい。でもきみを想いつつ考えたことを全部書くとしたら、それこそ大量の紙が必要だろう。書かれないままになっていることは神秘に満ちていて、熟成する力をたっぷりと秘めている。

きみが海辺にいて木々に囲まれているのは、うれしいかぎりです――それに思う存分泳げることも――きみが泳ぎ飽きるなんてことは絶対にないだろうね。そしてきみが海にいだかれて、大空のひろがりへ目を向けるとき、そこにあるのは世界を映す鏡の戯れ。

お母さんの写真をありがとう[1]、そこからいろいろと読みとって楽しんでいます。メスキルヒの写真[2]に、城のわきに教会の塔が見えるでしょう、私はよくそこにのぼって、多くの時をコクマルガラスやアマツバメのそばで過ごし、田園をながめやって夢想にふけったものです。左手の城は、ヴェルナー・フォン・ツィンメルン伯がツィンマー年代記を書いた居城。その後方にあるのが菩提樹園、そこから左へ写真の端を越えてのびている農道がある。エルフリーデがこのまえの手紙に同封したコバンソウは、たぶん失くなってしまったのでしょう。ブレイクの詩[3]は美しくて、啓発的だね。ヤスパースからはもう何週間も音沙汰ない。私の年金付き退職[4]がやっと確定して、外面的な惨めさはなくなった。しかし私はもう大学の人間ではないと思っている。息子の妻のことで、私たちはたいへんな心配と不安をかかえています[5]。それに全体としても、やはりあまり喜べるような状態ではない。ここ何年もの私の仕事はまだきちんと書き上げられずに、最初の草稿としてあるだけで、この先どうなるのか、いつになったら印刷にかけられるのかわからない。ロシア人、もしくはＮＫＷＤ[6]が私をねらっているだろうが、生きたまま捕まりはするものか。

ミュンヘン講演で語ったのは、四つの部分（物、立て組み、危険、転回）の最初の《物》だけ。目下、いうところの最終的清書なるものに入っているが、睡眠は不調だし、ときどき心臓がついてこなくなる。それに毎日、ほとんどどうでもいいたぐいの訪問客が一人は押しかけてくる。泣き言じゃないよ、事実を言っているだけだ。写真をとても楽しみにしています、技術的完璧さなどに私はなんの価値もおいていないからね。

ハンナ、この二月のきみの帰還をたえず喜びをもって思い出しながら、心のたけをこめて。こちらで噴火が起きようと、きみは心配しないように。すべて、終わるべくして終わるものです。

——きみよ——

マルティン

エルフリーデが心からよろしくとのこと。

ヒルデが逝ったその日、私はミュンヘンで講演していて、きみたちに思いを馳せていました。

67　ハイデガーからアーレントへ、詩を添えて

一九五〇年九月一四日

ハンナ

恋しいひと、写真への感謝をこめて詩を書き送ります、

一枚だって「捨て」たりするものですか、どれもとても気に入っています。たがいにすばらしく補いあっている。きみが海風にコートをはためかせて立っている姿は、じつに豊かなことばでアフロディテの誕生について語ってくれる。この写真をまえにしていると、これまで隠されていたものを突然考えられるようになる。ただ残念なのは、やむをえなかったのだろうが、きみがまともに太陽と向きあい、そのために眼がすぼまって、きみの姿全体のようにはきらめいていないこと。それでもこれは比類ないまなざしです。
(「日ごとわたしは出ていって[1]」)

　でもそこに欠けているものを、寝椅子にいる写真が補ってくれる。特別これを私が好むわけは？　きみがそこにいるからだ、フライブルクの私の部屋にいたときのように。あの日々がそこにある——愛らしい、このうえなく愛らしい茶目っ気もそっくりそのままに。

　そしてハンモックに寝そべるきみは、どうも私にはそう思えるのだが、まだ大都会の疲れをまるごとにじませているね、しかしその疲れもすでに、波と風と自由に席をゆずって退散しようと約束している。

　ふしぎといいのは写真の判型で、きみをじつに具合よく収めている——特にきみの立ち姿のものがいい。

　きみのまわりに都会の建物や柵ではなしに、草と木々と風と光があるのがうれしい、都会はいたるところに立て組み《ゲシュテル》を取り付けるからね。

　もっとも、きみはそんなものにむしろ打ち克って、居場所《エレメント》として使いこなしさえするかもしれないが。

　写真はうれしい挨拶、そう、きみの言うとおりに。

　　　　マルティン

［同封の紙片に詩と献辞］

きみに

波

海が鋳型で打ち出す波の
鐘のひびきにしずかに溶けこみつつ、
手は捲き毛の詩をかきなでて、
その香を高い明るみにとどける。

写真によせて

　　　　H／M

68　ハイデガーからアーレントへ

一九五〇年九月一五日

ハンナ

心落ち着かない状態にいるせいで、今週は無理して手紙を書く気になれなかった。きみの九月五日の手紙はすでに落手しました。嘆きの唄を奏でたいわけではないのですが、嫁のことで心配がつのって、私たちはみんなかなり疲労困憊のありさま。エルフリーデが特にそうで、彼女にとってはいつも母性的同情がなにより優先するのです。れっきとした医者がだれもはっきり診断をくだせないため、私たちは大きな葛藤に陥っています。おかげでここ何週かは私にとって収穫なし、それにいくら対策を講じても来訪者がひどい妨げになる。

私の件はひじょうに奇妙なかたちで決着しました。新聞の大学情報⁽1⁾は実情を正しく伝えていません。私は八〇パーセントの年金付き退職、つまりもはや大学の一員ではないのです。この年金付きの人物に大学側は同時に授業の委嘱もする、まるで劇場付きの劇作家に演劇の《講義》でもさせるように。不名誉な話です。私はなにも特別な地位をまた得たいとか、まして、世の新聞が事実を歪めて報じた上で注釈しているように「教授職に返り咲きたい」とか、ゆめゆめ思ってはいないのだが。

極端な場合には演習を担当することになるでしょう。しかしほとんど解決不可能な困難は、学生をどう選ぶかです。演習は二〇人以上いては意味がなくなるが、おそらく二〇〇人は申し込んでくるだろう。いくらか無作為抽出テストをしたうえで、いまの正教授のところで優秀だと折り紙のつけられた上級生だけを採ることも、やはり不可能だろうし。

私は自分が大学という環境にはもう合わないと感じているが、他方では、語られることば、厳しい導きとなることばは、なにものをもっても替えがたいことを、よく知っている。私はどうすればよいのか、まったくわからない。講演依頼はほとんど毎日のようにくるし、この半年くらいは講演旅行で時間をつぶせるかもしれないが、それもこういうセンセーション目当ての活動を面白いと思うならばの話。だから私は途方に暮れ、直接的な効果を狙うようなことすべてにたいして懐疑的になっている。《世界史》はその半狂乱ぶりにおいてすでに、あまりにも先まで突進してしまったからね。

まったくきみの言うとおり⁽2⁾、事は内戦という道をとって進められていくだろう。これはドイツにとっては終焉だ、ヨーロッパ全体にとっても。アメリカがうまくやるとは、私には信じられない。総じて、およそ子どもじみているのではないか、野放しの暴力に直面しているというのに、歴史的な諸観念でなんとかしようなどというのは。しかしときどき私は、これもまた過去の感想ということにしておかなくてはと思うことがある、自分の本務を《安全》なところで守っていこうという気があるならばね。だが、きみにはわかるね、それにもかかわらず私にはたくさんの時間がある、私の人生がいつまで続くかとはかかわりなしに。

ヤスパースがきみに定期的に手紙をくれるというのは、私にもうれしいことだし、気持がやすらぐ。私が四月に書いた二通の手紙(3)には、彼はもう返事をくれなかった。『モナート』誌に『森の道』のあまり芳しからぬ論評(4)が出たそうだが、その背後にはヤスパースがいるとおおかたの人は推量している。しかし私は書評をいっさい読まない、だからそんなことはどうでもいい。一九五〇年八月一日の『バーゼル報知新聞』には、私がユダヤ人の前任者をその職から情け容赦もなく追放して、みずからその後釜にすわったと書いてある。(5)——世界は根本においては変わらない、いたるところで同じことをやろうとし、それが同じだということを忘れてしまう。

やさしい親身なお便りをありがとう。きみの人生が落ち着いた軌道を進むようになったことを喜んでいます。エルフリーデがきみも感じとってくれたにちがいない好意《ツウナイグング》から、心をこめてよろしくとのこと。

きみへの思いのたけをこめて

69 ハイデガーからアーレントへ

フライブルク、一九五〇年一〇月六日

ハンナ

きみの誕生日への挨拶を、しばらくまえに送りました。山小屋のまわりの草原に咲く銀アザミの一輪です。

できればそれを、きみの寝椅子の上のほうに天井から絹糸でつるしてください。そこから太陽の光をきみへ映しかえしてくれるでしょう。どんなにかすかな空気の動きにも、揺れたり回わったりします。天気がわるいと、ときには閉じてしまうことがある。あらゆる想いと挨拶がこの花にこめられています。それがちょうどよいころあいにきみのところに無事に着くことを、私たちは願うばかりです。

私の誕生日へのご挨拶をありがとう、そしてシュティフターを想い起こしてくれたことも。(1) 私たちは山小屋での滞在を予定よりはやく打ち切らざるをえませんでした。天候は好意をみせてくれず、じとじと冷えこみ、嵐模様でした。

私はいまでもいつも森の道を歩いています。ブランデンブルク協奏曲第一番の第四（最終）楽章をご存知ですか？　私たちふたりからきみの誕生日に、あらゆるよき願いとともに心からの挨拶を。

マルティン

70　ハイデガーからアーレントへ

メスキルヒ、五〇年一一月二日

ハンナ

数日前にこちらへ来たのですが、その前日、スイス経由できみのすばらしい贈りものが届きました、完全に無傷で。みごとな四重奏のひびきはいまも私の耳から離れない。ほんとうにありがとう、エルフリーデも心から感謝しています。この高邁な精神のひびきが私の部屋をその波動で満たすときにはいつも、すばらしいことに、きみがとりわけ身近に感じられます。

銀アザミがおなじように無事に届いたかどうか心配です——風雨がひどくて寒かったこの九月には、美しくてきみにふさわしいアザミをみつけるだけでもむずかしかった。すべてを内に秘めつつ、私の思索の近くで生え育ったものとして、日ごときみに挨拶してくれますように。

私の誕生日に、私たちは山小屋での滞在を打ち切らざるをえませんでした。とてもしつこい風邪をしょいこんでしまって、いまでもまだすっきりせず、仕事の爽快さが味わえません。

「洞察」はまたもや足もとが大きく崩れてしまった。清書してしまえばある程度動かないようにできるのだが、まだためらっています。そのほかにも、ビューラーへーエでマックス・コメレルの記念会があったさい、ことばについていくらか語ろうとしてみました。(1)

ここメスキルヒには、一九三八－三九年にやった「ことば」のための予備作業(2)がそのまま置いてあります。すべては一つの単純な連関に収まるもので、その基本的特質は、それにふさわしい直接的叙述を要求しているのです。しかしこういうことに無理強いはまったく効かないもの。さらに耕しつづけて、なんとかなるのを待っています。

よく考えるのだが、こういったすべてについてきみと語りあうという贈りものが与えられたら、どんなにすばらしく、実り多いことだろう。書くとたちまち柔らかさを失うし、一面的にもなってしまうからね、たとえきみが先駆的思考（Vor-Denken）によってそれを補うことができるとしても。

明後日にはフライブルクへ帰ります。あちらでは学期のあいだ、ごく小さな、どちらかというと偶然にできあがったグループで、ある演習(3)を自宅でやってみている。しかし、私はもはや世の中とのつながりを見いだせないと感じているし、時勢があまりにも騒然としているいま、ほかの人たちに思索の努力を求めるのは無理だろう。この努力は、解決策を提供したり満足を与えたりはしてくれないからね。ところが今日みんなが欲しがるのはそういうものばかり、おそらくもっと欲しいものはなに一つありえないのだろう。《アカデミズム》の世界や《大学》と接触するのは、どんな接触だろうと、私はぞっとする。それは内心の恨みや、克服できない憤懣のせいだと、ひとは言う。こういう意見は勝手に言わせておくしかない。――

きみは自分のことはほとんど書いてこないね。だから私はあの夏の写真をいつも手もとに置いて、ひっそりときみのために願いごとをする。きみがきみの道を離れずに進みますように、と。なにが世界史上でくりひろげられてゆくかは、ある秘密から発するはかりごとであって、われわれの射程の短すぎる諸観念が、その秘密からわれわれを遠ざけているのだ。しかしそれは同時に波であり、近さであり、追想の汲めども尽きぬ源でもある。それにくらべれば、われわれの五年間など一瞬のまたたきにすぎない。

きみに挨拶を、ハンナ――

マルティン

71　ハイデガーからアーレントへ

フライブルク i. Br. 五〇年一二月一八日

ハンナ

きみのことを話してくれてありがとう。もうまた家にもどっているころだろうね(1)。おかげできみの仕事や環境がいくらかはっきり頭に思い描けるようになった。もっともきみの手紙のあとの、ほかならぬこのほんの数週間で、雰囲気にいろいろと変化が起きているかもしれないね。個人には世界の渦の核は見えない、渦に巻き込まれていればいるほど見えない。いちばん近くにあるものがどうなるかにばかり目がゆく。ヨーロッパとドイツが来年の晩夏にはどんな様子になっているか、だれにもわからないのだ。一年まえのいまごろ、きみはすでにすぐ近くにいたのだが、私はそうとは知らなかった。そしていまでは、きみがここにいたのは昨日のことだったような気がする。窓ぎわにはいまではレコード・プレイヤーが置いてあって、だからきみのレコードはこれで存分に美しい音をひびかせることができる。《立て組み《ゲシュテル》》というのはすでに謎に満ちたしろものだ。その秘密を避けて通ろうとなどしなければしないほど、早くその本質にふさわしく対応できるようになるだろう。はじめは、その破壊的な側面にまず完全な決着をつけなければいけないかのように見えるがね。「ことば」のほうはもう少し辛抱して待ってほしい。たしかに講演というのはたいてい、事象へ導いてゆくという利点をもってはいるが、その事象をしてみずからの中心から語らしめることは、断念せざるをえないのだ。

　ここのところいろいろな道をたどりながら、きみとおなじようにギリシャ人のもとで学んでいるところだが、(2)領域はきみとはちがう——そもそもここで区別をもうけられるとすればだがね。いま取り組んでいるのはヘラクレイトスの断片一六(3)。これを語るにはいっそう単純に、それと同時に遠くまで射程のおよぶようにしなければならない。はじめに経験された'A-Λήθεια〔アー＝レーテイア〕を取りもどすことが、私の思うに、人間の新しい住まい《ヴォーネン》をととのえるために育ちゆくべき萌芽にして種子なのだ。年とともに私はゲーテを理解するようになったよ、われわれが再会して過ごしたその最初の時間に、きみは彼を引用したね。彼が現象を擁護してニュートンに反対した闘争は、《美的なもの》と《クレタ文明的なもの》との分離という、この歴史的所与の土台に立っているが、そのめざす方向は、世界のために大地をたんなる計算から救出することにある。

　口に出しては言わないがこのような関心をもって、私の《読みの演習》(4)では原因性を扱っている（アリストテレス『自然学』第3巻）。アリストテレスとギリシャ人たちが原因（αἰτία）について言っていることと、今日の物理学者がそれについて語っていることとを、比較対照してみると（後者では《われわれは現在を知るなら未来を算定できる》というのが、因果律の《厳密な定式化》として通用している）、目のまえが真っ暗になるが、同時にしかし心は明るくなる。

　演習では、私は自分の関心事についてはいっさい言わない。学生たちと——私は初心者を受けいれましたよ——思索の歩みだけを学んでいる。これで彼らは、思索というものはどんなにぱっとしないものでもすでにもっとも本質的なものであり、だから最初から大きな問題について無理に背伸びして語る必要はないと、わかるようになる。うれしいことにいまでは私は、ただそこへ導くだけのこのやり方を、三〇年まえよりもっと単純に、もっと全体を見通しつつできるようになった。ただし別の問題はあるね。講義で神と世界について、キルケゴール、パスカル、ヘーゲルについて聴かされ、すべてをただちに世界観のレベルにもちこんで決着をつける学生たちが、果たしてこのような歩みの訓練を好きになれるかどうか。彼らの目を見ていると、ときおりひとりかふたり、単純な事象から得るこの理解の光明を喜びとしうる者がいるのがわかる。思考のこのとばくちにまで到達するなら、私は満足だ。――カント書とヘルダーリン論集(5)は、贈呈します。クリスマスの挨拶として、最近撮った写真(6)をここに同封しておきます。クリスマスは息子たちと山小屋で過ごしたいと思っている。麓のここでも、もう雪が積もっています。――

　こういう不穏な日々にあっても、きみは落ち着きをたもって、永続的なものに思いをいたしていることだろうね。だからわれわれは追想のなかでたがいに向き合える。ごきげんよう。

エルフリーデからも感謝と挨拶を。
ご主人に、そしてティリッヒにもよろしく。

マルティン

72　ハイデガーからアーレントへ

フライブルク、五一年二月六日

ハンナ

この挨拶は六日(1)にはきみのもとに着いていなくてはいけなかったのだが。この一年間はあっというまに過ぎてしまった。去年とおなじ光が、いままたすべてを照らしている。いま育ちはじめた年はふたたびいっそう明るくなっていくだろう、たとえ歴史上の年はますます暗くなりそうだとしても。きみがまた旅からもどっていると知って、うれしい。山小屋でのクリスマスの日々は、久方ぶりに息子たちといっしょで(2)、すばらしかった。外はたくさんの雪、風はなし。森は雪と霧氷に覆われて。ただ太陽はのぞかなかった、いまでもおよそ顔をのぞかすことはめったにない。フランスからのきみの火の挨拶(3)、心からありがとう、エルフリーデも美しいスカーフを感謝しています。

一月はじめに、オルフの『アンティゴネー』の上演に招かれてミュンヘンへ行ってきました(4)――完全にヘルダーリン訳をつかった音楽。これほどのものを私は久しく味わったことがない。私たちは公演に二度も行きました。そのあいだの一日、ソポクレス作『アンティゴネー』のヘルダーリン訳について、ラインハルトが話をした(5)――みごとな講演だった。この翻訳にヘルダーリン自身が付けた《注解》の謎を解く一つの鍵を、ラインハルトがはじめて与えてくれたというのが、私の意見です。

オルフは、所作と踊りとことばの根源的な統一にまで遡るもの、そこから激しく生まれ出てくるものを、表現することにかなり成功している。オルフはヘルダーリンをとおして、ある独自の仕方でギリシャ的なものへ到達したのだ。ある瞬間瞬間に、神々がそこにいた。きみもこれを経験できたら、と思ったよ。

ここには、従来のものすべてから決定的に離れ、それでいて伝承されたものを創造的にわがものとしている、なにかが生まれ出ている。

そのあと私はヘラクレイトスのロゴスについての論文を一気に書きあげた。ことばについての私の講演と対をなすものになるだろう、この講演のほうも新たに書きあげてある。この両方が今度は、いつの日か私が満足できるようになるまで、代わるがわるみずからを高みへ運びあげていかなくてはならない。――

私の演習に出てくる若い連中《ブーベン》もいまではやはり、少なくとも何人かは、目を覚ましかけているように見える。ときおり思うのだが、いま試みていることを三〇年近くまえに私が学ぶのをたすけてくれた人たちと、じっくり討議すべきだろうね。たびたび考えぬいてきた事象が、ますます謎に満ちたものになってゆく。だからいつの日かわれわれは、まったく理解しがたいことをあえて語らざるをえないところまでいってしまいそうだ、手っとり早いわかりやすさがますます幅をきかせるようになっているが、そんなことは気にかけずに。――

私たちがミュンヘンから帰ってきたあと、うちの嫁がテュービンゲンの親戚のところから逃げ出して突然ここにあらわれ、ありとあらゆる人にどこか就職口はないかと頼んでまわる始末。いまでもまだいます。もうそろそろ彼女の姉のところへ行ってくれないものかと、私たちは期待しているのだが。

鑑定医による診察がおこなわれたのだが、その結果の知らせはまだこない。私たちみんなにとって大きな心配のたねで、どんな決心にも助言にも、そのたびごとに不確かさのなかを手探りするありさまだから、当然ながらすべてが神経にひどくこたえます。——

チューリッヒの文学史家シュタイガーと、メーリケの詩「ランプに」の一行をめぐって、とてもうれしい文通をしました[6]。クリスマス休暇中にもう結着がついていて、公刊されることになっています。抜刷りを送ってあげよう。ちなみにシュタイガーはいま一学期間アメリカで教えている。きみが生きいきとした問いと詩作を、きみのまわりに集めて活力を与えているのは、うれしいかぎりです。近いうちにまた手紙をください、私のほうはそう自由がきかないとしても。ご主人とティリッヒによろしく。きみ自身に私の言いたいことは、すべてきみにはわかっているね。

エルフリーデもきみに心からの挨拶を

マルティン

あの樹がよろしくと言っている。

73 ハイデガーからアーレントへ

フライブルク、五一年四月一日

ハンナ——

うれしいお便り、それにクラウディウスからの美しい引用[1]文をありがとう。その単純で詩的な美しさのゆえに、解釈の技のありったけを要求する個所だね。——

オルフの音楽もやはりわれわれの言う意味での音楽ではないし、今日言う現代という意味での現代音楽でもない。きみが正しく推測しているとおり、ことばの歌（Sprachgesang）だ、そして完全にリズム的なものから生まれている。ラインハルトはあの講演を、ミュンヘンの年報のどれかに発表すべきだね。しかし彼がそうするかどうか、私にはわからない[2]。

彼にはとりわけヘラクレイトス研究も公刊するよう強く勧めておいた[3]。彼のほうでもそういう計画をもっているらしい、いまでは定年退職の身だから。そういえばスタンフォード大学で講義しているヘルマン・フレンケルが、初期ギリシャの思想と詩にかんするドイツ語での大著をそちらで公刊するそうだ[4]。きっと抜群のものになるだろう。

きみはプラトンの名を挙げているね。私の場合、彼はいつもすぐ身近に立っているのだが、まずはいくつかの問題に片をつけてしまわないと、プラトンをもう一度新たに読む愉しみを自分に許すわけにいかなくてね。学生たちとの読みの演習は四月一七日にはもう始まるが、そこではアリストテレスをひきつづき読んで、そこから一気にライプニッツへ跳んでみようかと思っている。

復活祭前の週に、ボーフレ(5)がわが家の客となった。彼はいまやすでに私の試みを自家薬籠中のものにして問いを出す、その緻密さは気持がいい。最後にはいっしょにヴァレリーの「若きパルク」と「蛇の素描」(6)を読んだ。

リルケの詩では、こんど遺稿から集めたものが『一九二五年の日記帳と覚書より』という小さな一冊になって出たところ。それを見ると、一九二四年という年は彼にとってまた一つの新たな始まりだったことがはっきりわかる。ひじょうに美しい詩をもたらした年なのだ。二篇を書き写して同封しよう(7)。

最近、谷あいの白樺のところへ行った。きみへ白樺からの挨拶を。われわれが行ったあの斜面の向かい側の、初咲きの桜草からも「同様に」。春の訪れはたいへんためらいがちで、高地シュヴァルツヴァルトにはまだ二メートルの雪がある。

望むらくは、きみがもうすっかり元気を回復していますように、そして雑事に追いまわされずにすんでいますように。

H・ブロッホに、なにか新作は(8)？　それとも、それについてはいっさい口外無用とされているのかな？

私たちの嫁は、鑑定医の判定書によれば、精神障害と宣告された。すべてがはかばかしくなくて、当事者みんなにとって悲しいことだ。エルフリーデはきみにスカーフのお礼を書きたいと思いながらも、ずいぶん時がたってしまった。前からの手伝いの人がいなくなったので、家事に追われて手紙を書く暇もないのだ。ヘラクレイトスのロゴスと私の「ことば」は、必要な対応関係に徐々に入りつつあって、双方が、思索と詩作の関係への問いにたいするよりよい土台を与えてくれる。

はるか波のかなたへ

マルティン

エルフリーデが心からよろしくとのこと。

五一年四月二日

H――

手紙にまだ封をしていなかったところに、きみの本(9)のことを知らせるきみのお便りが届きました。「対立的な立場」だときみは言うし、それに私の《英語》も不十分だけれど、のぞいてみることにしましょう。

私の著作のことでは、きみがなにも言及していないのが腑に落ちなくて、すでにこの前の手紙でも訊いてみたかった。だが思いなおしたよ、たしかにきみがよく知っていることがらだからな、と。いまでもそう思っている。

両方ともクリスマス前に、一〇日ほど間をおいて発送してあります。[10] それぞれ出版社から届いてすぐに。『ヘルダーリン』を最初に――普通郵便で。どの方法で送るのがいちばん確実だと思うか、すぐに知らせてほしい。ちなみに、まちがいなく私の外国郵便も国内郵便もいまだに検閲されています。最近でもまだボーフレは言っていた、本を彼に郵送しないほうがいい、こちらへ来た友人にことづけるのが安全だと。

きみとご主人に心からの挨拶を

M

74　ハイデガーからアーレントへ

フライブルク、五一年七月一四日

ハンナ

お便り二通、ありがとう、両方ともそれぞれに喜びを運んできてくれました。私は気分を害してなどいないよ。手紙を書かなかったのにはまったく理由はなくて、たんに怠けていただけです。アリストテレスの演習（自然学第二巻第一章）をやって、若い人たちのためにはいろいろと成果をあげることができたが、私の思考の歩みにはかなりの遅れと注意の分散が生じてしまった。それにここ何週間かは、八月五日のダルムシュタット談話会（人間と空間）でする講演[1]にかかりきりになっています。私が選んだ題名は「建てる――住まう――思索する」。すべてを単純に、長くなりすぎないように話したいので、かえって仕事はたいへんになる。講演だけならいいのだが、こういう機会にはかならず思索の道全体が地滑りを起こすからね。たくさんのことがこぼれ落ちてしまう。ことがらはまったく単純なのだが、通常の《自然的態度》ではまるっきり見えてこない。そういう場にいて、ことばを発すると、そのことばがかってに危ない道を走り出すのをもう止めようがなくなる。そんなとき私がよく思い起こすのは、われわれが言語についてあの白樺への道で交わした会話だ（いまも谷は山あいにしずかによこたわって、挨拶につぐ挨拶を送ってくるよ――）。いまの私は教師としての活動はほんの申しわけ程度にしかやっていないとはいえ、たびたび感じるね、教えること自体はいくら重要だとしても、みずからの様式《スタイル》を育てつつある本来の仕事を、かなり邪魔していると。こういうとき、遠くをみはるかすような会話がきみとできたら、どんなにいいだろう。たとえきみが私の机のわきで横になって――関節痛があってはね、そして腕枕で――いなければならないとしてもね。そのほか私はブレーメンでの講演のために、ヘラクレイトスのロゴスをもう一度じっくり考えた。講演テクストの写しをとり、ギリシャ語も入れてあるから、きみに普通郵便でお送りしよう(2)。

　私はヘルマン・ブロッホに面識はなかったけれども、美しい追悼文を書いたあのヴィエッタ(3)から十分に話は聞いていたから、とてもこの死を軽く受けとめることはできません。このような不慮の出来事は、その後ふたたび落ち着きを取りもどしたかのように見えるころになってはじめて、多くの心労をもたらすものです。しかしきみたちが少なくとも外面的にはもちこたえられたことは、なによりだね(4)。――きっと遺稿のなかには、たいていは著者が過小評価しているけれどじつは価値のある作品が、残されていることだろう。しかし生きている人の偉大な息吹がもはやそこに通わなくなると、やはりすべては変わってしまう。

　きみの著書(5)をありがとう。私は英語が力不足で読めないのだが。エルフリーデはおおいに興味をもつだろう。でも差し当たっては、時間も家も、ざわざわと落ち着かない。離婚(6)がいまでは話し合われている（原因は精神錯乱、それがどういう経過をたどるかは、すぐには見通せないけれども推測はつく）。

　すべてが依然としてなんとも心痛むありさまだ。裁判所の決定に従って、あっさりけりをつけるというわけにはいかないからね。――

　きみがカント書《ブーフ》に《うるさい》疑問を呈してくれるなら、ありがたい。問うことはまことに稀有となって、教養の鵜呑みばかりが増えている。

　今年の夏は、海辺で過ごせる可能性はもうないのかな？　去年はとても元気になって大都会へもどってきたのに。

――

　ダルムシュタットの講演までは、私たちは山小屋へ行っています。八月八日ごろから二週間、私はザルツブルクの近郊へ出かけます(7)、ヴィザがとれたらの話だが。去年の八月は山小屋で過ごしたが、訪問者が多くてやりきれなかった。この数週間は山の上の孤独はもう完全におしまい。物見高い連中がみんな乗り物でやってくる。――

　エルフリーデが心からよろしくとのこと。

ご主人によろしく。

そう――そして「ボールの帰還重力(8)」――
きみに心をこめて

マルティン

私が見かけは無音に過ぎようと、近いうちにまた便りを書いてほしい。《ロゴス》(9)の写しは、きみをびっくりさせるささやかな贈りものといっしょに発送します。

75　ハイデガーからアーレントへ

きみに

アンリ・マチスの素描に寄せて＊

高貴なひろがりの謎を秘めたもの――
おお　きみ　大きな顔――
抑えた筆さばきで
純粋な飛翔から編みだす
ひと息で
軌道もたしかに
きみを　突然に　ひとつの素描が。
それは見た
遠くをまじかに。
それは本質へと解放したのだ。

＊ 図版10および11を見よ。

76　ハイデガーからアーレントへ

山小屋、五一年一〇月二日

ハンナ

この挨拶は誕生日にはすこし早すぎますが、私の手紙と手紙のあいだがこれ以上空きすぎてはいけないと思って。これまで仕事にすっかり没頭していて、いまでもそれが続いている。しかしなにはともあれ、まずきみのための衷心からの願いを送ります、きみの身辺がつねに快く平穏でありますように――そしてあまりに大きい外的な心配ごとに悩まされることなく、きみの才能をきれいに開花させることができますように。

きみの誕生日と同じ日にすることになっている講演(1)に、私はいままた、前とは別の推敲をくわえていて、もうすぐ仕上がるところだが、これで原理的なものへの方向転換がもっとはっきり打ち出せた。完成したらお送りします。

ロゴスへのきみの問い(2)は、煩わしいなんてとんでもない。すぐに詳しく、落ち着いて答えなくてはならないところだが、近くまたギリシャ語圏にもどれるときまで待ってもらえないだろうか。

私はこんどの誕生日で、規定どおりの定年退職となった(3)。みんなは私がまた講義をすることを、あるいはいずれにせよもっと関与の度を強めることを期待している。私は神妙にしているよ。目下のところ、私に委嘱するのがいちばんむずかしいのは講義だろうね。ことは単純にはなっても、そのためにかえって厄介にもなり、関係者自身はいっそう用心ぶかくなって、要求がきびしくなってくる。どういう結果が出てくることか。

いずれにしても少々ごゆっくりではある。しかしこの歩調は定年退職者にはむしろお似合いだね。とはいえ、きみが遠く海をへだてて感じとったとおり、老いの実感は私にはまったくないのだが。

しかしいまの大学の空気、似非《えせ》神学的なそれが　私にはいちばんの悩みのたねになるだろう。問題をはっきりしたかたちで、開かれた場にもちだすことができないのだ。今日でもまだだれかひとりの努力で、ある雰囲気をつくりだせるかもしれないなどと思うのは、たぶんまちがっているのだろうね。――

私のダルムシュタット講演を、ドルフ・シュテルンベルガーが「根源的居心地よさ（Urgemütlichkeit）の哲学」だと言った(4)。きみもそう思うだろうか？

ブロッホのものはいつ、どこから出るのかな？　ちなみに、ベンは私を失望させはじめている(5)。

講演「建てる――住まう――思索する」がそちらに届くのは、おそらく少し遅れるだろう。

ところで、きみをおどろかす贈りものがある――私の作品ではないよ――、しかしわれわれ両方に関係があるもの、そしてかならずや、きみを喜ばすもの(6)。

そのほかではいま、つぎの学期にはなんらかのかたちで引っぱり出されるということが頭にあって、たいへん不愉快な気分でいます。しかしいままでのような種類の演習にしても、とくに人選の仕方は、これでいいと言えるしろものではなかった。せめてあとは上天気の秋を期待しています。きみは元気だとのこと、うれしいかぎりです。

ごきげんよう

マルティン

エルフリーデからきみの挨拶へのお礼と、重ねて心からの挨拶を。ご主人にもよろしく。

77　ハイデガーからアーレントへ

フライブルク、五一年一二月一四日

ハンナ

きみに返事を出すまでにもうクリスマスになってしまいそうです。きみの身辺が落ち着いてきて、宿願の計画に専念できるようになったとのこと、なによりですね。ヘルダーリンの詩の英訳(1)——これは私の想像するに、かなりの程度うまくゆくかもしれないね、特にこのあいだからキーツを（翻訳と合わせて英語で）再読しているから、そう思うのだが。いまヘルダーリンのシュトゥットガルト大全集の第二巻が出ているのを、きみはご存知かな？——大型判で、原典批評の浩瀚な補巻付き。しかし文献学のこれほどふんだんな投入をもってしても、はたしてヘリングラート(2)を本質的に超えているかどうか、私には疑問です。

最近、私たちはチューリッヒへ行きました。二つの単科大学両方の学生に講演をしたのです(3)。テーマは、「……詩人として人は住まう……」。まだ清書はされていない(4)。しかしすべて上首尾でした。別の日に、シュタイガーとロマンス語学者シュペルリ(5)の弟子たちとゼミナールをして、そのとき自分でわかったのだが、私はまだまだやれる——。講演記録(6)は私家版として印刷するとのこと。できてきたら、お送りします。

いま別便で、「物」の抜刷り(7)と、きみをおどろかすつもりのようやく届いた贈りもの(8)が、そちらへ向かっています。はるかな海を無事に渡ってゆきますように。

ここのところ私はまた金曜日の五‐六時の一時間、「思索とはなにか」を講義している。大講堂は一時にはもう人が詰めかけて、四時には入りこむ隙もなくなる——私自身が入るのもやっとだ。講義はほかの二つの教室にも放送で中継されている。脱落せずに聴きにくる聴講者はぜんぶで一二〇〇人ほどにもなろうか。こう大勢では、見知らない連中も一人や二人はまぎれこんでいそうだ。私はこれまでよりもっと単純に、もっと直截に語る——こうすると準備の苦労ははるかに大きくなってしまうけれど、余分なものを取り去る技を磨くいい機会になる。多くの聴講者が単純なものに騙されてしまうだろうね。というのも私はいまはじめて、真に思索するに値することがらの間近に来ているのだから。

演習（アリストテレス Phys. Γ, *κίνησις*〔自然学第三巻 運動〕について）で見ているとわかるのだが、連中は最近の五年間たいして学んでこなかった。《見る》というのはどういうことかを、まったく知らない。彼らは論証する、諸科学にすっかりはまりこんでいる、そのせいで思索の自由な空気にはなじみがない。つらつら見るに――私は年を食った子どもの《幼稚園》をやっているようなものだ、そして――いまもまだ、そこでの教え方を学んでいるというところ。夏学期にも講義はつづけることになるだろう。

エルフリーデは元気です。私たちはすばらしい秋の数週間を山小屋で過ごしました。ここの家にいるとなにしろ仕事が多くてね。ヘルマンはここへ移転した教師養成所に通っていて、いまはこの家で暮らしているし、おまけに、林学を勉強中の甥[9]までいっしょに住んでいるのだから。イェルクはカールスルーエの工科大学で勉学中。離婚はもう決まったようなもの、かわいそうに彼の妻は病気で、よろず痛ましい事態がつづいています。イェルクは彼の大設計に取り組んでいて[10]、すこしずつまた自分の分野に専念しはじめている。来年には学業を終えたいと言っているが、私たちは急き立てはしない。

クリスマスは山小屋で過ごします。でも、正月まえには引き揚げて、若い者たちに場所をゆずります。

そのほかでも世界は好ましい様子には見えないね、それにどこでも、人びとはなにも学ばないとみえる。どだい学べるわけがない、われわれはおそらくまず学ぶことを学ばなくてはならないのだからね。

この手紙に二枚の書付を同封します、二つの印刷物の貼付用に。

大海原の波を越えて、きみに挨拶を送ります。

マルティン

エルフリーデがきみの挨拶に応えて、心からの挨拶を。

78　ハイデガーからアーレントへ

フライブルク、五二年二月一七日

ハンナ

いろいろな理由で返事が遅れてしまいました。うちではみんな流感にやられて、私は講義を休んだほど。いまはまたなんとかやっています――いくらかの不快感を別とすればだが、雪ばかり多くて陽の射さないこんな冬では、そういう不調が起きてもふしぎはない。

そこへもってきて、私たちの計画とその時期がなかなか確定しなかった。私たちはおおよそ三月二〇日から四月六日までのイタリア旅行に、招待されている。(1) 四月末、二四日ごろには、親戚の結婚式(2)その他、そういうわけで私は五月はじめまではここを留守にします。

きみは世界半周旅行をすることになるようだね、(3) すでに下稽古ずみだから、私たちなどより楽々とこなせるだろう、こっちのイタリア旅行はトスカーナまでしか行かないのだから。

この冬の講義はどうにか「泳ぎきった」。だが夏学期には、もっと準備をよくしておきたいものだ。三つの教室につめかけた聴講者たちはもちこたえたよ――、しかし依然としてやりにくい、なにしろ聴講者たちがどういう前提をもって聴きにきているのか、ほとんど見当がつかないのだから。

それについて演習で知りえたことからすると、彼らはひじょうな熱意とすすんでやる気をもっているらしい――だが、私には自分で育てた後継者がまったくいないので、ほとんど万事が依然としてむずかしすぎるのだ。ロス編アリストテレス英訳版の『自然学』(4)が出たおかげで、少なくとも一つはよいテキストがある。値段が張るにもかかわらず、かなりの連中がこれを入手している。しかしふたたびなにかを始動させるには、私は四時間の講義と二つの演習をやらなければならないだろう。そんなことはいまの体力からいってもう無理だし、ほかの仕事を放置すべきでないとすればなおさらだ。

『森の道』の第二版がいま出たところ、しかし残念ながら紙が悪い。最近の講演やそれに付随する仕事の仕上げは、ほとんど完全に放りっぱなしにせざるをえなかった。

ここのところ批判的な声が《増えて》きている。せめて《批判》であるならいいのだが、いつもいつも、私がすでに一九二七年このかた、いやというほど知っているのと同じしろものばかり。

レーヴィットは『ノイエ・ルントシャウ』の論文で、まずいスタートを切ったものだね。[5] 彼は明らかになに一つ学ばなかったようだ。一九二八年には、彼にとって『存在と時間』は「偽装した神学」だった、一九四六年にはまごうかたなき無神論、それで今度は？

　いったいどういうことなのか、疑問だね。マルティン・ブーバーの姿勢はこれとはまた別だ[6]――しかしどう見ても、彼は哲学をまるで知らない、たぶん哲学を自分では必要としないのだろう。

　いまヘルダーリンのシュトゥットガルト版大全集の第二巻が出ている――ほとんど行き過ぎなほど文献学的なものが。ヘリングラートより《進歩》したところはたしかにあるが、それを見つけだすには格別な勉強が必要だ。――

　そのほか、ヨーロッパの様子はあまり芳しくない。思いがけないことが起こるのを覚悟していなくてはいけないね、なにせ今日では、すべてが突然に予想もつかないかたちで降りかかってくるのだから。まるでヨーロッパ人の地平がどんどん縮んでゆこうとしているかのようだ。

　ニーチェは、もっとも長く生きのびる「最後の人間 die letzten Menschen」について言っているね、彼らは「目をしばたたく」と。[7]――

　旅の計画はもう固まっただろうか？

　きみとご主人に、私たちの心からの挨拶を

マルティン

79　ハイデガーからアーレントへ

フライブルク、五二年四月二一日

親愛なハンナ――

　きみがいまどこにいるのかは、とにかくわかった。イタリアはすばらしかったよ、車で行くとちがうふうに見えるね――フィレンツェがいちばん美しかった、泊まったのは市外のフィエーゾレ。私たちにとっては、きみの来るのが五月一九日以後ならたいへん都合がいい。おそらくきみは講義を聴けるだろう。[1] 私の講義は金曜の一七―一八時。今学期はほかの予定があるので演習はやっていない。《誤植》をみつけてくれてありがとう――第二版は写真製版で悪い紙に印刷してあるものだから。[2] ひょっとしたらきみはパリでジャン・ボーフレと知り合えるかもしれない、[3] 彼は最近何日かここにいた。

　バーゼルの様子は、ぜひとも聞きたい。

いまはきっとパリのいちばん美しい時期だろうね、私はあいかわらずまだ行ったことがないのだが。

同封のもの(4)は、きみ自身に使ってもらうために。

私たちの心からの挨拶を

マルティン

80　ハイデガーからアーレントへ

メスキルヒ、五二年六月五日

ハンナ

残念なことに私は明日までしかここにいない、またフライブルクへ帰らなくてはならないのだ。風邪がひどくなってしまった。疲れも感じている。

いまは手紙をくれないほうがいいし、立ち寄ることもしないほうがいい。よろず心の痛む厄介なありさまになっている。だがそれに耐えなくてはいけない。

ロゴスについては、また次の折りに。

マルティン

81　ハイデガーからアーレントへ

フライブルク、五二年一二月一五日

ハンナ

きみの誕生日に贈るはずだったものを、いまクリスマスの挨拶として送ります(1)。このあいだはしばらくメスキルヒで仕事をしようと出かけるまえ、気ぜわしさのあまりうっかりして、ある小冊子をきみへ送ってしまった。あれはほかの人が私に送ってきた冊子で、下線も私が引いたものではない。そこでお願いしたいのだが、折りをみて印刷物郵便で送り返してもらえないだろうか。

そうこうするうちに私の一九三五年夏学期の講義「形而上学入門」の清書ができあがって、印刷にまわせるようになりました。来春、単行本としてニーマイヤー社から、『存在と時間』の新版といっしょに――こっちは新しく印刷するが変更はなし――出ることになっているが、これは一種の入門書であると同時に、『存在と時間』と『森の道』のあいだの道筋をいくらか目に見えやすくしてもいる。いまは、きみも何時間か聴いた夏学期の講義「思索とはなにか?」を、印刷できるように推敲しているところです。講義の締めくくりとなるむずかしいパルメニデス解釈は、教室では部分的にしかやらなかったけれど、印刷した本には当然、載せなくてはならない。私はこれらの事象にいままたもう少し近づいてきたと、思っています。ほんとうのところ、すべてが汲みつくしがたいのですが。それにしても今日、世に支配的な考え方にたいして、この単純な富をまざまざと見えるように示すのは、やはりむずかしい。

一〇月はじめ、シュトローマン教授の懇望で彼の六五歳の誕生日に、ビューラーヘーエでゲオルク・トラークルについて講演しました[2]。『ブレンナー』誌の編集発行者で、トラークルの友人であり庇護者でもあったフォン・フィッカー氏も来ていた。すばらしい出会いだった。一九一二年へ舞いもどったような気分だったよ、学生だった私はその年、フライブルク大学図書館の閲覧室で『ブレンナー』を読んで、はじめてトラークルの詩にぶつかったのだ。爾来、彼の詩は私をつかまえて放さなくなった。講演(彼の詩についての一論考)は来春に公刊されることになっています。

八月と九月はエルフリーデと山小屋で過ごしました。ただし天気は、この時期にしてはいつになく荒れ模様だった。それでもなんとか辛抱しとおしたが。——

ヤスパースがしばらく前に手紙をくれました[3]。しかしそれを読んでも私にはどうも納得がゆかなかった。たぶん最善策は、対話のできるよい機会がくるまで待つことだろう。きみは事情をもっとよく見通せる位置にいるから、私が腰の引けた姿勢をとっても同意してくれるだろうね。きみの話では、八月にきみはヤスパースといっしょに山にいたとのこと[4]、きっといい収穫があったことだろう。

私はこの冬は、さっき挙げたいくつかの出版をなんとか片づけたいので、講義はしていない。こんどの夏学期になにをするかはまだ未定です。あまりの大人数にはぞっとするね。演習に少数のふさわしい者だけをといっても、そういう相手を見つけ出すのがむずかしい。

ここのところ世界はますます暗くなってゆく。われわれのところでは喧嘩っ早さばかりが幅をきかせている。巨大なやっとこで締めあげられている不幸な現状では、正反対の態度こそ期待されるはずなのに。《ヨーロッパ》はいまでは名ばかりとなり、いまさら中身を詰めこみようがない。歴史の本質はますます謎と化してゆくね。人間のもっとも本質的な努力と、その直接的実効のなさとの懸隔が、ますます不気味にひろがってゆく。このすべてが示しているね、われわれの慣れ親しんだ考え方は、もはや追いつきようのない事態のあとを、よたよた追いかけているだけなのだ。だからあとは諦めしか残っていない。だが私は、外面的脅威の増大にもかかわらず、逆にすべてのうちに、新しい秘密、いや、最古のと言ったほうがいい秘密の、到来を見ている。この展望がここ数年の私の講演の基底にあって、いまはなんとかそれを、もっと明確な統一的見方に立って叙述することに成功したいものと、心に期しています。
われわれの森と山はいまもなお屹立し、みずからの本質に倦み疲れてはいない。それらはこのクリスマスの季節、きみへ、ここにいるわれわれにはほとんど想像のつかない一つの世界へ、挨拶を送っています。いまきみはなんの仕事をしているのだろうか?
まもなく、シュトゥットガルト版ヘルダーリン全集のなかの、ギリシャ語からの翻訳の巻が出るそうです。
心から懐かしみつつきみに挨拶を
マルティン
エルフリーデがよろしくとのこと。
ご主人と、折りがあればティリッヒにもよろしく。

82　ハイデガーからアーレントへ

メスキルヒ、五三年一〇月六日

ハンナ——

きみがあの日を忘れずにいてくれたことは(1)、たえざる想起の日々刻々の歩みのなかでの大きな喜びでした。

私は仕事に浸りきりで、いまもまだギリシャ人たちのもとにいます。ますます明るさが増してくる——少なくとも私はそう思う。

きみが順調でありますように。

どうしてそうでないわけがあろうか——永続するものにあっては——

マルティン

『西東詩集』のすばらしい版がチューリッヒのマネッセ書店からマックス・リーヒナーの注解付きで出ているのを、もうご存知だろうか?

フライブルクで最初に再会したとき(2)、きみが『西東詩集』のどの詩句を引用したか、いまでも覚えているだろうか?

M

83　ハイデガーからアーレントへ

フライブルク i. B.　五三年一二月二一日

ハンナ

写真は二枚とも[1]それぞれの仕方でほんものを写しとっていて、すばらしい出来だね、とてもうれしかった。

あとできみに、ここ一、二か月のうちに出るものをいくつか送ります。そのなかには技術についてのミュンヘン講演[2]も入っているが、この講演のことは、あるいはきみもお聞きおよびかもしれない。

一二月九日に私はエルフリーデとマールブルクへ行って、大講堂で（方伯館《ラントグラーフェンハウス》の大講堂へ中継放送しながら）「学問と省察」について話してきました。ブルトマンは残念なことにいなかった、彼はこの冬、チューリッヒで客員教授として講義しているのです。一二月一一日には、カッセルのあの同じ協会で話をした[3]、二八年まえ、ディルタイと歴史性をテーマに講演したときの協会。——

いまはまたヘラクレイトスに取り組んでいます。彼との、そしてパルメニデスとの語らいは、私をとらえて放さない。それがどのようなたぐいの対話かが（そしてつまり、いかに限定され、どのような仕方で他なるものであり同一なものであるのかを問うているのかが）、私に明らかになってくればくるほど、ますます放さなくなる。これらの対話を《解釈》だととる人は、どっちみち誤解している。私が技術＝講演でテクネー（τέχνη）について述べたことは、さかのぼればずっとむかし、つまり、きみが私のもとで聴いた最初の講義だったソフィスト＝講義の、序論に端を発しているのです。

ご主人によろしく。

エルフリーデと私から、きみへ心からの挨拶を

マルティン

84　ハイデガーからアーレントへ

五四年四月二一日

ハンナ

きみの手紙は大きな喜びでした、そして翻訳[1]の課題にきみがこれほど熱心にかかわってくれたことに、心から感謝

せずにはいられません。私の思索がアングロサクソン言語世界へ、きみの精査の目を経て、その目につねに見守られながら翻訳によって入ってゆくとしたら、もちろんすばらしいことだし、効果も遠くまで及ぶでしょう。しかしそうでなくとも忙しいきみに、たとえこの最終的な、だからこそ決定的な点検だけだとしても負担をかけるなど、考えるだけでも気のひけることです。

　きみはここで決定的に重要な両言語に熟達しているのと同様に、とりわけこのことがらと思索の道筋に通じてもいる。私はこういう件では困惑するばかりで、判断がくだせないのだ。このごろでは毎月のようにアメリカ合州国から、翻訳を出したいという話があれこれともちかけられる。ラテン・アメリカの国々では、目に止まったものを訊きもしないで勝手に翻訳してしまうがね。――

　ロビンソンからはたいへん好ましい印象を受けました。この仕事を彼はほんとうに心から大事に思っているのだね。しかし彼は明らかに手助けを必要としている。きみが引用している試訳からすると、たしかに大きな誤りが定着してしまうおそれがあるね、最初のフランス語訳によるあの誤りとおなじように。あそこでは《死へ向かう存在 Sein zum Tode》が être vers la mort ではなく pour la mort と訳されてひろまってしまったのだ――いまではもうほとんど根絶できないまでに。

　イェーガー教授[2]も私を訪ねてきた。たいへん努力をしているし、ドイツ学研究者だから言語的にはこの人のほうが安心できるが、本人も言っているように、哲学には十分に精通しているとまではいかない。

　そのほか、もう少し若い人が二人、ヒューマニズム書簡を共訳し、いまは『森の道』のいくつかの論文を訳している[3]。名前と住所は

ヘンリー・E・バイセル　303 Glan Road
ジョン・W・スミス　Toronto 5, Ont. Canada.

さらには、何度も問い合わせてきた女性がいる。

エディス・カーン　c/o Butler Hall, Apt. 3D,
88 Morningside Drive N. Y. 27.

第二の連絡先　c/o 857 Yale Station
New Haven, Conn.

もうひとり　エリザベス・ウィリアムズ
133 East 56th Street
New York, 22.

きみが元気にやっているのか、仕事はなにをしているのか、ぜひ聞かせてもらいたかったね。私はいま、ここ何年かのあいだにそれぞれ個別に公刊した講演と論文を集めて、しかし内的統一が特にはっきり見てとれるようなかたちで、本にする準備にかかってます。[4] この Retractatio〔見なおし作業〕はじつによい薬になる。

二月のはじめには、チューリッヒで「学問と省察」の講演をしました――これはスイス放送で五月二日に放送の予定。その折りにブルトマンに会った、彼はこの冬チューリッヒで客員教授としてガラテア書の講義をしていたのでね。ヤスパースからの攻撃にひどく参っていた[5]――ずいぶん老けてしまったようだ。マールブルクの崩壊をもちろん悲しんでいた。

エルフリーデは、きみが翻訳でこれほど重要な役目を受け持ってくれることを、私とともにたいへん喜んでいて、心からの挨拶を伝えてほしいと言っています。

私の講義『思索とはなにか』は校正を終わって、『入門』〔形而上学入門〕とおなじ判型で五月には出せるように、今日にも印刷に入るところ。できてきたら一冊進呈しよう。

ついでのときに、私の既刊書のうちまだきみの手もとにないのはどれかも、手紙に書いてください。

《講義》を私はもうやめてしまったし、講演のほうも、これまでよりもっと減らすようにするつもりです。

未刊行の草稿の山を見ると、催促されているような不安な気分になる。かといって、自分の《遺稿》にばかりかかずらう気にはまだとてもなれないしね。メスキルヒではもうすぐ弟といっしょに、学長辞任後にやった三四年夏学期の講義、言語の本質への問いとしての《論理学》に取りかかれるだろう。

ツェーリンゲン周辺の道を歩きながらわれわれの交わした会話から、きみはこの問いがどれほど決定的に私の思索の中心に立っているか、知っているね。これなしには、思索と詩作の関係についての省察も、その余地も基盤もないままになってしまう。

E・シュタイガーの弟子が、こんど『ヘルダーリンとハイデガー』[6]というすぐれた労作をアトランティス出版から出しました。後期ヘルダーリン、とりわけ《祖国への回帰》について、まったく新しい、私を納得させる解釈を提示している。これまでの解釈は――私のも含めて――色褪せてしまった。もしこの二六歳の著者の仕事に興味がおありなら――彼はいまスイスの奨学金でここに滞在している――、一冊手に入れてあげよう。

懐かしみながら

マルティン

追伸

シュルツ書店をつうじて、以下に挙げる私の論文抜刷りと本を普通郵便で送らせます。

1 『野の道』――いま店頭に出たところ
2 『思索の経験から』――同右
3 『技術への問い』（秋のミュンヘン大会の講演）
4 「……詩人として人は住まう……」、雑誌『アクツェンテ』第一号に載ったが、この雑誌はあとが続きそうもない
5 『真理の本質について』第三版
6 ヒューマニズム書簡のフランス語訳(7)、*Cahiers du Sud*〔南方雑誌〕に掲載。訳者は一年まえに修道会を離れた若いイエズス会士。

M

85 アーレントからハイデガーへ

一九五四年四月二九日

マルティン・ハイデガー教授
レーテブック四七
フライブルク／Br. ツェーリンゲン、ドイツ

親愛なハイデガー様――

数週間まえ、たいへんうれしいことに、カンザス大学のロビンソン教授が『存在と時間』の英訳版(1)を準備中だと知りました。わたしは彼の訳した章の一つ（五二―六三ページ）を精読したうえで、くわしい返事を書きました。(2) 翻訳は、ロビンソン氏自身もわかっていてわたしへの手紙ではっきりと強調しているとおり、いまのままでは印刷できません。まだいくつか間違いがありますし、不必要に持ってまわった表現に思えるところもあります。ことの性質上やむをえないのですが、ロビンソン氏ができるだけ一字一句に忠実であろうと努力していることにも、一半の原因があります。でも、こういうやり方でなければ翻訳はほんとうにはうまくいかないと、わたしは確信していますから、ロビンソン氏が安易な（それだけに陳腐に堕しやすい）方法を避けて、どんな場合にも困難なやり方のほうを選んでいるのを見て、うれしく思いました。差し出がましいことな

がら、いくつかおかしいと思える個所を彼に指摘しておきましたが、これはあなたのご意向にかなうものと存じます。

こちらでは翻訳を望む声も、もしできるなら両言語による対訳テクストがほしい（それがあればあとは自分でやれるくらいには、哲学の学生と教師の多くはドイツ語ができます）という要望も、たいへんに強く、わたしの見るところ、ますます強まっています。この冬、いくつかの大きな大学をまわって講義をしたさい(3)、それが特にはっきりと感じられました。どこでもあなたの哲学について訊かれるのです。でもそれだけにいまは、誤解がとりわけ生じやすい時でもあります。だからわたしは翻訳テクストに目を通すにさいして、いささか厳密にすぎるかもしれない態度でのぞみましたし、これからもそういたします。ロビンソン氏はわたしの意図するところを理解してくださるでしょう――彼の仕事に水をさしているのではない、励ましているのだと。分量はわずかでしたがこれまでに読んだところから推して、最終的成果はすぐれたものになりうると考えられます。

あなたと奥さまに衷心からご挨拶を

あなたがたの

ハンナ・アーレント

86　アーレントからハイデガーへ

一九五四年五月八日

マルティン――

あなたのお手紙に、すっかり恐縮しております。これで少なくとも、あなたがそれをお望みだということはわかりました。そして望むらくはあなたもご存知でしょう、わたしにとってこれにまさる喜びはありえないと（それに、もしそれがうまくいけば、ごくはじめのころからぎくしゃくしていて、その後はもちろん相当にややこしくなってしまったことが、いくらかすっきりするでしょう）。わたしはこれまでにもしばしば、英語圏向きのこの種のことを申し出ようかと考えていたのです。そう思いつくのはごくごく自然ですもの。でも、だめだとおっしゃりたいのに（「哲学には精通しているとまではいかない(1)」）、断わる口実をさがさなければならないときの気まずさを、あなたに味わわせたくなかったのです（「おお、なんとはるかなのだろう／近さを通りぬける／どの道も。(2)」??）

ロビンソンからはまだ返事がきません。気を悪くしているのでないといいのですが。でもあれでいいと言うわけにはいかなかったのです。わたしがあれほど事細かに問題点を並べたてたのは、最初に徹底的な吟味をしておくと、その後はいらざる苦労が減るし、すべてが別の軌道に乗りかえてうまく走りだすこともありうるということを、翻訳の経験から知っているからです。――ほかの翻訳者には連絡をとりませんでした。トロントのふたりの若い人は、どこか特定の出版社か雑誌のための仕事としてやったのでしょうか？『パーティザン・レヴュー』という最良の非大学系雑誌の一つが（パリの『ヌーヴェル・ルヴュ・フランセーズ』のような雑誌です）、幾度となくなにか出そうとしたのですが、いつも翻訳の問題でつまずいてしまいました。おそらく最上の策は、あなたに問い合わせがきたらわたしに回しておしまいになることです。うまくいけば結構だし、そうでないものは、どっちみちどうしようもありませんから。――ヒューマニズム書簡はこちらでもすでに一度翻訳されています(3)。わたしは見ておりませんが、その翻訳を持ちこまれた『パーティザン・レヴュー』の編集者(4)は、彼自身ドイツ語がよくできる人で、どうしようもない翻訳だと言っていました。

わたしがどういう仕事をしているか、お尋ねですね。ほぼ三年来わたしは、たがいに多面的に結びついている三つの問題への接近を試みてきました。一、モンテスキューから出発して国家形態を分析すること。その意図は、支配という概念がどこで政治的なものへ入りこんだのか（「どの共同体《ゲマインヴェーゼン》にも支配する者とされる者がいる」(5)）、そしてどのようにその時どきで異なる政治空間が構成されていくのかを、突きとめることです。――二、おそらく一方ではマルクスから、他方ではホッブズから出発して、人間の諸活動を分析すること。つまり根本的な相違があるのに、通常は観想的生活《ヴィタ・コンテンプラティーヴァ》から見てひとまとめに活動的生活《ヴィタ・アクティーヴァ》のうちに放り込まれてきた、労働‐製作‐行動、という諸活動。そのさい労働と行動は、製作をモデルにして理解されていました。つまり労働は《生産的》なものと解釈され、行動は手段＝目的関係のうちで解釈されてきたのです（これをわたしがやれるとしても、若いころにあなたのもとで学んだものなしにはとても不可能でしょう）。――三、洞窟の比喩（そしてあなたのその解釈）から出発して、哲学と政治の伝統的な関係を描き出してみること、じっさいには、ポリスにたいするプラトンとアリストテレスの姿勢をすべての政治理論の基礎としてとらえること（決定的だと思えるのは、プラトンはアガトン［ἀγαθόν］を至高のイデアとしたということです――カロン［καλόν］ではなく(6)。「政治的な」理由からだ、とわたしは思うのですが）。

紙に書くと、思っているのよりご大層に聞こえますね。具体的に書こうとすると、果てしもないところへ迷いこんでしまうだけに、よけいそうです。わたしは時間があると、全体主義支配についての本を書いていたあいだからすでに気になってしかたのなかったことがらを追いかけて、そういうところに迷いこんでしまい、いまではもう抜け出せなくなっています。この冬のあいだに、問題を実験的に提示する試みをはじめてやってみました——プリンストンとノートルダムでの一連の講義と、いくつかの個々の講演で[7]。プリンストンでは、聴き手は学部と高等研究所の所属教員だけ（マリタン[8]もいましたし、そのほかもまことに満足すべきりっぱな方々でした）。——こんなことをする勇気をわたしに出させたのは、とりわけ、ここ数年のこの国での悪しき経験と、政治学の喜劇的＝絶望的なありようです。

わたしたち自身のことは順調にいっています。ハインリッヒは二年まえから、あるカレッジの教授をつとめるかたわら、ニュー・スクールで週一回の講義とゼミナールをやっています[9]。学期中は月曜から木曜までニューヨークにはおりません。そういう暮らしはあまり好ましくはないものの、わたしは時間と静けさをたっぷりもてます。でもいまのところは、すべてを脇に押しのけておくしかありません、わたしの本をドイツ語に訳さなくてはならないからです[10]——ひどくうんざりする仕事ですが。

ヤスパースのブルトマン攻撃——まったく理解しかねますね。ブルトマンがそんなに傷ついたとは、とてもとてもお気の毒です。ヤスパースは返答を期待していたのだと、わたしは思いますが。ブルトマンには一九五二年にマールブルクでお目にかかりましたが、そのころもうたいへん老けこんだご様子でした。

講演「学問と省察」は出版なさいますか？ お知らせいただけますか？『論理学』をとても楽しみに待っております。ことばについてのあの会話は、たびたび思い出しては反芻しています。あなたが冬にくださったお手紙[11]に、人が《解釈》としてあれこれ誤解する《語らい》について書いていらっしゃるところは、特別うれしく読みました。ちょうどわたしも、あの善良な、でも残念ながらいささか鈍感なフリードリッヒにわからせようとして、あなたの解釈について彼に反論する手紙に同じようなことを書いたところでしたから[12]。おそらく無駄骨だったでしょうが。そういえばヘラクレイトスとパルメニデスはどんなぐあいですか？ 技術＝講演を頂戴できるのは、うれしいかぎりです。九月にある［アメリカ］政治学会［年次大会］での研究報告[13]のために使わせていただこうと思います。

エルフリーデに心からよろしく。あなたがよい夏を過ごされますように念じつつ。

87　ハイデガーからアーレントへ

フライブルク、五四年一〇月一〇日

ハンナ

ご挨拶と祝いのことば、きみの忠実な追憶、そして特に翻訳作業へのきみの貴重このうえない助力に、心から感謝します。

二つの表紙案を添えたきみのすてきな提案は、すでに実現しました。そして『講演・論文集』の最初の見本が、誕生日に山小屋にとどきました。いくつか、きみのまだ知らないものも収めてある。ぜんぶ、もう一度よく目を通してあります。きみの誕生日には、本はまだ着かないだろうね。そのかわりに、いまきみに大海原の波を越えて心からの挨拶を送り、きみを心の奥底から満たしてくれるような仕事ができるよう願っています。

私がいまやっていること？　いつもおなじです。それに、一九二四／二五年の「ソフィスト」から始めたプラトン研究をもういちど一歩一歩吟味して、プラトンを新たに読みなおしたいと思っている。およそ全部を——いまちょうど始めたところだが、つねに探し求めてきたものをもう少しはっきりと、もっと自由に見たいのだ。しかし、ことばで言うとなると、依然としていつもたいへんな苦労だが、ということはつまり、見るということにもやはりそれなりの辛苦があるということにほかならない。なんとかしてことばを弁証法から解放することはできるのだろうか。

きみはこんどの新しい本の論文に目を通せば*、それがどう構築されているか、最初の論文がどのように最後の論文へ呼びかけ、また呼びかえされているかに気がつくでしょう。読者になんとか手を貸して跳躍させようと、ひところは考えていた。しかし当人が自分で跳ぶとしたら、そのほうがいい。

エルフリーデと私は九月いっぱいと一〇月の第一週を、平均的にはひどい天候だったけれど山小屋で過ごしました。一〇月の一六日から一八日は(1)、私の母校、コンスタンツのギムナジウムの三五〇年祭なので、私たちは秋のボーデン湖で何日か過ごせるのを楽しみにしています。

きみはいつも大都会暮らしですか？

《いつも》のこだまに聴き入りつつ

マルティン

エルフリーデが心からよろしくとのこと。

ご主人によろしく。

＊　言語に関するもの[2]は、まだ手もとであたためています。

88　ハイデガーからアーレントへ

フライブルク、五九年一二月一七日

親愛なハンナ

ネスケ出版社をつうじて、最近やっと出たわたしの二著[1]をおとどけします。ことばの本は、いかなる対象物にもならないこの《対象》にかかわりのあった会話を、きみに思い出させることでしょう。お祝いのことばと挨拶[2]をありがとう。バーゼルへは故意に手紙を書きませんでした。

最近、『スペクトルム』できみのたいへん美しい写真を拝見[3]。遠いむかしを思い出させます。

きみの仕事に喜びがありますように。

敬具

マルティン

エルフリーデからもよろしく。

追伸

紙片は貼付用です[4]。

89　アーレントからハイデガーへ

一九六〇年一〇月二八日

親愛なマルティン

あなたにわたしの本[1]をお送りするよう、出版社に言ってあります。それについてひとこと、申しのべさせてください。

お気づきになるでしょうが、この本には献辞がありません。もしもわたしたちのあいだが尋常であったたら——わたしの言っているのはあいだ（zwischen）であって、あなたでもわたしでもありません――、あなたに献呈していいかどうか、お尋ねしたことでしょう。これは最初のフライブルクの日々から直接に生まれた本で、あらゆる点でほとんどすべてをあなたに負うているのですから。でも事態がこうである以上、それは不可能だと思えました。けれどもなんとかしてあなたに、せめてこのありのままの事実は申しあげたかったのです。

どうぞお元気で！

90　ハイデガーからアーレントへ

［手書きのお礼のことばを印刷したカード、七五歳の誕生日にみんなから寄せられた祝意への礼状である］

思索の最後の道程に向かおうとしている私に与えられたご挨拶と、ご祝意と、贈りものは、励ましであるとともに、身に余るご好意のしるしです。このように喜ばしいものをいただいたことに、どうすればふさわしく報いることができましょうか。倦むことなく問いつづけること以外に――思索とはなにか？　それは感謝を携えゆくこと？

マルティン・ハイデガー

［裏面に手書きでしたためられた追記］

フライブルク、一九六五年四月一三日

親愛なハンナ

きみがこの誕生日を忘れずにいてくれたことに、お礼を申しあげるのが遅れてしまいました、きみの住所が私には定かでなかったためです。いまやっとガダマー[1]から、ドイツ言語・文学アカデミー[2]の年報に載っている住所をおしえてもらいました。きみは他の方向をめざす多様な著作を出してはいても、いまもつねに哲学に踏みとどまっていることと思います。たしかにわれわれのところでは哲学は、いまや社会学、意味論、心理学に屈服を余儀なくされている。しかしながら哲学の終焉は、また別の思索の始まりとなりうるのかもしれない。散歩の途中でことばについてわれわれの交わした会話を思い出すことしばしばです。

敬具

マルティン

秋

91 ハイデガーからアーレントへ

二つの同封物とともに

山小屋、一九六六年一〇月六日

親愛なハンナ

きみの六〇歳の誕生日を心からお祝い申しあげます。きみの人生《ダーザイン》の訪れくる秋のために、あらゆることがきみを援けて、きみが自分に課した仕事と、まだ認識されぬままにきみを待っている課題とを、遂行させてくれますように。

思索の喜びはおのずからつねに新たに生じ、そして今日のこの混乱した世界にあって思想がなおなにをなしうるかの自覚が、つねにその喜びにともなうことでしょう。だが、もしも思索にいわば一つの地下の伝承が恵みとして与えられているとしたら、もうそれで十分です。

プラトンの『ソフィスト』の解釈を試みたときからは、もうずいぶんと時間がたったように思えます。[1] それでもしばしば私には、永続的なものを秘めているただ一つの瞬間に、かつてあったもの《ダス・ゲヴェーゼネ》が集められているような気がするのです。

こんどの冬学期には――長く休んだあとですが――ヘラクレイトスとパルメニデスについてのフィンクのゼミナールに参加します。[2]

この間にエルフリーデといっしょにした三度のギリシャ滞在は[3]――あるときはクルージング、あるときはエギナ島に宿泊――、この一つのこと、いまなおほとんど考えられたことのない一つのことを、私に証明してくれました。*Α-Λήθεια*〔ア＝レーテイア〕はたんなる語でも語源穿鑿の対象でもない――そうではなく、すべての本質と事物を現前させるいまなお働いている力なのだ、と。そして、どんな立て組み《ゲシュテル》も、その力の働きを妨げることはできないのです。

きみに思いを馳せつつ

マルティン

エルフリーデも同様に心からの挨拶を。

〔同封1〕

ヘルダーリン

秋[4]

自然の輝きはより高き現象、
そのなかで昼は多くの喜びをもってみずからを閉じ、
年はそこにおいて絢爛さをもって完結し、
果実がいと高き輝きと合一する。

見渡すかぎりの大地は飾りに彩られ、騒がしい音が
ひろやかな野を渡ることは滅多になく、太陽は
秋の一日をおだやかにあたため、野は
一つの遠望としてひろがり、風が吹きぬけて

大枝小枝をたのしげにざわめかせる、
たとえ野はまもなく空虚に席をゆずるにしても。
この明るい光景のすべての意味は生きつづける
金色の絢爛につつまれた一枚の絵が生きるように。

一七五九年一一月一五日

(成立は彼の死の一年まえ、一八四二年七月一二日)

[同封2　私家版の絵葉書、裏面に手書きで]

山小屋の仕事部屋からの眺め[5]

ハンナに

六〇歳の誕生日に贈る
マルティン

92　アーレントからハイデガーへ

ニューヨーク、六六年一〇月一九日

親愛なマルティン

あなたの秋のお手紙は最大の、つまりこれ以上大きいものはありえない喜びでした。この手紙はどこにいるときもわたしといっしょです——あの詩と、美しい、生命《いのち》ある泉をみおろすシュヴァルツヴァルトの仕事部屋からの眺めとともに——、そしてこれからもずっと(春に心をずたずたに引き裂かれた者を、秋がふたたび癒してくれるのですね[1])。

ときおりあなたのお噂を耳にいたします。『存在と時間』の第二巻をお書きになったのですね、《時間と存在》と名づけて。そこでよき願いをこめたご挨拶をあなたの三角形へお送りします、フライブルク——斜辺としてメスキルヒ、そこを経てトットナウベルク。それにいまではエギナ島へも想いは向かいます。あそこへはわたしたちも何度も行きました。[2] そしてわたしもしばしばソフィスト＝講義を思い出しています。永続的なものは、思うに、こう言えるところにあるのですね——「始まりと終わりはつねに同じ」[3] と。

いつもの——　ハンナ

93　ハイデガーからアーレントへ

フライブルク i. Br.　一九六七年八月一〇日

親愛なハンナ

われわれが会った翌日の七月二八日金曜日に、[1] ベンヤミンのマラルメ＝引用の出どころを見つけました。以前にマラルメ作品中の思索と詩作に関する個所を書き留めておいたノートを、たどっていったのです。

あの引用個所は、『一つの主題をめぐる変奏』（プレイヤード版全集三五五ページ以下）から取られていて、そこの三六三ページ以下です。テクストはひじょうにむずかしい。精確に翻訳されるに値するものでした。

きみがあの呼びかけのことばで講演をはじめたとき、[2] 私はすぐさま、よからぬ反応を招きはしまいかと心配になりました。やはりそうなったが、もちろんきみは、そんなことは気にしないでしょうね。ここ何年も私は若い人たちに、成功をおさめたければ賛意をこめてハイデガーの名を引きあいに出したりなどするなと、戒めています。

しかしきみの講演は、もののわかる人たちには、その水準と構成からしてすでに大きな感銘を与えました。あのようなものはわれわれの大学からますます消えてしまっている、そればかりか、ものごとをあるがままに言う勇気も。

ことばと弁証法についてのわれわれの午後の会話は、残念ながらあまりにも時間が少なすぎましたね。もういちど八月一九日まえのいつか、午後に来ていただけないだろうか、それとも忙しすぎてご無理でしょうか？

八月［正しくは七月］二九日の午前中にホテルに電話してみたが、きみはもう発ったあとでした。

そのあとの一週間は、いろいろと来客があって。

昨日、現在の《ソヴィエト哲学》を概観した論文の抜刷りをもらった(3)――この人たちがたしかに才能に恵まれていることを思うと、暗澹とした気持にさせられるね。これと同様のことを、私はここで第一次世界大戦前に学生として経験しています。

もしきみに時間がないようなら、私が数時間バーゼルへ行ってもいいのですが。

きみにいつもの挨拶を

マルティン

エルフリーデからもよろしくとのこと。

94　アーレントからハイデガーへ

バーゼル、一九六七年八月一一日

親愛なマルティン――

またお手紙をくださって、うれしゅうございました。あなたがクレー展(1)をご覧になれないのは、ほんとうに残念です。複製がまったく出ていないらしいとてもすばらしい絵が、いくつか展示されていますのに。

もちろん、一九日前にもういちどお宅へうかがえます。いちばんいいのは一六日か、一七日か、一八日。ひとこと、手紙でお知らせください。あるいはホテルへ電話を、できれば午前一〇時ごろまでに。（電話番号は24　45　00）

《よからぬ反応》――わたしもそれに気がついています。もしも予想していたら、もうちょっとドラマティックなかたちでやったでしょうに。でも一つだけ、気になっていることがあります。あの呼びかけは、あなたには不愉快ではなかったでしょうか？　わたしには、あれほど自然なことはないと思えたのですが。

そしてマラルメ＝引用をありがとうございました(2)。あらためて調べてくださったことを、とてもうれしく存じます。

エルフリーデによろしく。ハインリッヒもよろしくと申しております。

いつもの

ハンナ

95 ハイデガーからアーレントへ

フライブルク i. Br. 一九六七年八月一二日

親愛なハンナ

もういちど来てくださるとのこと、たいへんうれしい。八月一七日木曜日にしましょう。話す時間を少しゆったりとれるように、午後できるだけ早めに。でも、きみは汽車の都合に合わせなくてはならないだろうね。

どうして私がきみの呼びかけを喜ばないわけがあろうか！ 心配したのはただ、あのせいできみにとって不愉快な気まずさがひろがりはしないかという点だけだ。あの反応から、きみも事後的にわかるだろう、あれは《客観的》に見て、ひじょうに勇気ある呼びかけだったのです。

ハインリッヒによろしく。エルフリーデがきみによろしくとのこと。

いつもの

マルティン

96 ハイデガーからアーレントへ

六七年八月一八日

親愛なハンナ

きみが来てくれたこと、すばらしかった。けさ早くに、このゲラ刷り(1)を見つけました。

いつもの

マルティン

エルフリーデからよろしくとのこと。

ハインリッヒによろしく。

97 アーレントからハイデガーへ

一九六七年九月二四日

親愛なマルティン

『存在についてのカントのテーゼ(1)』はすばらしいお仕事

ですね。帰りの汽車のなかで拝読したのですが、読むにつれ講義や会話の記憶にみごとに重なってゆきました。ここにカフカのアフォリズムを一つ同封します。あなたが空間と時間から自由なものに言及なさったとき、わたしはこのアフォリズムを思い浮かべていました。その後ふたたび、カント＝テクストのはじめの段落で、未来を《来たりつつあるもの》そして《われわれのところに到来するもの》として述べておいでのところを読んだときも、また念頭に浮かんだのです。というのもカフカの寓話にいうふたりの《敵》というのは、過去と未来であることは確かですから（棒組みゲラは二組ありましたから、一つをやはり同封しておきます。これでまた一冊、完本をおつくりになれるでしょうから）。

　いくつか質問があるのですが、そのうち一つだけ、枝葉末節のことかもしれませんがわたしにとっては切実な疑問をいま申しますと、（一二三ページの）「現実的なものというのは、ある可能的なものがそのときどきで現実となったものである。そしてそれが現実的であるということは、結局は遡ってある必然的なものを指し示す」。これはあなたが言っておられることなのか、それともカントを補足してのことばなのでしょうか。もしも現実的なものがある可能的なものの現実化であるなら、どうしてそこに必然性があると言えるのでしょうか。われわれが現実的なものを――避けて通れないもの、否定できないものを――必然的であると考えるのは、それと《和解》しうる可能性がそれ以外にはまったく見えないからではないでしょうか。

　出版社の問題については、詳しいことはまだなにも存じません(2)。グレン・グレイは手紙で、近いうちに電話すると言ってきました。まだなにも決まっていないようです。わたしは当面ウィークに電話をかけないでおきました、まずグレイと話し合ってからにしたいと思いまして。余計な口出しをしているように見えると困りますから。

　フライブルクへうかがったことは、うれしく、感謝しております。来年もよい年でありますように。エルフリーデ(3)によろしく。ハインリッヒが心からよろしくと申しております。

いつもの――

ハンナ

［同封］

　彼には二人の敵がいる。第一の敵は彼のうしろから、その始源から、彼に迫ってくる。第二の敵は道の前方を塞いでいる。彼は双方を相手に闘う。ほんとうのところ第一の敵は、第二の敵と闘う彼に加勢している。彼を前へ押しやりたいからだ。同様に第二の敵は、第一の敵と闘う彼に加勢する。彼を押し返したいからだ。だがそうなるのは理論上のことにすぎない。なぜならそこにいるのは二人の敵だけではなく、彼自身もいるのだから。それにだれがそもそも彼の意図を知っている？　ともかく彼の夢は、いつか見張りの隙を衝いて——しかしそうするには、かつてなかったほど暗い夜でなくてはならないが——戦線から離脱して、自分の闘争経験をもとに、相闘う彼の敵の審判官へと昇格させてもらうことなのだ。

カフカ『彼』。一九二〇年のノート(4)
第五巻二八七ページ

98　ハイデガーからアーレントへ

メスキルヒ、一九六七年九月二九日

親愛なハンナ

カフカの手紙(1)とコジェーヴのヘーゲル本(2)のお礼を言うのが遅くなってしまいました。両方ともたいへん得るところが大きかった。カフカの手紙には鏡のように作品が映っている——それともむしろその逆だろうか？　コジェーヴは稀にみる思索の情熱を示していますね。ここ一〇年か二〇年のフランスの思想は、この講義の残響です。これらの告知の中断はそれ自体やはり一つの思想なのです。しかしコジェーヴは『存在と時間』をたんに人間学としてしか読んでいないね。

きみが来てくれて、うれしかった。(3)ここには何日か、未発表の原稿を整理しにきています。いつにない秋の上天気が、ボーデン湖とドナウ河上流にはさまれた故郷の土地の、かつての道々(4)へといざなう声をかけてくる。

昨日、弟が見せてくれた新聞の短信によると、ダルムシュタットのアカデミーがきみの散文に授賞するそうだね。(5)われわれの言語へのきみの態度、つまりきみの愛情に、ふさわしい顕彰だ。

私もきみのため喜んでいます。ときには彼らの選び方も適切なばかりか真に正鵠を射ることさえあるのだね。

きみとハインリッヒに挨拶を

いつもの

きみの　マルティン

99　ハイデガーからアーレントへ

メスキルヒ、一九六七年一〇月三〇日

親愛なハンナ

きみはダルムシュタットへ来たものと思っていました。もっとも、そうすぐにまたヨーロッパ旅行というわけにはいかないだろうと、自分に言いきかせもしていたのですが。こんなふうにあれこれ考えるのは遊びの領域に属すること、でもやめられないものだね。

写真をありがとう[1]、とてもうまく撮れていて、しかも同時に、われわれの会話の諸相を、見えるものにひそむ見えないものを、しっかりとらえている。

カント論文を気に入ってもらえて、うれしいかぎりです。様相《モダリテート》についての個所は、カントの意に沿って言っています。それについての私自身の考えは、三〇年このかた、たえず激しく揺れ動いているのです。存在の問題を究明してゆくと、形而上学のこの部門はこわれて、ほかの規定が要求されるようになる。まずはじめは、可能態《デュナミス》‐現実態《エネルゲイア》の、スコラ的＝ローマ的解釈ではなく、ギリシャ的な解釈をとること。《翻訳》でpotentiaおよびactusとされることで、あらゆる弁証法の土台喪失と救いがたさがすでに始まっているのです。

しかしそれについてなにごとかを言うのは、やはりまだ早すぎる。

カフカのあの文章はたいへん示唆に富んでいますね。きみの解釈に賛成です。ただ、「開け《リヒトゥング》」という表題のもとに私が追求しているのは、たんに空間のひろがりと時間のひろがりのことではなく、空間と時間を保証するもの——時空間をそのものとして保証するもの、しかもそのさい、超時間的であったり空間外的なものであったりすることのけっしてないものについてなのです。時間と永遠の区別という言いのがれは安易にすぎる。神学にはそれで足りるかもしれないが、思索にとってはあまりにも粗雑なやりかたです。

あの動詞の他動詞的用法の例をさがしたのだが、あまり成果はなかった。少しばかり同封します。

『道標』を出版社から送らせます。校正を機に、多くのことを学びました——それについては序言でいくらかほのめかしてあります。

グレン・グレイの二度目の手紙からすると、翻訳作業の進展に明るい見通しがもてそうですね。

お元気で、そして仕事が喜びでありますように。

いつもの

マルティン

ハインリッヒへ心からの挨拶を。エルフリーデはバーデンヴァイラーに明日まで保養にいっています。私は明後日にはフライブルクへ帰ります。

［同封］

暗さのなか(2)

魂は蒼い春を黙《もだ》す。†
湿りをおびた宵の枝々の下で
額《ひたい》は愛する男をおののきへ沈めた。

夕べの歌(3)

春の雲がたちのぼって陰気な都市をおおい、
街《まち》は僧たちのより高貴な時代を黙す。

100 アーレントからハイデガーへ

ニューヨーク、六七年一一月二七日

親愛なマルティン——

お手紙と、schweigen の他動詞的用法の《例》を、ありがとうございました（とてもいいですね、すぐ理解できました。マラルメではこうはいきません、*tacite* は形容詞だけですから。動詞 taire〔黙まる〕は taire la vérité〔真相を黙秘する〕のように他動詞にも使えますが）。それにドナウ河上流、ありがとうございました。(1) わたしはダルムシュタットへは行けませんでした、もちろんそちらへうかがいたい気持はあったのですが、ただダルムシュタットへはどうも。相手を怒らせずにこういうことをうまく避けることができたときは、いつだって私は大喜びします。とはいえ、この受賞がうれしかったことは否定できません、それもまさに、あなたのおっしゃる理由から。

《様相》についてお書きくださったことは、わたしにとって言い表わしようのないほど大事なことです。この問題は何年もまえからずっとわたしを悩ませています。わたしたちの思索にとってその帰結は、多くの点でじつに並々ならぬものであろうと思われます。世の人すべては、必然的でもあるものだけが有意義でありうるという見方で一致しているようですが、こんなのはお粗末な意見としか思えません。あなたの真理概念は比類がありませんね、まさに必然性などとはまったくかかわりがないのですから。カント論文のあの個所では、あなたがカントの意に沿って語っておいでなのかどうかが、わたしにははっきりしなかったのです。

　カフカの文章をお送りしたのは、ただその未来概念——未来はわれわれのほうへやってくる(2)——のためにすぎません。最後の文——脱走する云々のところ——は、もちろん完全に伝統へもどってしまっています。あれはパルメニデスの跳躍、そして洞窟の比喩のそれとおなじで、ただ、まさしく近代のドラマティックな絶望の口調で語られているだけです。それにしても注目に値するのは、比喩が依然として同じままだという点ですね。カフカがパルメニデスやプラトンを読んで知っていたとは、とても思えませんから。わたしは《開け《リヒトゥング》》がほかならぬ森のまっただなかにあることを存じております〔Lichtungは元来、森の間伐でできた空地をいう〕。

　ついでながら——クロプシュトックのこういうことばをご存知でしょうか。「総じて、すぐれた詩のなかにはことばなきものが逍遥している。たとえばホメーロスの戦場には、ごくわずかな者にしか見えない神々がそうしているように(3)」

　こちらでは目下、静かに安らぐことも平穏をまもることも容易ではありません。この国は、そうなるのは当然ではありますが、いま一種の騒擾状態にあって(4)、そのなかでわたしたちは、立場を明らかにせよとあらゆる方面からたえず迫られます。学生からそう言われたら、逃げを打つわけにはいきません。この世代の良心の葛藤はひじょうに深刻で、こちらはたとえ直接的助言はできなくとも、それに、そういう助言はすべきではないでしょうが、対話はやはり有益です。

　フレッド・ウィークと話をしました、わたしのところに来てくれたのです。そこから少なくともわかったのは、ハーパーは断固ハイデガー＝プロジェクトを継続する決意だということです。しかし社の哲学部門のそれ以外のところはすべて、整理解散するつもりらしい。社の指導部で方針変更があったのですが、そういうことはここでは残念ながらしばしば起こります。この出版社は、つい最近まではアカデミックなものに最重点をおいていたのに、どうやらいまではセンセーショナルな駄本に力を注ぐことに決めたようです――ケネディ暗殺事件についてのマンチェスターの本だの、いわゆるスターリンの娘の回想記だの。(5) 唯一、慰めとなるのは、社のお歴々の計算が明らかに外れてしまったことで、おそろしく派手な宣伝にもかかわらず、読者にはあまり受けませんでした。彼らがハイデガーを絶対に手放すまいと決めたのは、『存在と時間』がひじょうによく買われて、売上げ部数がたえず伸びているからでもあるでしょう。グレン・グレイからは、来月訪ねてくるという短い手紙が来ました。

メスキルヒで原稿の整理をしておいでだったとのこと。それらの原稿には写しが存在しないという事実が、あらためて心に重くのしかかります。

『道標』を楽しみに待っております。

どうかお元気で、エルフリーデによろしく。ハインリッヒはちょうどいまあなたの『ニーチェ』を読んでいて、そのぶん二倍の心をこめて、よろしくと申しております。

いつもの　　ハンナ

101　アーレントからハイデガーへ

ニューヨーク、六八年三月一七日

親愛なマルティン

どんなに長いあいだこの手紙を、ソファーに横になったまま頭のなかで書きつづけていたことでしょう。『道標』は、憂鬱なことの多いこの冬に射しこんだ光明であり慰めでした。もう一度ぜんぶを、ひじょうにゆっくりと味読しました。最後のライプニッツと自然学についての二つの章だけが、まえに読んだことのなかったものです。あなたが校正のさいに学ぶことが多いとおっしゃった意味が、わかるように思います。こうやっていま一冊の本にまとめられたのを読んでいると、それぞれが改めて別の光のなかに姿をあらわしてきて、いっしょに集められたことが一つの関連ある結びつきとしてはっきり見えてくる。これはほかの方法では得られない効果ですね。一つには、わたしはこの本をいまも机のうえに置いています。一つには、迷信を信じてお守りとして、もう一つには、全体をどうやら摑みかけているいま、ぜひともときどき開いて読みたいからです。

二、三日まえ、ハーパーが『思索とはなにか』の校正刷

(1) りを送ってきました。一部をドイツ語テクストと突きあわせて丹念に読んでみましたが、たいへんよくできているという印象です(でも全部は読み終えていないし、グレン・グレイにもまだ手紙を書いてはおりません)。翻訳はたいへん注意が行き届いていて、着想の豊富さや訳語の選択のうまさにおどろくこともしばしばです(たとえば、"bedenklich"は"thought-provoking"と訳されています)。読みやすいし、言うなれば無理やり捻じまげたようなところがありません。これならさらにほかの本の翻訳も保証されたようなもの。いまの学生はこういうものにとても強い共感を示しますから。

憂鬱な冬。まずハインリッヒが病気をしました、静脈炎(おそらく血栓症)。でもいまはすっかり元気になっています。もう一つは政治、これについてはおおよそのところはお聞きおよびでしょう。何日か前から状況は改善のようすをみせていて、わたしは鬱状態から抜け出せました。この国、つまりこの共和国に起こりうる最善のことは、戦争に負けることでしょうね。たいへん不快な結果をともなうにしても、帝国主義的冒険や血なまぐさいパックス・アメリカーナにくらべればまだましです。国内の抵抗は異例の激しさで、それも学生のあいだばかりでなく、上院にも、新聞にも、大学全般にもひろがっています。はたしてこんどもまた、そうひどい目にあわずに切り抜けられるかどうか。とりわけいまは、議会外の反対派、とくに《若者たち》のそれと、議会内、とくに上院内の反対派が、はじめて手を組んでいるのですから。

そちらではどうしていらっしゃるかと、気にかかります。いかがお過ごしだろうか、お仕事はいまなにをやっておいでかしら、と。夏の計画はまだなにも決まっておりません。またお目にかかれたら、うれしいのですけれど――お話ができたら。いずれにしても、きっとお元気なのだろうと思います。そしてそう思うと、明るい気持になります。

ハインリッヒがよろしくとのこと。エルフリーデによろしく。

あなたにいつものようにご挨拶を――

ハンナ

102

ハイデガーからアーレントへ

当面はメスキルヒ、一九六八年四月一二日

親愛なハンナ

三日前から、弟といっしょに仕事をしにこちらへ来ています。そのまえはエルフリーデとバーデンヴァイラーに二週間滞在、保養地へ出かけたのは生まれてはじめてのことで、その効き目あってほんとうに怠け者になってしまった。一月のはじめ、一月一〇日でしたが、晩八時ごろ突然に発病し――その後ウイルス性流感と判明――、いきなりひどい咳と三九度六分の高熱、翌日医者が来たときにはもう三八度四分ほどに下がっていて、よい兆候だと医者は言ったものの、私の歳では合併症を用心する必要があるとのことで、ペニシリン系の薬を三日間投与され、それがひどくこたえました。そのうちに看病しているエルフリーデにも感染。二人とも、これが何週間も尾を引いて――そこでヴァーデンヴァイラーへ出かけたというわけです。もう私は元気になっています、エルフリーデも。こんな病気の話を――原則に反して――もちだしたのは、とてもうれしかった三月一七日付のきみの手紙に、いまごろ返事をする前置きにすぎません。なによりもまず、いずこも同じにますます暗くなってゆく《状況》にもかかわらず、きみが意気消沈からすでに脱け出しているようにと念じています。ハインリッヒが健康をとりもどしたことも、きっときみを元気づけたことでしょう。

『思索とはなにか』の翻訳をきみが監督してくれていることに感謝しています。フライブルクでは、ひどい翻訳だという噂が流されていますが、それどころかグレン・グレイがことがらを真に理解していると、おかげで確信できました。ほかならぬこの講義が訳されて、若い世代が読めるようになると思うと、たいへんにうれしい。

病気のおかげで仕事は中断しましたが、少しずつまたやりはじめていて、精根かたむけながらも、いまなお、同じことへの途上[1]にいます――それを単純に、おそらく六〇ページぐらいにまで切りつめて言おうとして。思索の分野で分厚い本や何巻もの著作を書くのは、まだ自分自身の外部をうろうろ追いかけていて、考えが混乱しているからにほかならない。

まだざっとしか見ていないけれど、きみは『メルクール』誌に重要なものを連載することにしたのだね[2]。

ウィーンの国際哲学者会議に名士に伍して出ることは、断わりました。そういう行事に私はいまだかつて一度も出たことがない。

《公共性》という不気味なものにたいして、まだほかに《選択肢》があるだろうか？　もっとはっきり言えば、《選択肢》を喋々するよりまえに、本質的なものを測る尺度はまだあるのだろうか？　人間はいったいどんな地獄をさらにくぐりぬけなければいけないのだろうかね、おのれをおのれ自身たらしめていないということを学び知るまでに。

——

『道標』は一つの実験です。きみのような読み方で読む用意ができているのは、すでにあれらを知っている者だけ。そういう者は数少ない。しかしその少数者がいさえすれば、それで十分です。そういう人たちは待つことができるだろうからね。これは希望とは根源的にちがう。希望が属すところは、《至福《ゼーリッヒカイト》》の煽動・産出を事とするあたりなのです。

こちらへお出でくださるときは、しかるべきときに（つまり前もって）きみの計画を手紙で知らせてください。ハインリッヒによろしく。エルフリーデからもよろしくとのこと。

きみにいつもの挨拶を——

マルティン

103　アーレントからハイデガーへ

一九六八年八月二三日

親愛なマルティン

あれからもうお便りがなかったので、わたしも書きませんでした。どっちみちその必要もなかったのです ハインリッヒが病気で、わたしは出かけられませんでしたから——そのことはたぶんグレン・グレイがお知らせしたことでしょう。でも急にいまになって、一〇日か二週間だけでもやっぱりヨーロッパへ行こうと心を決めました。九月一日か二日からバーゼルのホテル・オイラーに泊まり、おそらく一週間は滞在します。もしお会いできるようなら、そちらへご一報ください。わたしはどうにでも都合がつきます、たぶん九月の第二週になっても。ただ早目にお知らせいただきたいのです。グレンが一〇月前には期待できないことは、ご存知ですね。

ハインリッヒがよろしくとのこと。エルフリーデによろしく。

あなたにいつものご挨拶を

ハンナ

104

ハイデガーからアーレントへ

ル・トール（アヴィニョン）、1968－IX－6

＝マダム・ハンナ・アーレント、ホテル・オイラー・バーゼル＝

9ガツ9ヒマデ　ルネ・シャールノモトニイル[1]　9ガツ12ヒ　ツェーリンゲンニテ　オイデヲマツ＝マルティン＝

105

ハイデガーからアーレントへ

フライブルク、六八年九月一一日

親愛なハンナ

明日一六時、お茶にお待ちします、夕食までいてくださるよう願っています。

きみと同様、会うのを楽しみに

マルティン

106

アーレントからハイデガーへ

金曜日［一九六九年二月二八日］

親愛なマルティン――

ヤスパースの葬儀でこちらに来ております。ほんの数日だけ。お目にかかれるとたいへんうれしいのですが。可能性はあるでしょうか？　わたしのほうは来週の水曜日でしたら、いちばん好都合です。

いつもの

ハンナ

わたしをつかまえるには朝ここへ電話してくださるのがいちばんです。

107

ハイデガーからアーレントへ

フライブルク、一九六九年三月一日

親愛なハンナ

来週の水曜日にどうぞ――できれば午後に――午前は仕事に使いますから。

いつもの

マルティン

108　エルフリーデ・ハイデガーからアーレントへ

六九年四月二〇日

親愛なハンナ

今日は私からのお願いごとがございます。ひどい流感をやったあと、私どもは最近決心したのですが、いまの大きな二階建ての家をあきらめて、私どもの裏庭の地所に、庭にそのまま出入りができる小さな平屋を建てたいと考えています。費用は八万ないし一〇万マルクほどかかるでしょう。もちろん私どもにそんな持ちあわせはありませんが、それだけの価値はある計画です。マルティンはすぐさま私に、『存在と時間』の彼自身の手書き原稿をみせました。でもお金のことはまるでわからない私どもには、この手稿にどのくらいの値打ちがあるのか、売るにしてもどこに話を持ちこめばいいのか、見当もつきません。グレンとアーシュラのグレイ夫妻に昨日お話ししたところ、あなたにうかがってみようということでしたが、いま私がこうして自分でお尋ねする次第です。どうかこの件は完全にご内密に。手短かにお返事をいただければありがたいと存じます。

そのほかの点では私どもはまたつつがなく過ごしております、あなたとご主人さまもご同様でありますように。

心からのご挨拶を

エルフリーデ

マルティン

マルティンがいま申しますには(1)、ニーチェ講義の手稿も売ってもいいとのことです。

109　アーレントからエルフリーデ・ハイデガーへ

一九六九年四月二五日

親愛なエルフリーデ

お尋ねに折り返しご返事申しあげます——わたしの知っていることはそう多くはないのですが。もちろん、『存在と時間』の手稿の値打ちが多大な額にのぼることは疑問の余地がありませんし、時がたつほどこの値打ちが上がるだろうことも確実です。同じことはむろんニーチェ講義についても言えます、ただしこちらのほうが現在の値はおそらく低いでしょう。ですからこれらの手稿は、公的機関だけでなく蒐集家にとっても資産投資の対象になるものと考えられます。かならずしも最善ではないにしてもいちばん簡単な方法は、こういうものを扱うドイツで（わたしの知るかぎりでは）最大手の、国外にも知られたオークション会社に話をもちこむことではなかろうかと存じます。

J・A・シュタルガルト
355　マールブルク市大学通り二七番地

この会社はあらゆる種類、あらゆる時代の手稿を扱っています、現代の著者のものも——たとえばエルンスト・ユンガー、ホーフマンスタール等々。浩瀚なカタログを世界中へ送っています。むろんこの場合には、たとえあなたがたが、よくあるように、適切と思われる仲介者を立てて先方と接触するとしても、《秘密厳守》ということは不可能です。まずはともかくどういうものかの印象をつかむために、会社からカタログをお取り寄せになってはいかがでしょうか。

たしかにまだほかの方法もあります。わたしがこちらで照会してみることはできますが、むずかしいのは秘密厳守という点です。じっさいに問題となるのが、ほかに類のない特別なものである以上、それがなにかを知らずには、だれも判断を下せません。わたしの知人に、専門家のあいだできわめて高く評価されている司書がいますから[1]、訊いてみることはできます、彼になら秘密厳守をたのめます。いまはコロンビア大学の教授として当地にいますが、出身はドイツで、最近まで（定年退職まで）イェルサレムのヘブライ図書館長でした。並ぶ者のないほどの事情通です。さらに、故クルト・ヴォルフの妻でわたしの親しくしているヘレーネ・ヴォルフに相談することもできるでしょう。こういう問題での経験があり、秘密厳守の点でもやはり信頼できる人です。

最後に——国会図書館の手稿部門の責任者に少々面識が

ありますから、(2) 彼に話をしてみることはできるかもしれません。ただしこれは、ヴォルマン（さきほど申しました司書）がそうしろと勧めた場合だけ、そしてもちろんあなたがたが同意なさった場合だけのことです。通常こういうお役人は秘密厳守に関して信頼できますが、それを個人的に保証はいたしかねます。難をいえば、この助言は利害を離れてとは言えそうもないという点でしょう。もっとも、国会図書館はアメリカ人著者にしか関心がないとは思いますが。

グレン・グレイからの手紙で、ひどい流感のことはすでに知らされておりました。(3) 去年と同じようだったのですか？　病後も消耗がひどかったのでしょうか？　ハインリッヒは世にいうホンコン風邪にこの冬やられたのですが、たいしたことはありませんでした。五日間の高熱、それで終わり、薬も要らず、尾も引かずに。

わたしたちは五月末から数か月の予定でヨーロッパへまいります。その節はご連絡いたします。こちらではあまり芳しくないことがつづいています。

お二人とも、どうかお元気で。ハインリッヒからも心からのご挨拶を。

110　エルフリーデ・ハイデガーからアーレントへ

一九六九年四月二八日

親愛なハンナ

早速のお返事、心から感謝申しあげます。手稿を商取引にゆだねるのは論外です。私どもは、たとえばあなたが言及なさっている国会図書館のような、公的コレクションか財団に提供することを考えていたのです。たいへんお手数をかけて恐縮ですが、とくべつ経験豊かな司書だとあなたのおっしゃるその教授に、そういう手稿蒐集機関がどれくらいの金額を払ってくださるだろうか、訊いてみていただけないでしょうか。それ以外のところへの照会は不要ですし、書面でお返事もくださるにはおよびません。もうすぐこちらでお目にかかれるのを楽しみにしております、くわしいお話はそのときに。

《芳しくない》のはここも同様ですが、書斎は無事に守られています。流感もなんとか乗り越えました。

五月末には私どもはまだここにおりますが、その後はしばらく旅行に出ます。六月下旬以降なら、あなたがたをいつでも私どものところにお迎えできます。

重ねての感謝と心からのご挨拶を、あなたとご主人に

エルフリーデ

［マルティン・ハイデガーによる手書きの追記］
いつものようにきみに心からの挨拶を、そしてハインリッヒにも

マルティン

それに写真とフィルムもありがとう、バーゼルから送られてきました。(1)

111　アーレントからエルフリーデ・ハイデガーへ

ニューヨーク、一九六九年五月一七日

親愛なエルフリーデ
親しくしている司書のヴォルマンが一昨日ここへ来てくれました。細かいことを忘れてしまうといけないので、大急ぎでやはり手紙を書くことにしました。以下のことはすべて彼の助言です。

1　特別に考慮に値する図書館。ドイツではとりわけマルバッハのシラー資料館、ここは哲学も購入し、豊富な資金をもっている。フランスでは国立図書館、ここはドイツ人の手稿も買う（たとえば数年まえにはハイネの一大コレクション）、ただしフランスにとって重要なものならば――特に『存在と時間』はこれに該当します。しかし彼の話では、ここは現在のところお金がまったくない。
　アメリカでは、筆頭にくるのはイェール――『形而上学入門』を出したのもここの大学出版です。(1)ここの図書館は最大（？）のドイツ語手稿コレクションをもっていて、特にリルケのものがひじょうに多い。大規模なドイツ・コレクションはさらにプリンストンとハーヴァードにもある。

　最高額をねらうなら、おそらくテキサス。そこはこの分野では新入りで、たくさんのものをやたらと高値で買っている（国会図書館は問題外、アメリカのものしか買わない）。

2　手稿を商取引にゆだねてはいけないとのこと。だとすると、どうやって売りに出すのか。ヴォルマンは、経験のない人がどれほど簡単に騙されたり失敗したりするものかを指摘してくれました。最善なのはシュタルガルト――前にわたしが名を挙げた会社――をつうじて売りにだしてもらうこと。なぜならこの会社はオークションをおこなうだ

けでなく、そういう申し出の仲介もする。もちろん歩合手数料を取るけれど、それを取られても十分引き合う。また会社には、だれか身内の人を差し向けるのがいちばんよい。手稿を贈られたとか、いわば相続したとか言うことのできる人。そうすれば税金が軽くなるとも、ヴォルマンは言っていました——わたしにはよくわからないことですが。

3　しかし、やはり直接に売りたいとお望みなら、その場合でも仲介者を立てて申し出るべきだとのこと。アメリカでならグレン・グレイが考えられます、翻訳版編者という立場にいることで、いわば正当な仲介者とみなされるでしょう。ドイツに関しては、とりわけ、正当な値段で売るにはだれに申し出るのがいいか、彼はあまり確かなことはわからないそうです。この分野でいちばん経験があり、しかも完全に信頼のおける人物は、フランクフルトのドイツ図書館のケースター教授だとのこと。彼の前任者のエッペルスハイマーなら、わたしも存じ上げております。何年も前、わたしが遺棄されたユダヤ文化財の探索に当たっていたとき(2)、たいへん協力してくださいました。もう退職なさってますが、いまでもたいへんお元気で、多方面で活躍しておられます。世情に通じた、たいへん気持のよい方です。

4　さて価格についてですが——もちろん、iustum pretium〔だれもが正当と認める決まった価格〕はありません。買いたいという申し出があちこちからあれば、値段がひじょうに釣り上がることもある。彼の挙げた一例は、たいしておもしろくないアインシュタイン往復書簡——五二通。ロンドン（ボンド街にあるヨーロッパ最大のオークション会社サザビー）で五〇〇〇英ポンドの評価額だったのが、三倍の値で売れたそうです。しかしこの会社はオークションしかやらない（つまりシュタルガルトとはちがう）から、問題外です。ベルリンはゲルハルト・ハウプトマンの遺稿を二五〇万マルク以上の値で買ったそうです。

ですから彼は評価額を示したがりませんでしたが、そのうちに自分のほうから言ってくれました。『存在と時間』は、つまりニーチェ講義は別にして、少なくとも七万ないし一〇万マルクにはなるにちがいない、もっとずっと高値を呼ぶ可能性もある、と。

5　最後に、ヴォルマンからのご注意。こういう問題を内密にしておけるのは、売買契約が結ばれるまでにすぎない。最終的に購入することになった機関は、そのことを公表する。それ以後は、やはり売却の申し出をされていた他の機関はもはや秘密を守る義務があるとは感じない。たとえばB・ショッケンは、数年前にたいへん価値の高い彼のドイツ・コレクションを換金した——何人もの仲介者をつうじて。しかし今日ではその経緯をだれもがよく知っている。

以上、とり急ぎ。旅が目前にせまっておりますし、学期はまだ終わっておりませんので。わたしたちは五月二八日にはスイスに着いております。連絡先は、カサ・バルバテ、6652 テーニャ、ティチーノ、電話093 65430。六月末か七月はじめにお目にかかれると思います。

家から家へご挨拶を――ハンナ

112

マルティンおよびエルフリーデ・ハイデガーからアーレントへ

一九六九年六月四日

親愛なハンナ

ご多用中にもかかわらず、あのように詳しいお手紙をくださり、たいへんありがとうございました。マルバッハについては、私どももまずいちばんに考えました、それにフランクフルトのゲーテ特別図書館《ホッホシュティフト》についても。ただ、そういうところが提示する買値はあまりにも低いのではないでしょうか。

ちなみに、売却が確定したときには内密扱いはもう必要ありません。それをあなたにお願いしたのは、売却前に国際的な自筆原稿市場でこの手稿への買いの殺到が起こるのを、避けたいと思ったからにすぎないのです。

こちらでお目にかかれるのを――おそらく六月末でしょうか？――楽しみにしております。どうかそれまでにあなたもご主人も、ニューヨークのあとではきっとぜひとも必要としておられる休養を十分におとりになれますように。

心からのご挨拶を

マルティンとエルフリーデ

113

ハイデガーからアーレントへ

フライブルク i. Br. 一九六九年六月二三日

親愛なハンナ

きみの来訪を楽しみに、六月二六日木曜日の午後早い時間にお待ちしています。

いつもの
マルティン

114 ハイデガーからアーレントへ

フライブルク i. Br. 一九六九年八月二日

親愛なハンナ

きみたちのお出でを八月一六日の午後にお待ちします。ドミニク・フルカード(1)の住所は、パリ一七区テオデュール・リボ通り一六番地です。彼はたいへん感じのいい若い男で、ルネ・シャールの友人。数年まえ、ジャン・ボーフレといっしょに山小屋に訪ねてきました。

この間にマルバッハとのあいだで、たいへん有利な取り決めが成立しました(2)、ですからきみにもうこれ以上はお骨折りをかけずにすみます。

そちらでの滞在の残る期間も、きみたちが気持よくご静養できますように(3)。

きみたちに心からの挨拶を。再会と新たなお近づきを楽しみに。

いつもの
マルティン

追伸　H・ヨーナスとの会話はたいへん楽しかった(4)。彼は神学からすっかり遠ざかってしまったようですね。

115 アーレントからハイデガーへ

テーニャ、一九六九年八月八日

親愛なマルティン

ほんの一筆、もういちど一六日のことを確認するために。わたしたちは四時ごろうかがいます。万一ご都合がつかなくなった場合、一五日の晩からのわたしたちの宿泊先はチューリッヒのヴァルトハウス・ドルダーです。

いまやっとル・トール＝ゼミナールを拝読しました(1)。並はずれた記録文書ですね。あらゆる点で。わたしにとっては特別な意味があります。あなたが先生だったマールブルク時代をまざまざと甦らせます、しかもそれでいてあなたの今日の思索とこのうえなく緊密に結びついているのですから。それにつづけていまは、あなたが注目をうながしてくださった初稿版の論理学[2]を読んでいます（差異論[3]は読んだことがありません、ここでは入手もできませんし）。おどろきですね、ことが最初はどんなに単純だったか。

フルカードにはこれから手紙を書きます。二冊の詩集に感動的な献辞を添えてニューヨークへ送ってきてくれたのですが、彼の住所が書いてなかったのです。ヨーナスがここへ来ました――チューリッヒでお目にかかったことをこのうえなく喜んで、そのときのことをいつもの彼の流儀でことこまかに話してくれました。彼は神学よりもっとはるかに多くのことから「すっかり遠ざかって」しまいました。

おふたりともお元気で

いつもの　ハンナ

116　アーレントがハイデガーに捧げる

あなたのために
一九六九年九月二六日に寄せて
四五年を経たのちも
かつてと変わらずに

ハンナ

みなさん！

マルティン・ハイデガーは今日八〇歳となり、そして八〇回目のこの誕生日とともに、教師としての公的な働きの五〇年記念日をめでたく迎えます。プラトンはかつて申しました。*ἀρχὴ γὰρ καὶ θεὸς ἐν ἀνθρώποις ἱδρυμένη σῴζει πάντα*――「なぜなら、始まりというものはやはり人間のあいだにいますひとりの神であって、すべてを救ってくださるものだからである[1]」

ですから私は、話をこの公的活動の開始から、つまりメスキルヒで彼の生まれた一八八九年という年ではなく、フライブルク大学で教師としてドイツのアカデミズムの公的な場に登場した一九一九年という年から、始めさせていただきたいと思います。というのも、ハイデガーの名声は一九二七年の『存在と時間』の出版よりももっと前からのものだからです。この著書の稀有な成功は――それがただちに巻き起こしたたいへんな評判だけでなく、とりわけ、今世紀の出版物にはほとんど類のないほど長く持続しているその影響力は――、もしそれ以前にいわゆる教師としての成功がなかったとしたら、ありえたかどうか疑問です。

いずれにしても当時学生だった者たちの意見では、本の成功はひとえに教師としての成功を確証するものだったのです。

この名声にはどこか奇妙なところがありました。二〇年代初期のカフカ、あるいはその一〇年まえのパリでのブラックやピカソの評判とくらべても、おそらくもっと不思議だったといえるかもしれません。たしかに彼らもまた、ふつう公共性という語でくくられている世間一般の人びとには知られてなく、それでいて並はずれた影響力をふるいました。しかしハイデガーの場合には、名声の土台たりうる作品といったものはまだ一つとしてなかったのです。手から手へ渡っていった講義筆記録を別とすれば、著作はなにもなかった。しかも講義は一般によく知られたテクストを扱っていて、聴いた者が語り伝えうるような教義をふくんでいたわけではありません。あったのは一つの名前ばかり、しかしその名前が、あたかも世間の目から隠された王の噂のように、ドイツ中を駆けめぐったのです。これは、たとえばゲオルゲ・クライスのように一人の《師《マイスター》》を中心に寄りつどい彼に信従する《クライス》とは、まったくちがいます。こういう集団は、世間にはよく知られていながらも、秘密の匂いのするオーラによって世間から隔てられていて、そこに属する仲間だけがその秘密を知っていることになっている。しかしハイデガーの場合には、秘密も会員組織もありませんでした。噂を聞いた者たちはみんな学生でしたから、たがいに顔見知りで、ときには友情も生まれたし、のちにはそこここに派閥《クリック》が形成されもしたでしょうが、ハイデガー・クライスとか秘儀《エソテーリツク》とかいったものは、けっして存在しなかったのです。

では、だれの耳に噂は達したのか、そしてどんな噂だったのでしょうか。第一次世界大戦後の当時、ドイツの大学には叛乱こそ起きていなかったものの、大学の教育・学習体制への不満はたいへんひろまっていました。それもたんなる職業教育以上のことをおこなうすべての学部において、そして勉学に就職準備以上の意味を期していたすべての学生のあいだに。哲学はパンを得るための学ではなく、むしろ、飢えている者たちが断固学ぼうとした学であって、まさにそれゆえに彼らはじつに厳しい要求をもっていました。彼らにとって、学びたいのは世間知や人生知ではけっしてなかったし、あらゆる謎の解決策をもとめている者には、世界観だの世界観上の党派だのが選りどり見どりに提供されていて、それを選ぶにはなにも哲学を学ぶ必要はなかったのです。しかし、なにをもとめているのかとなると、彼らは自分でもわからなかった。大学が通常提供してくれたものといえば、さまざまな学派――新カント学派、新ヘーゲル学派、新プラトン学派、等々——あるいは旧態依然たる諸学科で、そこでは哲学は認識論、美学、倫理学、論理学などといった専門領域にきちんと分割され、それらの仲を調停して哲学を成り立たせるよりはむしろ、底なしの退屈さで駄目にしてしまっていたのです。どちらかといえばのんびりした、それなりにまったく堅実でもあるこのやり方にたいして、当時、ハイデガーの登場以前にも少数ながら反逆した人はいました。年代順にいえば、まず、フッサールと彼の「事象そのものへ」の呼びかけ、つまり「理論から離れ、書物から離れよ」、そして哲学を他の大学諸学科と並び立ちうる厳密な学として確立せよ、という呼びかけです。これはもちろんじつにナイーヴに、まったく反逆の意図なしに言われたのでしたが、まずはシェーラーが、少し遅れてハイデガーが拠りどころにできたことではありました。つぎにはハイデルベルクに、哲学とは別の伝統の出身で意識的な反逆を試みたカール・ヤスパースがいました。みなさんもご存知のとおり、彼は長いことハイデガーと親交がありましたが、それは講壇が哲学について喋々するだけであったさなか、ハイデガーの企図にある反逆的なところが、根源的に哲学的なものとしてヤスパースの心に訴えたからにほかなりません。

　これら少数の人びとに共通な点は——ハイデガーのことばを借りて言えば——彼らが「学識の対象と、思索される事象」とを区別できたこと[2]、そして学識の対象は彼らにとってどうでもいいものだったことです。噂は当時、伝統の崩壊とすでにはじまっていた《暗い時代》について、多少ともはっきり自覚していた者たちのところにとどきました。彼らはこの自覚のゆえに、まさに哲学ということがらにおいては学識など無駄なお遊びだとみなしていたのです。その彼らが大学でほかならぬこの学科の訓練をうける気になったのは、ひとえに、彼らにとっては《思索される事象》が——今日のハイデガーなら《思索という事象[3]》と言うでしょうが——重要だったからなのです。噂は彼らをフライブルクのあの私講師のもとへ、少しのちにはマールブルクへ誘い寄せました。その噂はこう言っていました。フッサールが宣言した事象へ現に到達している者がいる、その男は、それが大学人のではなく思索する人間の関心事であること、しかも今日や昨日にはじまったものではなく大昔からの関心事であることを知っている、そして彼が過去を新たに発見しているのは、まさに伝統の糸が絶たれているからこそなのだ、と。手法として決定的な役割を果たしたのは、たとえばプラトンについて語り彼のイデア論を説明するのではなかったことです。そうではなく、一つの対話篇を一学期まるごとかけて一歩一歩読みすすめながら、問いかけてゆく、そしてついには、そこにあるのはもはや数千年まえの教えではなく、きわめて現在的な問題提起だけになるのです。今日ではこれはおそらくごくおなじみの方法のように聞こえるでしょう、多くの人がいまではこういうやり方をしていますから。でも、ハイデガー以前にそれをした人はいなかったのです。噂はそれをじつに単純にこう言っていました。思索がふたたび生命を得た。死んだと思われていた過去の教養財がよみがえって語りはじめた。それらの財宝はわれわれが不信感をもって推測していたのとはまるで別のことを述べているのがわかってきた。一人の教師がいる、この人からなら、考えるということを学べるかもしれない、と。

ですから世間の目から隠された王というのは、思索の国の王でした。この王国は完全にこの世のものながら世に埋もれていて、そもそも存在するのかどうかも正確には知りようがない、しかし、その住民は人が思っているより多いものです。そうでなければ、ハイデガー的な思索と、思索しつつ読むという読み方が、どうしてあのように比類のない、しばしば地下に隠れたままの影響力を発揮しえたのか、説明がつかないでしょう。それは弟子たちの範囲をはるかに越え、一般に哲学という名で理解されているものを越えて、ひろく及んでいたのです。

というのも、今世紀の精神的相貌を決定するのにあずかって力があったのは、ハイデガーの哲学ではなく――そもそもそういうものが存在するのかどうか、当然に問うことはできますが(4)――、ハイデガーの思索だからです。この思索は、深く穴を掘りすすむというこれだけに固有の性質をもっています。それを言語の面から把握し立証しようとするなら、動詞《考える denken》の他動詞用法にあると言えるでしょう。ハイデガーはけっしてなにかに《ついて》思索するのではない。なにかを思索するのです。このまったく非観想的な活動において、彼は深みへ食い入ってゆく。しかしそれは、この深い次元に――これまでにはこういうやり方と精密さでは発見されたことがまったくないと言えるような次元に――なんらかの究極的で堅牢な地盤を発見するためではなく、ましてやそれを明るみに出すためでもなくて、深みにとどまったまま、道をつけ、《道標(5)》を立てるためなのです。この思索は、課題を立てることも、《問題》と取り組むこともあるでしょうが、もちろん、いつもなにか特定のことがらを考えます――ちょうどそのとき頭を占めていたとか、もっと正確に言えば思索を刺激したことがらを――、しかし、それに目的地があるとは言えません。この思索はたえまなく活動を続け、道をつけることと自体さえ、あらかじめ遠くに見えていた設定された目標への到達をたすけるというよりは、一つの新しい次元を切り拓くためなのです。この道は《森の道 Holzwege》といってもいいでしょう。なぜならそれは森の外部にある目的地へ通じているわけではなくて、「不意に途切れて通れなく」[6]なってしまう、しかし森を愛し、森をわが家と感じる者には、ギルドをつくっている哲学者や人文科学者がせかせかと往来する入念な造りの問題研究用街道とはくらぶべくもないほど、しっくりと似合う道だからです。《森の道》という比喩はたいへん本質的なところを衝いています。でもそれは人がまず思い浮かべるような、森の道に迷いこむと先に進めなくなるというようなことではなく、むしろ森を仕事にしている樵《きこり》とおなじに、自分が踏みかためた道をゆく、そして通り道をつけるのは木を切ることに劣らず樵の仕事の一部だ、ということなのです。

ハイデガーは、深く掘りすすむ思索によってまず切り拓いたこの地下の次元で、そのような思索の小径の大きな網の目をつくりあげました。そしてその唯一の直接的結果というのは――当然ながら注目されて、模倣する者もあらわれましたが――どっちみちかなり前からだれも居心地よく感じてはいなかった伝統的形而上学という建造物を、崩壊にみちびいたということです。地下トンネルや掘削工事が、基礎の深さの不十分な建物を崩壊させるのとおなじように。これは歴史的な事件、おそらく第一級のそれとさえ言えましょうが、私たちのように、歴史学者ギルドをふくめたあらゆるギルドの圏外に立っている者が、べつに心をわずらわすにはおよばない問題です。カントをある特殊な観点から、「すべてを粉砕する者」と呼ぶことは正当だったにしても、それはカントが――彼の歴史的役割とはべつに――どういう人であったかとは、あまり関係がありません。そして、もともと目前に迫っていた形而上学の崩壊にたいするハイデガーの関与について言えば、この崩壊がそれまでの歩みにふさわしい仕方で進行したのは、ひとえに彼のおかげ、彼だけのおかげです。つまり形而上学はその最後ぎりぎりのところまで考えぬかれたのであって、たんに後から来た者によっていわば蹴散らされたのではなかった。ハイデガーの言うように、「哲学の終焉」[7]ではある、しかしそれは哲学に敬意をささげ、哲学の名誉を保持する終焉であり、それを用意したのは、哲学にもっとも深くとらわれていた者なのです。生涯にわたって彼はゼミナールと講義の根底につねに哲学者たちのテクストを置き、彼自身のテクストでゼミナールをすることにあえて踏みきったのは、ようやく高齢に達してからのことでした[8]。

前に申しましたように、人びとは噂に惹かれて、思索するということを学びにいったのですが、そこで経験したのは、純粋な活動としての思索、つまり知識欲や認識衝動に駆られてするのではない思索が、一つの情熱になりうるということでした。その情熱は、ほかのすべての能力や天分をその支配のもとに置くというよりも、それらを秩序づける、それらにあまねく浸透してゆくのです。私たちは理性-対-情熱、精神-対-生活というむかしからの対置にあまりにも馴染んでいるので、思索と生きいきした生命感が一つになるような情熱的な思索などと言われると、いささか奇異に感じます。ハイデガー自身、かつてこの合一を――多くの証言者のいるある逸話によれば――たった一つの簡潔な文で表現したことがあります。あるとき、アリストテレス講義を始めるにあたって、よくあるように伝記の紹介から入るかわりに、こう言ったのです。「アリストテレスは生まれ、仕事をし、そして死んだ」。このような合一が存在するということ、それは私たちがあとになってから認識しうるとおり、たしかに哲学というものが一般に存在しうるための条件ではあります。しかしもしハイデガーの思索する実存がなかったとしたら、特にこの世紀にあって、私たちがこれを知りえなかっただろうことは疑いようがありません。この思索は、この世界内に生を享けた存在だという単純な事実から情熱として立ちあらわれて、「在りとし在るものすべてにおいて働いているところの、意味《ジン》に思いをひそめる」(9)のです。したがってこの思索は、生そのものと同様に、最終目的を――認識であれ知識であれ――もちえません。生の終わりは死ですが、人間は死のために生きているのではなく、生命《いのち》ある存在であるがゆえに生きている。そして思索するのは、なんらかの結果を得るためではなく、人間が「考える存在《ヴエーゼン》、つまりめれこれと意味をもとめる存在」(10)であるからなのです。

そのため、思索はそれ自身の成果にたいして独特な破壊的ないしは批判的態度をとる、という結果をともなうことになります。たしかに哲学者は、古代の哲学諸学派このかた、体系を樹立したがる宿命的な傾向を示していて、私たちは今日でもしばしば、ほんとうにそこで考えられたことを見つけだすためには、築きあげられた建物を解体しなければならないという苦労をしています。しかしこの傾向は、思索それ自体から生まれているのではなく、まったくべつの、それなりにまったく正当ではある欲求から生じているのです。直接的で情熱的な生きた活動としてなされる思索を、その成果で測ろうとしても、結局はまるでペネロペーの喪のヴェールのようなぐあいだとわかるでしょう――夜になると昼間に織ったものを、翌日またあらたに織りはじめられるように容赦なくほどいてしまうのです。ハイデガーの著作のどれを読んでも、ときには既刊の著作への言及はあるにもかかわらず、まるで彼がまた最初から始めているかのようで、そしてすでにつくりあげた言語、つまり自分の用語法を、ときおり引き継ぎはするが、しかしそのさいそこでの諸概念は、それを手がかりに新しい思索の道がたどられてゆく《道標》にすぎない、というふうにみえます。ハイデガーは思索のこの特異性にいくたびか言及しています。ニーチェにからめて、「つねにまた新たに開始するという、思考の仮借のなさ」について語っているのがそれですし、「なにが思索すべきことがらであるのかという批判的な問いが、いかに必然的かつ恒常的に思索の一部をなすか」を強調しているのも、また思索には「後もどりするという性格がある」と言っているのもそれです。そしてこの後もどりを彼は実践しています。『存在と時間』にみずから《内在的批判》をくわえたとき、あるいはプラトンの真理について彼自身のおこなったある解釈を「維持できない」ものと断じたときに。あるいはごく一般的に、みずからの著作を《かえりみる》という言い方をして、「それはつねにretractatio〔やりなおし〕となる」のであって、いわゆる撤回ではなく、すでに思索したことを新たにまた思索することだ、と言っています[11]。

思想家はだれしも、十分に齢を重ねさえすれば、自分の思想の本来の成果らしきものをまたほどいてしまおう、それもあっさりと、また新たに考えなおすことでやってみようと、企てざるをえないものです（そういうとき思想家はヤスパースとともに言うでしょう、「ほんとうに最初からやりなおしたいと思うときには、もう世を去るときが来ている！」と）。思索する《我》には年齢がない、そして思想家が真に存在するのは思索のうちにおいてのみなのだから、老化することなしに年をとることは、彼らの呪いであり祝福でもあります。それにまた思索の情熱の場合もほかの情熱と同じことがいえる――つまり、私たちが一般に人格の特性として知っているもの、その総体が意志によって秩序づけられればいわゆる性格となるものは、その人格をとらえていわば占有してしまう情熱の嵐の襲撃には、もちこたえられないのです。思索する《我》は猛威をふるう嵐のただなかに、ハイデガーの言うように「立ちつくす」、《我》にとって時間は文字どおり止まっている、だからそのような《我》はたんに年齢がないばかりでなく、つねに他と異なる特殊な自我ではあるにせよ、特性というものをもたない。思索する《我》は、意識の自己とはまったく別ものなのです。そのうえ思索は、ヘーゲルが折りにふれて哲学について言っているように「いささか孤独な」ものですが[12]、これはたんに、プラトンの言う「私自身との声なき対話」[13]において私がひとりきりであるからだけではなく、この対話ではつねに、なにか《言いがたい》もの——言語をつうじてでは音になりきれず、そもそもことばにならないもの、つまり他者にばかりか当人自身にも伝達不可能なもの——が、ともにひびいているからでもある。プラトンが『第七書簡』で語っているこの《言いがたいもの》こそ、おそらく思索をこれほど孤独なものにし、それでいてこれがそのときどきで異なる培養基となって、そこから思索が生じてはたえず新たになってゆく、ということなのでしょう。十分に想像できるケースとしては——ハイデガーにはけっして妥当しませんが——、きわめて人づきあいを好む人に思いもかけず思索の情熱がとりついてしまって、その孤独の結果、その人が破滅するということもありましょう。

　思索を一つの《パトス》として、それにとりつかれた者が苦しみつつ負っていかねばならぬものとして語った最初の人、そして私の知るかぎりでは唯一の人は、哲学の始まりを驚きと呼んだプラトンです[14]。むろん彼はけっして、奇異なものに遭遇したときに私たちに起きるたんなる不審の念、しかしパトスのように襲いかかりはしない不思議の念を、言っているのではありません。なぜなら思索の始まりである驚きは——不思議の念は科学の始まりではあるでしょうが——、日常的なもの、自明なもの、よく知られ馴染みのあるものに感じるものだからです。これは、なぜこの驚きがおよそ知識によっては鎮められないのかの理由でもあります。ハイデガーはかつて、完全にプラトンと同じ意味で「単純なものに驚く能力」という言い方をしていますが、プラトンとちがって、「そしてこの驚きをおのが住みかとして引き受ける」能力、と付けくわえています[15]。この補足が、私の思うに、マルティン・ハイデガーとはどういう人かを考えるうえで決定的に重要です。というのも思索とそれに結びついた孤独なら、みんなとは言えないまでも——望むらくは——多くの人びとが知っています。しかし疑いもなく彼らはそこをおのが住みかにはしていない。そして単純なものへの驚きに襲われ、その驚きに誘われて思索へ入ってゆくときでも、自分が人間的関心事の遂行される仕事や活動の連続体である居慣れた場から、いまは引き離されていてもしばらくすればまたそこへもどっていくのだと、知っている。ハイデガーの言う住みかは、比喩的に言えば、人間の居住するところからは離れていて、たとえこの場所でどんなに思索の嵐がさかまくことがありうるとしても、この嵐は、時代の嵐といった言い方をする場合よりさらに一段と比喩の度合がつよいのです。世界のほかの場所、人間的関心事の場とくらべれば、思索の住みかは「静寂の場[16]」なのです。

　もともとは、静寂を生みだして住みかにゆきわたらせるのは、驚きそれ自体であって、この静寂のためにこそ、あらゆる物音、自分の声すらも遮断することが、驚きから思索が展開してゆけるための不可欠の条件となるのです。ここではある独特な変容がすでに完結していて、この思索の圏内に入りこんでくるものすべてにこの変容が及びます。思索というものは本質的に世界から切り離された状態でなされるため、それがかかわりをもつのはつねに不在のものだけ、ことがらであれ物であれ、直接には知覚しえないものだけです。人はたとえばひとりの人間と顔と顔を合わせて向かい合うとき、相手をつねに喜ばしい生身のまるごとにおいて知覚するけれども、その人のことを思索してはいない。あえて思索するなら、そのときは出会ったふたりのあいだにすでに壁が割り込んできて、当人は直接の出会いからひそかに離れてしまっている。思索のうちである事象なり人間なりに近づくためには、それらは直接的知覚にとっては遠いところになければならない。思索はハイデガーに言わせれば、「遠さへ近づくこと das In-die-Nähe-kommen zum Fernen」[17]なのです。これは、私たちにお馴染みの経験に照らしてみると、なるほどと実感できましょう。私たちは遠方の名所をまぢかに見るために旅に出る、そういう場合によくあることですが、後になって、もはや直接的印象の圧力下におかれていないときに振り返って思い出してみると、見てきたものがはじめて完全に近づいてくる。あたかも、もはや目のまえに現前していないときになってはじめて、それらがおのれの意味を開示してくれるとでもいうように。遠近関係のこの転倒、つまり思索が近さを遠ざける、もしくは近さから身を退く、そして遠いものを近くに引き寄せるということは、思索の住みかについて明確に知りたいと思う場合、決定的に重要な点です。Erinnerung〔記憶〕は、思索においてはAndenken〔追想〕となりますが、これは思索についての思索の歴史において、一つの心的《メンタル》能力としてまことに際立った役割を果たしてきました。なぜならこの能力こそ私たちに、近さと遠さは、感覚的にもそう知覚されているように、このような転倒を一般に受けいれうるものだと保証してくれるからです。

ハイデガーは彼が生得の場としている《住みか》、思索の住みかについては、ほんのときたま暗示的に、それもたいていは否定的なかたちで発言しているにすぎません――たとえば、思索が問う問いは「日常という通常の秩序のなかには属してない」、「差し迫った必要や世間一般の欲求の充足の圏内」にはない、まさしく「問うことそれ自体が秩序から離れている」[18]、と言っているのがそれです。しかし、この遠近関係と思索におけるその転倒のほうは、すべてがそれに合わせて調律される基調音のように、全著作にわたって鳴りひびいています。現前と不在、隠すことと露わにすること、近さと遠さ――それぞれ両者をつなぐ鎖、相互の関連性は、不在が経験されなければ現前はありえないし、遠さがなければ近さはなく、隠されることなしには露わにすることもできないという自明の理とは、ほとんどなんの関係もありません。思索の住みかの視覚から見れば、この住みかをとりかこむ《日常という通常の秩序》や人間的関心事のうちでは、事実、《存在の退去》もしくは《存在忘却》が幅を利かせている、つまりそこで身を退き退去しているものにこそ、不在のものに依拠するのを本性とする思索は取り組もうとしているのです。この《退去》を止揚することの代価はつねに人間的関心事の世界からの退出であって、たとえ思索がそれ固有の隔離された静寂のなかで、ほかならぬこれら人間的関心事を熟考する場合であっても同じです。だからこそアリストテレスもすでに哲学者たちにたいして、プラトンという偉大な実例をなお眼前にまざまざと思い浮かべつつ、政治の世界で王を演じたいなどと思ってはならぬと力をこめて忠告したのです。

少なくともなにかの折りに《単純なものに驚く能力》なら、おそらくすべての人にそなわっているでしょうし、そうであれば私たちの知る過去や現在の思想家たちが卓越している点は、この驚きから思索する能力を、もしくはそれぞれの場合に彼らにふさわしい思索を、展開しているところにあると言えるでしょう。しかし《この驚きをおのが住みかとして引き受ける》能力となると、話はちがってきます。これはきわめて稀有な能力なのです。これがあったことを裏付けるある程度確かな証拠が見いだせるのはプラトンの場合だけですが、彼はこの住みかの危険性について、『テアイテトス』のなかで一度ならず、きわめてドラスティックに語っています。そこにはタレースとトラキアの農民の娘の話も――この話を報告したのは彼がはじめてのようですが――出てきます。《賢者》タレースが星を眺めようと上ばかり見ていて泉に落ちてしまった、それを見ていた女の子が、天を知りたがる人は足もとになにがあるのか目に入らなくなる、と笑ったという話です。[19]アリストテレスのことばを信用するなら、タレースはこの嘲笑にいたく傷ついた、おまけにつねづね市民仲間から貧乏を笑われてもいた。そこで彼はオリーヴ搾油機の思惑買いで大儲けしてみせて、金持になることなんぞ本気になれば《賢者》にはたやすいことだと立証したということです。[20]でも、本というものは周知のとおり、農民の娘が書くことはありませんん、ですからこの笑い上戸のトラキア娘はまたもへーゲルから、高等なものごとへの感受性がまるでないと言われる仕儀となりました。プラトンは、周知のとおり『国家』のなかで、詩人に仕事をやめさせているだけでなく、市民、少なくともその守護者階級には、笑いを禁じようともしました(21)。彼は同胞市民の笑いを、真理の絶対性の主張に反対する意見の敵意よりも、もっと恐れていたのです。おそらくほかならぬ彼自身が、思索者の住みかは外から見ればアリストパネースの《雲ホトトギス国》〔夢想郷〕のようなものだと思われやすいと、知っていたのでしょう。いずれにせよ彼は、思索がおのれの考えたことを市場にもちだそうとすれば、他の人びとの嘲笑をまぬがれないのを知っていた。そしてなかんずくこのことが、すでにかなりの年配に達していた彼に三度のシケリア旅行を敢行させ、哲学への入門に必須だと彼の思った数学を教授することでシュラクサイの僭主を励まそうとさせたのかもしれません。こういう夢物語的な企てが、農民の娘の視点から見ればタレースのしくじりよりもはるかに滑稽だということに、彼は気づかなかった。ある程度それも当然でしょう。なにしろ私の知るかぎり、だれひとり笑わなかったし、微苦笑をもってこの挿話を描いた人さえいないのですから。笑いがなにに役だつのかを人びとはまだ発見していないようですが、おそらくそのわけは、思想家たちがむかしから笑いを快く思わず、たまたまだれかが笑いの直接的誘因について頭を絞っていても、思想家はちっとも助けてはくれないからでしょう。

さて、私たちみなが知ってのとおり、ハイデガーもまたかつて彼の住みかを変え、人間的関心事の世界に自分を——当時の言い方をすると——《組み込む《アインシャルテン》》という誘惑に屈しました。その世界はというと、こんどの場合は専制者とその犠牲者たちは海の彼方にではなく、自国にいましたから、プラトンのときよりかなりひどいことになりました(22)。しかし彼自身について言えば、話は別だと私は思います。彼は三五年まえ、短い熱病じみた一〇か月ののちに彼を生得の住みかへ追い返したあの激突のショックから、まだ学ぶだけの若さをもっていて、経験したことをおのが思索のなかに根づかせ住みつかせることができました。そこから結果したのが、意志への意志としての、それとともに力への意志としての、意志の発見でした。意志については近代に、とりわけ現代になってから、多くのことが書かれてきましたが、カントがいたにもかかわらず、ニーチェがいたにもかかわらず、意志の本質についてはあまり思索されませんでした。いずれにせよハイデガー以前にはだれひとり、この本質がいかに思索と対立し、思索に破壊的な作用を及ぼすかを、洞察していなかったのです。思索には《放下《ゲラッセンハイト》〔平静であること、意志を捨てて対象を「そのまま」であらしめること〕》が必要であって、意志の観点から見れば、思索する者は「私は意志しないことを意志する」と言わなくてはならないことになります

——このことばが逆説的なのは見かけだけにすぎません。なぜなら「これによってのみ」、つまり「意志する習慣をやめる」ときにのみ、「われわれは……探しもとめている思索の本質、意志にあらざる思索の本質に、身を投ずる」ことができるからです[23]。

私たちは、たとえおのが住みかは世界のただなかにあるとしても、思索者たちに敬意をささげたいと思う者です。しかしプラトンにしてもハイデガーにしても、人間的関心事にみずからかかわったときには専制者や総統のもとに走ったということに、私たちは目をそばだてずにはいられないし、おそらく腹立たしく思わないわけにはいかないでしょう。これはそのときの時代状況のせいだけにはできず、まして、すでにかたちづくられていた当人の性格のせいにもできません。原因はむしろ、フランス人が《職業的習癖》と呼ぶものにあるのです。というのも専制的なものを好む傾向は、ほとんどすべての大思想家の理論に認めうるからです（カントだけが大いなる例外です）。かりにこの傾向が彼らの行為のうちに証示できないとしても、それはたんに彼らのなかに、《単純なものに驚く能力》のみならず、さらにそれを超えて《この驚きをおのが住みかとして》引き受ける用意のある者が、きわめて少ないからにすぎません。

そしてこのごく少数の大思想家の場合、彼らの世紀の嵐がどこに彼らを漂着させようと、それは究極のところどうでもいいのです。というのも、ハイデガーの思索に吹き荒れた嵐は——何十世紀ものちのいまもなおプラトンの著作から私たちへ吹いてくる嵐とおなじように——彼の生きてきた世紀に起源をもってはいないからです。それは太古に発していて、それがあとに残してゆくのはある完成されたものであって、完成されたものがすべてそうであるように、それは故郷である太古へもどってゆくのです。

117　アーレントがハイデガーのために

そして流れやまぬ時がわたしの頭をむんずと摑み、
死すべき者たちのもとでの困苦と昏迷が
わたしの死すべきいのちを揺さぶるとき、
あなたの深みにある静寂をわたしに思いおこさせて
ほしい！

ヘルダーリン

彼の八〇歳の誕生日にあたって、同時代者たちはこの巨匠に、この師に、そして少なからぬ人がこの友に、思いをいたします。彼らはふと手を休めて、自分に説明を試みるのです。彼の生涯がその集成された全容の豊かさのうちに、目の前に現前するものとして立ちあらわれているいま――これこそ老齢の恵みではないでしょうか？――この生涯は自分たちにとって、また世界と時代にとって、なにを意味しているのか、と。この問いにはそれぞれの人がちがう答えを用意しているでしょう。そしてその答えが、この生涯の情熱あふれた充実、作品を生み出したその充実を、いくらかなりと正当に評価しているようにと願うことでしょう。

私にはその答えはどうしてもこうだと思えます。彼の生涯と仕事は、思索のなんたるかを私たちに教えてくれた。そして彼の著作は思索のための手本でありつづけるだろう。それは同時に、前人未踏の途方もないところに踏みこむ勇気、いまだ思索されたことのないものに完全に身をさらす勇気の手本でもあって、おのれの本務をほかのどこにでもなく、まさに思索とその不気味な深みにのみ据えた者は、この勇気を自分のものにしなければならないのだ、と。

私たちののちに来る人たちが、今世紀とその人びとを想起して信義を守りつづけようとするならば、そのときはあの荒廃の砂嵐のことも、どうか忘れずにいてくれますように。あの砂嵐は私たちすべてをそれぞれに放浪へと追い立てた、しかしそのさなかにあってもなお、このような人とその仕事が可能であったということを。

118　ハイデガーからアーレントへ

フライブルク i. Br. 一九六九年一一月二七日

親愛なハンナ

私の八〇歳の誕生日を記念する文をきみが幾重にも寄せてくれたことにも、きみたちのワインの贈りものにも、お礼を申しあげるのが遅れてしまいました。しかし、その間もしばしばきみに思いを馳せつつ感謝していたのです、タイプライター書きの本文に手書きの献辞が添えられたきみのラジオ談話[1]にも、ペーシュケが送ってきてくれた『メルクール』のテクスト[2]にも、『南ドイツ新聞』の記事[3]にも、そして『タブラ・グラトゥラトリア』へのきみの寄稿[4]にも。

私はいまやっと、テレビ放送のおかげでどっと増えたほかの誕生日郵便物を片付けたあと、私に大切なかかわりのある祝いのことばに――スイスではそういう言い方をするね――お礼を書きはじめたところです。

きみはほかのだれよりも、私の思索と教師としての仕事の内面的運動を、的確に言い当ててくれた。それはソフィスト講義のとき以来、ずっとおなじ動き方なのです。

しかし書かれたものに優るのは、きみの幾たびもの訪問でした、最後にはハインリッヒもいっしょに。ハインリッヒと『ニーチェ』を語り合ったのを、いまでもよく思い出します。あれほどの洞察力と先見の明には、めったにお目にかかれません。

メスキルヒとアムリスヴィールでの祝典(5)は喜ばしいものでした。アムリスヴィールでの祝いには私たちの子どもや孫たちも出席しました。ところが私の誕生日の四日後に、弟の妻が心臓発作で死去。祝典のあとは、つねになくよく晴れた穏やかな一〇月の日々を山小屋で過ごして、ゆっくり休んできました。

ささやかな感謝のしるしを別便で送ります。やっと準備段階に入ったばかりでまだ送れないのは、一、ハイデルベルク科学アカデミーのコロキウムのテクスト。(6)二、メスキルヒでのスピーチのテクスト。(7)三、第二ドイツ・テレビでの放送のテクスト。(8)四、アムリスヴィールでのスピーチのテクスト。(9)クロースターマン社から出た記念論集『展望 *Durchblick*』には四〇歳以下の著者たちの寄稿が収めてありますが、例外はハンス・ヨーナス。(10)ゲラ刷りを拾い読みしたところでは、よろこばしい水準を示しています。

グレン・グレイは帰ったあとなにも音沙汰ありません。しかし彼の義妹の話では、元気でいるようです。

きみたちに私たちの心からの挨拶を

いつもの

マルティン

別便にはつぎのものが入れてあります。

1　故郷の町が公刊した小さな本。

2　『思索という事象へ』(ニーマイヤー社)。

一九六九年九月二一日と一〇月五日の『新チューリッヒ新聞』の切り抜き二枚を、(11)挟み込んであります。

3　『芸術と空間』、エルカープレス・ザンクト・ガレン。

4　講演「神学と哲学」(一九二八年)、および一九六四年のテクスト。(12)

119 アーレントからハイデガーへ

美しい白い静かなクリスマス、一九六九年

親愛なマルティン

お手紙ありがとうございました！　いまではもうお礼状書きはすっかりお済みになったことでしょうね、それになんといってもああいうことは少しはあなたを喜ばせたことでしょう、たとえすべてではないにしても、いくつかのあれこれが。その直後の、弟さんの奥様のご逝去——なんとも人生というのは、それ一流のアクセントのつけ方をするものですね。弟さんはどうなさるのでしょうか？　あなたはもうメスキルヒには行けなくなるのでしょうか？

予告いただいたすばらしい別送品はまだ届きません。空の交通が開ける以前は、そちらからの船便は一〇日ほどかかったという話ですが、いまではなんと約六週間。これが進歩というわけです。わたしは年明け早々に二週間シカゴへ行かなくてはなりません(1)、ですから一月後半まで待つしかないわけです。『思索という事象へ』(あなたがくださった訂正ずみの校正刷り)は、もう何度もじっくり読みました(2)。「時間と存在」はまえに読んで知っていましたが、そのあとのゼミナールからは教えられるところ甚大です（いつもいつも、先生なのです）。《哲学の終焉》——もしもわたしたちがつぎの二、三〇年をなんとか無事に切り抜けられたら、もちろんそうできるとはけっして言えないのですが、この終焉にどんなに多くの利点があるか、あとから来る者たちにどんなに多くの益を残してくれたかが、そのときはじめてわかるでしょう。わたしはいつも、転回《ケーレ》のあとでは『存在と時間』ではなく存在と思索だと思っていました。いまのあなたの言い方では《開けと現前性》。とても説得的にひびきますし、たいへん多くのことを考えさせます。

フライブルクにうかがったとき、わたしがピンダロスの失われた詩に言い及んだのを、覚えていらっしゃいますか。それがスネルの『精神の発見』(3)の一二五ページにありました。

古代後期のある弁論家の報告は次のように伝えている(Aristides 2, 142; vgl. Choric. Gaz. 13, 1 entspricht fr. 31)。「ピンダロスの語るところによると、神々自身がゼウスの婚礼のとき、まだなにかなくて困っているものがあるかとゼウスに訊かれて、こう頼んだ。この大いなる御業《みわざ》とゼウスが仕上げたすべてのものを、ことばと音楽で飾ってくれる神々をいくたりか、どうか創ってください」

そしてスネルは解釈をこう書き添えています（p. 126）。「美を称える者がいなければ、すべて美は不完全なのだ」。

もう一つご報告したいこと。何か月かまえにフルカードからすてきな手紙[4]をもらったのですが、そこに、あなたが“de vive voix〔口頭で〕”わたしのことをお褒めになっていたと書いてありました。いまでもこれを思うと、うれしさに顔が真っ赤にほてります。

もちろん書くことや読むことは、会うこと、話すことの貧弱な代用にしかなりませんね。春にはまたふたりでそちらへ行こうかと考えています、たぶんこんどもテーニャに。まだ完全に確実ではないのですが。でもそうなれば、まもなく会ってお話ができます。ジョーン・スタンボー[5]が何度もここへ訪ねてきてくれて、ハインリッヒも彼女とたいへん親しくなりました。とてもとても気持のいい人で、たいへん才能がある。正真正銘の喜びです。今週末にはグレン・グレイが来ます、元気ですよ。彼はわたしたちの家で晩餐を店から取り寄せてくれたことがあって、そこに居合わせたジョーンと、アメリカの詩人でわたしたちの昔からの友人ロバート・ローウェル[6]も、彼と仲良しになりました。それもローウェルがグレイの本『戦士たち』[7]を気に入ったせいと、そのときの食欲旺盛な食べっぷりのおかげです。

わたしたちは元気です。ハインリッヒは毎日、立腹のたねに事欠きません、新聞を読めばかならず見つかりますからね、とびきりのたね[8]が。わたしは授業をしないですむ今年いっぱいの休暇を楽しんでいます。

新しい年がおふたりにとってよい年でありますように。ハインリッヒからも心をこめたご挨拶を。

いつもの——

ハンナ

119a

アーレントからエルフリーデ・ハイデガーへ

六九年一一月二五日

親愛なエルフリーデ

いまマルティンに長い手紙を書いたところですが、ここに同封するものは彼への手紙には入れたくなかったのです。ことがら全体があまりにばかげていて、彼を煩わすほどのことはありませんから。ご覧のとおり、ブルーメンソール女史はマルティンの手紙をほんとうに公表しました——わたしの記憶が正しければ、正確に訳されています、特にいい訳ではないにしても。そのうえで彼女は窮地をなんとか切り抜けようと、別の側面からことをあげつらっています。わたしが答えようかと一瞬考えたのですが、彼女はまったく無名で（わたしは調べました）、新聞もそう有名とは言えないので、どんな答えもかえって、さもなければ彼女には得られない世間の注目を集めさせてしまうだけだと思いなおしました。このままほうっておくのが最善策です。

いかがお過ごしですか？　お誕生日の行事を無事に切り抜けられたでしょうか？　それに家のご新築は？

心からのご挨拶を――

ハンナ

120　アーレントからハイデガーへ

ニューヨーク、一九七〇年三月一二日

親愛なマルティン

もう長いこと、すばらしいものを送っていただいたお礼を書こう書こうと思っていて、たびたび長い手紙を書きもしました――でも、ちゃんと紙に書きうつすにはあまりにも長すぎましたし、だいいち、それには思索用の場所（ソファーかロッキング・チェアー）からタイプライターのところへ移動しなくてはなりません。それに思索と感謝のほんとうに長い手紙を移動のために中断するなんて、もったいないですもの。

何度もくりかえし『思索という事象へ』を読んでいます、とりわけ「哲学の終焉と思索の課題」の部分を。もちろん、これは実証主義と多くの新実証主義的試みの終焉でもありますね。わたしはもう何年もまえから――『形而上学入門』を読んだとき以来――思っているのですが、あなたは形而上学と哲学を最後まで考えぬくことによって、いまや真に思索のための空間をつくりだしたのですね――手摺なしの、おそらく思弁もなしの、しかし自由のうちにある思索の空間を。(1)

空間についてのエッセイ(2)はとてもすばらしい。これは彫刻よりももっと建築に、ギリシャ神殿に、ぴったりするような気がします。まるであなたがそれをアフェア神殿から、あるいはヴァッセ神殿からも、スニオンの神殿からさえも、お読み取りになったかのように聞こえるのです――風景のなかに視界をさえぎるものなく建立されたこれらの比類ない建造物は、そのどれもが、風景それ自体のなかにおさまりながら、あれほど風景を引き立てているのですから。

あなたにとりわけ書きたいと思っていたのは、メスキルヒの本について、それも弟さんの手紙(3)についてです。このの気高い、大地に近い単純さという点で、これはほんとうに、(ヴァルター・)ベンヤミンが三〇年代に集めて出したあの大いなるドイツ書簡の系列に属します。カントの弟の手紙(4)をご存知でしょうか？　あなたの弟さんのはまったくちがっていて、はるかに堅苦しさが少ないし、とても自然で、愛情のこもった冷やかしもあります、それでいてどこか似かよったところがあるのです。それに写真もとてもいいですね。

わたしは一月にシカゴで何回かの講義と、それにつなげてゼミナールをやりました――たいへん楽しかった。おどろくほど上質な、分別と感受力のある人たちの集まりです。でもそういうのはシカゴにしかありません。二月にはコロラドで二、三の講演(5)(どちらかというとお金のためですが)、グレン・グレイのところでも。彼は元気ですが、あなたからなにもお便りがないとたいそう心配していました。こちらでは、ジョーン・スタンボーに何度も会いましたし、わたしたちの友人の何人かの詩人といっしょに家に招きもしました、彼女はそういうことが好きなのです。これらの才能ある娘たちは、こういう女性問題全体をいちど本気で考えてみるということがどうもできない、その気がないだけに、よけいむずかしい。たしかに女性運動によって、問題がみごとに混乱させられてもいますからね。ここではもろもろの解放運動と連動して、この騒動がまたも火を噴いています。そして女子学生たちは質問するのです、男の人たちに嫌われないですむにはどうしたらいいのかと。そこで、料理上手になれ、仕事は恥じゃない、等々と答えてやると、それこそ呆気にとられた顔をします。

わたしたちのはじめの予定では、三月半ばにはまたテーニャへ行くつもりでしたが、ハインリッヒが静脈炎になってしまいました。いまでは治まりかけていますが。でもいつ旅に出られるかは、まだわかりません。はっきりしたらお知らせいたします。

グレン・グレイへのあなたのご無沙汰が、お仕事か、あるいはまだ残る《礼状書き》かのせいだけだといいのですが。おふたりともお元気なのでしょうね。家のご新築はどうなっていますか？　もうできあがったのでしょうか？

くれぐれもエルフリーデによろしく。

おふたりにハインリッヒから心からよろしくとのこと。

いつもの――

ハンナ

121　フリッツ・ハイデガーからアーレントへ

七七九　メスキルヒ、七〇年四月二七日

尊敬するハンナ・アーレント夫人！
火曜日（四月二一日）から四日間の旅に出なければならなかったため、念のために月曜日の晩にアウグスブルクへ電話をしたところ、兄の経過は《抜群に順調》とのことでした。土曜日以来、彼はまた自宅にもどっています。(1) いまはどこかの小さなサナトリウムがおそらく最適の逗留場所なのでしょうが。私は今週末に病人を見舞うつもりです。

敬　具
フリッツ・ハイデガー

122　エルフリーデ・ハイデガーからアーレントへ

一九七〇年五月一六日

親愛なハンナ
ご挨拶をありがとうございました。マルティンはほんとうに快方へ向かっています。右手のわずかな運動障害のほかには、麻痺はまったく残っておりません。ただ歳が歳ですからいまは大事をとらなくてはなりません。あなたにお目にかかれるのはうれしいのですが、でもどうか、お訪ねくださるのは七月くらいまでお待ちください。私どもは、もしできるようなら、六月後半に二週間ほどシュヴァルツヴァルトで過ごしたいと思っております。
あなたがたが南スイスでお元気に過ごされますように！(1)
私どもふたりから、あなたがたおふたりに心からのご挨拶を

エルフリーデ

123　エルフリーデ・ハイデガーからアーレントへ

一九七〇年七月二日

親愛なハンナ

早速ですが――あなたのご挨拶に感謝しつつ――お訪ねいただく日取りを提案したいと存じます。

　七月二一日火曜日、もしくは
　七月二二日水曜日

どちらかご都合のいいほうをお選びください。

私どもは一昨日、元気になって帰ってまいりました。マルティンはもちろんこれまでよりもっと慎重に暮らさなくてはなりません。

私どもふたりから、あなたがたおふたりへ心からのご挨拶を

エルフリーデ

124　アーレントからハイデガーへ

テーニャ、一九七〇年七月二八日

親愛なマルティン

わたしの訪問(1)のせいでお疲れになったのでなければいいがと念じながら、おふたりに心からお礼を申しあげます。同封で原稿をお返しいたします、こちらで写真コピーをつくらせました。(2) 二番目の手書き原稿を、やはりわたしに写真コピーでくださったはずなのに、こちらに見当たりません。きっとお宅の机の上に置いてきてしまったのでしょう、ホテルにはすぐ電話してみましたが、やはりありませんでしたから。すっかり悄然としています。

　手紙を書くまえにまず『ヘラクレイトス』をと思って拝読しました。ひじょうに独特な本ですね、結局はあなたにばかり大きな注意力を向けて読んでしまいました。フィンクのようなやり方はわたしにはやっぱりなじめません。あなたはここでは、ル・トールでのゼミナールのときよりもはるかに教師でいらっしゃる。わたしは多くのことを教えられました。でも、フランスでの試みのほうが統一性があるし、集中度も高いですね。ことの性質上、当然ですが。

　同封でお返しするもの〔「芸術の由来と思索の使命」の原稿〕はとてもすてきでした。早く出版なさるべきでしょうね、とりわけサイバネティクスについての何ページかのためにも、あそこはまったく格別です。思いに沈むアテーナーというのは、あなたの机のうえに複製が置いてあるあの小さなレリーフのことですか？　あれがアクロポリス博物館にあるというのは確かでしょうか？　ハインリッヒもわたしも、国立博物館で見た記憶があるように思うのですが。

サイバネティクスについて、もうひとこと――一〇一‐一一ページのところです。あなたがおっしゃるには、未来は（サイバネティクスによって）、「人間のほうへやって来る」ものとして思い描かれている。(3) ほんとうにそうでしょうか？ あなたご自身が次ページで、未来学の扱っているものはつねに「引き延ばされた現在」でしかない、と言っておいでです――これだと、われわれのほうへやって来るものとは正反対になります。それとも？ 未来学者たちは《引き延ばされた現在》にしか取り組まないから、おおかたの連中はまったくとんでもなく間違ってしまう。結局、その行き着く先は根本的には未来の廃棄だとわたしには思えます――それはいかにもユートピア的に聞こえはしても、まるっきりそんなものではないと思うのですが。

グレン・グレイにはすぐに手紙を書きました。こちらに彼からの手紙がきていて、それによると彼は二九日、つまり明日にはもうニューヨークを発って、まずジルス・マリアへ行き、今週の土曜日、八月一日にここへ来るとのこと。わたしは、質問を書面で用意しておくことが決定的に重要だと彼に書き送っておいたのですが、手紙が出発前に着いたかどうか確かではありません。いずれにせよこちらで彼とジョーンにまた言っておきましょう、あとはあなたがご意向のままにことを運んでくださって結構です。

ザーナー(4)にもやはり手紙を書いて、ヤスパース批判の写真コピー(5)をすぐに――来週――速達でここへ送ってほしいと頼んでおきました。首尾よくいって、あなたに八月九日に（お差しつかえなければ、また四時ごろ）ご報告できるようにと期待しております。

ギリシャ人の《ペシミズム》についてのわたしたちの会話のことですが、あのときわたしが捜していたことばを、あとになって思い出しました――つまりクセノパネスのことば(6)です、*δόκος δ' ἐπὶ πᾶσι τέτυκται*〔すべてのことに推測がつきまとう〕。

ここでのわたしたちの滞在もふたたび終わりに近づいています。八日に発ってチューリッヒへ行き（ホテル・ザンクト・ゴットハルト）、一〇日にはニューヨークへ飛びます――内心では嘆きながら。

まもなくお目にかかれますね、おふたりとも

どうかお元気で

ハンナ

125

ハイデガーからアーレントへ

フライブルク、七〇年八月四日

親愛なハンナ

原稿郵送と、サイバネティクスの個所についてのご指摘をありがとう。ここはテクストが十分に明確でありませんね。未来は「われわれのほうにやって来るもの」という引用括弧に入っているところは、今日では《世人《ダス・マン》》の口にする無意味な常套句です。「長く引き延ばされた現在」においては将-来《ツー-クンフト》は遮断されている、つまりすでに根底では、きみが正しく指摘しているとおり「廃棄」されています（これについてはル・トールでのゼミナール、一九六九年版の四三ページ、《用立て可能性》についてのところを参照のこと）[1]。

《詩》の写真コピーはここにあります、またコピーをとりましょう。アテーナー＝レリーフはアクロポリス博物館にあります。ヘラクレイトス＝ゼミナールは、全般的に散漫になってしまったので先を続けることはしませんでした。

きみの訪問を待っています、八月九日の一六時に。

きみたちふたりに私たちの心からの挨拶を

マルティン

クセノパネスの引用句をありがとう。

δόξα θεοῦ は《神の栄光》という意味にもなります。

126　ハイデガーからアーレントへ

フライブルク i. Br. 七〇年一一月九日

親愛なハンナ

いまはこの別離[1]もまた、きみに要求されている。ハインリッヒの近さは、かたちを変えたのです。そのことから生じるもの、そしてそれを呼ぶ名がわれわれには欠けているものを、きみはすすんで身に負っていくでしょう。そして苦痛そのものをすら、静謐への変容にゆだねるでしょう。

私たちの哀悼の思いもまた、きみたちそろっての訪問でハインリッヒの友誼に厚い澄明なありようを知るようになって以来の、一つの近さから生まれてくるものです。

今日、グレン・グレイからの知らせを運んできたのと同じ郵便配達が、ブルトマンからの手紙もとどけてきました[2]。そこにはこう書いてあります。「マールブルクへ訪ねてきてくれとはとても言えない。病み疲れて、もはや実りある会話はできなくなった老人を、きみは見いだすことになるだろうから」

その少し前、私はマールブルク講演『現象学と神学』をブルトマンに献呈して、出たばかりのその本を送ったところでした。クロースターマンからもっと本が届きしだい、きみにもお送りします。

ほかのことはこの手紙にはふさわしくない。あとはただ、こちらはふたりともつつがなく過ごしていること、家の本体だけはできあがったことを、お伝えします。

追想のうちに、きみを心から思いやりながら

マルティンとエルフリーデ

［同　封(3)］

「想念」より

時　間

どこまでつづく？
往きつもどりつする時計の振子が
動きをやめるとき、
はじめてきみに聞こえてくる。時は過ぎゆく
過ぎていった　そしてもはや
過ぎゆかないと。
日のすでに遅いころには
時計は
時間へむかう
ただの色褪せた軌跡、
時間は有限性のまぢかで
有限性から生まれてくる。

M・H

127　アーレントからハイデガーへ

ニューヨーク、一九七〇年一一月二七日

親愛なマルティン

何日も何週間も前から、書こう書こうと思っていました、せめて申しあげたかったのです、あなたのお手紙が、あなたの共感が、時間の詩が、考えこんでいるときのどれほどよい助け(1)となったかを。ずっとずっとむかしの別の詩ともどもに。

死は世界の戯れのなかの
存在の山稜。
死はきみとわたしの存在を救い出して
落ちゆく重力にゆだねる。
ひたすら地の星をめざして
あるやすらぎの高みへ。

（引用に間違いがないといいのですが、探して確かめる気になれなくて。）

でも書けません。話すことならできるかもしれませんが、書けないのです。ふたりの人間のあいだには、たとえ稀だとしても、一つの世界が成り立つことがあります。そうしてできた世界は故郷《ハイマート》です、いずれにせよそれは、わたしたちがよろこんで承認する気持になれた唯一の故郷でした。いつでも世界からそこへ避難することのできるこのささやかなミクロ世界は、片方の人間が去ってしまえば崩壊します。わたしは行きます、完全に平静です(2)、そして考えています、去る（*weg*）ということを。

あなたとエルフリーデに感謝しています。いつ新しい家にお移りになりますか？　わたしの座右にル・トールでの最後のゼミナールがあります――"la finitude est peut-être la condition de l'existence authentique."(3)

いまはまだなにも計画は立てられません。でも来春あなたがたがどこにおいでかわかっているほうが、やはりいいような気がします。

いつもの――

ハンナ

128　アーレントからハイデガーへ

ニューヨーク、一九七一年二月二〇日

親愛なマルティン

神学の本(1)のお礼を申しあげるのが遅れてしまいました。とても手紙を書ける気分ではありませんでしたので。三五年以上ものあいだを置いて書かれた二つのテクストを、こうしていっしょに読むのは、たいへん教えられるところが多く、独特な興味ぶかさがありますね。近いうちに翻訳でも読めるようになったら、どんなにいいでしょう。たしかに近年、神学問題への学生の関心はたいへん薄れてきましたが、それでもあなたから出てくるものはすべて、最大の関心をあつめています。《ハイデガーを読める》ようになりたくてドイツ語を学んでいる学生を、わたしはたくさん知っています。そもそもこちらの学生はいま、ひじょうに頼もしいのです。でもこの国には目下のところ、喜べるものといってはほとんどこれしかないのですが。

二番目のテクスト――「非客観化的思考と語り」――との関連で二、三、質問があります。語るということは、あなたのおっしゃるには（四三ページ）、「聴くことそのことが言わしめるものを……言うこと」である。でもそうすると、人間相互の会話である発言を聴くときはどうでしょうか、そしてまた、別のことを「言わしめ」た発言を聴くときは？　言うSagenと、語るSprechenは、どういう関係になるのでしょうか。思考からはSagenは出てきますが、Sprechenは少なくとも直接には出てこないと、わたしにはどうしても思えるのですが。SprechenはSagenから出てくるのでしょうか。SprechenとSagenは、相互にどういう関係にあるのでしょうか？

客観化する思考について。これは本来まったく思考ではないと言えませんか？　たしかに経験からすると、客体にかかわる知の欲求としての思考もありますが、ただその思考は、それぞれの経験において特殊なものとして与えられている見えないものを追ってゆく――「薔薇が赤いということ［、それは］庭に［立っている］のでも、……風にゆらゆら」揺れているのでもない[2]――、それにたいして知の欲求は薔薇と直接に取り組む。しかし経験なしにはその思考も立ちゆかない。それは庭と薔薇を必要とする、しかしそれらに別のなにかを感じとっている。なんと不思議なことでしょう、われわれは見えないものを知覚するためには、見ていなければならないとは。本来、経験とは、そしてそのヤーヌスの顔とは、なんでしょう？

もう一つ、些細なことですが。あなたはおっしゃっています、われわれは語るとき、あからさまにであろうとなかろうと、いたるところで《ist〔……である〕》と言う、と。ところでもちろんご存じのように、ヘブライ語ではちがいます。この言語には繋辞がありません。そこから帰結することは、いったいなんでしょうか？

煩わしくお感じでしたら、どうかすべてご放念を。今日の手紙は本来、いつお訪ねしたらいいか、ご都合をうかがうために書いているのですから。四月後半がよろしいでしょうか、それとも五月でも？　わたしは四月四日に友人たちとこちらを発って[3]、パリ経由でシチリア島へ行き、おそらく四月一八日からはチューリッヒにいて、月末まで滞在する予定です。そこからはいつなりとお宅へうかがえます。そのあと、たぶんミュンヘンとケルンへ行ってから、イギリス経由で帰ることになるでしょう。こちらには遅くとも五月二五日にはもどっていなければなりません。

最後に一つ、とても口頭ではできそうもない質問をさせてください。わたしはいまある本を手がけていて――『ヴィタ・アクティーヴァ』のいわば第二巻のようなものですが――、なんとかなりそうな可能性はまだあります。人間の非活動的な活動である、思考と意志と判断についての本です。ほんとうに仕上がるのか、とりわけ、いつになるのかは、わかりません。ついに日の目を見ないということになるかもしれません。でも、もしも書き上げられたら――それをあなたに献呈することをお許しいただけるでしょうか。

おふたりに心からのご挨拶を――

ハンナ

追伸。四月三日まででしたら、ご連絡はこちらへ。その後五–八日のあいだはパリのウェスト家に、住所はパリ六区レンヌ街一四一番地。一八日以降はチューリッヒのアメリカン・エクスプレス宛がいちばんいいと思います。

H

別便で、コジェヴニコフのむかしの論文(4)、それでもヘーゲル読解の一六年後に書かれたものを、お送りします。わたしはおもしろいと思いました、彼はそこでは本音を語っていますから。

129 ハイデガーからアーレントへ

フライブルク i. Br. 七一年三月二六日

親愛なハンナ

とうに手紙を書くべきだったのですが、都合のつく時間はみんな仕事に使っていました。このまえのきみのお手紙で、「わたしは完全に平静です、そして考えています、去る（*weg*）ということを」というくだりを読んだとき、私は最後のことばを、《道 Weg》だと理解しました。そのほうがぴったりする。今日のお手紙ありがとう、それにコジェーヴのテクストの写真コピー(1)も。これは弁証法にたいするわたしの論駁にとってたいへん重要な論文です。きみは『現象学と神学』の第二部に関連して、古くからの疑問に触れている。それらについては、きみが来てくれたときに話しあうのがいちばんいいでしょう。四月二〇日以降ならだいじょうぶです(2)。四月下旬にはビーメルの来訪(3)と、ほかにも家への来客がある予定ですが、きみがチューリッヒから一九時以後に電話をくれれば、双方に都合のいい日時が決められます。

　エルフリーデのおかげで、これまでより住み心地のよい庭に囲まれた家の建設と内装が、もうかなりのところまで進捗しています。引っ越しは夏になってからになるでしょう。

　きみはパリにいるあいだに、ルネ・シャールのために友人たちが編んでいる寄稿文集のことを耳にするかもしれません。その本には私のものも入っています。(4) きみがここへ来るまでには別刷りがきっと届いているだろうから、そのとき差しあげよう。おなじく『ヘルダーリンの詩の解明』も。

　きみの『ヴィタ・アクティーヴァ』第二巻は、ひじょうに重要でしかもむずかしい仕事になるだろうね。それで思い出すのは、『ヒューマニズム書簡』の冒頭と、『放下』のなかの対話のところです。しかしこれらはすべてまだ不十分なままだ。われわれは少なくとも不十分なものを満足のゆくものにする努力をしなくてはいけない。きみにもわかっているね、私がきみの献呈をうれしく思うだろうことは。

　エルフリーデも私も、この冬をつつがなく乗り切りました。私たちは引きこもって暮らしていて、町なかにはほとんど出ない。最近、うれしい訪問がありました、フリードリッヒです。(5)

　きみがシチリアで楽しい日々を過ごせますように。

追想しつつ、きみに心からの挨拶を

マルティン

130　ハイデガーからアーレントへ

フライブルク i. Br. 七一年五月一七日

親愛なハンナ
　美しい花のご挨拶と、ベンヤミン＝ブレヒト本(1)をありがとう。この二つをまとめた構成からしてすでに多くを解き明かしているね。両方のテクストが本質的問題を論じているが、読者はこのことに気づくだろうか？
　きみは献辞には、おそらく意図的なのだろうけれど、引用符を付けていないね――あれやこれや（dies und das）のところに。
　あのあとのきみのヨーロッパ滞在(2)も、満足のゆくものだったことだろうね。

折りをみて、きみが今後もさらに疑問を提出してくれれば、われわれの短い対話をことばにするまで前進させることができるかもしれない。

家の仕上げは着々とすすんでいます。私は仕事部屋に、"Wenig〔少しだけ〕"しか持ちこみますまい。[3]ハインリッヒの追悼式の日には、われわれもともに彼を偲びたいと思います。

心からの挨拶を

マルティン

エルフリーデがよろしくとのこと。

Gl・グレイ、J・スタンボー、そのほかの協力者たちによろしく。

131　アーレントからハイデガーへ

ニューヨーク、一九七一年七月一三日

親愛なマルティン

うれしいことに、帰りついたときあなたのお手紙がこちらで待っていました。それ以来、何度も書こうと思ったのですが、どうも踏み出せなくて。どうしてそんなふうなのか、おわかりいただけますね。あなたの著作は、わたしがどこにいてもいつもそばにあって、いわば恒常的な環境になっています。いまもちょうどヘルダーリン本[1]をまるまる再読したところで、特に注意ぶかく読んだのは、あなたが思索とディノン〔畏るべきもの〕について述べている個所——六〇、一〇二、一一三、一二九ページ。いまはまた『思索という事象へ』を読んでいます、印刷まえにジョーンの翻訳[2]にもういちど目を通さなければならないので。彼女はまもなくフライブルクですね。そちらはもうお引っ越しがおすみでしょうか??

でも今日お便りするのは、以下のようなピーパー[3]との腹立たしい件のためです。ザーナーからいま手紙がきたところですので、その肝心な部分をそのままここに書きうつすのがいちばんいいでしょう。

　さて、腹立たしい件ですが、ピーパーは私の到着（つまりミュンヘンに）の前日に、ハイデガー宛の手紙を送ってきました。そのなかで、彼は四〇〇〇マルクの謝礼を支払う用意があると述べていますが、しかしこの謝礼を彼はこう解釈しているのです。つまりそのうち二〇〇〇マルクは、《省察》本[4]（これがヤスパースの存命中に出た重要な書評と論争を集めた本の題名です）にたいする分、もう二〇〇〇マルクは、ピーパー双書でいずれ出版することにたいする前払い金である、と。これについての話し合いはきわめて不愉快でした。私はピーパーに、これは謝礼を事実上半分に減らすごまかしではないかと指摘して、そういうことは明確な文書にしてほしいと頼みました。……おそらくハイデガーは同意すまいと、私は言いました。ピーパーはその場合には四〇〇〇マルク支払う用意があるとのことです。ところが、私が出版社で聞いたところによると、彼はレスナー博士[5]の助言にすら耳をかさずに、またもや彼の案を押し通そうと試みたそうです。そこでもっとも合理的なやり方だと思えるのは、あなたがハイデガーにすぐ手紙を出して、《省察》本への収録にたいして四〇〇〇マルクというかつての取り決めを、譲らないように勧めてくださることです。私の側からもピーパーに、ハイデガーとの申し合わせを守るか、それともぜんぶご破算かと、圧力をかけましょう（ザーナーはこの本の編者です）。そうすれば彼も譲歩するでしょう。

あなたがまだ返事をお出しになっていないといいのですが。わたしがピーパーに会ったときには、こんな話はまったく出ませんでした。彼は残念ながら病的なほどけちんぼです。なんだってあなたが出版社を替えて彼のところで出さなくてはならないのでしょう。あなたのあの大きなエッセイは、あの巻では唯一の初公刊論文です。ザーナーが集めた他の論文はみんな、すでにどこかに発表されたものばかり。だからあなたは著作権を手放さないようにして、場合によっては、二年ほどの期間を置けばあとはほかの出版社から出してもいいと、ピーパーに認めさせなくてはいけません。ピーパー双書で出したいという彼の願いに、もしもあなたが同意なさるのなら、それならそれで彼はしかるべき契約をあなたと結ぶべきです。彼には、ヤスパースもいつも謝礼のことで不愉快な思いをさせられておいででした。［……］

あなたとエルフリーデに心からのご挨拶を――

ハンナ

追伸。同封の写真について[6]。このギリシャの劇場は、数年まえにはじめてシラクーザ近くのパロッツォロ・アクレイデで発掘された小さな室内劇場で、黒斑のある灰色の石でできています。あなたを撮った写真は二枚とも一九七〇年のものです。

132　ハイデガーからアーレントへ

フライブルク、七一年七月一五日

親愛なハンナ

きみのこのまえの来訪と、それにつづくきみとピーパーの話し合い以来、私はずいぶん長いこと彼の返事を待っていましたが、ようやく今月はじめにこういう答えがきました。

　謝礼金額四〇〇〇マルクの決済をつぎのようにご提案いたします。

　二〇〇〇マルクはヤスパース論集への収録にたいする謝礼とし、

　あとの二〇〇〇マルクは、同論文をピーパー双書で出版することになった場合の売上げ印税と差引勘定にする。

第二点はまったく論外です。私は一回だけの出版という条件でのみ、《原則的同意》を与えていたのです。それがいま《省察》本として出るという。とりわけ《ハーバーマス》の寄稿[1]もいっしょに載るとのことだが、彼は何年もまえに『フランクフルター・アルゲマイネ・ツァイトゥング』に書いた未熟な論争文を、いまふたたびズーアカンプ社から出版させている。これでは最終的な同意を与えるのはためらわれます。むろんこのことも、謝礼問題も、二次的な事由にすぎないのですが。

きみ自身、このあいだのわれわれの会話のさい、私のテクストはほかのとはちがうと言っていたね。その出版の可能性がはじめて話題になったとき、私はきみに言いました、あの書評では意図的にギリシャのものには、とくにアリストテレスには、立ち入らなかったのだと。

いま原稿を整理していて、一九一九年以来の私のアリストテレス論考[2]をまた見つけだしたところですが、それらはあの書評と関係があるのです。だから私は両方を将来いっしょに出版するためにとっておきたいし、ヤスパース書評を一文筆家グループに引き渡すようなことはしたくない、そういう環境ではあの書評は場違いで、読者をとまどわせることになってしまう。五〇年もたってから、一つだけ孤立したあの書評を、だれが思考の荒廃した今日なお追思考できるというのだろうか。

しかしきみにはあらかじめこのことを報告しておきたいと思ったのです、私の同意を撤回するまえに。

九月はじめに私たちは引っ越します。

きみがいくらかでも元気になっていますように。

いつもの
マルティン

エルフリーデがよろしくとのこと。

133　アーレントからハイデガーへ

ウェスト方
メイン街
キャスティーン、メイン州　〇四四二一
一九七一年七月二八日

親愛なマルティン
手紙がゆきちがいになりましたね。わたしはあのあと、ニューヨークの酷暑をのがれてメイン州の友だちの家に夏の残りを過ごしにきたために、お便りするのが少し遅れて今日になってしまいました。八月の末か九月はじめまでこちらにおります。ここはたいへん美しいところで、ごく小さな、ひじょうに古い町です（一七世紀初頭にはすでに入植者が住み着いていました）。美しい古い家々と、小さなすてきな漁港と、海ぎわまでつづく森（ザームラントと似ています）、でも海岸は陸に深い刻みをつけていてノルウェイのフィヨルドのよう。ただ山はなく、もちろんずっと南ですから陽の光はたっぷり、そして朝は雪のように白い霧が立ちます。この地はまだ人口まばらで、観光客もほとんど来なくて、街道はからっぽ、娯楽の賑わいはおよそなく、いちばん近い空港のある大都市から四〇キロも離れていて、バスも鉄道もつながっていません。ここに自分の家をもっている数少ない避暑客たちは、おおかたが大学教授、作家が二、三人ほど。みんなで少々フランス語をやってモンテーニュをいっしょに読もうという話がまとまっています。
わたしの最初の手紙でおわかりのように、ピーパーが彼の双書に入れるという策を思いついたのは、ミュンヘンでわたしと話し合ったあとのことで、彼が約束どおりすぐにあなたに手紙を書かなかったことも、わたしはちっとも知りませんでした。すべて、ザーナーからの手紙ではじめて知ったのです。これまでまったく話に出ていなかったこんどの申し出にあなたが同意できないことは、火を見るより明らかで、だからザーナーも即座に彼にそう言ったのです。でもピーパー自身はそうは思わなかったらしく、ともかく試しに提案してみようとしたのでしょう。そしてまったくの愚かさから――つまり相手の観点からは問題がどう見えるかを想像してみることのできない鈍感さから――、そんなことをすれば自分にとって重大な事態を招くかもしれないとは思いいたらなかったのでしょう。ことがらのこの側面は、こんな程度のことでむしろよかったと言わざるをえないくらいです。ほかの面でもこんどの件全体は、出版社とのあいだで多かれ少なかれよくある部類のごたごたではないでしょうか。もっともその腹立たしさは、しばしばかなりのものではありますけれど。

　あなたのお手紙からは、ピーパーに最終的な拒否をすでにお伝えになったかどうか、はっきりわかりませんが（ある個所には、「これでは最終的同意を与えるのはためらわれる」とあり、手紙の末尾には、「同意を撤回するまえに」わたしに報告すると書いてありますので）、もしもまだでしたら、あなたのもう一つの懸念について少し申しあげたいことがあります。

　こんどはじめて、かなり重要性のある理由として「一《アイネ・》文筆家グループ《リテラーリシエ・ウムゲーブング》」というのが挙げられていますね。わたしが共著者たちの名前をお知らせした当時、あなたはなんの懸念もお示しになりませんでした。わたしの記憶ではハーバーマスの名もすでにリストに挙がっていたと思います、確かではありませんが。あなたにたいする彼の論争文は読んでないので知らないのですが、でも彼はけっして一つのグループを代表してはおりません――あなたの文章がフランクフルト学派の論文ばかりにはさまれて載るというようなことではないのです。いっしょに載る論文があなたのと同類のものでなければいけないとお思いならば、むろん、ほかとは別に単独で発表なさることは可能です。あなた自身がご存知のように、あなたのお仕事と同類のものは存在しない。それにあなたがしっくりおさまるような派《フライス》も、たとえあなたの弟子たちのつくっているものであろうと、存在しないのです。こんどの共著者たちは、客観的に選ばれています――基準点はヤスパースです。わたしにはまったく適切なやり方だと思えます。なぜあなたが《省察》本（これはいわゆる作業用書名ですが）にそんなに反対なさるのか、わたしにはどうもよくわかりません。

　このことの重要性は二次的だと、あなたは書いておいでですね、そしてあなたのテクストはほかとちがう　比類がないという、わたしのことばに言及なさっています。わたしはそのことばでさまざまなことを意味していました――

あなたの寄稿は唯一、はじめて発表される論文であること、テクストが特別な重みをもっていること。でも同時に、ここでは基準点が当然ながら二つ重なっているということも言いたかった――あなたのテクストである以上、基準点はヤスパースだけではありえない、とりわけ問題の原稿が、わたしの思うにあなたの発展を理解するうえで決定的重要性をもっているからだ、と。そのことをあなたは、別のかたちであるにせよ、お手紙で強調なさっています。たぶんそれが、同意を与えるのをもともと躊躇なさった理由ではないでしょうか。

それにたいしては事実に即して次の点だけ言わせてください、きっとあなたご自身がすでに十分に考量なさったことでしょうが。つまり、他面ではこれもやはりけっして偶然ではなかったという点です。ほかならぬ『世界観の心理学』を契機として、あなたは当時の大学世界では言い出す機会がほとんどなかった問題をもちだせた（たとえ公然と世に問うのではなくとも）。結局のところ、ヤスパースとの長年の友情をいわば基礎づけたのはこの原稿でした。それに個人的なことはすべて別にしても、さらにこの友情のその後のなりゆきは別にしても、このことすべては、今世紀ドイツにおける哲学の歴史に属しています。そしてこの意味であなたの仕事は、ヤスパースが必然的にその基準点となっている書物に当然に載せるべきものと、わたしは思うのです。

どうか悪くおとりになりませんように。わたしはこの手紙を出すのをわざと何日か延ばしておりました、あなたに無理強いしようとしていると思われたくなかったからです。そんなつもりはさらさらありません。あなたはご自分が正しいとお思いになるとおりに、お決めください。

お引っ越しが無事にすみますように。あなたとエルフリーデに心からのご挨拶を。

いつもの
ハンナ

134　ハイデガーからアーレントへ

フライブルクi. Br. 七一年八月四日

親愛なハンナ

七月一三日と二八日のきみのお手紙、両方ともありがとう、それにいい写真も。きみが休養できる静かな美しい逗留先を見つけたことを、私たちは喜んでいます。ピーパー出版社にはまだ返事をしていません。きみの二通目の手紙は、決定的な関連を的確にとらえています。七月二八日のきみの手紙がとどいたのとおなじ日に、ピーパー社出版部から、ピーパーのあのどうしようもない手紙への返事を催促する手紙がきました（レスナー博士の署名で）。これから返事を書いて、私のテクストをいま計画中の論集で一回だけ出版するという、最初のピーパーの手紙での確約にもとづく契約書草案を要求します。あわせて、きみとのミュンヘンでの話し合いで示された謝礼額と、抜刷りの形状および部数も、契約書に明記してもらいましょう。ピーパー双書での出版は考慮のほかです。

また別の出版社の件ですが――ハーパー&ロウだったかな？――、ニーマイヤーが七一年七月二九日付でこう書いてきました。

「私は原著出版者として、翻訳権について取り交わすべき契約書を当方で起草する権利があることを主張いたします。ハーパーの契約書草案には、あなたとハーパーのあいだでなされた協定の対象にも、われわれのあいだでの取り決めの対象にもなっていなかった条件が、多々ふくまれています。しかも、あなたが特に重視しておられた唯一の条件、すなわち、スタンボー女史とホーフスタッター氏による貴著の翻訳はアーレント教授の後見のもとになされるという条件は、ふくまれておりません」。ニーマイヤーは同封で、ハーパー&ロウと交わしたいちばん最近の手紙の写しを送ってきていますから、ジョーン・スタンボーが今月末に訪ねてきたとき、彼女に見せましょう。

エルフリーデはあの小さな家のことでは、まだまだいろいろと苦労がありました。しかし静かで快適な、ひじょうにいい住まいになりそうです。八月末か、遅くとも九月はじめには、引っ越します。私はわずかなものだけもってゆくつもり。いまは原稿を整理し篩にかけることに精を出しています。

「想念」のいくつか[1]を、もっと密度と厳密さの高いものにしようと考えてみました。

きみがまもなくまた思索の喜びを見いだして、仕事ができるようになりますように。

心からの挨拶を

いつもの
マルティン

［手紙の左端に注記］
『省察』については、下記の個所を参照のこと。

『講演・論文集』八五ページ
『ニーチェII』四六五ページ
『森の道』二二二ページ

［同封］

セザンヌ

《現前する》ものの
切迫した疑わしい二重性は救われ、
作品において単純さへ変容する。*

ほとんど目にとまらない小径の道しるべ、
それは詩作と思索に
同じ一つのものへ向かう道を指し示す。

ローヴの道に立つ
年老いた庭師ヴァリエの姿の
思慮ぶかい落ち着き、
真摯なしずけさ

* 『思索とはなにか』一九五四年、一四四ページ参照。
『ことばへの途上で』一九五九年、二六九ページ参照。

135　アーレントからハイデガーへ

キャスティーン、一九七一年八月一九日

親愛なマルティン
お手紙と、同封の詩「セザンヌ」、それにヨーナスのむかしのスケッチ(1)、たいへんうれしゅうございました。ヨーナスにも写真をお送りになりました？　彼はあのスケッチがなくなってしまったと嘆いていました。セザンヌの詩は
「想念」の連詩に入っているのですか？　いちばんすばらしい詩の一つですね。ここでは残念ながら、ご指示いただいた参照個所に当たってみることができません、本がないものですから。でも、それで思いついたのですが、あなたの既刊著作すべてについて検索できる一種の事項索引をつくらせたら(3)、ひじょうに有意義ではないでしょうか。学生がそれをすれば、あっぱれ博士号に値しますよ。
お手紙をいただいてすぐグレン・グレイに手紙を出しま

した、出版社とのもう一つの件——ニーマイヤーとハーパー＆ロウの件——については、わたしはほとんど知らなかったものですから。昨日グレンから返事が来ました[4]。彼はすぐにジョーンと、ハーパーの担当編集者カールソンに手紙を書いたとのこと、契約書もしくは書簡か契約書案をあらためてみせてもらって、よく検討してみるそうです。わたしのこの手紙は、あなたとジョーン・スタンボーの話し合いにきっと間にあうように着くでしょう。

あなたのお出しになった条件について、わたしはいささか懸念するところがあります。特定の人物を名指しした条件を契約書上で固定してしまうのは、考えものです（たとえばホーフスタッターは、いま問題となっている本にはまったく関与しておりません[5]）。人間はいつ死ぬかわかりません、いったんそういう契約書が成立してしまうと、無意味になった条件を取り消そうにも、たいへん面倒なことになりかねないのです。いまの陣容なら——つまりグレン・グレイが編者、最近ではジョーン・スタンボーが共同編者——、本質的なことへの配慮はちゃんとなされます。わたしの名を契約書に載せる必要はないのです、グレンとジョーンが指揮をとっているかぎり、つまり公式にその任にあるかぎり、どっちみちわたしはどの原稿も公刊まえに見せてもらえますから。そのうえ、ハーパーが永久に拘束力をもつそのような確約をするとはとても思えません。翻訳者の選定に関して言えば、その権限はそもそも出版社にあって、それを出版社が叢書の編者に委ねるのです。もし編者が理由はなんであれ降りるようなことがあれば、この権利はかならずまた出版社へもどります。言い換えれば、まさにこの理由から、おそらくハーパーはあなたの条件は容れられないということを暗黙のうちに示したのでしょう。これはわたしの推測で、ほんとうのところはわかりません。でもこのようなたぐいの確約は、あなたにとっても利益にはならないと思います。

ニーマイヤーと交渉するのは、あまり愉快なことではなさそうですね。そこでグレンが言うには、ひとつジョーンにテュービンゲンまで行ってもらって、あの人たちにちょっぴり魅力をふりまいてもらってはどうか（このことばどおりに言ったわけではありませんが）。

もうすぐお引っ越しですね、そしてあなたはわずかなものしかもってゆかない。そのことではしばしば考えるのですが、大きい家のほうに一部屋とっておいて、そばにないと困る本や原稿をしまっておけるのでしょうか？

エルフリーデとあなたに、よき願いをこめてご挨拶を

ハンナ

136 アーレントからハイデガーへ

［一九七一年九月二四日］

新しい家、新しい年に、幸多きことを。

ハンナ

137 アーレントからハイデガーへ

ニューヨーク、一九七一年一〇月二〇日

親愛なるマルティン

一つお願いがございます。ケルンのエルンスト・フォルラートが何か月かまえにわたしに言ったのですが、あなたは彼の仕事をいくつかご存じで、《誉めて》くださったことがあるとのこと。[1] あなたのお考えをお聞かせいただけないでしょうか。お望みならもちろん他言はいたしません。じつはいま、ニュー・スクールのポスト補充問題が起きていて、ヴェルナー・マルクス[2]がふたたびもぐりこもうとしたのですが、わたしは同意を拒みました。フォルラートなら考慮していいと思うのですが、こちらではだれも彼を知りません。わたしにしてもそうよくは知らないのです。彼はビーメルとなにやらひどい衝突をしたことがありますが、ドイツの大学事情を考えれば、重視するほどのことではまったくないと思います。ご意見をお聞かせください、そしてもし肯定的なものでしたら、場合によってはわたしがあなたのご意見として引き合いに出してもかまわないかどうかも、お知らせください。

ほかにもう一つ、フランスであなたの一連の論文を出そうとしているパリのパトリック・レヴィ[3]から、今日手紙をもらいました。あなたについてのわたしのあの一文を訳して、『批評《クリティック》』誌に発表した人です。その手紙によると、ボーフレがわたしのその文章を論文集の前文として載せてはどうかと提案したとのこと。いかがでしょう、かまいませんか？

最後に。マールブルク時代にヨーナスが描いたスケッチの写真を、あなたはわたしに送ってくださいましたが、ヨーナスに送ることはお忘れですね。彼は原画を一時お貸しいただけるとありがたいと言っております、こちらで作らせればもっといい写真ができるだろうから、と。お願いできますか?

あなたとエルフリーデに、思いつくかぎりのよき願いをこめて

あなたの
ハンナ

138　ハイデガーからアーレントへ

フライブルク、七一年一〇月二四日

親愛なハンナ
きみが春に見たときにはまだ家具もととのっていなかった私たちの隠居所に、いまではなかなかぐあいよく住みなれてきました。今月はじめの一四日間は、どうしても必要な休養をとりに、二人でシャウインスラントの《山腹《ハルデ》》で過ごしました。ホテルは山小屋と正確におなじ標高——あの山小屋は建ててから来年で五〇年、私たちの歳では、長期間そこで暮らすのはもう無理です。

きみはもう友だちの家での骨休めから帰ってきて、寂しくなった環境のなかで仕事の日々を送っていることでしょう。

ピーパー社からは、契約書案を送ってほしいという私の頼みに今日までまだ返事がない。何十年も公表を遠慮していた「書評」原稿を、カール・ヤスパースを記念するこのうってつけの機会に、よろこんで発表しようと思ったのに。ザーナー博士が何週間か前にくれた手紙では、テクストの編集作業はもう終わって、印刷に回せるばかりになっているとのことだが。

さきごろパトリック・レヴィが『批評』誌を送ってきました。彼がきみの協力をえて、私の八〇歳の誕生日にきみが寄せてくれたテクストを訳して載せたあの号です。

『ニーチェ』IとIIのフランス語訳(1)がガリマール社から同時に出ました。もっとも私はまだ点検していないのだが。しかしドイツ語からロマンス系言語への翻訳に昔からつきまとっている困難は、この場合もやはり目につくだろうね。

ハーパー&ロウとニーマイヤーのあいだの意見の相違については、ジョーン・スタンボーの短い訪問以後、私はなに一つ聞いていません。

来週末にはW・ビーメルが何日かここへ来て、いっしょに原稿の山の最終的整理と仕分けをやってしまうことになっています。

きみのテオリア［θεωρία］研究[2]はすすんでいるだろうか。哲学文献の分野では、いつになく続々と、どれもこれもおなじように浩瀚な著作物が生産されているね。しかし私はそれについて、なんら判断をもってはいない。

きみがこのまえ来てくれたときのことを、私たちはよく思い出します。

きみに私たちのよき願いをこめて挨拶を、そして心から

ハインリッヒを偲びつつ

マルティン

［一枚目の便箋の余白に］

親愛なH、いまきみの手紙が着いたところ。フォルラートの著作にもういちど目を通してから、すぐに返事（肯定的な）を書きましょう。それらはほかの《H関係》文献といっしょに、むこうの古い家に置いてある。心から、きみのマルティン

139　ハイデガーからアーレントへ

フライブルク、七一年一〇月二八日
フィリバッハ　二五

親愛なハンナ

同封の二ページの紙に[1]、エルンスト・フォルラートの業績についていくらか書いてみました。このテクストを私の名前を挙げて使ってくださって結構です。きみが雑誌論文を自分で読んでくれるといいのですが。彼がきっとそちらの図書館で入手してくれるでしょう。

P・レヴィへのJ・ボーフレの提案は、わたしの提案でもあります。

残念ながらヨーナスのスケッチ原画はまだ見つかりません。過去五〇年のあいだに、あまりにもたくさんのものが溜まってしまったからね。

私たちは《山腹《ハルデ》》（シャウインスラント）で一四日間過ごして、十分に休養をとってきました。

心からのよき願いと挨拶を

マルティンとエルフリーデ

140 アーレントからハイデガーへ

ニューヨーク、一九七二年二月二日

親愛なマルティン

フォルラート推薦状にお礼を申しあげるのがこんなに遅れてしまって！　ジョーン・スタンボーが昨日電話をかけてきて、あなたの手紙を読み上げてくれました。おふたりともお元気のようですね。こちらでは学部にかなり面倒なことがあって、(1)まだまだとても解決どころではなく、わたしははじめて、いわゆる大学政治なるものを身をもって知りました。フォルラートの案件を決定にもちこめるだろうと、ずっと期待していたのですが――がっかりです。なにかが決まるようになるまでには、かなり時間がかかりそう(2)です。でも、まずは少なくとも、親しい同僚たちを説得するところまでは漕ぎつけました。あなたの推薦状が大いにものを言ったのです。それからやはり昨日ザーナーから手紙がきて、お宅を訪問したことをそれはそれはうれしそうに書いてきました。あなたが会ってくださって、ほんとうによかった。わたしは彼がたいへん好きですし、彼はこの訪問をそれこそ心から願っていましたから。

わたしはかなりよく働いた一学期を終えたところで、いささか疲労困憊の態です。意志の歴史について――パウロ／ローマ書から、ハイデガーの『放下』まで――講義とゼミナール(3)をやったのですが、さんざん苦労しました。学生はたいへん満足してくれましたが、わたしのほうはとてもとても。それに加えて、しょっちゅう会議ばかり。契約によればわたしはどんな会議にも出なくていいのですが、緊急事態とあっては、そんな取り決めはたいして役にたちません。

それから、シェリング講義の本はもう出ているとばかり思ってこちらで入手しようとしたのですが、だれも知りませんでした。首を長くして待っています。シェリングにはいつも手を焼いてきましたから。わたしにはヘーゲルよりずっと理解しにくい感じがします。ここ一、二週間はゆっくり休めたので、はじめてメルロ＝ポンティ(4)を読みました。あなたは彼をよくご存知でしょうね。サルトルよりずっといいし、興味ぶかくもあるという気がします。どうお思いですか？

本の話が出たところで、もう一つ。ウーヴェ・ヨーンゾン(5)という名をご存じですか？　何年かまえに『ヤーコプについての推測』といういい本を書いた人で、いまは風変わりな三巻本を執筆中、はじめの二巻はもう出ています

——『記念の日々』。傑作と呼びたいくらい、いずれにしてもわたしには、これぞと思えた最初のドイツ戦後小説です。ご新築祝いにお贈りしたいと思うのですが、ご迷惑かなという不安もあります、なにしろ本というのは読め読めと要求しますからね。もしご覧になりたいお気持があれば、お知らせください。扱われているのはメクレンブルク地方のある村でのナチ時代、それを記憶から呼び起こしつつ、ニューヨークを背景に、次世代の視点から見るというかたちで描かれています。ひじょうに観照的で、その口調はしばしばハムスンを想わせます。

　ところでこれをお訊きするのがこの手紙の本来の目的なのですが、あなたがたをお訪ねするのはいつがよろしいでしょうか。わたしは七月末から九月末までヨーロッパに確実におりますが、もしそのほうがよければ、もっとまえにでも短時日ならうかがえます——三月か四月に。五月にはまた何週間かシカゴ大学へ行かなければなりません。ぜひまたお目にかかりたいのです。

心から

ハンナ

141　ハイデガーからアーレントへ

フライブルク、七二年二月一五日

親愛なハンナ

お手紙ありがとう。私たちは三月一日から月末まで、バーデンヴァイラー（アンナ館）で過ごします。ふたりとも元気ですが、《隠居所》の住み心地が実にいいことは確証ずみとはいえ、エルフリーデには一度家事を離れて骨休めしてもらいたいのです。四月には家族の者たちが訪ねてくるので、きみの訪問は夏にということになるけれど、遅くならないうちに日取りを決めておかなくてはならないだろうね。

しかし急ぎの質問があれば、書面でも結構。手紙を書くというのはどうもまわりくどくて面倒なものだけれどね。テオリアはどうなっていますか？　当今はどこでも《理論》について駄弁が弄されているが、きみの本はうまくそこをかきわけて進まざるをえないだろうね（ホルクハイマーのスイスでの講演(1)にはデプフナー枢機卿がご来場だった）。

私の『シェリング』は、いまようやく店頭に出たところです。残念なことにページの組版面が、ちゃんと間にあうように注意したのに一行ぶん高くなっている。きみの言うとおり、シェリングはヘーゲルよりずっとむずかしい。もっと大胆に危険を冒して、ときには、いかなる安全な岸辺からも離れてしまうことがある。ヘーゲルには、弁証法のレールに乗っていればなにも危ないことは起こりようがないからね。

　ガダマーのヘーゲル研究と、彼の『小論集』第三巻(2)をぜひ読むといい。彼はいまシラキューズ［アメリカ］にいます。ザーナーの来訪はとてもうれしかった。ヤスパースにとって、さぞかし大きなたすけになる信頼できる助手だったろうと、想像がつきます。

　ウーヴェ・ヨーンゾンのことは書名や写真で名前だけは知っています。分厚い本は、私たちふたりとももう読まなくなっている。でも、きみが私たちのことを考えてくれたことには、感謝しています。

　メルロ＝ポンティは、フッサールからハイデガーへと向かう途上にいたのだが、あまりにもはやく死んでしまった、予定していたフライブルクへの旅の八日まえに。しかし私は彼の仕事を十分には知らないのです。遺稿集(3)も出ています。フランス人は彼らの生まれながらのデカルト主義で苦労しているね。

　西ドイツの大学は、ますますなげやりになって荒廃の度をつよめています。そこにはもはや通常の大学政治さえもないだろう。

　シェルスキーの「体制克服の戦略」という卓抜な論文(4)をご存知だろうか、七一年一二月一〇日のFAZ［フランクフルター・アルゲマイネ紙］に載りました。編集部に頼めば別刷りを送ってもらえます。

　エルンスト・フォルラートの論文「政治と形而上学」(5)は少し読みかけただけですが、このテーマは重い、そして思索の基底に触れてくる。

　フリードリッヒが最近ここで開催されたハイデルベルク科学アカデミーの会議で、マラルメの散文詩「白い睡蓮」についていい講演をしました(6)。われわれはまえもって、それについて話し合ったのです。

きみの挨拶に応えて

マルティン

エルフリーデがよろしくとのこと。
ジョーン・スタンボーとグレイ夫妻によろしく。

［同封(7)］

感謝

第二稿

呼びかけてくる生起に平静に聴従しよう、
柔順な思索の場へみちびく
道を呼びかけてくる生起に、
みずからに抗して思索する思索の——
抑制された関わり。

みすぼらしくも大事にとっておかれた一つの
　　　　　　　　　　　　つつましいもの
語られぬ遺贈品。
　アレーテイアを言うこと
開《リヒトウング》けを名づけること。
　　古き権能が渡ししぶったものを
　　明るみにだすこと
　　つねに持続するはじまりから。

142　アーレントからハイデガーへ

ニューヨーク、一九七二年二月二一日

親愛なマルティン

今日は、もしかするとあなたが関心をおもちになるかもしれない出版社のことで、お便りいたします。数週間前、プロピレーエン出版の主宰者ヴォルフ・ヨープスト・ジートラー氏が訪ねてきました。彼の著者のひとりでわたしのよく知っているヨアヒム・フェストの友人ならびに出版者として来たのです。フェストは何年かまえに『第三帝国の顔』(1)といういい本を書き、またシュペーアの回顧録(2)ともかかわった人です。その晩、会話があなたにおよんだとき、ジートラーは——わたしがあなたをよく知っているとは知らずにでしょう——、つねづねあなたの本を自分のところから出したいと思ってきたと、その関心のほどを語りました。とりわけ彼が執心しているのは全集の出版をなんとか実現させることで、それについてネスケ(3)に相談したところ、費用がかかりすぎるだろうと言われた。それにたいして彼はこう言ったそうです。自分はいますぐにでもやりたい、未公刊のものすべてを(それがどれほどあるのか彼は知らなかったのですが)ふくめて出版しよう、あなたには一〇万マルクの前金を払う、と。わたしがこのことをこれまであなたにお知らせしなかったのは、彼が自分から、提案をはっきり文書にしようと言っていたからです。彼はネスケにこの話をあなたへ伝えるよう頼んだのになんの音沙汰もないと、何度も言っていました。同様に強調していたのは、採算がとれるかどうかには関心がないという点です。

彼の二月七日付の手紙をわたしは今日になってようやく手にしました、ニューヨークにいなかったものですから。以下のような文面です。

これまで私はハイデガーを出版する件についていろいろ検討してきました。七一年七月一日に、われわれはニーマイヤー氏にたいして『存在と時間』のペーパーバック版のための契約を申し出て、一万マルクの保証＝前払い金を払うという条項をふくめた案を提示したのですが、ニーマイヤー氏は七一年七月五日付の手紙でこの申し出を断わってきました。その何か月もまえの五月には、私はプフリンゲンにネスケ氏を訪ねて、商業上の収益性を度外視してでも、ハイデガー著作の全集版を今後発表される原稿（?）もふくめて出す用意があるから、この話をハイデガー自身に伝えてほしいと頼みました。この申し出にはそれ以来まったく返事がありません。

わたしはジートラーをよくは知らないので、ヘレーネ・ヴォルフに電話をかけて（故クルト・ヴォルフの夫人、現在はハーコート＝ブレイス＝ジョヴァノヴィッチのもとでクルト・ヴォルフ出版をひきつづき運営している人、そしてわたしのよい友人です）、情報を乞いました——もちろんなにがいま問題となっているかは言わずに。彼女の話しぶりは彼にたいへん好意的でした——正直で、ひじょうに知性があり、太っ腹な人だ、と。ただしシュプリンガー新聞となにか結びつきがあるとか。わたし自身はたいへんいい印象を受けていました——わたしの知り合ったドイツ出版人のなかで、まともな会話のできる人は彼がはじめてでした。そういう出版人はきっとたくさんいるでしょうが、あいにくわたしは知りません。

もちろん、あなたがたがそもそも関心をおもちかどうかも、ネスケがあなたに知らせずに握りつぶしたという彼の邪推が当たっているかどうかも、わたしにはまったくわかりません。もし関心をおもちでしたら、きっと彼はあなたとお話しするためによろこんで参上するでしょう。彼があなたにお手紙を差しあげたほうがよければ、ひとことそう言ってください、わたしから彼にそれを伝えます。あなたが直接彼に連絡をとりたいとお考えなら、彼の住所は一ベルリン六一区リンデン街七六番地、電話は１９１１（１）です。

もう一つおそらくお気づきでしょうが、彼は口頭では前払い金のことを言っていたのに、文書ではそれに触れていません。この男は正直そうな印象でしたから、そのことになにか意味があるとは思いませんが。

おふたりともどうぞお元気で

ハンナ

143　ハイデガーからアーレントへ

バーデンヴァイラー、七二年三月一〇日

親愛なハンナ

出版社の件でのきみの尽力に感謝します。しかし全集版を出すことなど私には思いもよらない。(1) こういう古典主義はご免こうむりたいのです。これを私の三人の出版者も知っている、だからおそらくネスケも返事をしなかったのでしょう。未公刊のものや、未考のものとして思索されているものを（こちらのほうが主要な問題です）発表するとなると、容易ではない。それらについては、それこそさまざまなスケッチが存在するのだから。

いま言ったことで私の意味するところは、『シェリング』にすでにいろいろとふくまれています。彼に取り組んだのは、《転回《ケーレ》》をなんとかくぐりぬけたあとだったからね。(2) 本はきみの手もとにもう届いたことでしょう。もし読む時間がとれて、きみの考えを言ってもらえたら、たいへんありがたい。——ジートラー氏には、わたしの仕事に関心をもってくれたことに感謝していると、よろしく伝えてください。

こちらへ来て一週間になります。なかば冬めいた無愛想な天気、それに村はやたらと騒々しい——新しい保養所が完成まぢかで、車の往来がはげしい——しかしエルフリーデはしばらく家事から離れて、これでやっと家の新築での過労から回復できます。私はあれこれ考えていて思ったのだが、パルメニデスの後裔たる者は——量の点から言えば、いまに残されている断片より多くを言うべきではない。内容の点から言えば、必然的にもっと少ないはず。晩年のいまになって本だの《全集》だのとやたらに出すのは、忌まわしい兆候だ。

思索するに値することは、図書館や本の市場の様子からそう見えるほどたくさんはないと思うがね。

枝の主日前にはまた家にもどっています。

きみが落ち着いて集中できますように。いつものように挨拶を

マルティン

エルフリーデからもよろしく。

144　アーレントからハイデガーへ

ニューヨーク、一九七二年三月二七日

親愛なマルティン

二月に詩といっしょに送ってくださったすばらしいお手紙は、あなたもたぶんお気づきのように、わたしの手紙とすれちがいになりましたね。あなたのお返事は三月にきたのですが、『シェリング』がもう着くころだと思ってしばらく待っておりました、ヨーナスのところにはすでに届いていましたから。でも、まだ着きません――きっとニューヨークの郵便事情のせいでしょう。あなたが全集版を出すおつもりがないことは、わたしにも本来すぐに推察できたはずのこと。ただあのときはちょうど出版者たちに(1)――とりわけピーパーに――猛烈に腹が立って、この連中と付き合うにはあらゆる覚悟が要るぞと思っていたところでした。だからあんなお問い合わせをしてしまったのです。

あの詩についていくつか質問させてください。わたしにとって、なかほどの二行

gegen sich selber――〔みずからに抗して〕
verhaltnes Verhältnis〔抑制された関わり〕

は決定的な個所なのですが、ほかならぬこの二行が完全には理解できない、あるいはわたしの理解が正しいかどうかがわからないのです。それから「思索の場」。ちょうどこれについて最近とても頭をひねっていたところでした――思索するときにわれわれが本来いるところ、つまり『ソフィスト』で言われている哲学者のトポス。ご存知でしょうか、ヴァレリーがなにかの折りに言ったことば、“Tantôt je pense, tantôt je suis.〔私はあるときは思考し、あるときは存在する〕(2)” これには完全に真実なところがありますね。

読むべきもののご指示をありがとうございました。まだ読むにはいたっておりません、なくもがなの雑事がいまもまだニュー・スクールでやたらとあるうえに、学位論文や似たようながらくた論文もあって。五月にはまたシカゴへ行き、六月にニューヨークにもどって、名誉博士号を授与(3)される役を演じなければなりません。今年はこれで五回目――このインフレーションの元凶は、すっかりのぼせあが

った女性運動です。来年は同性愛者の番でしょうよ。

メルロ＝ポンティについてのあなたのことばにたいへん興味をそそられました。シェルスキーの論文の別刷りは申し込んであります。おっしゃるとおり、大学は滅亡へ向かっているようですね。こちらではドイツやフランスやイタリアとは事情こそちがえ、長期的に見れば、行き着く先はやはり壊滅かもしれません。わたしの知る同僚や学長のうち、おのれの欲するところを自覚し、大学とはなんたるかの観念をはっきりもっているのはひとりしかいません――シカゴ大学の学長です。[4] 彼を見ていると、いささかの勇気と理解力があれば人間はどんなに多くのことができ、どんなに多くのことを防げるかということも、よくわかります。

でも、話をわたしの夏の計画にもどしましょう。七月なかばに出かけて、こんどもまたチューリッヒに二週間いたいと思っています。ジョーンもそのころにはフライブルクにいるだろうとのこと。そのあたりならみんなの都合がつくかもしれませんね。というのも、わたしは八月はコモ湖畔で過ごしますので。そこにロックフェラー財団が家をもっていて、[5] 休養かたがた落ち着いて仕事のできる場を提供してくれるのです。そのあとはまた何週間か、やはり落ち着いて仕事のできるテーニャ（ロカルノ地方）へ行くつもりです。もちろんそこからでもお宅へうかがえますが、チューリッヒからでしたらもっと楽に行けます。

たったいま郵便がきて、あなたのシェリング本が届きました!! ありがとうございます。もう書きつづけるのはやめましょう、はやく読みたくてたまりません。この本がわたしの意志問題にとっていかに欠くべからざるものか、すでにわかっています、いまはあなたのニーチェ書《ブーフ》を綿密に読んだあとですから。

あと一つだけ。何日かまえにハインツ・リヒテンシュタインがこちらに電話をかけてきました。覚えておいでかもしれませんね、彼はマールブルクにいました。ケーニヒスベルク出身者グループのひとりで、当時、わたしたちのうちでいちばん共感のもてる人でした。精神科医になっています。何十年も音沙汰なかったので、突然、電話をかけてきたときにはびっくりしました。用件はこうです。彼はマールブルク時代の、以下のような講義筆記録をもっています。

一九二四／二五年冬学期、ソフィスト『プラトン《ソフィスト》』、筆記録第二巻

一九二五年夏学期、時間概念『時間概念の歴史のためのプロレゴーメナ』、二巻、欠落なし

一九二五／二六年冬学期、論理学『論理学――真理への問い』、二巻、欠落なし

一九二七年夏学期、『現象学の根本問題』、ごく分厚い一

巻、欠落なし
一九二八／二九年冬学期、『哲学入門』、二巻
彼が言うには、これらをどうしたらいいかわからない、自分ももう歳だし、まもなく年金生活に入るつもりだ、あとに残しても、相続人は扱いに困るだろう。そこでわたしに助言をもとめてきたのです。わたしは、これらの巻についてあなたのご希望の向きを問い合わせてみようと答えました。ひとこと、お手紙をください。それから夏のご都合もお知らせ願います。

　バーデンヴァイラー――少しは春めいてきたことでしょうね。こちらではいま風が唸り声を上げていて、唯一春らしいものといえば部屋のなかの二、三本のヒヤシンスだけ。いずれにせよエルフリーデにはよい休養となったことでしょう――家事、そして生活の重荷全般、これを男の方はたいていあまりご存知ないのです。

　どうかお元気で。心からのご挨拶を――

ハンナ

145　ハイデガーからアーレントへ

フライブルク、七二年四月一九日

親愛なハンナ

　私たちを訪ねてきてくれるのはきみのチューリッヒ滞在中にするのがいちばんいいですね、私たちは七月中はずっと家にいます。

　マールブルクにいたあのケーニヒスベルク出身者のことはよく覚えています。ハインツ・リヒテンシュタイン所有の筆記録は――彼によろしくと伝えてください――、まずはジョーン・スタンボーに渡して、そのあとマルバッハの資料館に託すのが、もっとも有効な活用法でしょう。たぶんきみ自身も筆記録をいくつかお持ちだろうね。

　一九二四年夏学期の、アリストテレスの修辞学第二巻を扱った重要な講義[1]は、私の原稿がないうえに、だれの筆記録も見つからない。ひょっとして、きみかリヒテンシュタインは、この講義のことを話に聞いた覚えはないだろうか。

――

《帽子》〔学位授与式での式帽〕があまり多すぎると、かちえた栄誉の値打ちもさがってしまうね。――

　きみの質問にいくらかお答えしよう。

　《場》というとき、問題になっているのは《存在》の場だが、しかしその《存在》は、生起のうちへ取りもどされて、

この生起への人間の帰属を包含している（『思索の経験から』一九四七年、二三ページ、《存在のトポロジー》、および『道標』二四〇ページ参照）。「抑制された関わり」——これは先行する数行から理解すべきもの。「平静に聴従する」——つまり、自制しつつ呼びかけを待つこと。こういう仕方でする思索はBe-Griffe〔概念（つかみとられたもの）〕や“Eingriffe”〔侵害（一つにつかみとられたもの）〕を知らず、ホリスモス ὁρισμός をすでに歪めて解釈している con-*ceptus*〔概念（いっしょにつかみとられたもの）〕を知らない。ギリシャ人は《概念 Begriffe》を知らなかったのだ。しかしこの異端的思考に親しむことのもっとも少ないのが、《型》にはまった今日の《思考》なのです。「みずからに抗して思索する」——これはすなわち、カント以後《人間の本性》に属するようになった形而上学の優位に抗して、ということ。

“Ver-Hältnis”〔関わりを保つということ〕はすなわち、守る、番をするという意味。“Ver-Hältnis”はたんなるBeziehung〔関係〕ではなく、むしろ“Bezug”〔連関〕の意味で言われている（『道標』二一三ページ以下）。

“Ver-Hältnis”において意味をもつのは“fügsam”〔柔順であること。〕

“Entbergen den Vorenthalt”〔差し控えの覆いを取り去る〕は、自制しつつみずからを語らしめることにおいてのみ可能となる。

《感謝》——思索と詩作の基本特徴として。しかしその思索はアレーテイアを思索することとしての思索（『道標』二七二ページ）。Der “andere Anfang”〔もう一つのはじまり〕は第二のはじまりではなく、ほかのやり方での最初にして唯一のはじまり。

これはすべて、《鳩の足》でひっそりと歩むしかない一つの思索の舌足らずの試み、だから今日の世界の喧騒のなかでは、だれにも聞こえぬままになるのは必然です。——バーデンヴァイラーで一四日間過ごしたのち、私たちの静かな隠居所のほうがやっぱりいいと帰ってきました。

私たちの心からの挨拶を

マルティンとエルフリーデ

146　アーレントからハイデガーへ

ニューヨーク、一九七二年六月一八日

親愛なマルティン

シェリング講義——これを自由論[1]とあわせて二度、精読しました。そうしていると、もうすぐ五〇年にもなるむかし、あなたのもとで読むということを学んだころへ帰ったような気持でした。シェリングの思索の特異で深遠な不透明さが、だんだんと明るくなり、ついには完全に透明になってゆくさまは、比類がありません。あなたのような読み方をする人は、かつてもいまも、ほかにひとりとしていないのです。ジョーン・スタンボーが訳者に確定して、[2]わたしはとても安心しています。どの出版社から本が出るかは、それにくらべればどうでもいいことです。それに〔シェリングの〕原著のひじょうにいい翻訳がありますから、彼女は比較的楽にやれるでしょう。わたしは昨年、意志に関してたくさん勉強しました、講義とゼミナールはあなたの『放下』で締めくくりました。[3]シェリングには触れませんでした、わたしひとりの力では扱いかねたのです。いまのわたしには、シェリングは意志についてのアウグスティヌスとドゥンス・スコートゥスの思弁を、おそらく彼らを知らないままに（?）、その卓絶した高みへまで考えつめたのだという気がしています。

　でも、首をかしげたくなる点もまだたくさん残っています。その最たるものは、悪についての思弁。きわめて敬意を欠く言い草ながら、そういうときいつも頭に浮かぶのはシュテファン・ゲオルゲの詩の二行です――「どこを匕首でぶすりとやるかと、兄弟のからだを目で測ったことのない者、／そいつの人生のなんと貧しく、想念のなんと薄っぺらなことか」[4]――そしてわたしはこれを、キリスト教的な（悪魔、superbia〔傲慢〕、などの）偏見、それもよからぬ偏見とみなしています。

　申し遅れましたが、あなたの四月のお手紙、それにわたしの質問へのお答えをありがとうございました。特にたすかったのは、参照すべき本のページをお示しいただいたことです。ハイデガーに《ついて》のたくさんの学位論文などより、既刊著作のまともな索引を、だれか博識な学生につくらせるべきですね。[5]シェリング本から、いまではあなたに助手がいるとわかります。[6]こういうまじめで控え目なやり方で博士号を取ることを勧めたら、だれかやるかもしれませんよ。

　ジョーンはリヒテンシュタインの筆記録をすでにもらっています。彼にあなたからのご挨拶を伝えたところ、心からよろしくとのこと――あなたが覚えていてくださったことを、たいへん喜んでいました。わたしは筆記録をもっておりません、あれをつくった本人（たしかポルディ・ヴァイツマンだったと思いますが）と仲がよくなかったものですから。ジョーンからソフィスト講義を貸してもらうつもりですし、ほかのものももちろん、いつでも借りられます。

アリストテレス（修辞学）講義については、リヒテンシュタインはなにも知らないとのこと。腹立たしい事態ですね！

わたしの旅行計画はかなりのところまで確定しました。七月後半はチューリッヒ滞在、そしてもしよろしければ七月二〇日ごろ、お宅へうかがいたいと思います。二〇日ということに、いまからもう決めておきましょうか？――いつものように午後に。宿はこんどもヴィレ将軍街のホテル・アスコット[7]、もちろん電話でも連絡がとれます――051 36 18 00。七月四日までは確実にここニューヨークにおります。

あなたとエルフリーデに心からご挨拶を

ハンナ

147　ハイデガーからアーレントへ

フライブルク、七二年六月二二日

親愛なハンナ

お手紙ありがとう。シェリングについては、七月二〇日一五時からまた話し合いましょう。

マールブルク筆記録をきみはもっているとばかり思っていました、そうでないと知っていたら、もちろんきみへ送らせただろうに。

《ホテル・アスコット》というのは、チューリッヒのホテルだね？

フラウ・Dr.ファイクは『存在と時間』の索引を作成した人。これは同時に、『存在と時間』から見ているために、その意味で限定付きだが、その後の全著作のコンコーダンスにもなっています（第二版は一九六八年、ニーマイヤー出版）。

ジョーン・スタンボーがシェリング講義を訳してくれることになって、私もひじょうにうれしい。

きみ自身の仕事のことを少しは聞かせてほしいものだ。ほかには、まだなにかを学ぶという機会が私にはまったくないのです。

情報時代にあっては、もっと読むことを学ぶ可能性は消滅してしまった。

私たちの心からの挨拶を

マルティン

148　アーレントからハイデガーへ

一九七二年七月二一日

親愛なマルティン

まずはわたしの連絡先を。
八月一日から二三日まで
c/o Rockefeller Foundation
Villa Serbelloni
22021　Bellagio（Como）ITALIEN
Tel: 031-950.105
八月二四日から九月一七日まで
Casa Barbatè
6652　Tegna, Ticina, Ticino SCHWEIZ
Tel: 093-65430

昨日は楽しゅうございました、また九月を楽しみにしております。いま気がついたのですが、二六日[(1)]にあなたがたのお邪魔をしないように気をつけなくてはいけませんね。

わたしはまだずっとあれこれ考えています。あなたの場合のように、思索が毎朝ほんとうに新たにはじまるのであれば、どうしても思索は結果にいったん蓋をしておくしかない。それは、《口頭でなされる》という思索活動のもともとのありようが、書くことに要求する代価です。それについてはカントのおもしろい感想がありますから、わたしの文書類が手もとにあるところに帰ったらお送りしましょう。カントはおよそこんなふうなことを言っているのです[(2)]。理性というのは結果に反撥する、何度でも結果を取り消してはやりなおすのだ、と。（ソクラテス）

いまちょうど『メルクール』の六月号を入手したところです。ヴァイツゼッカー[(3)]の来訪があるとのことなので、ひとこと。最近出た彼の本『自然の統一』はご存知でしょうね。『メルクール』に、ゲルノート・ベーメとかいう人とのやや長い対談が載っています、題は「物理学を最後まで考える」。関心がおありかと思いまして。

メルヴィルの『ビリー・バッド』[(4)]は、手を尽くして探してみました、おそらく明日にはここで手に入るでしょう。そうしたら本屋から直接あなたに送らせます。

よき願いをこめて、とりわけ《六〇ページ[(5)]》のために
いつもの

エルフリーデによろしく。

ハンナ

149　ハイデガーからアーレントへ

フライブルク、七二年九月一二日

親愛なハンナ

身内の者がおそろしい事故に見舞われたため、私たちの日程表は狂ってしまいました。きみの来訪を楽しみにしています、日取りはどうかそちらで決めてください。私たちは今月は一六日以外ならいつでも結構です。

メルヴィルをありがとう、まだ読みはじめたばかりですが。ここのところ『初期論文集』の最初の何冊かが刷りあがってきました。

心からのご挨拶を

マルティン

エルフリーデがよろしくとのこと。

150　ハイデガーからアーレントへ

フライブルク、七二年九月一七日

親愛なハンナ

お葉書ありがとう。[1] 九月二四日のいつもの時間に待っています。——

私の姪、早くに死んだ私の妹の一人娘[2]が、夫と二人の子どもといっしょにシュヴァルツヴァルト徒歩旅行に出かけ、その途中で夫が砂利トラックに轢かれて——こういうトラックは出来高払い運転なのです——、即死しました。これについては、きみが来たときも——もう話さないことにしましょう。

私たちの心からの挨拶を

マルティン

151　ハイデガーからアーレントへ

フライブルク、七二年一二月八日

親愛なハンナ

引伸しをありがとう(1)、小判型のほうがよく仕上がっているね。こんなに手間をかけさせて申し訳なかった。さきごろ『技術と転回』の私の手沢本を見ようとしたら、きみの筆記帳がいっしょに出てきました。このあいだ来たときにきみがここに置き忘れていったのを、私がよく見もせずに自分のノートだと思って、自分の本のところにもどしてしまったらしい。――

いまのきみはスコットランドのための講義(2)の仕上げにすっかり没頭していて、気を逸らせるようなことはすべて遠ざけていることだろうね。

そういう気散じの誘惑になってしまうかもしれないが、ヴァルター・シュルツの九〇〇ページ強もある辞典のようなつくりの本が出て、彼が数週間まえに送ってきてくれた。『変貌した世界の哲学』(ネスケ出版)、つまり《変貌した》哲学。

この仕事は、《ぶらんこ方式《シャウケルジステーム》》というとらえ方で《弁証法的に》なされている。最後の部は、「責任」「変貌した倫理」。ここはきみの興味を惹くかもしれない。

私は判断はできない、なにしろこの棚おろしをぜんぶ検討することは私にはとてもできないからね。

ただ印象を言えば、首を斬られたヘーゲル、そして《現代》への降伏。

それにたいして私はこう思う。哲学は必然的に《反時代的》なもので、もし哲学が《名声》を得るようなら(ヤーコプ・ブルクハルトのことば)、それは度しがたい誤解にもとづいているのだ、と。

私たちは身になじんだ隠居暮らしをしています。きみに心から挨拶を

マルティンとエルフリーデ

152　ハイデガーからアーレントへ

フライブルク、七三年二月二四日

親愛なハンナ

お手紙ありがとう。あの分厚い本についてのきみの判断

は的を射ているね。私たちはstabilitas loci〔居所の安定〕を大切にしているので、五月にはここにいて、きみの訪問を楽しみにしています。

いまになってまた冬がもどってきて、山にはたくさんの雪です。

きみの講義はもう終わっているだろうから、ゆっくり休んでからスコットランドへ行けるね。

情報時代は押しとどめようなくその《スタイル》をいたるところで発展させている。もはやむなしさを感じることさえできないらしい。

ジョーン・スタンボーから手紙がきました。それによると、きみの手紙からすでに察したとおりグレン・グレイは大成功を収めた由。(1) 喜ばしいことです。

私たちは完全に引きこもって暮らしています。毎日、自分の問題に集中していられるのが、私にはうれしい。ただ、その地味な問題をことばに言いあらわすのは、むろんむずかしい、しかも多言を弄してはならない——これは文字どおりの意味に受け取ってほしい——のだからね。

連続講義がうまくいくことを念じつつ、心からの挨拶を

マルティン

グレン・グレイとジョーン・スタンボーによろしく

153　ハイデガーからアーレントへ

フライブルク、一九七三年五月五日

親愛なハンナ

お手紙ありがとう、今日届きました。都合のいい日は五月二二日の火曜。きみの来訪をいつもの時刻、一五時から一五時半のあいだに待っています。こちらはもう夏、一〇日まえにはシュヴァルツヴァルトに雪がまだ一・五メートルもあったのに。

近いうちにシェリー・グレイ(1)を招待したい思っていたところでした。ここ何か月か、私はずいぶん仕事をしました。

きみの来訪を楽しみに、心からの挨拶を

マルティン

シェリーがまだそちらにいるなら、

彼女にもよろしく伝えてください。

154　ハイデガーからアーレントへ

フライブルク、七三年七月九日

親愛なハンナ

お礼を申しあげるのが遅くなりましたが、コーンフォード[1]の二巻と、N・マンデリシュタームの自伝[2]と、動詞 εἶναι についての論文[3]をありがとう。六月と七月はじめは、なにかと落ち着かなかった。その期間、エルフリーデをいつも手伝ってくれる人が休んでいたところへもってきて、おおぜい訪問客があったものだから。

グレン・グレイはもうきみに手紙を書いたことだろうね。私たちが会ったときの彼は――特にイタリアから帰ってきたとき――ひどく消耗していました。

右記の本と論文は、ようやく少しページを繰ってみただけです。

きみがテーニャで仕事に必要な落ち着きを得ているといいが。どれくらいそちらに滞在する？　いつまた訪ねてきてくれるだろうか、お知らせください。

この夏は蒸しむしする暑さがかなりこたえて、仕事があまりできません。

私は幾度となくパルメニデスと対話を交わしている。そうしていると、もろもろの哲学文献は、どんなに有益な成果をあげていようと、余計なものに思えてきます。

それにしてもどうすれば今日の人びとを、これらの単純な問いへ、役に立たない問いへ、導いてゆけるというのだろうか。

立ちもどって τὸ γὰρ αὐτὸ νοεῖν ἐστίν τε καὶ εἶναι[4]〔というのも、同じものが思索することであり存在することであるのだから〕の前に立つための一歩、その一歩の準備をととのえるだけの前提条件すら、まだまったく欠けているのです。

こういう状態のなかで毎日、《おまえのなすべきことをせよ》と自分に言いきかせています――そのほかのもっと大きなことは、それら自身の、われわれには隠された運命をもっているのだ、と。

心からの挨拶を

マルティン

エルフリーデからもよろしくとのこと。

155

アーレントからハイデガーへ

カーサ・バルバテ
六六五二　テーニャ、Ti.
テーニャ、一九七三年七月一八日

親愛なマルティン

ここには八月の末までいて、九月はじめにニューヨークへ飛ぶことになるだろうと思います。ご都合はいつがいいでしょうか——たびたびすぎて、ご迷惑でなければ。わたしとしては八月三一日から九月四日までのあいだなら、ありがたいのですが。

それにビーメルのロ＝ロ＝ロ叢書本(1)のことでも、お慶びを申しあげたいと思います。これまでに読んだあなたについての著作のなかでも傑出した最良のもの。しかもこの本はスタイルにおいて——いわば un commentaire raisonné〔よく考え抜かれた論評〕——まったく独創的です。いずれにせよこういうものをわたしは見たことがありません。もう一つほかに——もし興味をおもちならば——コジェーヴ(2)のこと、ひじょうに影響力の大きい彼のヘーゲル解釈については折りにふれて話しあいましたね、生前には本を一冊も出さなかった人ですが、いまガリマール社から、二巻の遺稿集『ギリシャ哲学史試論』が出ています。きっとあなたのところにはもう送られてきたでしょうね。この本にはわたしはたいへん失望しました。

おふたりに心からご挨拶を——

ハンナ

156

ハイデガーからアーレントへ

フライブルク、七三年七月二九日

親愛なハンナ

お手紙ありがとう。きみの言うとおりです、ビーメルの本(1)は卓抜で大胆、私の《思索の道》についてのペゲラーの本とはまるっきりちがう。大勢の人が賛意を寄せています。私が問うときのその方法を開いてみせて、その道筋、とくに終着地点を、未決定のままにしてある。——コジェーヴの本は送られてきていません。しかし私にしても、舞い込んでくる《文献》を読みたい時間も気分も、それにまわせるだけの気力もない。

　このところの休暇と旅のシーズンには、訪問客の洪水に見舞われました。しかも月はじめにはエルフリーデの八〇歳の誕生日。私たちはそれを祝いに、二人の息子と、娘ともども、よい一日を山小屋で過ごしました。(2)

　きみが挙げている時期には、メスキルヒへ行く予定が入っています。ここ何週間か、なにかと落ち着かなかったうえに、いつもの家政婦もいなかったので、私たちふたりとも休養が必要なのです。

　そういうわけで、申し訳ないがきみの訪問を来年の春に——きみのギフォード講義のあとに——延期してはもらえないだろうか。

　きみにとっても、たびたびの訪問が負担になりすぎないようにと願っています。

　きみがよい仕事の時間がもてるよう念じつつ、心から挨拶を送ります。

マルティン

157　ハイデガーからアーレントへ

フライブルク、七三年一一月一九日

親愛なハンナ

　ご消息ありがとう。八月末と九月はじめは、フランスの友人たちとの最後のゼミナール(1)の準備とその実施（三日間、毎日二時間から二時間半）に、完全にかかりきりだったので、きみの訪問を受けるには疲れすぎていました。きみにくだくだしく請合うまでもないだろうが、ほんとうは断りたくなかった、しかたがなかったのです。

　この最後のゼミナールで、これまで私がたびたび講義や演習でそのテクストと苦闘してきたパルメニデスについて、やっと一つの光明が見えてきました。きみが春に来たら、いくらか話してあげられるだろう。——

　毎月往診してくれる家庭医は、私の体調に満足しています。

　《意志》を問うという困難な問い(2)に、いまなおつねに最初の解明の光を与えてくれるのは、アリストテレス『霊魂論《デ・アニマ》』第三巻です、その後の形而上学すべてがこれを糧に生きている。

　よい《資料》を提供してくれるのは、私の弟子の本。一九二九―三二年に私のもとで勉強したグスタフ・ジーヴェルトの『トマス・アクィナス――人間の意志の自由』Gustav Siewerth, *Thomas von Aquin. Die menschliche Willensfreiheit*, Textsammlung Verlag Schwann, Düsseldorf 1954.――

ジョーン・スタンボー(3)が『存在と時間』の新たな翻訳を引き受けてくれたとのこと、きわめて多とすべきで、大きな意義がある。ほかの解決策ではどれも継ぎはぎ細工を出なかっただろうからね。

思索は私にいまなお喜びを与えてくれます。歳をとらないと、この分野でいくばくかのことが見えるようにはならない。そして振り返って道の全体を見渡すと、よくわかるのです、この分野を分けすすんできた歩みは見えざる手に導かれていたのだと、そして自分でそれに付けくわえてしたことは、ほんのわずかでしかないのだと。

きみの講義の準備と推敲が順調にすすみますように。

ふだん私たちは隠居所で静かに暮らしています、むろんこの時代の混乱は気がかりですが。

心からの挨拶を

マルティン

エルフリーデもよろしくとのこと。

158　ハイデガーからアーレントへ

フライブルク、七四年三月一四日

親愛なハンナ

お手紙ありがとう、私の思っていたとおり、五月の講義の準備に完全に集中しているようですね。

五月にちょっとした旅行をするほかは、私たちはその時期ずっとここにいます。きみが講演のあとで訪ねてきてくれるのを楽しみにしている。たぶんスコットランドから知らせてくれるだろうね、衰微しかけているヨーロッパにいつまでいられるか、きみの正確な滞在日程を。

マイスター・エックハルトを勉強しているとは、喜ばしいかぎりです。彼がドイツ語テクストのなかにことばの創造について書き残しておいてくれたことは、驚嘆に値するのに、言語学によってことばの破壊へ向かっているいまの時代には、もはやだれの目にもとまらない。もしかすると、彼の思索はこういうやり方でこそ、もっとも早く救い出されるかもしれないね、しかし、だれのためにだろう？　エルフリーデが一九一七年の私の誕生日に贈ってくれたプファイファー版の彼のドイツ語著作集は、いまでもまだ使える。ラテン語著作とドイツ語著作のコッホとクウィントによる批判的校訂版大全集は、全部ではないが弟がもっています。

私はきみとちがって、政治にはわずかな関心しか払っていない。だが主要な点では、世界状況は明らかだ。技術の本質のもつ力は、むろんほとんど経験されることはない。目につくのはすべて、表面の動きだけだからね。《マスメディア》や諸制度の敵意を向こうにまわしては、個人はなに一つできはしない——ましてや、ギリシャ人の思考がはじまったときからの思考の由来が問題なのだとするとね。

それでもこういう無用なものへの感受性は、ここかしこでなお生きつづけることだろう。だからこそ、きみを囲んで小さな輪をつくっている人たちのたゆまぬ仕事や、彼らの翻訳が、私にはうれしいのです。

私たちは無事に冬を切りぬけました。私たちの静かな家に引きこもって暮らしています。

よきことあれという願いをこめて
挨拶を送ります

マルティン

エルフリーデもよろしくとのこと。

友人たちによろしくお伝えください。ジョーン・スタンボーには近いうちに手紙を書きます。彼女の仕事ぶりはおどろくほどです。

159　ハイデガーからアーレントへ

フライブルク、一九七四年八月二〇日

親愛なハンナ

再会を楽しみに、きみの来訪を七月一〇日水曜日のいつもの時間に待っています。

きみの今年の講義が中断されたというジョーン・スタンボーからの知らせ(1)は、昨年のきみのスコットランド報告のあとだっただけに、意外ではありませんでした。今年二月のきみの手紙も、疲労と憂鬱そうな気分をにじませていて、私にはそれがわかりすぎるほどよくわかった。基本的に気分がすぐれないのは、きみがもともと困難なテーマで自分に課してきた過度な緊張以上に、つらいものだ。しかし望むらくは、いまではテーニャでゆっくり休養して元気になったことでしょう、訪問者たちにあまり煩わされないようにと念じています。

老齢であること、老化してゆくことは、それなりの要求をわれわれに課してきます。世界が別の顔を見せてくるし、心の平静さが必要になります。

私は数週間来、講義の草稿、清書原稿、筆記録の、新たな整理に取り組んでいて、ありがたいことに、フィンクの弟子で講師のフォン・ヘルマンという信頼できてまことに思いやりのある助手を得ている(2)。この整理ではいろいろ考慮すべきことがあるし、今後の出版のための適切な指示を考えておかなくてはならない。

そのほかは、私たちは隠居所に静かに引きこもって過ごしています。

ジョーン・スタンボーが『存在と時間』の翻訳を引き受けてくれて、たいへんほっとしています。

訪ねてきてくれるとき、きみはからだに無理がかからないように、旅の途中でバーゼルでひと休みするだろうね。

心からの挨拶を——エルフリーデからも——、本復を祈りつつ

マルティン

160 ハイデガーからアーレントへ

フライブルク、一九七四年六月二三日

親愛なハンナ

手紙がゆきちがいになりましたね。予定は変えずに、七月一〇日、いつもの時間に。きみは無為から這い出す時期に入っているというからには、調子が上向いているにちがいないので、とても安心しました。しかし同時に忠告を——急がず、ゆったりした気持で仕事にとりかかるように。ジーヴェルトの論文は資料的には重要だが、それ以外の点ではもちろん教条的です。

きみの招待には心から感謝します。しかしこの場合も私たちは旧来の習慣のままでゆきたい。晩の外出はもうやめているのです——講演会にも、招待にも。ここ数か月、私は市内へ行ったことがないし、エルフリーデもごくたまにしか出かけません。

私たちの心からの挨拶を
よき再会を待ちのぞみつつ

マルティン

161　アーレントからハイデガーへ

テーニャ、一九七四年七月二六日

親愛なマルティン

両方の講義の清書原稿[1]をフォン・ヘルマン氏から送っていただき、ありがとうございました。すぐに拝読しました、別便でご返送いたします。

わたしには自由論＝原稿のなかの詳細なカント解釈[2]が決定的に重要でした。あなたのような読み方をしている人はほかになく、あなた以前にもひとりとしておりません。わたしは意志の問題を扱ったときには、カントをさしあたりかなり脇に押しやっていました。思考と判断の場合とちがって、この問題では彼から得るところはむしろ少ないように思えたのです。でもいまとなっては、もう一度すっかり考えなおさなくてはならないでしょう。ギリシャ古代は意志も自由の問題も（問題としては）知らなかったというところから、わたしは出発していました。だから本来の論究をアリストテレス（プロアイレシス［προαίρεσις］[3]）から始めはしても、それはたんに、意志が独立した能力としては知られていないとき、どのように一定の現象が生ずるかを示すためにすぎなくて、そのあとはパウロ、エピクテトス、アウグスティヌス、トマスから、ドゥンス・スコートゥスへとすすんでいっています。この手紙に同封して　ギフォード講義のために用意させられた簡単な内容予告　いわゆるシラバス[4]をお送りします。フライブルクではあなたにお見せする機会がなかったものですから。

ほかに特別興味ぶかかったのは、しかもそれについては一度もあなたがおっしゃるのを聞いたことも、読んだこともなかったのですが、哲学はわれわれの根っこに迫るという、「哲学の攻撃的性格」[5]です。これまで読み落としていたのでしょうか。

わたしはまた仕事にとりかかっています。うれしいことに天気もやっとよくなりました。

どうぞお元気で

ハンナ

162　ハイデガーからアーレントへ

フライブルク、七四年九月一七日

親愛なハンナ

今日は、遅れた返事をごく手短に。今月はいささか落ち着かないことが多いものですから。きみのギフォード講義の《シラバス》をありがとう。一つひとつのテーマにたいへんな勉強の労苦が詰まっているね。聴講者たちはこれをぜんぶ消化できるだろうか？

一九三〇年の講義『人間的自由の本質について』で私が取り組んだのは、自由よりもむしろ因果性です。情報理論によって、ことがら全体がさらに疑わしくなってしまった、つまり、立て組み《ゲ゠シュテレ》の性格にいっそう合致するようになった。かくて《学問》はますます平板になり、そういう学問のいう意味では生産的になってゆく。

哲学の《攻撃的性格》ということで考えられているのは、要するに《存在忘却》との対決です。今日では極端にまで高まっている忘却、しかし思索の《攻撃》によっても打破されえず、経験にもたらされることすらない忘却。

たぶんもうお聞きおよびのことだろうが、私は全集の刊行、もっと正確にいえば、そのための基本方針を一覧表にしておくことを、決心しました。[1]『フッサーリアーナ』のような無秩序な編集にならないように、いろいろと熟慮して、見取り図を描いておく必要がある。

こんな目録作成をしていると思索のほうがお留守になるというのは、見かけだけのこと。もっと妨げになるのは訪問者です、断わるわけにいかない人だけに制限してはいるのだがね。

九月が早く終わってくれるとありがたい。きみは回復がすすんで、体力もついてきたことだろうね。気まぐれ陽気の夏と、はやくもやってきた秋が、仕事に必要な爽やかさを妨げてばかりいます。

きみがよい学年はじめを迎えて、[2]大事なことに集中できるようにと願っています。

マルティン

エルフリーデとともに挨拶を

ジョーン・スタンボーとグレン・グレイによろしく。

163

ハイデガーからアーレントへ

一九七四年九月二六日すぎ

現在の時代における一つの省察の努力に
共感をお寄せくださるすべての方がたへ、
想起していただいたことを感謝しつつ

感謝はつねに
詩作よりもいっそう建立的で
思索よりもいっそう基礎を築くもの。
感謝は
感謝することに到達する者たちを
到達不可能なものの面前に連れもどす。
われわれ――死すべき者すべて――は
はじまりのときこのかた
その到達不可能なものの現前に
ふさわしい。

マルティン・ハイデガー

[個人的添え書き]

ハンナのために
心からの挨拶とともに

M

164

ハイデガーからアーレントへ

フライブルク、七五年六月六日
電話５２１５１
電話は昼ごろがいちばん好都合

親愛なハンナ

グレン・グレイから聞いたが、きみはいまかなり長いあいだマルバッハにいて、仕事をしているそうだね(1)。連続講義の第二部のためにスコットランドにいるとばかり思っていました。

手紙の中休みがずいぶん長くつづいてしまいました。しかし『全集』のためのあれこれの考慮に、やはり思ったよりも多くの労力と時間をとられます。――

でも、きみはいま思いのほか近くにいるのだから、好都合このうえない。私たちを訪ねに一日割いて、マルバッハから《こちらへ》ご足労願えないだろうか[2]——できれば六月一〇日から一五日のあいだに。

話すことがたくさんあるし、思い迷っていることはさらにある。右記の時期に暇をつくってもらえれば、とてもうれしい。

私は新聞を——ここの地方紙だが——ほんの少しざっと読むだけなので、きみがデンマークで大いなる栄誉を授けられたことを[3]、ちっとも知らなかった。遅ればせながらそのお祝いに、いいワインを一献かたむけようではありませんか。ちなみに、グレン・グレイが二度目に来たとき、格別にいい味だと褒めていたワインです。彼は——クレル博士[4]とともに——またしてもすばらしい翻訳の仕事をしたようだね。

よき再会を待ちのぞみつつ心からの挨拶を、エルフリーデの名においても

マルティン

ツェラー教授[5]にもよろしく

165　アーレントからハイデガーへ

CH 6652 テーニャ、一九七五年七月二七日
電話093 81 14 30
カーサ・バルバテ

親愛なマルティン

もうほとんど八月になりましたね、フライブルクをお訪ねするのはどのようにしましょうか、近いうちにご都合をお知らせください。こちらはすばらしい夏、暑すぎず、空気は澄みきって、晩はあたたかです。マルバッハでは毎日寒くて雨ばかりだったあとだけに、とても気持よく、元気がでます。

スコットランドでの講義の第二部は一〇月にいたします[1]。こちらで少しずつ仕事に入っています。一〇月までに仕上がるかどうか——「判断力」[2]のほうです——怪しいのですけれど、スコットランド講演のほうは仕上がったも同然なので、心配はしておりません。

ツェラーは全集のためにお力添えができたのでしょうか？　ファイク夫人の索引[3]はとてもよくできていて、たいへんたすかります。クレルがお役に立てるでしょうか？　彼のドイツ語がさしあたり大丈夫なら、きっと可能でしょ

う。グレンは彼にたいへん満足しています。

どうぞお元気で、訪問客にあまり悩まされませんように。

おふたりに心からご挨拶を――

166　ハイデガーからアーレントへ

フライブルク、一九七五年七月三〇日

親愛なハンナ

お便りありがとう。私たちはきみの来訪を楽しみにしています。いちばん都合がいいのは八月一二日の火曜日か、一五日の金曜日。どちらかといえば、はじめに挙げた日のほうがいい。一五時から一六時のあいだにお待ちします。いつものように夕食までいてください。

六月中、私たちはしつこい鼻風邪と咳に悩まされました――流感のせいで。

ほかのことは会ったときに、ただ、判断力というのはむずかしい問題ですね。

オイゲン・フィンクが死去したことは、たぶんきみも新聞で読んだでしょう。

私たちふたりの心からの挨拶を

マルティン

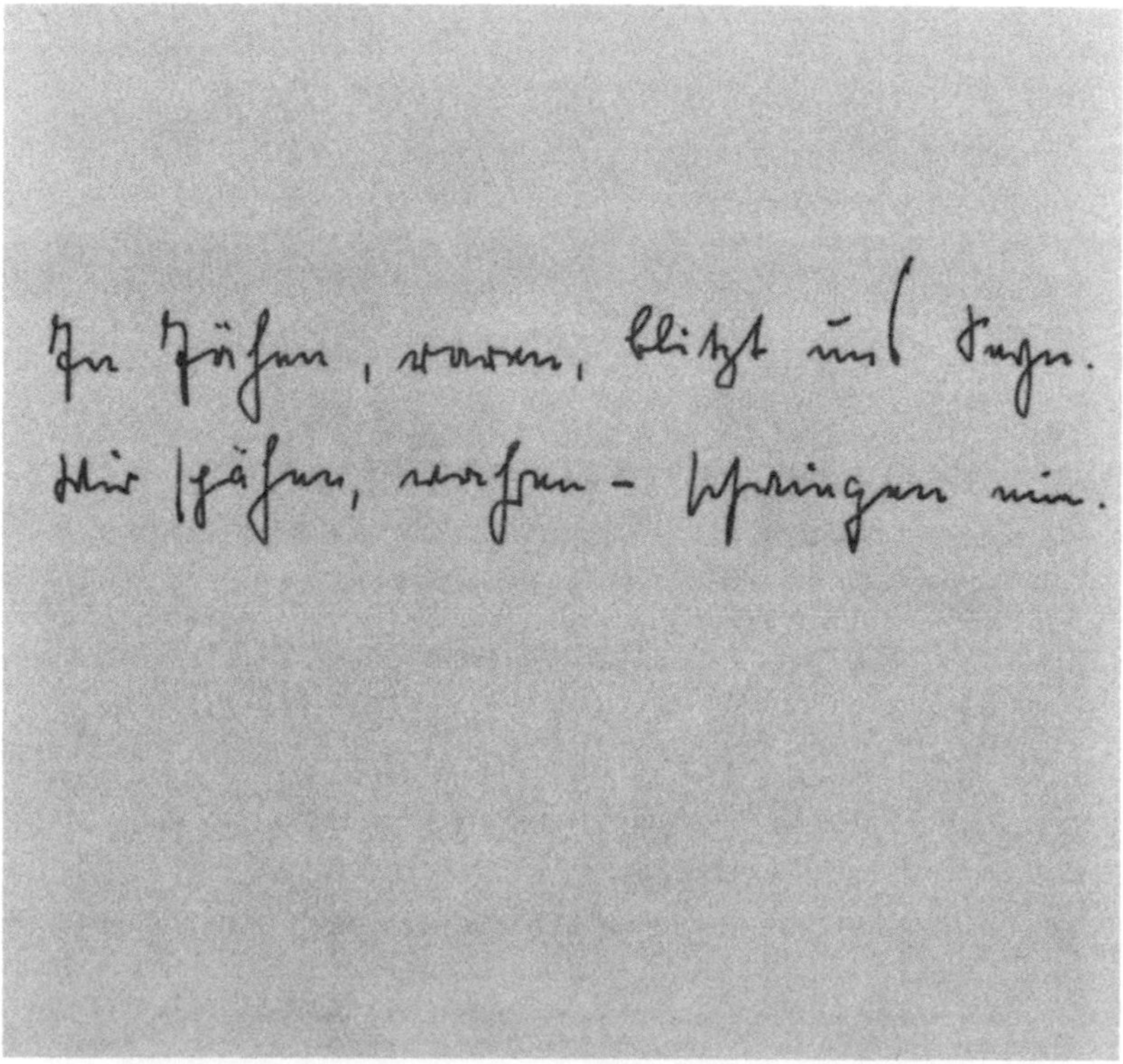

図版1　マルティン・ハイデガーの自筆，1950年2月（本書61ページを見よ）

図版 2　マルティン・ハイデガー，1920 年ごろ

図版3　ハンナ・アーレント，1925年ごろ（本書48, 245ページを見よ）

ハンナ・アーレントとハインリッヒ・
ブリュッヒャー，1950 年ごろ

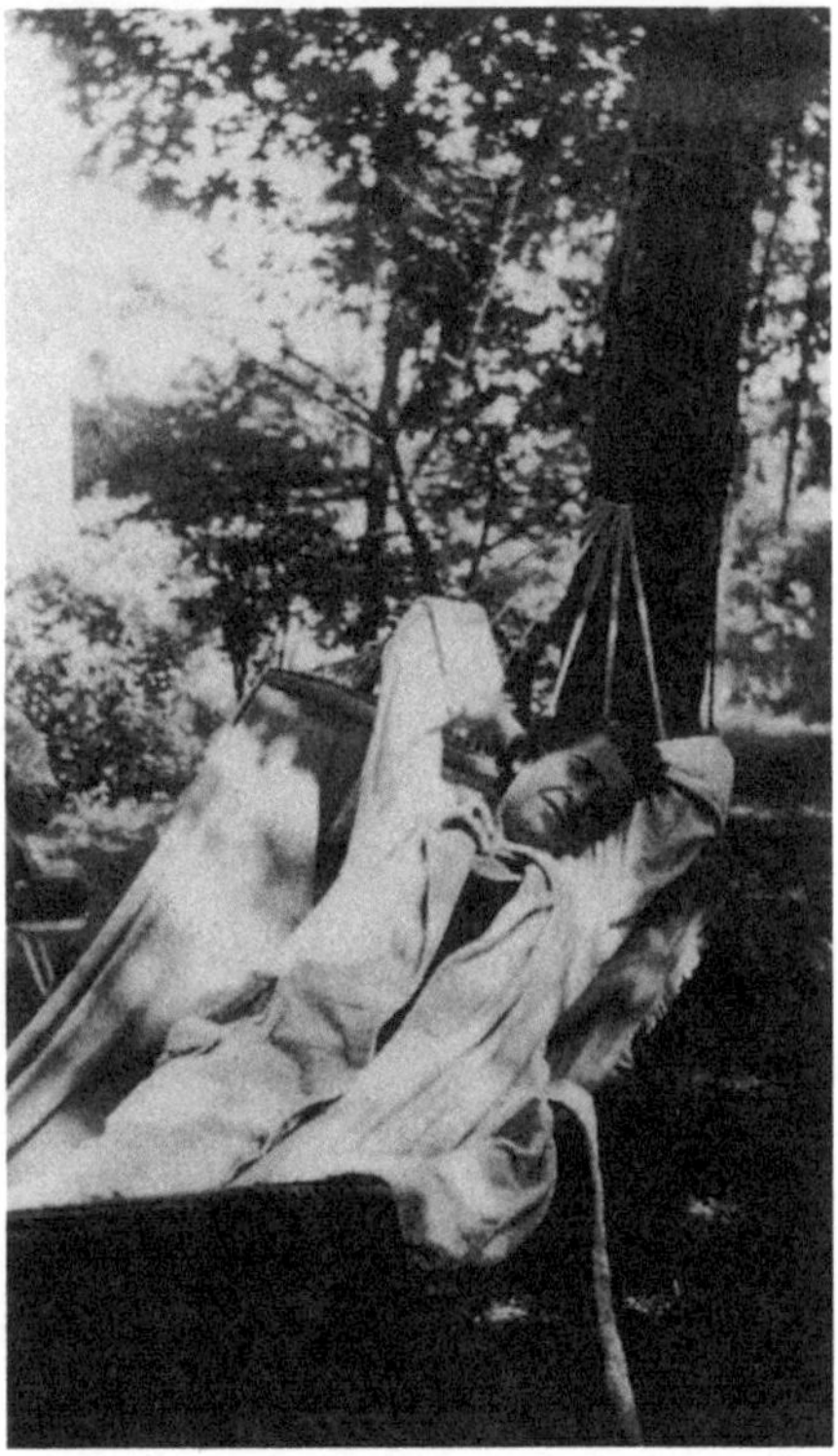

1950 年夏，マサチューセッツの大西洋
岸にある休暇地マノメットにて（本書
256–257 ページを見よ）

図版 4 ・ 5

『ニューヨーク・タイムズ』（1948年12月18日）紙上のハンナ・アーレント――ジューダ・L・マグネス財団創立証書の署名の場――，および『サタデイ・レヴュー・オヴ・リテラチュア』（1951年3月24日）の表紙に「カヴァー・ガール」（アーレントの表現，ヤスパース宛書簡）として登場したハンナ・アーレント――この号で，彼女の出たばかりの著書『全体主義の起原』をハンス・コーンが論評している（これらの写真については、『アーレント＝ヤスパース往復書簡』S. 161, 165, 207を参照されたい）

図版6・7

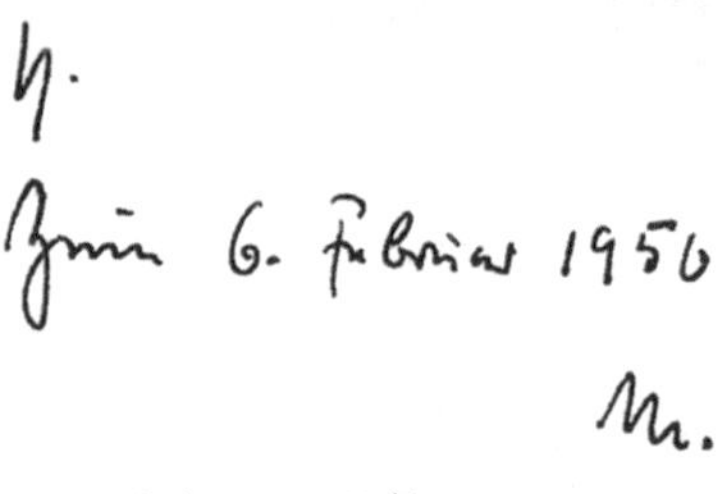

図版 8　マルティン・ハイデガー，1950 年——ハンナ・アーレントへ送られた葉書仕立てのこの写真の裏面に，ここに写真複写した献辞がしるされている（本書 258 ページを見よ）

1950 年 7 月にマルティン・ハイデガーは故郷の町メスキルヒの写真を送って，そこにこう書いている．「メスキルヒの写真に，城のわきに教会の塔が見えるでしょう，私はよくそこにのぼっては，多くの時をコクマルガラスやアマツバメのそばで過ごし，田園を眺めやって夢想にふけったものです．左手の城は，ウェルナー・フォン・ツィンメルン伯がツィンマー年代記を書いた居城．その後方にあるのが菩提樹園，そこから左へ，写真の端を越えてのびている農道がある」（本書 90-91 ページを見よ）

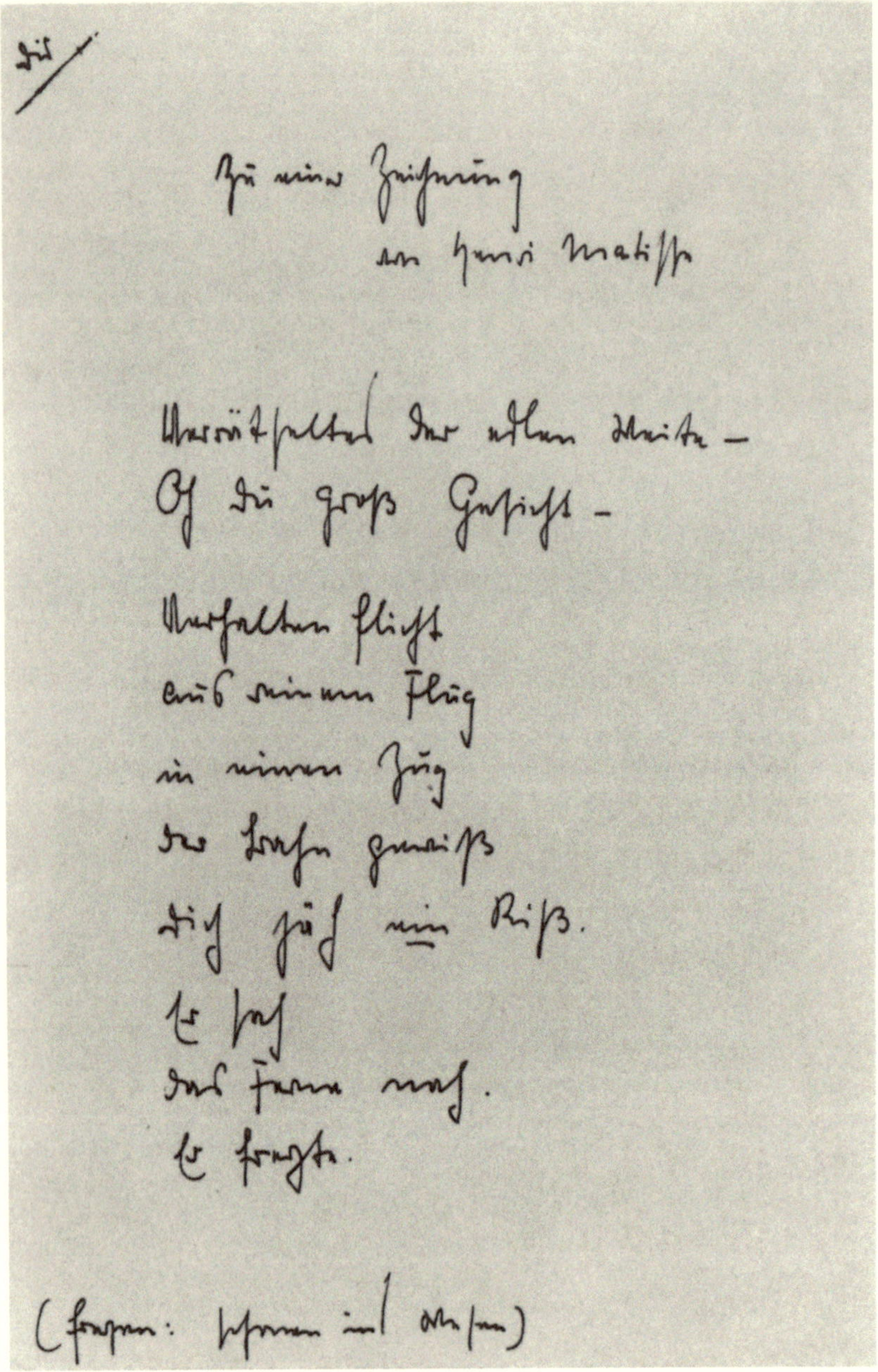

図版 10　マルティン・ハイデガー自筆，1951 年 7 月（本書 104 ページを見よ）

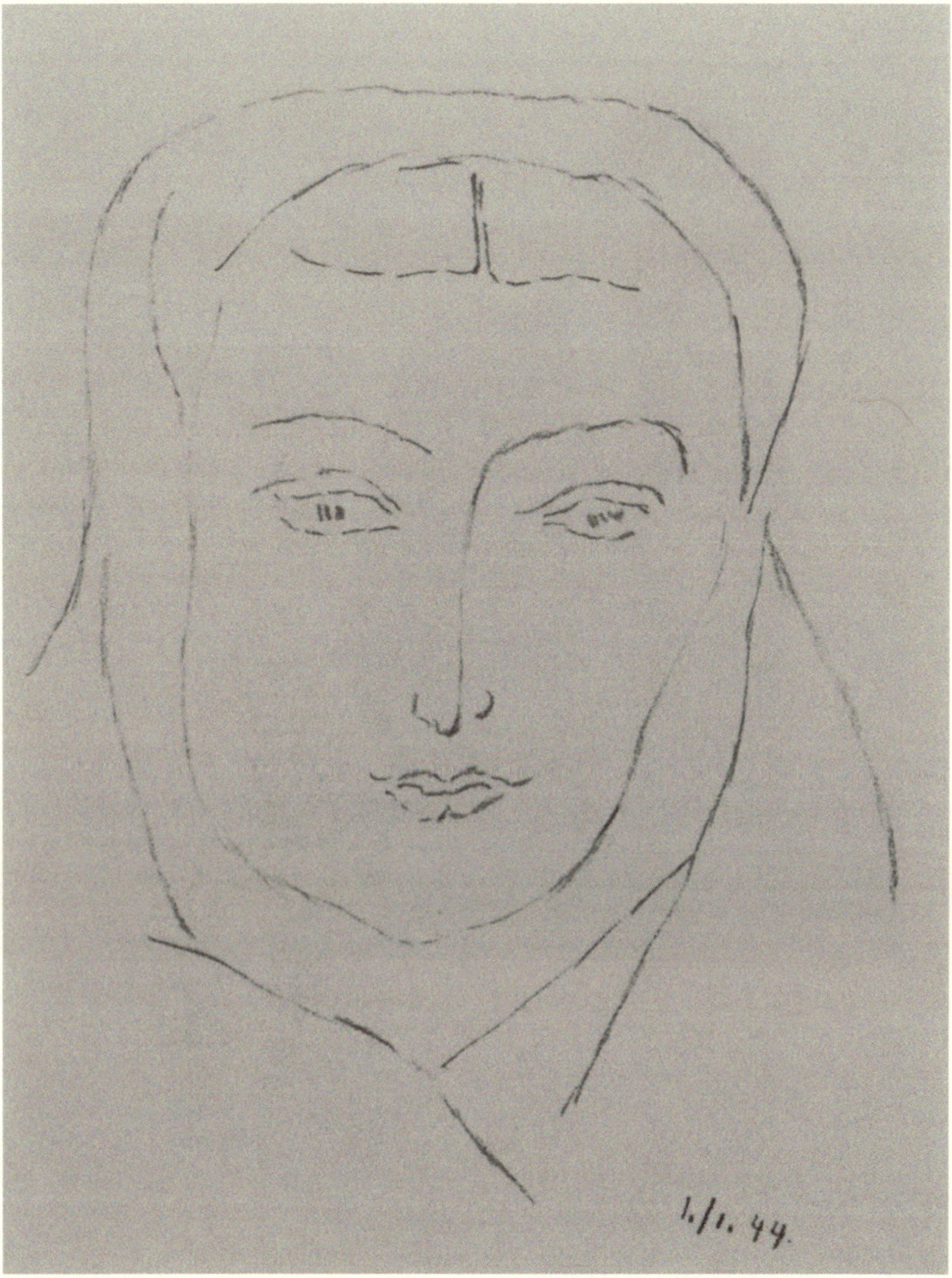

図版 11　アンリ・マチスのこの絵（ハイデガーによる複製）に寄せて，マルティン・ハイデガーは詩を書いている（本書 262 ページ参照）.

HANNAH ARENDT, geboren am 14. Oktober 1906 in Hannover, verbrachte ihre Jugend in Königsberg. Sie studierte in Marburg, Heidelberg und Freiburg Philosophie und Theologie bei Heidegger, Jaspers und Bultmann. Promotion bei Karl Jaspers über Augustin. Hannah Arendt verließ Deutschland 1933 und ging nach Frankreich, dort bis 1941 in der Sozialarbeit im Auftrag der Jewish Agency. 1943 ging sie nach Amerika und lebt seitdem als politische Schriftstellerin in New York. Hannah Arendt erhielt kürzlich als erste Frau eine Professur an der Princeton University. Ihr wurde der Lessingpreis 1959 der Stadt Hamburg verliehen. Nach einer politischen Schrift „Die ungarische Revolution und der totalitäre Imperialismus" erschien ihre bedeutende Biographie über Rahel Varnhagen.

OKTOBER 1960

SONNTAG **9.**

MONTAG **10.**

Aleksis Kivi * 1834
Ivo Andrić * 1892
Rolf Schroers * 1919
Alexej Tolstoi † 1875

DIENSTAG **11.**

Conrad Ferd. Meyer * 1825
Gertrud v. le Fort * 1876
François Mauriac * 1885
Karl Gjellerup † 1919
Henry Benrath † 1949

MITTWOCH **12.**

Erich Przywara * 1898
Alfred Kerr † 1948

DONNERSTAG **13.**

Arthur Graf Gobineau † 1882
Anatole France † 1924

FREITAG **14.**

Katherine Mansfield * 1888
Werner Bock * 1893
Hannah Arendt * 1906
Hans Thyriot † 1948

SAMSTAG **15.**

Michail Lermontow * 1814
Friedrich Nietzsche * 1844
Oscar Wilde * 1856
Alfred Neumann * 1895

HANNAH ARENDT

Die ungarische Revolution und der totalitäre Imperialismus

70 Seiten

Kartoniert DM 4,80

„Hannah Arendt hat den kühnen Versuch gewagt, aus dem Feuer der ungarischen Revolution die Zukunft der sowjetischen Diktatur zu lesen."

Stuttgarter Nachrichten

Rahel Varnhagen

Eine Lebensgeschichte

Mit einer Auswahl von Rahel-Briefen und vierzehn zeitgenössischen Abbildungen sowie Bibliographie und Anmerkungen.

298 Seiten. Leinen DM 24,—

Mit diesem Werk liegt die erste aus den Quellen aufgebaute Darstellung über Rahel Varnhagen, den Mittelpunkt der „Berliner Romantik" vor. Ein bedeutendes Stück deutscher Kultur- und Geistesgeschichte.

R. PIPER & CO
VERLAG
München

110

Hannah Arendt: Über Rahel Varnhagen

Es hat immer etwas Mißliches, wenn ein Autor über sein eigenes Buch spricht, auch wenn die Entstehung desselben ein halbes Menschenleben zurückliegt. Da aber die Darstellung aus einem in der Biographienliteratur ungewohnten Aspekt entstanden und geschrieben ist, darf ich mir vielleicht doch einige erläuternde Bemerkungen erlauben. Ich hatte niemals die Absicht, ein Buch *über* die Rahel zu schreiben, über ihre Persönlichkeit, die man psychologisch und in Kategorien, die der Autor von außen mitbringt, so oder anders interpretieren und verstehen kann; oder über ihre Stellung in der Romantik und die Wirkung des von ihr eigentlich inaugurierten Goethe-Kultes in Berlin; oder über die Bedeutung ihres Salons in der Gesellschaftsgeschichte der Zeit; oder über ihre Gedankenwelt und ihre „Weltanschauung", sofern sich eine solche aus ihren Briefen konstruieren lassen sollte. Was mich interessierte, war lediglich, Rahels Lebensgeschichte so nachzuerzählen, wie sie selbst sie hätte erzählen können. Warum sie selbst sich, im Unterschied zu dem, was andere über sie sagten, für außerordentlich hielt, hat sie in nahezu jeder Epoche ihres Lebens in sich gleichbleibenden Wendungen und Bildern, die alle das umschreiben sollten, was sie unter Schicksal verstand, zum Ausdruck gebracht. Worauf es ihr ankam, war, sich dem Leben so zu exponieren, daß es sie treffen konnte „wie Wetter ohne Schirm" („Was machen Sie? Nichts. Ich lasse das Leben auf mich regnen."), und weder Eigenschaften noch Meinungen — über die ihr begegnenden Menschen, über die Umstände und Zustände der Welt, über das Leben selbst — dazu zu benutzen, sich selbst einigermaßen zu schützen. Hierzu gehört, daß sie nicht wählen und nicht handeln kann, weil Wahl und Handeln bereits dem Leben zuvorkommen und das reine Geschehen verfälschen würden. Was ihr zu tun verblieb, war ein „Sprachrohr" des Geschehenen zu werden, das Geschehene in ein Gesagtes umzuwandeln. Dies gelingt, indem man in der Reflexion sich selbst und anderen die eigene Geschichte immer wieder vor- und nacherzählt; dadurch wird sie zum Schicksal: „Es hat ein jeder ein Schicksal, der da weiß, was er für eines hat." Die einzigen Eigenschaften, die man hierzu haben oder in sich mobilisieren muß, sind eine nie nachlassende Wachheit und Schmerzfähigkeit, um treffbar und bewußt zu bleiben. Das romantische Element, das in diesem Unterfangen steckt, hat Rahel selbst sehr klar bezeichnet, als sie einmal sich den „größten Künstlern" verglich und meinte: „Mir aber war das Leben angewiesen." Das Leben so zu leben, als sei es ein Kunstwerk, zu glauben, daß man aus seinem eigenen Leben durch „Bildung" eine Art Kunstwerk machen könne, ist der große Irrtum, den Rahel mit ihren Zeitgenossen teilte.

Aus dem Vorwort zu „Rahel Varnhagen"

Hannah Arendt

図版 12　ピーパー出版社が *Spektrum des Geistes* の文学カレンダー（1960 年）に載せた広告——マルティン・ハイデガーはこれについて 1959 年 12 月 17 日に書いている，「最近，『スペクトルム』できみのたいへん美しい写真を拝見．遠いむかしを思い出させます」（本書 121 ページを見よ）

ハンナ・アーレント，撮影はフレッド・スタイン，1966 年

図版 13・14

図版15　ハンナ・アーレントは1967年8月17日に，彼女のミノックス＝カメラでマルティン・ハイデガーの写真を撮った．それらの複製がここに時計回りに並べてある（中央が一番め，二番めは上の左側）．一番めの写真は葉書大に焼増したものもある．
マルティン・ハイデガーはこれらを受け取ったときに書いている，「写真をありがとう，とてもうまく撮れていて，しかも同時に，われわれの会話の諸相を，見えるものにひそむ見えないものを，しっかりとらえている」（本書131, 274ページを見よ）

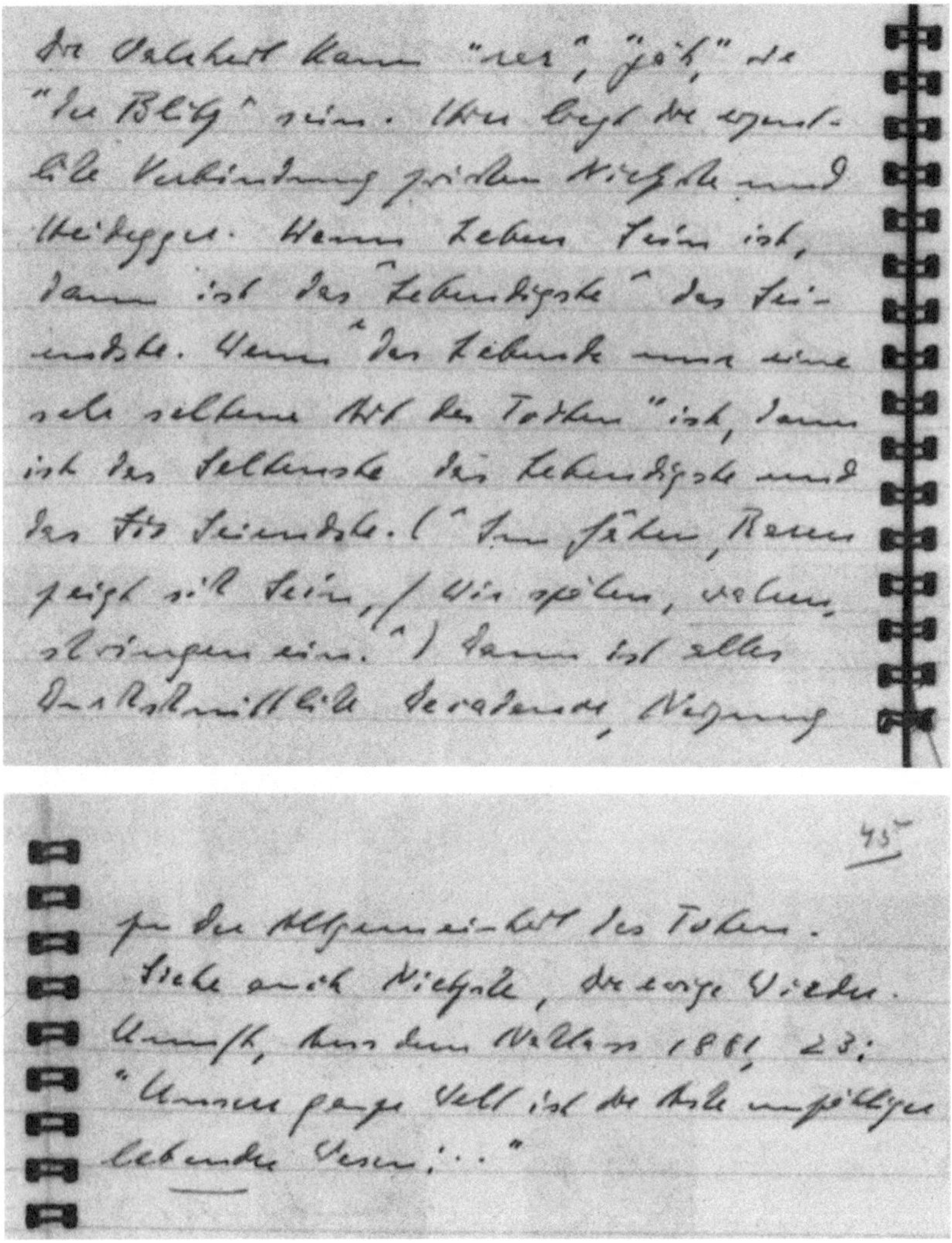
Die Wahrheit kann "rein", "jäh", wie "der Blitz" sein. Hier liegt die eigentliche Verbindung zwischen Nietzsche und Heidegger. Wenn Leben Sein ist, dann ist das "Lebendigste" das Seiendste. Wenn "das Lebende nur eine sehr seltene Art des Toten" ist, dann ist das Seltenste das Lebendigste und das Seiendste. ("Im Fühlen, Reden zeigt sich Sein, / Wir spielen, rechnen, schwingen ein.") Dann ist alles Unmittelbare Seiendes, Neigung

45

zu der Allgemeinheit des Toten.
Siehe auch Nietzsche, die ewige Wiederkunft, aus dem Nachlass 1881, 23:
"Unsere ganze Welt ist die Asche unzähliger lebender Wesen:.."

図版 16　ハンナ・アーレントの自筆，1951 年——『思索日記』Heft VI, S. 44-45（本書 315 ページを見よ）

エピローグ

167　ハイデガーからハンス・ヨーナスへ

一九七五年一二月六日

ゴ友人ノミナサントトモニ深イ哀悼ヲ

マルティン・ハイデガー

168　ハイデガーからハンス・ヨーナスへ

フライブルク、一九七五年一二月二七日

親愛なヨーナス様

ハンナ・アーレントの逝去と葬儀(1)についてのあなたの詳しい手紙と、起こったことすべてにふさわしいあなたの追悼の辞(2)に、心から感謝を申しあげます。慈悲ぶかい死だったのですね。しかし人間として年齢を数えるなら、あまりに早すぎました。

あなたの手紙ではじめてはっきりとわかったのですが、ハンナはじつに多様な人びとの大きな仲間の輪の、なんと確たる不動の中心だったことでしょう。

いまではその輪の半径の集まる中心は虚ろです――もしも、われわれがみな期待しているように、故人の変容した臨在によってそこが新たに満たされるのでなければ。このことが早急に、豊かな規模で起きますように――それが私の唯一の願いです。

ほかには、いまはことばになりません。――

いま終わりに近づいているこの年の八月、ハンナ・アーレントはマルバッハのドイツ文学資料館から私どものところを訪ねてきてくれて、そのあとはテッシンでスコットランド講義の仕上げと、それにつづけて全体の出版の準備をするということでした(3)。私はそのとおりになったとばかり思っていて、しかるべき便りを待っていました。いまにして思えば、すべて期待とはちがう経過をたどっていたのですね。より高き命運が、人間の計画に逆らって事を運んだのです。われわれに残されているのは、哀悼と追想のみ。――

ご同意くださるだろうと見越して、あなたの手紙と追悼の辞をフーゴ・フリードリッヒへ送って読んでもらいます。H・フリードリッヒはハイデルベルクでの修学時代にハンナの友人仲間の一人でした。——

なお、私のマールブルクでの講義のあなたの筆記録を、全集編纂作業のためにご提供くださったことに、特にお礼を申しあげます。

感謝と追憶とともに

敬具

マルティン・ハイデガー

補遺

文書1から168までについての注記

1

マルティン・ハイデガー、一九二五年二月一〇日。手書きの手紙原本、NLArendt

注（1）アーレントは一九二四／二五年冬学期にマールブルク大学で哲学、（プロテスタント）神学、および古典語学の勉強をはじめた。ハイデガーは一九二三年六月にこの大学の哲学の正教授待遇員外教授職に任命されていて、一九二三／二四年冬学期から教えていた。

2

マルティン・ハイデガー、一九二五年二月二一日。手書きの手紙原本、NLArendt

3

マルティン・ハイデガー、一九二五年二月二七日。手書きの手紙原本、NLArendt

この手紙におそらく付せられていたのが、やはりアーレント遺稿中にある手書きのメモだろう（日付なし、呼びかけと署名もない）。「きみの手紙はクーゲルハウスに届けてください――クーゲルガッセ二番地、七時まで。バールフューサー街側の階段上の入口、学術審査部の守衛の女性に」

注（1）どういう本かは不詳。

注（2）ハイデガーはアーレントの母、マルタ・ベーアヴァルト（アーレント未亡人、旧姓コーン［一八七四－一九四八］）と面識があったのだろう。正確なことは調べがつかなかった。

4

マルティン・ハイデガー、一九二五年三月二日。絵葉書原本「フライブルク i. Br.」、宛て先は Fräulein stud. phil. Hannah Arendt, Königsberg/Ostpr. Busoltstr. 6. 発信者名なし、手書き、NLArendt

注（1）ハイデガーが絵葉書にしるしをつけている道は、ギュンタースタール〔フライブルク近郊にある〕から、シュヴァルツヴァルト南部の山シャウインスラントへ登る道。これをハイデガーは学期終了後に学生たちを連れて踏破した。夜はノートシュライ峠泊。

注（2）エドムント・フッサール（一八五九－一九三八）は、ハイデガーの父親のような友人にして庇護者で、一九一六年以降、フライブルク大学の哲学正教授。ハイデガーは一九一九年から二三年まで彼の助手だった。ハイデガー＝フッサール関係の歴史については、いくつか具体的なことが本書の九ページ以下、一一、四六、五四ページ、九四ページに出てくる。

5

マルティン・ハイデガー、一九二五年三月六日。絵葉書原本「冬のスポーツ場トットナウベルク（海抜一〇二一メートル）」、宛名は書簡4と同じ、発信者名なし、手書き、NLArendt

ノートシュライ峠（前述の絵葉書の説明を見よ）で、ハイデガーは妻および長男イェルク（一九一九年生まれ）と落ち合って、そこからスキーや徒歩で旅をつづけた。目的地はトットナウベルク村の上方の山腹にあるハイデガー家の山小屋で、その小屋へは道がついてなく、放牧地を越えてゆくしかなかった（いまでもそうである）。エルフリーデ・ハイデガー（旧姓ペトリ、一八九三－一九九二）がこの山小屋を一九二二年に建てさせ、夫が仕事に引きこもれる場所として贈ったのだった。マルティン・ハイデガーとともにこの《山小屋《ヒュッテ》》も有名になった。Petzet, *Auf einen Stern zugehen*, S. 201ff. 参照。

6

マルティン・ハイデガー、一九二五年三月二一日。手書きの手紙原本、NLArendt

注（1） ケーニヒスベルク出のハインツ・リヒテンシュタインは、ハイデガーがフライブルクで私講師をしていたころにすでに彼のもとで学んでいた。のちに精神科医となる。一九二ページ以下を見よ。

注（2） この手紙で言われていること以上には、これに関するハイデガーのマールブルク時代のことはわからない。フライブルクでの私講師時代のことは、M. H., "Mein Weg in die Phänomenologie", S. 87, および Theodore Kisiel, *The Genesis of Heidegger's* Being and Time, Berkeley-Los Angeles-London : University of California Press, 1993, S. 556（Anm. 13）を見よ。——またハイデガーのマールブルクでの初講義、一九二三／二四年冬学期講義におけるフッサール論も見よ。*Einführung in die phänomenologische Forschung*.

注（3） 新入生のこと。*Heidegger-Jaspers-Briefwechsel*, S. 50 も見よ。

注（4） 一九一五年にハイデガーはフライブルク大学で教授資格をとり、一九一六年、同大学にエドムント・フッサールがハインリッヒ・リッカートの後任として招聘された。ハイデガーは私講師およびフッサールの助手として、一九一九年から一九二三年まで——彼自身のことばによれば「教えかつ学びつつ」——特にフッサールとアリストテレスに取り組んだ。"Mein Weg in die phänomenologie", S. 86. を見よ。——初期のフライブルク講義（一九一九－一九二三）はHGAの第五六／五七から六三巻までに収録されているが、第六二巻だけはまだ作業中で出版にいたっていない（*Phänomenologische Interpretationen ausgewählter Abhandlungen des Aristoteles zu Ontologie und Logik*, Sommersemester 1922).

注（5） 一九二五年四月にケーニヒスベルクに近いラウシェンで撮った一枚の私的な写真には、見るからに暖かいよく晴れた戸外にいるアーレントが、従兄のエルンスト・フェッターとのちに彼の妻となるケーテ（旧姓レーヴィン）、それに友人ふたりといっしょに写っている。この写真は、"*Hannah Arendt : "Lebensgeschichte einer deutschen Jüdin…"*, hrsg. von der Alten Synagoge, Essen : Klartext Verlag (Studienreihe der Alten Synagoge, 5), S. 97 に発表されている。

注（6） 一九二五年にレオポルト・クロッツ出版（ゴータ／シュトゥットガルト）から次の題名で出た。*Rahel und Alexander von der Marwitz in ihren Briefen : Ein Bild aus der Zeit der Romantiker*, nach den Originalen hrsg. von Heinrich Meisner. ——のちにハンナ・アーレントはラーエル・ファルンハーゲンに徹底的に取り組んで、彼女の本『ラーエル・ファルンハーゲン…』の一つの章（S. 151ff.）を、ラーエルとアレクサンダー・フォン・デア・マルヴィッツの友情に当てることになる。

7

マルティン・ハイデガー、一九二五年三月二四日。手書きの手紙原本、NLArendt

注（1）息子イェルク。

8

マルティン・ハイデガー、［一九二五年］三月二九日。絵葉書原本「フライブルク i. Br. 司教座聖堂」。宛先は文書4におなじ、発信者名なし、手書き、NLArendt

注（1）フッサールは、一八五九年四月八日生まれで、このとき六六歳の年を了えようとしていた。七九歳で死去（一九三八年四月二七日）。

9

マルティン・ハイデガー、一九二五年四月一二日。手書きの手紙原本、NLArendt

注（1）ハイデガー一家はこのころシュヴァンアレー二一番地に住んでいた。

注（2）ケーニヒスベルク出のパウル・ヤコービー（法科学生）。

注（3）ヨハネ・ベーラウ、当時"Fridericianum"の会長。彼の創設した会"Kurhessische Gesellschaft für Kunst und Wissenschaft"が、講演会企画の一環としてハイデガーをカッセルでの講演（二時間ずつ五回）に招聘した。詳細はFrithjof Rodi, in: *Dilthey-Jahrbuch* 4, 1986-87, S. 164ff.; さらに、ders., in: *Dilthey-Jahrbuch* 8, 1992-93, S. 178ff. を見よ。

10

マルティン・ハイデガー、［一九二五年］四月一七日。手書きの手紙原本、NLArendt——日付は鉛筆書き——

注（1）ヴァルター・ブレッカー（一九〇二－一九九二）、ハイデガーの弟子で三〇年代に彼の助手をつとめ、一九三七年にフライブルクの私講師となり、一九四〇年にロストックへ招聘され、一九四八年から一九七〇年までキール大学で哲学を教えた。妻ケーテ・ブレッカー＝オルトマンスとともに、HGAの第六一巻を編纂。

11

ハンナ・アーレント、一九二五年四月。手書きおよびタイプライターによる原稿原本、HAPapers

アーレント初期のこの自己省察（彼女についてわれわれの知るこの種の資料としては唯一のもの）は、手書きとタイプライターによる二通りのかたちで保存されている。手書きのほうがこの本での公開の基礎となっているが、これは二つ折りの紙（約21×16 cm）に清書されたもので、青みがかったライラック色の薄手の手漉きボール紙の表紙をつけて綴じてある。タイトルページには手書きで"Schatten"と表題がしるされている。かなりの確実さをもって言えることだが（すぐこのあとのハイデガーの手紙を見よ）、アーレントはこの小冊子を一九二五年四月にケーニヒスベルクからカッセルへたずさえてきて、その地でハイデガーに渡したのだろう。それがどのようにしてふたたび彼女の所有に帰したのかは不明である。

タイプライター版では、表題の"Schatten"が"Die Schatten"に修正され、末尾にアーレントの手で「M・Hのために記す」と書かれているが、テクストは手書きのものとちがわない。ただ副文一つとパラグラフ二つが、手書きのほうではそのままになっているのにこちらでは線を引いて消してある。

マルティン・ハイデガー、一九二五年四月二四日。手書きの手紙原本、NLArendt

12

注（1）　アーレントの遺稿中には一〇ページの手書き原稿 "III. Dasein und Zeitlichkeit" があって、そこにはハイデガーの手書きで「一九二五年四月二〇日と二一日の記念に」という献辞がしたためてある。同様にこの原稿のタイプライターによる写しも保存されている。このことから、ハイデガーがこの原稿を学期の終わりにアーレントに渡し、彼女はケーニヒスベルクでその写しをつくってカッセルへもってきた、と推定していいだろう。"III. Dasein und Zeitlichkeit" は、ＨＧＡ第六四巻に収めて刊行される予定。本書の文書62注(2）も参照されたい。

注（2）　原稿「影」では、*scheue, zurückgehaltene Zuneigung* となっている。一三ページを見よ。〔ハイデガーの引用では、*scheun, zurückhaltenden Zuneigung*〕

注（3）　原稿「影」のこと。一三ページ以下を見よ。

注（4）　「影」からの引用、一七ページ。

注（5）　アーレントは一九二五年夏学期に、ハイデガーの講義「時間概念の歴史へのプロレゴーメナ」を聴き、デカルトの『省察』を読む初心者演習に参加した。

注（6）　おそらくマールブルク旧大学館の11番教室のこと。ここでハイデガーは一九二四／二五年冬学期に、四時間の講義「プラトン『ソフィスト』」をおこない、ここで彼の視線は若い女子学生ハンナ・アーレントにはじめて出会った。ハイデガーの一九五〇年五月四日の手紙（七七ページ）を見よ。「…きみの写真［アーレントが一九五〇年に送った写真］が私の心臓のまんなかをひたとみつめるとき。きみはちっとも気づいていないだろうが、講壇の私をみつめていたのと同じまなざし――ああ、それはかつてもいまも、このさきも永遠に、かなたから近くへまっすぐやってくる」

13

マルティン・ハイデガー、一九二五年五月一日。手書きの手紙原本、NLArendt

14

マルティン・ハイデガー、一九二五年五月八日。手書きの手紙原本、NLArendt

注（1）　一九二五年夏学期には、ハイデガーはヤスパースへ書いているように（*Heidegger-Jaspers-Briefwechsel*, S. 50）、「朝の七時から八時まで時間概念の歴史を週に四時間」講義していたが、この講義は彼の死後にようやく、*Prolegomena zur Geschichte des Zeitbegriffs* として出版された。――「秋にはとにかく印刷に付すつもりだ」というハイデガーの予告は――いまから振り返ってみれば――最初のゲラ刷が一九二六年春に出た『存在と時間』のことを言っていることになる。一九二七年公刊のハイデガーのこの主著のややこしい歴史については以下の文献を見よ。Theodore Kisiel, *The Genesis of Heidegger's* Being and Time（正確な書誌は文書６注（２）参照）S. 477ff., und Friedrich-Wilhelm von Herrmann, *Heideggers ›Grundprobleme der Phänomenologie‹: Zur ›Zweiten Hälfte‹ von ›Sein und Zeit‹*, Frankfurt/Main: Klostermann, 1991.

注（2）　シュテファン・ゲオルゲの詩集。次の手紙を参照。

15

マルティン・ハイデガー、一九二五年五月一三日。手書きの手紙原本、NLArendt――冒頭の呼びかけはない――

注（1）シュテファン・ゲオルゲの詩「昼の歌」からの二行。Stefan George, *Der Teppich des Lebens und Die Lieder von Traum und Tod mit einem Vorspiel*, 3. Aufl., Berlin: Bondi, 1904, S. 87.

注（2）ゲオルゲの *Der Teppich des Lebens*, S. 16 の「前奏曲」より。

注（3）ハイデガーがここでなにを指して言っているのかは不明。

注（4）一八および四五ページも参照のこと。またハイデガーからエリーザベト・ブロッホマンへの一九二八年一月一一日の手紙、*Heidegger-Blochmann-Briefwechsel*, S. 23, さらには、ハイデガーが"Amo: volo ut sis" の表題のもとに書いた das "Gedachte" も参照されたい。後者はHGA第八一巻（*Gedachtes*）に発表される予定。――この引用句はアーレントの生涯にずっとついてまわっていた。早いころの証拠としては、ハインリッヒ・ブリュッヒャーから彼女への手紙（一九四六年七月一六日、*Arendt-Blücher-Briefe*, S. 150）、晩年の証拠としては、アーレントの *Das Wollen*, S. 102 を見よ。彼女はこの句をたびたび引用したと、ロナルド・バイナーはアーレントの *Das Urteilen*, S. 195 の注解でのべている。学位論文のテーマの選択でも（「アウグスティヌスの愛の概念」）、この句がものをいったのかもしれない。年代記の記録者アルフレッド・ケイジン（*New York Jew*, London: Secker & Warburg, 1978, S. 199）の主張するところでは、この一句がアーレントの関心をそもそもアウグスティヌスへ向けさせたのだという。――アウグスティヌスがどこでこの句をこのままの言葉遣いで用いているかは、アウグスティヌス辞典（*Corpus Augustinianum Gissense* [*CAG*] *a Cornelio Mayer editum*）編集部に教示を仰いだが、確認できなかった。意味から見て典拠といえるものは、アウグスティヌスの *Sermo Lambot 27, 3*: "Quod quisque amat, vult esse, an non vult esse? Puto quia, si amas filios tuos, vis illos esse; si autem illos non vis esse, non amas. Et quodcumque amas, vis ut sit, nec omnino amas quod cupis ut non sit." *Patrologiae cursus completus. Series latina* (Migne). *Supplementum*, Vol. II, Paris: Garnier, 1960, Sp. 832-834, Sp. 833.

注（5）おそらくは、本書の補遺に収められているアーレントの詩のうちの何篇かだろう。

注（6）マックス・シェーラー（一八七四－一九二八）の著書のことだろう。――ハイデガーの哲学的発展にとってシェーラーのもつ意味については、M. H., "Mein Weg in die Phänomenologie", S. 85 を見よ。またマールブルク一九二八年夏学期講義の枠内でおこなわれたハイデガーの講演 "In memoriam Max Scheler": *Metaphysische Anfangsgründe der Logik*..., HGA, Bd. 26, S. 62-64 も参照されたい。

16

マルティン・ハイデガー、一九二五年五月二〇日。手書きの手紙原本、NLArendt

注（1）アーレントは聖霊降臨祭の休暇中、おそらく最初はフライブルクにいて、それからインターラーケン〔スイス〕へ旅したようである。このあとの手紙数通を見よ。

注（2）M. H. *Logik. Die Frage nach der Wahrheit.*

17

マルティン・ハイデガー、［一九二五年五月二一／二二日］。手書きメモ原本、NLArendt

「紙片の上半分は破棄」というアーレントの手書きの注記がある。［　］内の日付は、メモ中の「火曜の二六日」という日付からの推定。一九二五年には二六日が火曜に当たっていた日は一日しかなく、それが五月二六日である。この年の聖霊降臨祭は五月三一日と六月一日だった。この休暇のあいだ、アーレントはまずフライブルクへ、それからインターラーケンへ行ったが、ハイデガーはマールブルクに留まっていたことがほぼ確かである。

注（1）　この手紙（おそらく推薦状）はフッサールの遺稿中にあり、ハイデガーもアーレントも保存していない。

18

マルティン・ハイデガー、［一九二五年］五月二九日。手書きの手紙原本、NLArendt――ハンナ・アーレントが手書きで「インターラーケンにて2・VI・25に落手」と書きこんでいる。

注（1）　これについては補遺（二九八ページ）に載せてある紙片も見よ。

19

マルティン・ハイデガー、一九二五年六月一四日。手書きの手紙原本、NLArendt

注（1）　手稿「影」のこと。本書一三ページ以下および一七ページ以下を見よ。

20

マルティン・ハイデガー、一九二五年六月二二日。手書きの手紙原本、NLArendt

21

マルティン・ハイデガー、一九二五年六月二六日。手書きの手紙原本、NLArendt

22

マルティン・ハイデガー、一九二五年七月一日。手書きの手紙原本、NLArendt

注（1）　アーレントの義姉、クララ・ベーアヴァルト（一九〇〇－一九三二）のことであることはほぼまちがいない。彼女は大学で数学、化学、語学を学び、ピアノの名手でもあった。Young-Bruehl, *Hannah Arendt*, S. 70 および本書の三五ページを参照せよ。

23

マルティン・ハイデガー、一九二五年七月九日。手書きの手紙原本、NLArendt

注（1）　トマス・マンの小説『魔の山』は一九二四年に二巻本として出版された。

注（2）　おそらくは、マルクドルフ出身で若くして死んだフリッツ・ブルム（一八九一－一九一六）だろう。彼はハイデガーと同様に、コンスタンツの大司教ギムナジウム寄宿学校、コンラーディハウスの生徒だった。のちに医学を学んだ。なお、Biemel, *Martin Heidegger*, S. 18 に掲げられたこの二人の写真を見よ。――手紙は保存されていない。

注（3）　面疔のこと。

注（4）　ルドルフ・ブルトマン（一八八四－一九七六）。一九二一年から退官にいたるまでマールブルク大学で（プロテスタント）神学教授。同大学にハイデガーがいたあいだ（一九二三－一九二八）に、生涯にわたる友情が育まれた――本書中ブルトマンの名に言及のある多くの個所は、この友情のとりわけ重要な証拠となる。

24

マルティン・ハイデガー、［一九二五年］七月一七日。手書きの手紙原本、NLArendt

注（1）ホメーロス、ギリシャ悲劇作家たち、ピンダロス、トゥキュディデスをいっしょに読むために、哲学者のハイデガーとニコライ・ハルトマン、古典語学者のパウル・フリートレンダー、考古学者のパウル・ヤーコプスタール、教会史家のハンス・フォン・ゾーデンが、《グレカ》を設立した。Bieml, *Martin Heidegger*, S. 33を見よ。

25

マルティン・ハイデガー、一九二五年七月二四日。手書きの手紙原本、NLArendt

26

マルティン・ハイデガー、［一九二五年］七月三一日。手書きの手紙原本、NLArendt

注（1）おそらく彼自身にもかかわる教授人事問題での会議だろう。三五ページを見よ。

27

マルティン・ハイデガー、一九二五年八月二日。手書きの手紙原本、NLArendt

† アーレントが一九二五年夏に書いた詩「別れ」を指しているのかもしれない（本書三〇六ページ参照）。

28

マルティン・ハイデガー、［一九二五年］八月二三日。手書きの手紙原本、NLArendt

注（1）トットナウベルク、文書6の説明（二三六ページ）を見よ。これにつづく手紙も参照。

注（2）この手紙は保存されていない。

注（3）カール・レーヴィット（一八九七－一九七三）はエドムント・フッサールとマルティン・ハイデガーの弟子。ミュンヘン大学で学位を取得（一九二三年）した前後の数年における彼の一身上の決断については、彼の "Curriculum Vitae (1959)", in: Karl Löwith, *Mein Leben in Deutschland vor und nach 1933: Ein Bericht*, mit einem Vorwort von Reinhart Koselleck und einer Nachbemerkung von Ada Löwith, Stuttgart: Metzler, 1986, S. 146-157, S. 147f. を見よ。――ハイデガーとの最初は密接な、私的な面にまでおよんでいた関係は、レーヴィットの教授資格取得（一九二八年、マールブルク大学）以後に根底から変化してしまった。批判と幻滅、そして侮辱による傷心が、しだいに圧倒的になっていったのである。レーヴィットはハイデガーとその哲学を一連の出版物で分析し批判したが（のちに彼の著作全集第八巻に収録されている）、ハイデガーのほうは、本書に公表された手紙の一つにみられるように（一〇八ページ以下）、批判をむしろ私的に表明していた。一九三六年、ふたりは――戦前ではこれが最後となるが――ローマで会っている（K. L., *Mein Leben in Deutschland*, S. 56f. また本書の文書45注（3）も見よ）。――レーヴィットは一九五二年に亡命（日本、アメリカ合州国）からドイツへ帰り、ハイデルベルク大学哲学正教授となった。個人的にふたたび会うことについては、かつての弟子と師は急がず時にまかせた。結局は和解にいたっ

たことは、ハイデルベルクの科学アカデミーが一九六九年六月、ハイデガーの八〇歳の誕生日を記念して催したコロキウムをきっかけに、世に知られるところとなった。このときレーヴィットは講演をおこない、この機会を活用してハイデガーへの彼の個人的および精神的関係について、わけても文通からの引用にもとづいて詳細に語ったのである（K. L., "Die Natur des Menschen und die Welt der Natur", in: *Die Frage Martin Heideggers*［本書のハイデガー著作一覧、xxvii ページを見よ］, S. 36-49；これは Karl Löwith, *Sämtliche Schriften*, Bd. 8, Stuttgart: Metzler, 1984, S. 276-289 に採録されている。なお一九九八年一月三〇日の『フランクフルター・アルゲマイネ・ツァイトゥング』に載ったヨーゼフ・メラーの投書［"Söhne über Väter"］も参照されたい）。

注（4） ブルトマンの一九二五／二六年冬学期ゼミナールは、「新約聖書ゼミナール（パウロの人間学）」という標題で予告されていた。——ハイデガーが挙げている諸著作の書誌的データを補うと、以下のとおり。Hermann Lüdemann, *Die Anthropologie des Apostels Paulus und ihre Stellung innerhalb seiner Heilslehre nach den vier Hauptbriefen dargestellt*, Kiel: Universitäts-Buchhandlung, 1872; Richard Kabisch, *Die Eschatologie des Paulus in ihren Zusammenhängen mit dem Gesamtbegriff des Paulinismus*, Göttingen: Vandenhoeck & Ruprecht, 1893; Wilhelm Bousset, *Die Religion des Judentums in neutestamentlichen Zeitalter*, 2 Aufl., Berlin: Reuther & Reichart, 1906. ——明らかにハイデガー自身もブルトマンのこのゼミナールにたびたび出ている。四〇ページを見よ。

注（5） マールブルク大学がニコライ・ハルトマン（そのまえはパウル・ナトルプ）の後継者任命のために、一九二五年八月五日に提出した候補者名簿。三二ページも見よ。——しかしハイデガーがようやく任命されたのは、もっとのちの名簿によってであって、一九二七年一〇月一九日にマールブルク大学の哲学第一位正教授職に就く。任命にいたる経過の詳細については、*Heidegger-Jaspers-Briefwechsel*, S. 56ff.; Ott, *Martin Heidegger*, S. 124ff. を見よ。

注（6） クララ・ベーアヴァルトはすぐれたピアニストだった。

注（7） メスキルヒ。そこには母（ヨハンナ・ハイデガー、旧姓ケンプ、一八五八－一九二七）と弟フリッツ（一八九四－一九八〇）が暮らしていて、フリッツは一九二五年一〇月一五日に結婚（*Heidegger-Jaspers-Briefwechsel*, S. 54 を見よ）。

29

マルティン・ハイデガー、一九二五年九月一四日。手書きの手紙原本、NLArendt

注（1） ハイデガーはこのときトットナウベルクで、一九二七年四月末に『存在と時間』という題名で出版されることになる本の原稿に取り組んでいた。ヘルマン・ハイデガー（一九二〇年生まれ）によると、彼の父は邪魔されずに仕事できるように山小屋の下方にある農家に部屋を借りていたという。またハイデガーがカール・ヤスパースに宛てた一九二五年九月二三日の手紙（*Heidegger-Jaspers-Briefwechsel*, S. 26）、および Safranski, *Ein Meister aus Deutschland*, S. 173 も見よ。

注（2） この手紙は保存されていない。

注（3） カール・ヤスパース（一八八三－一九六九）は一九二〇年以来ハイデルベルクの哲学教授（一九二二年からは正教授）。このときの訪問は、ハイデガーが日を遅らせ、滞在も短くしている。三八ページを見よ。その後の訪問については、四六ページおよび五〇ページ以下を見よ。一九三三年以降は、ふたりは会っていない。——マルティン・ハイデガーとカール・ヤスパースとの精神的・個人的に複雑な関係は、これまでに出版された両者の往復書簡集（正確な書誌は viii ページ）に記録されているし、ヤスパースの側の

証言としては、つぎの二つの死後出版がある。K. J., *Philosophische Autobiographie*, erweiterte Neuausgabe, München : Piper (Serie Piper, 150), 1977, Abschnitt : "Heidegger" (S. 92–111) ; K. J., *Notizen zu Martin Heidegger*, hrsg. von Hans Saner, München-Zürich : Piper, 1978. また本書中の、ヤスパースにかかわりのある多くの個所も参照されたい。それらは同時に、この破綻した友情における「第三の人物」としてのハンナ・アーレントの役割を記録にとどめている。八八ページを見よ。

注（4）音楽学者ヴィリバルト・グルリット（一八八九－一九六三）は一九一九年以来フライブルク大学で教えていて、一九二〇年には音楽学ゼミナールを創設し、歴史楽器による古楽の再興に先駆者的役割を果たした。フライブルク大学での彼の運命に関しては、Eckhard John, "Der Mythos vom Deutschen in der deutschen Musik : Musikwissenschaft und Nationalsozialismus", in : *Die Freiburger Universität in der Zeit des Nationalsozialismus*, hrsg. von Eckhard John et al., Freiburg–Würzburg : Ploetz, 1991, S. 163–190, besonders S. 168f.

注（5）文書31注（1）を見よ。

30

マルティン・ハイデガー、一九二五年一〇月七日。絵葉書「フライブルク i. Br. ミュンスター」原本、宛て先は Fräulein stud. phil. Hannah Arendt, Königsberg (Ostpreußen), Busoltstr. 6, 消印は Freiburg, Breisgau, 8. 10. 25. 発信者名なし、手書き、NLArendt

31

マルティン・ハイデガー、一九二五年一〇月一八日。手書きの手紙原本、NLArendt

注（1）講義のテーマは、「論理学――真理についての問い」。ゼミナールは「既習者のための現象学演習」という題名のもとに、ヘーゲルの『論理学』第1巻を読むと予告されていた。「初級者のための演習」では、カントの『純粋理性批判』が予定に挙げられていた。アーレントはこれらの授業すべてに出ている。――三六ページも参照のこと。

注（2）ハイデガーは一〇月一七日にハイデルベルクへ行った（*Heidegger-Jaspers-Briefwechsel*, S. 55f.）。このあとの手紙も見よ。

注（3）出版されたギュンター・シュテルンの著作中にはこれに相当するものがみつからないのだが、彼の論文集 *Über das Haben : Sieben Kapitel zur Ontologie der Erkenntnis*, Bonn : Cohen, 1928 を参照されたい。さらには後年、マティアス・グレフラートとのインタヴュー（一九七九年）で、ハイデガーが当時彼におよぼしていた影響力のこと、二〇年代にハイデガーと何度か個人的な出会いがあったことについて語っている。*Günther Anders antwortet : Interviews und Erklärungen*, hrsg. von Elke Schubert, Berlin : Tiamat, 1987, S. 22ff.――ギュンター・シュテルン（一九〇二－一九九二）は一九二四年にフッサールのもとで学位を取り、その後、教授資格を得るために学問的研鑽をつんだ（ハイデガーの講義も受講した）が、フランクフルト大学に教授資格申請を却下されたのちは、『ベルリーナー・ベルゼン＝クリール』紙の文芸欄編集者に転じた。以来、書いたものは主としてギュンター・アンデルスの名で発表している。シュテルン＝アンデルスは一九三三年に亡命し、最初はフランス（パリ）へ、次には（一九三六年）アメリカ合衆国へ。一九五〇年にヨーロッパへもどり、その後は生涯フリーの文筆家としてウィーンで暮らした。――一九二九年に彼はハンナ・アーレントと結婚する（五二ページを見よ）、ふたりとも初婚だった――アーレントの側から言えば恋愛結婚でなかったことは明らかである（六〇

ページを見よ)。数年を経ずしてふたりの進む道は分かれてゆく。一九三七年に（アーレントはまだパリにいて、ギュンター・シュテルンはすでにアメリカに渡っていた）離婚したが、生涯、交友は絶たなかった。――シュテルン＝アンデルスは一九四八年にハイデガーの思想への徹底的な批判 "On the Pseudo-Concreteness of Heidegger's Philosophy" (in: *Philosophy and Phenomenological Research* 8, 1947-1948, Heft 3, S. 337-370) を発表している。

注（4）ハンス・ヨーナス（一九〇三－一九九三）は当時アーレントとおなじくマールブルク大学で学んでいた。一九二八年にハイデガーおよびブルトマンのもとで学位取得。すでに早くからシオニズム運動に参加し、最初はシオニストの学生団体KJV（Kartell Jüdischer Verbindungen）のメンバーだった。一九三三年にパレスティナに移住、一九四〇年には〈ユダヤ人旅団〉〔イギリス第八軍所属のパレスティナ・ユダヤ人部隊〕に志願兵として加わって第二次世界大戦でたたかい、《勝者の軍服姿で》ドイツへ帰還した。一九四八－四九年の第一次イスラエル＝アラブ戦争では砲兵将校。軍人時代ののちふたたび教職活動につき、最初はカナダで教えた。一九五五年から定年退職まで、ニュー・スクール・フォー・ソーシャル・リサーチで哲学を担当（ここへはアーレントも一九六七年に招聘されている）。――ヨーナスとアーレントは生涯にわたる友情を結び、一時期、アーレントの本『イェルサレムのアイヒマン』のせいでヨーナスが彼女に背を向けたことがあったにもかかわらず、友情は崩れなかった。――ハイデガーにたいするヨーナスの関係は、和解的な邂逅（一四五ページを見よ）と手紙による接触（二三〇ページ以下を見よ）はあったにもせよ、つねに緊張をはらんでいた。

注（5）「時間概念の歴史へのプロレゴーメナ」

注（6）ここで言われている手紙は、ハイデガー遺稿中にも、シュテルン＝アンデルス遺稿中にも（彼の遺稿管理者ゲルハルト・オーバーシュリックからの回答によると）保存されていない。

注（7）この手紙は保存されていないらしい。

32　マルティン・ハイデガー、一九二五年一一月五日。手書きの手紙原本、NLArendt

33　マルティン・ハイデガー、一九二五年一二月一〇日。手書きの手紙原本、NLArendt

34　マルティン・ハイデガー、一九二六年一月九日。手書きの手紙原本、NLArendt

35　マルティン・ハイデガー、一九二六年一月一〇日。手書きの手紙原本、NLArendt

注（1）アーレントとハイデガーが一九二六年一月一〇日に再会したとき、明らかに彼女は手紙で（これは残されていない）、マールブルクでの勉学をやめたいと伝えたようで、おそらく口頭でも同じことを話したのだろう。彼女は一九二六年夏学期から、ハイデルベルクのヤスパースのもとに移って学ぶ。一九二六／二七年冬学期の一学期間は、フッサールの講義を聴くためにフライブルクで過ごしている（これについては次の手紙でも触れている）。

36　マルティン・ハイデガー、一九二六年七月二九日。手書きの手紙原本、NLArendt

注（1）　おそらくハンス・ヨーナスのことだろう。この次の手紙ではハイデガーは《Jo.》という略号を使っている。しかしケーニヒスベルクのパウル・ヤコービーである可能性もあるので、本文では略号のままにしておいた。

注（2）　アーレントが一九二六年の夏学期からいたハイデルベルクの住所。

注（3）　ハイデガーの『存在と時間』（前半）は、一九二七年四月末、フッサールとシェーラーの編集する『哲学・現象学研究年報』第八巻として発表された。一九二七年に別刷りとしても出ている。

注（4）　そのような手紙がないことからすると、ハイデガーとアーレントは一九二六年八月にヴァインハイムかマンハイムかハイデルベルクで会ったのだと見てよいだろう。

37

マルティン・ハイデガー、一九二七年一二月七日。手書きの手紙原本、NLArendt

注（1）　二二ページ、および同文書15注（4）を見よ。

注（2）　これに相当する手紙が失われてしまったのでなければ、この発言は二五年四月二四日か二五年五月一日かのどちらかの手紙を指すことになる。一七ページ以下を見よ。

注（3）　フッサールは一九二七年の夏と秋、『大英百科事典』の「現象学」の項の執筆に取り組んでいて、ハイデガーはそれに協力していた。この共同作業については、*Husserliana*, Bd. IX, S. 600–603を見よ。また Walter Biemel, "Husserls Encyclopaedia-Britanica-Artikel und Heideggers Anmerkungen dazu", in: *Tijdschrift voor Philosophie* 12 (1950), S. 246–280 も参照されたい。

注（4）　*Heidegger-Jaspers Briefwechsel*, S. 82f. を見よ。

注（5）　当時ハイデルベルクのドイツ語学と哲学の学生だったベンノ・フォン・ヴィーゼ（一九〇三－一九八七）は、彼の回想録のなかでハンナ・アーレントと自分の《結びつき》について語り、ヤスパースが二人の結婚を願っていたことにも言及している。Benno von Wiese, *Ich erzähle mein Leben: Erinnerungen*, Frankfurt/Main: Insel, 1982, S. 89f. を見よ。——アーレントが、いまハイデガーがそれへの返事を書いている彼女の手紙で、フォン　ヴィーゼと自分の関係を語っていたということもありうる（本文のもっと先のほうを見よ）。

38

マルティン・ハイデガー、一九二八年二月八日。手書きの手紙原本、NLArendt

39

マルティン・ハイデガー、一九二八年二月一九日。手書きの手紙原本、NLArendt

注（1）　もしかするとこれは、ヤング＝ブルーエルがはじめて公表した二〇年代の写真と同じものかもしれない（Young-Bruehl, *Hannah Arendt*, S. 368 のあとに挿入されている写真の部の四ページ目を見よ）。本書では図版3に載せてある。

注（2）　一九二八年四月にハイデガーはヤスパースのもとで数日を過ごす。本書の五一ページ、および *Heidegger-Jaspers-Briefwechsel*, S. 93 を見よ。このハイデルベルク訪問のときに、ハイデガーとアーレントは再会している。文書42注（1）を見よ。

注（3）　ハイデガーは哲学の教授職（エドムント・フッサールの後任）への招聘状を一九二八年二月二五日に受け取り（*Heidegger-Jaspers-Briefwechsel*, S. 90 を見よ）、同年四月一日に受諾（このあ

との手紙を見よ）。授業活動をはじめたのは一九二八／二九年冬学期からである。文書68注(5)も見よ。

注（4） この講演は彼の著書『カントと形而上学の問題』と関連があって、一九二九年の第一版への前書きに彼は次のように書いている（HGA, Bd. 3, S. XVI）。「以下の解釈の本質的部分は、最初は二七／二八年冬学期の週四時間の講義と、その後いくたびもの講演や連続講演（一九二八年九月、リガのヘルダー研究所、同年三月にはダヴォスの大学コース）で語ったところである」。――リガとケーニヒスベルクへハイデガーは妻を同伴していて、この旅行のことを女友だちのエリーザベト・ブロッホマンに一九二八年一〇月一七日の手紙で報じている。ケーニヒスベルクでアーレントに会ったかどうかは不明。――エリーザベト・ブロッホマン（一八九二－一九七二）はエルフリーデ・ハイデガーの幼友だちで、学生時代にマルティン・ハイデガーとも親しくなった。保存されていた書簡が出版されている。*Heidegger-Blochmann-Briefwechsel*（正確な書誌はixページの略号一覧を見よ）。前述の旅行報告はこの書簡集の二七ページにある。

40

マルティン・ハイデガー、一九二八年四月二日。手書きの手紙原本、NLArendt

注（1） フライブルク（Freiburg-Zähringen, Rötebuck 47）に新築した家への引っ越しは、エルフリーデ・ハイデガーが万事手配しておこなった。*Heidegger-Blochmann-Briefwechsel*, S. 27 を見よ。レーテブック街のこの家にハイデガー夫妻は一九七一年まで暮らし、それからフィリバッハ街二五番地の隠居所に移った。一八二、一八三ページを見よ。

注（2） フライブルク大学の招聘状受領後の折衝を指す。当時はベルリンにあるプロイセン文部省が決定権をもつ当該官庁だった。

注（3） 明らかにハイデガーはフライブルク招聘についてベルリンで折衝するのに先だって、ヤスパースに相談している。*Heidegger-Jaspers-Briefwechsel*, S. 92f を見よ。

41

マルティン・ハイデガー、［一九二八年］四月一八日。手書きの手紙原本、NLArendt

注（1） オット（*Martin Heidegger*, S. 127）の言うところとはちがって、地所は招聘受諾のまえではなく、受諾後にはじめて購入されている。また Hermann Heidegger, in: *Heidegger-Studies*, Vol. 13, 1997, S. 184 も見よ。

注（2） マールブルクでのハイデガーの後任には、ハイデルベルク大学でヤスパースのもとで学位を取得したエーリッヒ・フランク（一八八三－一九四九）が任命された。フランクは一九三五年に教職を追われ、一九三九年にアメリカに亡命、ようやくペンシルヴェニア大学で教えるようになった。ヨーロッパへ帰国したさいにアムステルダムで死去。*Heidegger-Jaspers-Briefwechsel*, S. 172ff. und 233 を見よ。

42

ハンナ・アーレント、一九二八年四月二二日。手紙の下書き、手書き、NLArendt――呼びかけのことばはないが、《H》の署名がある――

注（1） この発言は二回目か三回目の逢瀬を指す。アーレントとハイデガーは一九二八年四月一八日から二二日のあいだに、少なくとも一度は会っている。この前の手紙と後の手紙を見よ、さらには文書64注(6)以下も。

注（2）エリザベス・バレット・ブラウニングの『ポルトガル語からのソネット』四三番からの引用。"...and, if God choose, / I shall but love thee better after death." E. B. B., *Sonnette aus dem Portugiesischen*, übertragen von Rainer Maria Rilke, Englisch und Deutsch, mit einem Nachwort von Elisabeth Kiderlen, Leipzig : Insel, 1991, S. 90f. を見よ。リルケのドイツ語訳は、"...will [!] ich dich besser lieben ..."——のちにアーレントは、彼女の『思索日記 *Denktagebuch*』へのかなり長い記入（一九五五年五月）のなかでこの引用を取り上げ、愛の《無世界性》についての彼女の観念が意味するところに照らしつつ解釈している。

43

ハンナ・アーレント、日付なし［一九二九年］。手紙の下書き、手書き、NLArendt

注（1）一九二九年九月二六日にアーレントはギュンター・シュテルンとベルリン近傍のノヴァヴェス（ノイバーベルスベルク）で結婚した。二人は一九二五年にマールブルクのハイデガーのゼミナールで顔見知りとなり、一九二九年はじめになってふたたびベルリンで出会ったのだった。もしも《今日》というのが文字どおりの意味ならば、アーレントはこの下書きを結婚式の日に書いたことになる。

注（2）三八–九ページのハイデガーの一九二五年一〇月一八日付の手紙を参照されたい。

44

ハンナ・アーレント、日付なし［一九三〇年九月］。手紙の下書き、手書き、NLArendt

《九月三〇日》という日付が手紙の下書きの下端に記されているが、おそらくこれはアーレントがその後のある時点で書き加えたものだろう。どこの駅のプラットホームでこの場面が演じられたのか、どういうわけでハイデガーとギュンター・シュテルンがいっしょに汽車に乗っていったのかは、調べたが判然としない。シュテルン＝アンデルス夫妻は当時フランクフルト・アム・マインに住んでいた。ハイデガーは九月末にケルン、マールブルク、ゲティンゲン、ブレーメンをまわる旅を計画していた（*Heidegger-Blochmann-Briefwechsel*, S. 88 を見よ）。

45

マルティン・ハイデガー、日付なし［一九三二–三三年の冬］。手書きの手紙原本、NLArendt

注（1）これは一九三二／三三年の冬学期のことで、そのはじめのころをハイデガーは山小屋で過ごした。「来年の夏まで完全に集中して仕事をしたい」と願っている、と彼は一九三二年九月一八日にエリーザベト・ブロッホマンへの手紙に書いている（*Heidegger-Blochmann-Briefwechsel*, S. 54）。一九三三年一月からは、明らかにほとんどフライブルクにいたようで、ブロッホマンへの手紙（一九三三年一月一九日、a.a.O., S. 57）にもそう記されている。すぐあとに学長の時期（一九三三–一九三四）がつづくことになるこの《休暇学期》については、*Heidegger-Jaspers-Briefwechsel*, S. 149 ff. も参照のこと。

注（2）この助成団はdie Notgemeinschaft der Deutschen Wissenschaft で、die Deutschen Forschungsgemeinschaft の前身である。ここで言うふたりの奨学生というのがだれかは不明。——アーレントは一九三〇年にラーエル・ファルンハーゲン研究のためにここの学術助成金をもらっている。推薦者はヤスパースで、ハイデガーは意見書を書いた。*Heidegger-Jaspers-Briefwechsel*, S. 122f.

および*Arendt-Jaspers-Briefwechsel*, S. 41ff., S. 48を参照のこと。

注（3） これはカール・レーヴィットがロックフェラー財団から受けた奨学金のことを言っているのだろう。一九三四年の春に彼はドイツを離れて、一九三六年までローマで暮らした。彼の自伝*Mein Leben in Deutschland*（正確な書誌事項は文書28注（1）を見よ）S. 78を見よ。

注（4） ハイデガーの反ユダヤ主義については、カール・ヤスパースがマルティン・ハイデガーについて書いた一九四五年一二月二二日の意見書を参照されたい。これは*Heidegger-Jaspers-Briefwechsel*, S. 270–273に収録されていて、該当個所はそのS. 270f. にある。また、ベルント・マルティンによる概観的論文、Bernd Martin, "Universität im Umbruch: Das Rektorat Heidegger 1933/34," in: *Die Freiburger Universität in der Zeit des Nationalsozialismus*（正確な書誌は文書29注（4）を見よ）S. 9–24, S. 16f.; およびOtt, *Martin Heidegger*, S. 351f., ならびにSafranski, *Ein Meister aus Deutschland*, S. 297ff. を参照のこと。――全般的にドイツの大学での反ユダヤ主義を扱った最近の著書としては、Notker Hammerstein, *Antisemitismus und deutsche Universität 1871–1933*, Frankfurt/Main: Campus, 1995がある。

注（5） ヤーコプスタールとフリートレンダーはともに、《グレカ》（文書24注（1）を見よ）の仲間で、ユダヤ人だった。考古学者パウル・ヤーコプスタール（一八八〇－一九五七）は一九一二年以来マールブルクで教えていたが、一九三五年に強制退職となり、オックスフォード大学クライスト・チャーチ学寮に地位を提供されてイギリスへ渡った。――パウル・フリートレンダー（一八八二－一九六八）は一九二〇年からマールブルクで古典語学者として教鞭をとっていたが、おなじく一九三五年に強制退職となった。最初はドイツにとどまり、一九三八年に捕らえられ（ザクセンハウゼン強制収容所）、一九三九年にアメリカへ亡命。カリフォルニア大学ロサンジェルス校に新しい活動場所を見いだした。

注（6） ミッシュもカッシーラーもともにハイデガーの哲学仲間で、ゲオルク・ミッシュ（一八七八－一九六五）は当時ゲティンゲン大学、エルンスト・カッシーラー（一八七四－一九四五）はハンブルク大学で教えていた。カッシーラーは一九三三年にドイツを離れて、一九四一年以後はアメリカで暮らし、ミッシュは一九三九年にイギリスへ渡った。

46

マルティン・ハイデガー、一九五〇年二月七日。手書きの手紙原本、NLArendt

注（1） 明らかにアーレントはとっさの決心で、自分がいまフライブルクに来ていることをハイデガーに伝えることにしたようだ。五八ページを見よ。彼女は二月六日の月曜日にバーゼルからフライブルクに着いたものと思われる。ここを訪れたのは、ユダヤ文化再建委員会の《エグゼクティヴ・ディレクター》としての仕事上のことであって、前にもそこから派遣されて、一九四九年一一月、戦後はじめてヨーロッパへ来ていた。ドイツおよびヨーロッパ諸国を広くかけめぐる旅を必要としたその任務は、ナチによって強奪され持ち去られたユダヤ文化財（とりわけ図書館蔵書類）のありかを突き止め、目録をつくることにあった（一四三ページも見よ）。ドイツではアーレントは公共交通手段とアメリカ占領軍政府の車を使って、新設の連邦共和国を（ベルリンも含めて）縦横に旅したが、主たる滞在地はアメリカ占領地域内のヴィースバーデンだった。

47

マルティン・ハイデガー、一九五〇年二月八日。手書きの手紙原本、NLArendt

† vielleicht という語は、相手の発言にたいする曖昧な同意をあらわしている。

48

ハンナ・アーレント、一九五〇年二月九日。タイプライターによる手紙の写し、NLArendt——手書きの署名はあるが、冒頭の呼びかけはない。

注（1）フーゴー・フリードリッヒ（一九〇四―一九七八）。一九三七年からフライブルク大学ロマンス語学教授。アーレントとはハイデルベルクでともに学生時代を送ったことからたがいを知っていた。

注（2）おそらく二月七日のハイデガーの手紙（文書46）だろう。アーレントがそれを手渡されたのは翌八日の朝になってからで、ツェーリンゲンのハイデガー家へ向かう車のなかで読んだということだろう。

注（3）アーレント遺稿中にあるのは、ハイデガーの一九四三年夏学期講義の謄写版原稿、題名は「西洋的思惟の始まり（ヘラクレイトス）」と、やはり謄写版の「西洋的思惟の始まりの再講義。ヘラクレイトス」。『ヘラクレイトス』（HGA, Bd. 55 der）を見よ。

注（4）Polla ta deina は、ソポクレスの『アンティゴネー』第二幕にある有名なコロスの冒頭のことば。ハイデガーはこのコロスの歌の彼自身によるドイツ語訳をアーレントに渡したのだろう。この訳はハイデガーのことばによると、一九三五年夏学期に「形而上学入門」を講義したさいにできあがったもので（*Heidegger-Jaspers-Briefwechsel*, S. 158ff.）、二通りの訳文が残されている。第一の訳文、冒頭の二行は、“Vielfältig Unheimliches waltet/Und nichts unheimlicher als der Mensch” (*Heidegger-Jaspers-Briefwechsel*, S. 158). もう一つの訳では、“Vielfältig das Unheimliche, nichts doch/über den Menschen hinnaus Unheimlicheres regend sich regt” (HGA, Bd. 40, S. 155, und HGA, Bd. 13, S. 35). どちらの訳をアーレントが読んだのかは明らかでない。〔『アンティゴーネー』の呉茂一訳（集英社『世界の文学』1）では、この個所は「不思議なものは数あるうちに、人間以上の不思議はない」と訳されている〕

注（5）六二ページおよび文書51注（2）を見よ。おそらくアーレントの論文「組織化された罪責」だろう。

49

ハンナ・アーレント、エルフリーデ・ハイデガー宛て、一九五〇年二月一〇日。タイプライターによる手紙の写し（署名は手書き）、NLArendt

注（1）アーレントは二度目の夫ハインリッヒ・ブリュッヒャー（一八八九―一九七〇）にパリ亡命中の一九三六年春に出会って、一九四〇年一月に結婚、この結婚生活はブリュッヒャーの一九七〇年一〇月の死にいたるまでつづいた（*Arendt-Blucher-Briefwechsel* に付されたロッテ・ケーラーの序文を見よ）。アーレントは一九二九年にギュンター・シュテルン（アンデルス）と結婚（五二ページを見よ）、一九三七年に離婚していた。

50

マルティン・ハイデガー、［一九五〇年二月］、詩五篇、手書き、NLArendt

ここにまとめて載せた五篇の詩はアーレント遺稿中に保存されていて、それぞれが単独の紙（A5判）に手書きでしたためられている。さらに写しもとってあり（アーレントがつくったものだろう）、どの詩にも「一九五〇年二月」という日付が付されている。ハイデガーはこれらをアーレントに個別に（一括ではなく）贈ったらしく、手紙に添えるか、あるいは一九五〇年三月に彼女が四日間、二度目の訪問をしたさいに（もしくは旅の途中で三度目にちょっと寄ったさいに）手渡すかしたらしい。〔三月一〇日には『根拠の本質』も彼女に送っている〕

　二月に交わされた手紙との関連はすぐに見てとれる（ハイデガーの使った“Jähe”ということばや、アーレントの“das Mädchen aus der Fremde”）。二行詩「たぐいまれな不意打ちで、存在はわれわれに稲妻のように閃く……」を、アーレントはのちに彼女の『思索日記』に（記入の日付は「一九五一年九月」）、ニーチェの『悦ばしき知恵』からの引用一つとともに引いて、こう注釈している。「真理は「たぐいまれ」で、「不意打ちに」やってくる、「稲妻」のようでありうる。ここにニーチェとハイデガーの本来的な結びつきがある」。図版1および16を見よ。

　「死」と題する詩は、ハイデガーがアーレントの友だち、ヒルデ・フレンケルのために書いたもの。彼女は一九五〇年六月六日に癌で死去。ヒルデ・フレンケルは一九五〇年四月二日付で礼状を出している。「親愛なハイデガー教授、あなたの詩に途方もなく大きな感銘を受けました。いつも離さず――昼も夜も――そばに置いています、ありがとうございました。ハンナがふたたびここにいるのは、とてもすばらしいことです、犠牲がどんなに高くついたかを私は存じてもおりますだけに。彼女はおよそ数少ない人のひとりです。そのような人たちにだけ、この最後の日々にはせつに会いたいと思うのです。彼女は私にとってすべてです。女友だちの女友だちより」（出典――HAPapers, Cont. 9, Folder: "Frankel, Hilde, 1949-50 and undated."）。また七六ページも見よ。――アーレントは二〇年後、ハイデガーにこの詩を想い出させている。一六八ページ以下を見よ。

51

マルティン・ハイデガー、一九五〇年二月一五日。手書きの手紙原本、NLArendt

注（1）彼は見た、見ている、の意。

注（2）アーレントの論文「組織化された罪責」のことだろう。発表されたのは一九四六年になってからだが、雑誌『変貌 *Die Wandlung*』の編集部によれば、書かれたのは一九四四年一一月。

注（3）アーレントは三月二日から六日まで、フライブルクに二度目の滞在をしている――明らかにハイデガーに会うためだけにだった。ヒルデ・フレンケルへのアーレントの手紙（三月二日付［ヴィースバーデンより］および三月七日付［ニュルンベルクより］を参照、原資料はHAPapersの前掲個所）。また、七七ページにあるハイデガーの一九五〇年五月四日の手紙を見よ。――アーレントは三月一一、一二日に再度ヤスパースをバーゼルに訪ねるが、ヴィースバーデンからそこへ行く途中でフライブルクに三度目の滞在をした可能性がつよい。三月一三日に彼女はパリへ向けて発ち、一五日にシェルブールでニューヨーク行の船に乗って、ほぼ四か月におよぶヨーロッパ滞在を終えた。ハイデガーの最初の海外便は三月一〇日および一一日付である。――二度目のフライブルク訪問は特に次の理由からも大きな意味をもっていた。つまりハイデガーはその直後に（アーレントの仲裁がもととなって）カール・ヤスパースに《罪の告白》を書き送っているのである。これについては、*Heidegger-Jaspers-Briefwechsel*, S. 196 f., *Arendt-Jaspers-Briefwechsel*, S. 198, 204 を見よ。

52

マルティン・ハイデガー、一九五〇年二月二七日。手書きの手紙原本、NLArendt

注（1）ヴィースバーデンへ帰ってきたときの意、文書46注（1）を見よ。

注（2） 癌で病床にあったヒルデ・フレンケル。六二、二五〇、七六ページを見よ。

53

マルティン・ハイデガー、一九五〇年三月一〇日。手書きで四ページ（A5判航空便用箋）、NLArendt

これらの引用はアーダルベルト・シュティフターの物語「石灰石」より。シュティフターはこの作品を最初は「貧しい慈善家」という題で一八四七年に発表し、のちに短篇集『石さまざま』に収めた。引用中の括弧はハイデガーによる。――ハイデガーの精神的発達にとってシュティフターがもっていた意味については、ハイデルベルクの科学アカデミーへ迎え入れられたさいの彼の講演を見よ。*Sitzungsberichte der Heidelberger Akademie der Wissenschaft*, Jahresheft 1957/58, S. 20–21, S. 20. さらにはPetzet, *Auf einen Stern zugehen*, S. 218も見よ。

54

マルティン・ハイデガー、一九五〇年三月一一日。連作の詩「剥奪された恩寵から……」、手書き、NLArendt

これらの詩はA4判の航空便用箋を二つ折りにしたものに書かれていて、それらを綴じて手漉き紙の表紙をつけて保存されていた。題名は手書きで表紙に記され、献辞の「H・Aへ」と日付の「一九五〇年三月一一日」は二ページ目に書かれている。そのほかにこれらの詩の写しも（ハンナ・アーレントが書き写したのだろう）アーレント遺稿中にある。

55

マルティン・ハイデガー、一九五〇年三月一九日。手書きの手紙原本、NLArendt

注（1） 二月七日のまちがいだろう。ハイデガーの同日の手紙、および二月八日（ハイデガー）と二月九日（アーレント）の手紙を見よ、五六ページ以下。

56

マルティン・ハイデガー、［一九五〇年三月］。詩四篇、手書き、NLArendt

この文書番号のもとにここに載せた詩は、アーレント遺稿中に、それぞれ一枚ずつの紙（A4判の航空便用箋）に手書きしたものと、「一九五〇年三月」の日付をしるした（おそらくアーレントによる）写しが保存されている。

57

マルティン・ハイデガー、一九五〇年四月一二日。手書きの手紙原本、NLArendt

注（1） Augustinus, *De catechizandis rudibus*, lib. I, cap. IV, in: *Patrologiae cursus completus. Series latina* (Migne), Tom. XL, Sp. 314.

注（2） 草稿「権力の本質について」のことを言っている。この草稿はアーレント遺稿中に保存されていて、まもなく出るIIGA第六九巻、『存在の歴史』の第四節に載ることになっている。

注（3） ここでいうアーレントの「示唆」は、『全体主義の起原』の「強制収容所」の章（一九八六年版、特にS. 701［一九五五年ごろに書かれた個所］）、彼女の『思索日記』の一九五〇年七月の、「根

源的な悪」という見出し語のついている記入、さらには一九五一年三月四日付、ヤスパース宛の手紙のかなり長い一節（*Arendt-Jaspers-Briefwechsel, S. 202*）などに示されている彼女の考えから、再構成しうるだろう。アーレントにあって、ニーチェとの取り組みもまたいかに強力な役割を果たしているかを（「ニーチェはこのことはまったく関係がないと、私には思えます」）、とりわけ最後に挙げた資料が示している。

58

マルティン・ハイデガー、［一九五〇年四月］。二篇の詩、手書き、NLArendt

この文書番号でここに載せた詩は、アーレント遺稿中には、手書きで一枚ずつの紙（A５判の航空便用箋）に書いてあるものが保存されていて、それには（おそらくアーレントが筆写したらしい）写しがあり、そこに「一九五〇年四月」という日付が記されている。

注（１） ヒルデ・フレンケルのこと。二五〇ページを見よ。

59

マルティン・ハイデガー、一九五〇年五月三日。手書きの手紙原本、NLArendt

注（１） ハイデガーは第二回以降の講義を前回の《復習》、つまりすでに述べた考えを要約することからはじめるのを慣例としていた。その後の年月にこれを推敲して文章化している。文書48注（３）も参照されたい。

注（２） なんの原稿を指すのかはっきりしないが、文書62注（１）を参照されたい。

60

マルティン・ハイデガー、一九五〇年五月四日。手書きの手紙原本、NLArendt

注（１） このあとに掲載してある連詩、「鳴りひびくソナタより」を見よ。

注（２） 「鳴りひびくソナタより」中の一つの詩の題。（八〇ページを見よ。）

61

マルティン・ハイデガー、［一九五〇年五月］。連詩「鳴りひびくソナタより」、手書き、NLArendt

これらの詩は二つ折りにしたA４判の航空便用箋に書かれている。表紙（やはり航空便用箋）には、上のほうに「**鳴りひびくソナタより**」という題名があり、その下の右寄りに「嵐のさなかに」と付記されている。これらの詩にも、写しが残されている（おそらくアーレントが書き写したものだろう）。全部で七篇の詩のうち五篇に、ハイデガーは紙の左肩に「*きみひとりに*」ということばを記しているが、「音」と「美しいひと」の二篇にはこの指示がない。——八四ページにある詩「鳴りひびくソナタ」をも見よ。

62

マルティン・ハイデガー、一九五〇年五月六日。手書きの手紙原本、NLArendt

注（１） アーレントが最初は一九四八年に送り、いま再度送った原稿（七七ページも見よ）というのが、なんの原稿なのかは確定でき

ない。——しかし推測としては、ハイデガーが彼女に献辞をそえて贈った一九二四年の『存在と時間』の原稿だと見るのが自然だろう（一七ページおよび同文書12注（1）を見よ）。またこの手紙の以下の部分も参照されたい。

注（2）　セオドーア・キシールの調べによると、この講演はケルンのカント協会で一九二五年一二月四日におこなわれている。同じ講演をハイデガーはライン＝ルール地方のあちこちの地元カント協会でおこなったらしい（Kisiel, *The Genesis of Heidegger's Being and Time* [正確な書誌は本書の文書6注(2)], S. 559, Anm. 21)。

注（3）　この自己証言のもっと具体的なものは、カール・ヤスパース宛の一九五〇年四月八日の手紙にある（*Heidegger-Jaspers-Briefwechsel*, S. 201)。またハイデガーの "Das Rektorat 1933/34" も見よ。——そのまえの一九三六年に、ハイデガーは *Beiträgen zur Philosophie*（*Vom Ereignis*）の仕事に取りかかり、一九三八年に仕上げていたが、これは死後にはじめて公刊された（ＨＧＡ第六五巻)。

注（4）　アーレントは質問でおそらく、文書48注(3)に記してあるハイデガーのヘラクレイトス講義原稿（HGA, Bd. 55, S. 179f. を見よ）を引き合いに出したのだろう。——《暗号 Chiffre》という概念にたいしてヤスパースは著書の多くの個所で意見を述べている。ハンス・ザーナーによる概説論文（*Historisches Wörterbuch der Philosophie*, hrsg. von Joachim Ritter und Karlfried Gründer, Basel-Stuttgart: Schwabe, Bd. 1 [1971], Sp. 1001 所収）を見よ。また本書の八八ページも参照されたい。

注（5）　エーミール・ラスクのこの主著の正確な題名は *Die Logik der Philosophie und die Kategorienlehre: Eine Studie über den Herrschaftsbereich der logischen Form.* 出版は一九一一年、J. C. B. Mohr（Tübingen）より。

注（6）　Karl Jaspers, *Philosophie*, 3 Bde., Berlin: Springer, 1932. その第三巻（題名は『形而上学』）、特に「暗号文字と存在論」の章（S. 157–164）を見よ。この個所ではたしかにハイデガーの名は出されていない。のちの諸版でもヤスパースはしかるべき変更をおこなっていない。

注（7）　Karl Jaspers, *Allgemeine Psychopathologie: Ein Leitfaden für Studierende, Ärzte und Psychologen*, Berlin: Springer, 1913. この著作の全面的改定新版である第四版（一九四六年）以降では、ヤスパースは「実存哲学と精神病理学」と題した節でハイデガーの《根源的存在論》の試みに言及している。彼は「原則的には」この試みを「哲学的邪道」とみなすと書き、自分の見解の根拠を述べている。

注（8）　おそらく「公然と誹謗する者たち」という詩のことだろう。HAPapers にはこの詩を書き写したものがたくさん残されている。ハンナ・アーレントはのちにはこれを人に送ってもいた。たとえばウーヴェ・ヨーンゾンへの一九七四年九月一七日の手紙（HAPapers, Container 10, Folder "Johnson, Uwe, 1968–1975"）に添えられている。彼女はヨーンゾンにこう書いている、「ゴットフリート・ケラーのこの一風変わった詩をご存じでしょうか。抵抗運動の人びとのあいだで一時期、手から手へと渡って読まれたものです。……私にとってこの詩の最後の連はつねに、この問題〔第三帝国におけるユダヤ人絶滅のこと〕全体にとっての究極的結論となる叡智でした」。最後の連というのは次のとおり。

いつかこの苦難が、
氷のように割れ砕けて久しくなったとき、
それについて語られるようになるだろう、
黒死病についてとおなじように。
そして藁人形を一つ
子どもらが原っぱに立てるだろう、
苦しみを焼いて喜びに変え

古い恐怖を燃やして光を得るために。

注（9）　ヘルダーリンの詩の冒頭のことば。この詩には次のような数行がある。

……そして多くを
肩にのしかかる
薪の重荷のように
負いつづけねばならぬ……

Hölderlin, *Sämtliche Werke*, Historisch-kritische Ausgabe, begonnen durch Norbert v. Hellingrath, fortgeführt durch Friedrich Seebaß und Ludwig v. Pigenot, München: Georg Müller, 1913-1916; Berlin: Propyläen, 1922-1923, Bd. 4 (1916), S. 71. ――ハンナ・アーレントが一九七一年五月二八／三一日にメアリー・マッカーシーへ宛てた手紙も見よ。そこにアーレントはヘルダーリンの詩のこの個所を引用している（*Arendt-McCarthy-Briefwechsel*, S. 426）。

注（10）　ハイデガーの『存在しているものへの洞察』の清書。

注（11）　バイエルン芸術アカデミー主催によるミュンヘンでの講演会。この講演は"Das Ding"として公刊されている。一九五〇年六月二七日の彼の手紙（八八ページ）も見よ。この講演会をめぐっての事情とその作用については、ザフランスキーの描写を参照されたい。Safranski, *Ein Meister aus Deutschland*, S. 453.

注（12）　八七ページ、および同文書64注（2）を見よ。

63

マルティン・ハイデガー、［一九五〇年五月］。五篇の詩、手書き、NLArendt

最初の四つの詩は、四枚重ねのA４判の紙（航空便用箋）に、ここに採録したのとおなじ順序で記されている。タイプライターによるその写しも保存されていて、そこでは最初の詩にアーレントの手で「一九五〇年五月」という日付が書き込まれている。五番目の詩「ことば」は、べつの単独の紙（やはり航空便用箋）に書かれ、やはりアーレントによる写しに「一九五〇年五月」という書き込みがある。――詩「鳴りひびくソナタ」は、八一ページに載っている詩「想起され、そしてやさしく」の最後の連とまったく同一。――ハイデガーは詩「岩壁」を（ここの末尾にある注記〔巻末の「ハイデガーの詩」の xlvii ページを見よ〕は付けずに）一九五〇年六月に友人ペツェットにも送っている（Petzet, *Auf einen Stern zugehen* にその自筆原稿［図版57］が載っている）。

64

マルティン・ハイデガー、一九五〇年五月一六日。手書きの手紙原本、NLArendt

注（1）　アーレントの『思索日記』には「一九五〇年六月」の日付で、《和解》と《復讐》をテーマに考えを述べたかなり長文の記入がある。ハイデガーへの直接の言及はないが、この手記は彼と交わした会話から、もしくはそれについてののちの熟考から生まれたものと見ていいだろう。

注（2）　マルバッハのドイツ文学資料館の写真文庫には、アーレントの遺稿中にあったハイデガーの肖像写真二枚が保存されている（Foto L. M. Engler, Freiburg）。どちらにもハイデガーが好んで使った様式化された献辞「H／M」と、「一九五〇年復活祭」という日付がしるされている。

注（3）　プロテスタント神学者パウル・ティリッヒ（一八八六－一九六五）とハイデガーは、短いあいだだが（一九二四年）マールブルク大学での同僚だった。アーレントがティリッヒと知り合ったのはおそらく彼女の夫ギュンター・シュテルンを通じてで、シュテルンがフランクフルト・アム・マインの大学で教授資格を得ようとし

ていたときのことだろう（*Arendt-Jaspers-Briefwechsel*, S. 49f. を見よ）。《宗教的社会主義者同盟》に属していたティリッヒは、一九三三年にフランクフルト大学教授の地位を追われてアメリカ合州国に亡命。その地で彼とアーレントは再会した。一九三七年から五五年まで彼はニューヨークのユニオン神学校で、その後はハーヴァード大学とシカゴ大学で教えた。

注（4）ヘルマン・ブロッホの小説『夢遊の人びと』と『ウェルギリウスの死』の英訳版が出たのを機に、アーレントは論評を書いて、一九四九年六月に『モナート』誌に発表していた。題名は「ヘルマン・ブロッホと近代小説」。

注（5）Karl Jaspers, *Einführung in die Philosophie: Zwölf Radiovorträge*, Zürich: Artemis, 1950. ――《暗号文字》については文書62注（4）を見よ。

注（6）これがなんの《話》なのか、またハイデルベルクの小さい家というのがなにかは、突き止められなかった。ハイデガーとアーレントがいつハイデルベルクで会ったのかも、やはり確認できない。保存されている書簡から推せば、一九二八年四月一八日から二二日のあいだのいつかというのが、もっとも可能性が大きい。五一ページを見よ。

65

マルティン・ハイデガー、一九五〇年六月二七日。手書きの手紙原本、NLArendt

注（1）八四ページ、およびその注（11）を見よ。

注（2）カトリック神学者で宗教哲学者のロマーノ・グァルディーニ（一八八五―一九六八）は、一九四八年以来ミュンヘンで教えていた。ハイデガーとは戦前からの知己。一九四五年以後、グァルディーニをフライブルクへ招聘しようとする動きがあった。Ott, *Martin Heidegger*, S. 20f., S. 328ff. を見よ。

注（3）カール・オルフ（一八九五―一九八二）はこの当時ミュンヘン音楽大学の作曲科教授。ハイデガーは彼の『カルミナ・ブラーナ』を高く評価し、オペラ『アンティゴネー』について熱狂的に語っている。九九ページを見よ。

注（4）スイスの作家で筆跡鑑定家（一八九九―一九五二）。

注（5）どんなことばかは不明。

注（6）新たな版で出るはずだった彼の著作『カントと形而上学の問題』を指す。後続の書簡も見よ。

注（7）Meister Eckhart, *Expositio Sancti Evangelii Secundum Iohannem*, hrsg. und übers. von Karl Christ und Joseph Koch (=M. E., *Die deutschen und lateinischen Werke*, hrsg. im Auftrag der Deutschen Forschungsgemeinschaft. *Die lateinischen Werke*, Bd. 3), Stuttgart-Berlin: Kohlhammer, 1936, S. 440.

注（8）一九四八／四九年に、そのころアーレントが編集顧問をしていたニューヨークの出版社ショッケンから、マックス・ブロート編纂による二巻本のカフカの日記がドイツ語と英語で出版された。アーレントはこれを担当し、第一巻の英訳に協力していた。ショッケン社は一九三五年以来刊行のつづいていた『フランツ・カフカ全集』の出版元でもある。――ハイデガーが英独どちらの版の『カフカ全集』を受けとったのかは不明。

注（9）古典語学者リヒャルト・ハルダー（一八九六―一九五七）はSS隊員であったことからミュンヘン大学での地位を失っていた。彼はケーニヒスベルクでアーレントのギリシャ語教師だったから、彼女は若いころから彼を知っていた（Benno von Wiese, *Ich erzähle mein Leben*［正確な書誌は文書37注（5）参照］, S. 227f. を見よ）。

注（10）古典語学者ヴォルフガング・シャーデヴァルト（一九〇〇―一九七四）はハイデガーと親しかった。しばらく（一九二八年）

ケーニヒスベルクで教えていたことがあるから、アーレントは彼を知っていたのかもしれない。

注(11)《ハイデルベルク学生組合》ASTAからの招聘のことを言っている。ハイデガーはこれをヤスパースに報告して、再会の可能性を(実現はしなかったが)考えていた。*Heidegger-Jaspers-Briefwechsel*, S. 204 und 289, および本書九四ページを見よ。

66

マルティン・ハイデガー、一九五〇年七月二七日。手書きの手紙原本、NLArendt

注(1) アーレントが送ると約束していたマルタ・ベーアヴァルトの写真だろう。すぐ前の手紙を参照されたい。ハイデガーは、アーレントの一九四八年に死去した母親と個人的にも知り合っていたらしい。七、一二、三三、四七、五〇ページを見よ。

注(2) ハイデガーの手で裏面に「メスキルヒ、一九五〇年春」と書いてある一枚の私家版写真が、マルバッハのドイツ文学資料館の写真文庫にある。本書の図版8を見よ。――おそらくこの手紙にもう一つ同封されていたらしい絵葉書が、やはりマルバッハに保管されている。そこにはトットナウベルク地域が描かれていて、ハイデガーは矢印で彼の《山小屋》のありかを示している。裏面にはいつもの頭文字「H/M」と日付「一九五〇年七月」が記されている。

注(3) どの詩かは不明。

注(4) 九三ページも見よ。――年金付き退職《パンジオニールング》は定年退職《エメリティールング》を意味しなかった。後者は彼が満六二歳に達した(一九五一年九月二六日)のちにはじめて法的に有効となりえたのである。一〇五ページも見よ。――さらにフライブルク大学でこの措置が決定をみるまでの長い経過については、Ott, *Martin Heidegger*, S. 335ff. を見よ。――年金付き退職が決まったことで教育活動禁止は事実上、解除となった。禁止が解けてのちハイデガーは学生へのはじめての講演を一般教養科目の枠内で、一九五〇年七月八日にトットナウベルクでおこなって、「大学の現実と幻想と可能性」について語り、最後にゴットフリート・ベンの四篇の詩を読んで締めくくった。これについてはベンがF・W・エルツェへ宛てた一九五〇年八月二二日の手紙を見よ。Gottfried Benn, *Briefe an F. W. Oelze 1950-1956*, Nachwort von Harald Steinhagen, Wiesbaden: Limes, 1980, S. 59, S. 307. また本書一〇五ページも見よ。さらには Max Müller, *Auseinandersetzung als Versöhnung: πόλεμος καί εἰρήνη—Ein Gespräch über ein Leben mit der Philosophie*, hrsg. von Wilhelm Vossenkuhl, Berlin: Akademie Verlag, 1994, S. 258ff. も参照されたい。――大学での最初の講義は、一九五一/五二年冬学期におこなわれた週一時間の講義「思索とはなにか」で、これは一九五二年夏学期にもつづけられた(一〇八ページを見よ)。

注(5) 息子イェルクの妻ドロテーア・ハイデガーのこと。彼女の病気が統合失調症《シゾフレニー》であるとわかるまでにずいぶんと時間がかかっている。以下の九三、九九、一〇一、一〇三ページを見よ。

注(6) ロシア語の《Narodny Komissariat Wnutrennich Del》の略号で、ここではソ連の《秘密国家警察》と同義。

67

マルティン・ハイデガー、一九五〇年九月一四日。手書きの手紙原本(同封の詩「波」とともに)、NLArendt

ハイデガーが礼をのべている写真は、いずれもハイデガー遺稿中には残されていない。《ハンモック》にいる彼女のスナップはおそらく、ヴォルフガング・ホイヤーによる記録集に掲載されている写真だろう(Wolfgang Heuer, *Hannah Arendt mit Selbstzeugnissen und Bilddokumenten*, 3. Aufl., Reinbek bei Hamburg: Rowohlt [rowohlts monographien, 379], 1995, S. 115)。この写真は本書に図版5として再録されている。

注（1）　これによってハイデガーは暗にフリートリッヒ・ヘルダーリンの、「日ごとわたしは出ていって、いつもほかのところを探す」ではじまる悲歌《エレギー》を思い出させているのかもしれない。〔ハイデガーは《Täglich geh ich hinaus》と書いているが、ヘルダーリンの詩では《Täglich geh' ich heraus》となっている。〕Hölderlin, *Sämtliche Werke*（Hellingrath-Ausgabe, genaue Ausgabe S. 292), Bd. 4（1916), S. 77（《Elegie》）und S. 82（《Menons Klagen um Diotima》）を見よ。

68

マルティン・ハイデガー、一九五〇年九月一五日。手書きの手紙原本、NLArendt――署名なし――

注（1）　一九五〇年七月二九／三〇日の『バーデン新聞』は以下のようなニュースを載せた。「バーデン州政府は、本人の申し出にもとづいてDr.マルティン・ハイデガー教授を一九五〇年四月一日をもって年金全額付きの退官とした。なお彼にたいして文部省は、大学からの提案にもとづき、哲学の授業委嘱をおこなった」
注（2）　これ以下の発言は朝鮮戦争（一九五〇年六月から一九五三年七月）が契機となっていると思われる。
注（3）『ハイデガー＝ヤスパース往復書簡』(S. 200ff.）には、ハイデガーの一九五〇年四月八日と五月一二日の手紙と、あわせてヤスパースの送らずじまいになった詳細な返事（一九五〇年五月一五日付）と五月一六日の短い返事が、収録されている。
注（4）　Kurt Roßmann, "Martin Heideggers Holzwege", in : *Der Monat* 2, 1949-50, Nr. 21, Juni 1950, S. 236-245.『モナート』編集部によるロスマンの紹介は、彼がヤスパースの弟子であり一九四八年にハイデルベルクで教授資格をとったこと、著書 *Wissenschaft, Ethik und Politik*（1948）がランベルト・シュナイダー社から出版されていることを述べている。
注（5）　一九五〇年八月［正しくは］一一日の *Basler Nachrichten*, 1. Beilage zu Nr. 339を見よ。そこの「芸術・文学・科学」欄に、"ok"という署名入りで、「ハイデガー、教授職に復帰」という記事がある。これにたいしてフライブルク大学は学長名をもって一九五〇年一〇月六日付の書簡で訂正をもとめ、その全文を『バーゼル報知新聞』は一〇月一七日に「ハイデガー教授の名誉回復」という見出しのもとに掲載した。アーレント遺稿中には、学長フリートリッヒ・エールカース博士の署名入り書簡のコピーが保存されている。――事情はこの学長書簡によると、ハイデガーがフライブルク大学にフッサールの後任として招聘されたのは一九二八年、フッサールが「法定の定年である六八歳に達して、みずから申し出て退職した」のちのことである。四九ページ以下も見よ。

69

マルティン・ハイデガー、一九五〇年一〇月六日。手書きの手紙原本、NLArendt

注（1）　六五ページ以下を見よ。

70

マルティン・ハイデガー、一九五〇年一一月二日。手書きの手紙原本、NLArendt

注（1）　一九五〇年一〇月七日、ハイデガーは「ことば」と題する講演をおこなった。――マックス・コメレル（一九〇二－一九四

四）は、二〇年代にはシュテファン・ゲオルゲのグループに属していて、一九四一年からはマールブルク大学教授。晩年、ハイデガーと組んでヘルダーリンについて対話をおこなった。これについては *Klasssiker in finsteren Zeiten 1933–1945 : Eine Ausstellung des Deutschen Literaturarchivs im Schiller-Nationalmuseum Marbach am Neckar*, 2 Bde., Marbach am Neckar 1983 の第一巻所収、"'Zwiesprache von Dichten und Denken': Hölderlin bei Martin Heidegger und Max Kommerell" von Joachim W. Storck (S. 345–365) を見よ。また J. W. Storck, "Hermeneutischer Disput. Max Kommerells Auseinandersetzung mit Martin Heideggers Hölderlin-Interpretationen," in: *Literaturgeschichte als Profession*, hrsg. von Hartmut Laufhütte etc., Tübingen: Narr, 1993 (Mannheimer Beiträge zur Sprach- und Literaturwissenschaft, 24), S. 319–343 参照。

注（2） ハイデガー著作一覧の *Vom Wesen der Sprache* の項を見よ（xxv ページ）。

注（3）《読みの演習》、このあとの手紙を参照のこと。

71

マルティン・ハイデガー、一九五〇年一二月一八日、手書きの手紙原本、NLArendt

注（1） アーレントは一一月にはノートルダム大学（インディアナ州）へ講義をしにいっていた。*Arendt-Jaspers-Briefwechsel*, S.196 および *Arendt-Blücher-Briefwechsel*, S. 230 参照。

注（2） この時期のアーレントの『思索日記』は、彼女がギリシャ語原典でプラトン（『政治家〔ポリティコス〕』と『法律〔ノモイ〕』）を集中して読んでいたことを示している。

注（3） コンスタンツのギムナジウムの記念論集へ寄せた論文のこと。著作一覧の「アレーテイア（ヘラクレイトス 断片一六）」を見よ（xiv ページ）。

注（4） この《演習》については（ハイデガーがE・ブロッホマンに宛てた一九五〇年一二月一九日の手紙も参照のこと、*Heidegger-Blochmann-Briefwechsel*, S. 100）、メモを書きとめた紙がハイデガー遺稿中にある。HGAにそれらの収録は予定されていない。

注（5） おそらく『ヘルダーリンの詩の解明 *Erläuterungen zu Hölderlins Dichtung*』の一九五一年第二版のことだろう。

注（6） この写真は残されていない。

72

マルティン・ハイデガー、一九五一年二月六日。手書きの手紙原本、NLArendt

注（1） 一九五〇年二月六日は、わかっているかぎりでは、ハンナ・アーレントがフライブルクへ着いた日で、翌七日にハイデガーは二〇年ぶりに彼女と再会している（五六ページ以下の手紙を見よ）。それからすると「六日に」というのは、記憶のまちがいでないとすれば（文書55注（1）、および詩「再会」八五ページを見よ）、自分が来ていることをアーレントが彼に伝えた日を記念してという意味だろう。——この手紙におそらく同封されていたのが、裏面に「Hへ　一九五〇年二月六日に寄せて——M」と手書きの献辞のある肖像写真である。この写真はマルバッハのドイツ文学文書館写真部に保存されていて、シラー国立博物館製作の絵葉書として販売されている。図版8を見よ。

注（2） ハイデガーの息子イェルクとヘルマンはロシアの戦争捕虜となり、イェルクがようやく帰国したのは一九四九年一二月だった。ハイデガーがE・ブロッホマンに宛てた一九五〇年一二月一九日の手紙も見よ（*Heidegger-Blochmann-Briefwechsel*, S. 100）。

注（3）《火の挨拶》というのは、アーレントの若いころからの友だちでパリに住んでいるアンネ・ヴァイル＝メンデルスゾーンが送った一壜のブルゴーニュ産ワインのこと（彼女がアーレントに宛てた一二月二八日［一九五〇年］の手紙を見よ、HAPapers, Cont. 13）。

注（4）ハイデガー夫妻のこのミュンヘン公演訪問については、Petzet, *Auf einen Stern zugehen*, S. 168ff. も参照されたい。――アーレントもオルフの音楽に傾倒していて、一九五五年のヨーロッパ旅行のさいにエッセンで公演を観ている（*Arendt-Blücher-Briefwechsel*, S. 437 ; *Arendt-Blumenfeld-Korrespondenz*, S. 241f.）

注（5）この講演は一九五一年二月一一日におこなわれた。カール・ラインハルトについては、この次の手紙への注を見よ。

注（6）著作一覧、xv ページの "Brief an Emil Staiger" を見よ。――エーミール・シュタイガー（一九〇八－一九八七）は一九三四年以降（正教授としては一九四三年以降）チューリッヒ大学で近代ドイツ文学を教えていた。

73

マルティン・ハイデガー、一九五一年四月一／二日、手書きの手紙原本、NLArendt

注（1）引用されていたのはおそらく次の個所だろう。「それは馬車に乗ってケーニヒスベルクへ行こうとするときのようなものだ。現場にすぐ到着というわけにはいかず、めざすところへ行きつくまで馬車の車輪は回りつづけなくてはならない。一つひとつの回転には自分の回るべき時機があって、二番目の回転は一番目が回り終えるまでは出番がこないし、そのつぎも同様。こうして、しばしば切り株を越え石を越えしして突きすすむ。そして馬車に乗っている人はきっと気づくだろう、その間はこれを覚悟して耐えしのばなくてはいけない、ほかにどうしようもないのだから、と」。Matthias Claudius, "Über einige Sprüche des Prediger Salomo" [zum zweiten Spruch : Alles hat seine Zeit], in : ders., *Werke*, hrsg. von Urban Roedel, Stuttgart 1965, S.294-302, S.298f. この引用個所をアーレントは一九五一年二月に彼女の『思索日記』に記入している。

注（2）Karl Reinhardt, "Hölderlin und Sophokles," in : *Gestalt und Gedanke : Ein Jahrbuch*, hrsg. von der Bayerischen Akademie der Schönen Künste, München 1951, S. 78-102. このすぐ前の手紙も参照されたい。――古典語学者カール・ラインハルト（一八八六－一九五八）は当時フランクフルト・アム・マイン大学教授。

注（3）カール・ラインハルトはすでに一九四二年に二つのヘラクレイトス研究を発表していて、それらは彼の死後、*Vermächtnis der Antike : Gesammelte Essays zur Philosophie und Geschichtsschreibung*, hrsg. von Carl Becker, 2., durchges. und erw. Aufl., Göttingen : Vandenhoeck & Ruprecht, 1966 に収録再刊されている。これ以外に公刊されたラインハルトのヘラクレイトス研究は知られていない。

注（4）Hermann Fränkel, *Dichtung und Philosophie des frühen Griechentums : Eine Geschichte der griechischen Literatur von Homer bis Pindar*, New York : American Philological Association (Philological Monographs 13), 1951 ; 2., überarb. Aufl. (mit verändertem Untertitel), München : Beck, 1962

注（5）ジャン・ボーフレ（一九〇七－一九八二）、フランスの哲学者でハイデガー哲学の精通者。対ドイツ抵抗運動でたたかった人だが、にもかかわらず崇拝するこのドイツ哲学者と、一九四六年に個人的出会いを遂げていた。一九四七年公刊のハイデガーの『ヒューマニズムについて』は、ボーフレへの公開書簡である――「どうすればヒューマニズムという語に一つの意味を取りもどさせうるか」と問いかけたボーフレに答えたのである。――ボーフレはハイデガー支持派の中心部に位置を占めるようになり、戦後期フランスにお

けるハイデガーの「使徒」となって（Safranski, *Ein Meister aus Deutschland*, S. 410 を見よ）、ハイデガーを単独か、ときには志をおなじくする者とともに、かなり定期的に訪問した。六〇年代には、ル・トールでのゼミナールを組織している。

注（6）「若きパルク」はポール・ヴァレリーの長詩、「蛇の素描」は詩集『魅惑』のなかの一篇である。ドイツ語では"Die junge Parze"（パウル・ツェラン訳）、および"Entwurf einer Schlange"（ライナー・マリア・リルケ訳）、in: Paul Valéry, *Dichtung und Prosa*, hrsg. von Karl Alfred Blüher und Jürgen Schmidt-Radefeldt, in: ders., *Werke: Frankfurter Ausgabe in 7 Bänden*, Frankfurt/Main: Insel, Bd. 1 (1992), S. 55–87 und 150–168.

注（7）同封されていたのは、手で書き写した「魔術」と「夜空と流れ星」。

魔術

筆紙につくせぬ変容のなかから
このような造形が生まれる——：感ぜよ！　そして信じよ！
われわれは苦しむこと多い：炎は灰と化す
だが芸術においては、塵は炎となるのだ。
ここに魔術がある。魔法の圏内へと
平凡なことばが引き上げられてしまうらしい……
でもじっさいは　目に見えぬ雌鳩に呼びかける
雄鳩の声のよう。

（ミュゾット、一九二四年秋）

夜空と流れ星

空、大きく、すばらしい挙動に満ちみちて、
貯蔵庫、世界の過剰。
そしてわれわれは、その造形に加わるには遠すぎ、
背を向けるには近すぎる。
そこに流れ星一つ！　そしておどろいて目をみはり、
せつなる思いで願いごとを託す。
なにがはじまったのか、なにが流れ去ったのか？
なんの責任を負わされたのか？　そしてなにが赦されたのか？

（ミュゾット、一九二四年秋）

R・M・R

Rainar Maria Rilke, *Sämtliche Werke*, hrsg. vom Rilke-Archiv, Frankfurt am Main: Insel, Bd. 2 (1956), S. 174f.; この全集では、「魔術」の成立時期は一九二四年八月はじめ、「夜空と流れ星」は一九二四年八月一一日か一二日となっている。

注（8）この問い合わせを受けてアーレントは一九五一年四月八日付でブロッホに手紙を出して、小説『罪なき人びと』がハイデガーへ送付されているかどうかを訊ねた。P・M・リュッツェラーの報告によると、ブロッホはこのあとすぐミュンヘンの出版者ヴィリー・ヴァイスマンに、ハイデガーへ一冊送るよう頼んでいる。

注（9）アーレントの『全体主義の起原』。*Arendt-Broch-Briefwechsel*, S. 156 を見よ。

注（10）ここに言う『ヘルダーリン』は、『ヘルダーリンの詩への注釈』の第二版（一九五一年）のこと。二番目のはおそらく『カントと形而上学の問題』（やはり一九五一年の第二版）だろう。

74

マルティン・ハイデガー、一九五一年七月一四日、手書きの手紙原本、

NLArendt

注（1）　M. H., "Bauen—Wohnen—Denken". ——「ダルムシュタット講演、一九五一年八月五日（ヴァルヘン城にて、一九五一年八月二〇日）、第二稿」と記されたタイプライター原稿複写が、アーレント遺稿中にある。この文書にはアーレントによる一連の手書きのコメントが付されている。一〇五ページ、およびその文書の注（4）を見よ。また『思索日記』にも「一九五一年一一月」の日付で、この原稿への論評が記されている。

注（2）　一九五一年五月四日にブレーメンのクラブでおこなわれた講演 "Λόγος : Das Leitwort Heraklits" のタイプライター原稿複写が、アーレント遺稿中に残されていて、献辞として《H／M》の署名と、アーレントによる手書きの欄外注記がある。一〇五ページも見よ。

注（3）　Egon Vietta, "Hermann Broch, gest. 30. Mai 1951," in : *Der Monat* 3 (1950–51), Nr. 36, Sept. 1951, S. 615–629. ——専門教育を受けた法律家である作家エーゴン・ヴィエッタ（一九〇二－一九五九）は、三〇年代以来ブロッホと連絡をとりあっていた。二〇年代にはハイデガーの講義に出ていて、戦後に彼との個人的接触をはかり、一九五〇年に著書 *Die Seinsfrage bei Martin Heidegger* (Stuttgart : Schwaben) を出版。彼の息子ジルヴィオはハイデガーと自分の両親（母はドリー）の関係について書いている。Silvio Vietta, "Dialog mit den Dingen," in : *Erinnerung an Martin Heidegger*, hrsg. von Günther Neske, Pfullingen : Neske, 1977, S. 233–237.

注（4）　ハンナ・アーレントとその夫は、いまでは二人の往復書簡集からも読み取れるように、四〇年代と五〇年代にヘルマン・ブロッホと親しく交わっていた。彼の死はアーレントに深い衝撃を与えている（彼女の『思索日記』、一九五一年六月の記入を見よ）。その後（一九五五年）、彼の『全集』(Rhein Verlag, Zürich) のなかの『エッセイ集』を彼女が編纂し、それに付した長い序文で彼の真価をたたえている。この序文はのちに『暗い時代の人びと』に再録され、さらには『アーレント＝ブロッホ往復書簡』にも収められた (S.185-223, またこの書簡集には『思索日記』に書かれた一文も載っている [S. 165.])。

注（5）　アーレントの『全体主義の起原』。

注（6）　息子イェルクとその妻ドローテーアの離婚、一〇七ページも見よ。

注（7）　ハイデガーが行ったのはフェクラマルクト。シャウムブルク＝リッペ公アルブレヒトの招待を受けて、彼はそこのヴァルヘン城で八月二〇日に講演「建てる——住まう——思索する」をおこなった。アルブレヒト公の客人およびハイデガーの聴衆のなかに、抒情詩人で放送劇作家のギュンター・アイヒ（一九〇七－一九七二）がいて、ハイデガーとの出会いについて友人へ書き送っている。客たちはピクニックに出かけたりボッチャ〔ボウリングに似たイタリア球技〕に興じたりもしたという。アイヒがライナー・ブラムバッハへ宛てた一九五一年八月三〇日の手紙と、一九五一年八月二二日の絵葉書も見よ。この手紙は *Marbacher Magazin*, Heft 45/1988 (= *Günter Eich*, bearbeitet von Joachim W. Storck), S. 65 に抜粋が引用されている。絵葉書のほうは、絵はヴォルフガング湖畔の聖ヴォルフガング教会、そこにフリートリッヒ・ゲオルク・ユンガー、クレーメンス・ポーデヴィルス伯爵、ゾフィー・ドロテー・ポーデヴィルス伯爵夫人、マルティン・ハイデガー、レオ・ガブリエル、シャウムブルク＝リッペ公アルブレヒトの署名が記されていて、マルバッハ展覧会の展示品になっていた（目録では陳列ケース8、Nr. 10）。

注（8）　おそらくリルケの晩年の詩の一篇（ラガツ、一九二六年八月二四日）を指しているのだろう、その詩の最後の数行をアーレントは一九五一年五月の『思索日記』に記している。この詩「第一三

の返信。エーリカ［・ミッテラー］のために、賞賛の祝いに」は以下のとおり。

鳩小屋を出て、　そとにとどまっていた鳩が、
ふたたび昼夜をともにする　仲間の家にもどってくると、
そのとき鳩は知る、　およそ味わったことのない恐怖が
手さぐりの飛行のなかに　からみついてくるときの
　あの秘密を。

鳩のうちでも、　いちばんだいじにされ、
いちども危険な目にあったことのないものは、
　やさしさを知らない。
ふたたびとりもどされた心は　やさしさがいちばんよく
　住みつくところ。
破棄によっていっそう自由に　その能力が花ひらくのだから。

非在を超えたところに　遍在がひろがっている！
ああ 投げられたボール、　ああ 敢然と飛ぶボールよ！
それは帰ってくるときも　まえと変わらず手を満たすが、
純粋に帰還の重力のぶんだけ　重みがましている。

Rainar Maria Rilke, *Sämtliche Werke*, Bd. 2 (1956), S. 318f.

注（9）　文書76および77も見よ。それがなにであったかは不明。

75

マルティン・ハイデガー、［一九五一年七月］、詩「アンリ・マチスの素描に寄せて」、手書き、NLArendt

詩は航空便用箋（A5判）に書かれている。これとともに、やはり航空便用箋にハイデガーが透写して送ったマチスの素描も保存されている。アーレントは、本書に写真が載せてあるこの詩の自筆原稿（図版10）の写しをつくり、それに「一九五一年七月」と日付を入れている。

76

マルティン・ハイデガー、一九五一年一〇月二日、手書きの手紙原本、NLArendt

注（1）　おそらく、この少しあとに正確に名指しされている講演、「建てる―住まう―思索する」のことだろう。一〇二ページおよび同文書74の注（1）も見よ。

注（2）　一〇二ページおよび同文書74の注（2）を見よ。保存されている手紙のなかには、その後ハイデガーがアーレントの問いに答えているものは見当たらない。――アーレントの問いは、手紙が保存されていないので不明だが、彼女の『思索日記』（一九五一年八月）には「ハイデガーに、ヘラクレイトス、ロゴス」と題された記入があり、おそらくそこに定式化されていることにつながる問いであったと思われる。

注（3）　文書66注（4）を見よ。

注（4）　ダルムシュタット談話会中の討議での発言。*Darmstädter Gespräch 2: Mensch und Raum*, hrsg. ...von Otto Bartning, Darmstadt: Neue Darmstädter Verlagsanstalt, 1951 を見よ。印刷された談話会記録によると（S. 124）発言は次のとおり。「一方が考えているのは［一方というのはハイデガーを指し、もう一方はオルテガ・イ・ガセーだった］――この人たちは疑いもなく一グループをなしているのだが――、人間が楽園に生きうる可能性なのだ。意味ある秩序をそなえた一つの存在論的楽園、楽園ならではの居心地よさのすべて、楽園の根源的居心地よさ［Ur-Gemütlichkeit］す

べてをそなえた存在論的楽園に。」——ドルフ・シュテルンベルガー（一九〇七－一九八九）は、ハイデルベルクでヤスパースのもとに学び、フランクフルトでパウル・ティリッヒに師事してハイデガー論で学位をとった。この当時は雑誌『現在《ゲーゲンヴァルト》』の共同編集者。——アーレントは学生時代からシュテルンベルガーを知っていて、終生、友だち付き合いがあった。戦後には職業上のつながりも生じ、アーレントのドイツ語での戦後初の論文発表は、シュテルンベルガーの編集する雑誌『変貌《ヴァンドルング》』においてであった。アーレントとシュテルンベルガーの往復書簡（一九四六－一九七五年）では、「ハイデガー」問題での論争もおこなわれている（一九五三年）。この往復書簡はマルバッハのドイツ文学資料館およびワシントンの国会図書館のHAPapersに保管されている。——シュテルンベルガーはしばしばアーレントの著作について発言したことがある。彼の初期の研究 *Der verstandene Tod* (1934)、さらには彼の *Schriften*, Band 8: *Gang zwischen den Meistern* (Frankfurt am Main: Insel, 1987), S. 183-231 に載っている論文を見よ。最後に挙げた出版物では、アーレントの政治哲学に一つの章が捧げられている（S. 379-410）。

注（5）ゴットフリート・ベン（一八八六－一九五六）の生涯は、政治的な面ではハイデガーのそれと一定の類似を示しているのだが、この当時の彼は、若い連邦共和国の「代表的抒情詩人」（ヴァルター・ヒンク）の地位へのぼりかけていて、一九五一年一〇月にはゲオルク＝ビュヒナー賞を受賞している。ハイデガーは明らかに彼を高く評価していたのに（文書66注(4)を見よ）、いま「失望」を言うようになったきっかけは、ベンの講演「ニーチェ——没後五〇年」(in: *Das Lot*, Oktober 1950, S. 7-14) であった可能性がある。Petzet, *Auf einen Stern zugehen*, S. 88f. を見よ。

注（6）これがなにかは不明。一〇四ページも見よ。

77

マルティン・ハイデガー、一九五一年一二月一四日、手書きの手紙原本、NLArendt

注（1）アーレントはおそらく、ドイツ詩の愛好者だったアメリカの詩人ランダル・ジャレルとの友情をつうじて、この着想を得たのだろう。ヤング＝ブルーエルによる伝記（*Hannah Arendt*, S. 284）、およびアーレントの『暗い時代の人びと』のなかのジャレルについての文章（in: *Menschen in finsteren Zeiten*, S. 335-340）を見よ。ドイツ語からのジャレルの英訳でもっとも有名なのは、*Snow-White and the Seven Dwarfs: A Tale from the Brothers Grimm* (Penguin, 2. Aufl. 1976). ヘルダーリンの詩の翻訳出版は知られているかぎりでは一つもない。

注（2）ヘリングラート版の作品・書簡全集、*Hölderlin: Sämtliche Werke* のこと。正確な書誌は文書62注(9)を見よ。

注（3）講演は一一月五日。——タイプライター原稿の複写がアーレント遺稿中にあり、それには「ビューラーヘーエ、一九五一年一〇月六日、およびチューリッヒ、一九五一年一一月五日」と記されている。最初のページの左肩に、ハイデガーの手で「H／M」と献辞が書かれている。アーレントによる書き込みはない。おそらく彼女はこれを一九五二年五月にハイデガーを訪問したときにもらったのだろう。ハインリッヒ・ブリュッヒャー宛の一九五二年五月二四日の手紙を見よ（*Arendt-Blücher-Briefwechsel*, S. 275）。

注（4）エーミール・シュタイガーについては文書72注(0)を見よ。

注（5）テーオフィール・シュペルリ（一八九〇－一九七四）は、一九二二年から一九五六年までチューリッヒ大学のロマンス語学教授。

注（6）ハイデガー著作一覧の「チューリッヒ・ゼミナール」の項

（xxvii ページ）を見よ。

注（7） 献呈されたこの抜刷りにアーレントが下線や注記を書き込んだものが、マルバッハのドイツ文学資料館に保存されている。八四ページも見よ。

注（8） これがなにかは不明。文書74および76も見よ。

注（9） トーマス・ハイデガー（一九二六年生まれ）、マルティン・ハイデガーの弟フリッツの長男。年金付き退職（一九九一年）を迎えるまでシュヴァルツヴァルトのボンドルフ営林署長をつとめた。

注（10） 機械工学の国家試験に必要な設計図作成。

注（11） ハイデガーがアーレントへの献辞をしるした紙片。印刷物の一つは《物 Das Ding》、ハイデガーの著作一覧の xv ページを見よ。もう一つの印刷物というのは《エーミール・シュタイガーへの手紙》かもしれないが、アーレントの遺稿中にはその抜刷りは保存されていない。

78

マルティン・ハイデガー、一九五二年二月一七日、手書きの手紙原本、NLArendt

注（1） メダルト・ボス夫妻との旅［一九五二年三／四月］。これについてはこのあとの手紙も見よ。――スイスの精神科医で精神療法医のメダルト・ボス（一九〇三－一九九〇）は、一九四六年にハイデガーと手紙で接触をとりはじめたのだが、急速に個人的および精神的結びつきが育っていった。ボスは一九五九年からゼミナールを組織し、ハイデガーはそのゼミナールのために定期的にツォリコン（チューリッヒ湖畔）へ出かけていった（ハイデガー著作一覧 xxvii ページの『ツォリコン・ゼミナール』を見よ）。ハイデガーの《現存在分析》に強く影響されたボスは、のちに現存在分析の独自のチューリッヒ学派、および《精神療法と精神身体医学のための現存在分析研究所》の共同創設者となった（この研究所には一九七〇／七一年以降、《メダルト・ボス財団》も加えられた）。スイスの精神医学にとってハイデガーのもつ意味については、ギオン・コンドラウがハイデガーの八〇歳誕生日に新聞に寄せた論文を見よ（文書118注（11）参照）。

注（2） ハイデガーのただひとりの姪クロティルデ・オッシュヴァルト（一九二三年生まれ）が、ドナウエッシンゲン近傍のヒュフィンゲンで結婚。一九八ページも見よ。

注（3） 一九五一年にアメリカ市民権を得たアーレントは、一九五二年三月二一日に合州国を発って二度目のヨーロッパ訪問（フランス、スイス、イギリス、ドイツ）をした。彼女の旅はイスラエルにも及び、合州国へ帰ったのはようやく八月になってからだった。詳しいことは、彼女が旅のあいだに夫へ書き送った手紙を見よ（*Arendt-Blücher-Briefwechsel*, S. 235ff.）

注（4） *The Works of Aristotle*, translated into English under the editorship of W[illiam] D[avid] Ross, 12 Bände, London: Oxford University Press, 1927–1954. これの第二巻に『自然学』が入っている。

注（5） Karl Löwith, “Martin Heidegger: Denker in dürftiger Zeit,” in: *Die neue Rundschau* 63 (1952), Heft 1, S.1-27.――レーヴィットのハイデガーにたいする関係については文書28注（3）を見よ。――アーレントはレーヴィットの論文について、H・ブリュッヒャーと手紙で考えを述べあっている。特に彼女の一九五二年六月一三日の手紙を見よ（*Arendt-Blücher-Briefwechsel*, S. 288f.）。

注（6） ハイデガーのこの発言は、Martin Buber, “Religion und modernes Denken,” in: *Merkur* 6, Heft 2, Februar 1952, S. 101–120 を指していると思われる――ブーバーがハイデガーも取り上げて対決している論文である。ウィーン生まれのユダヤ宗教学者マルティン・ブーバー（一八七八－一九六五）は当時、イェルサレムの

ヘブライ大学の社会哲学の教授だった。

注（7）『ツァラトゥストラはこう言った』の序説にあることば。〔「そこで民衆に向かってツァラトゥストラはこう語った。……見よ、わたしは最後の人間をおまえたちに示そう。《愛とはなにか、創造とはなにか、憧憬とはなにか、星とはなにか》。こう最後の人間は問い、そして目をしばたたく。するとはや大地は小さくなり、その上で、すべてのものを卑小にする最後の人間が飛び跳ねる。……最後の人間はもっとも長く生きのびる。《われわれは幸福というものを案出した》と、最後の人間は言って目をしばたたく」。〕ハイデガーはここを『思索とはなにか』のなかで引用し（"1883, n. 5" と添記して）、解釈をほどこしている（一九五四年版、S. 28.）。

79

マルティン・ハイデガー、一九五二年四月二一日、手書きの手紙原本、NLArendt

注（1）アーレントは五月（おそらく一九日の月曜日）にフライブルクへ来て、一週間足らず滞在し、何度もハイデガーと（ときには彼の妻もいっしょに）会い、五月二三日には彼の講義も聴いている。彼女はこの訪問について、またさらに五月三〇日にも彼の次回の講義を聴きに訪ねたときのことも、夫へ詳しく知らせている。どちらのときもエルフリーデ・ハイデガーの側が明らかに激しい嫉妬をぶつけた場面があったらしい。*Arendt-Blücher-Briefwechsel*, S. 253f. およびS. 274ff. を見よ。——アーレントの『思索日記』には、フライブルク訪問と関連するいくつかの記入と、「ハイデガー講義」と見出しのついた長めの一文（五二年五月三〇日付）がある。——一九五二年夏学期のハイデガーの講義は、そのまえの冬学期にやったことの継続、一〇六および一〇七ページを見よ。アーレントが聴いたのは、第二部の第三および第四講（*Was heißt Denken?*, 1954, S. 91–101, 153–159）である。ハイデガーがこれを振り返って書いている一九五二年一二月一五日の手紙（一一〇ページ）も見よ。

注（2）『森の道』の第二版のこと。アーレント所有のこの版は遺稿中に保存されていない。

注（3）アーレントとジャン・ボーフレは、わかっているかぎりでは一度も会うことはなかった。

注（4）なんであるかは不明。

80

マルティン・ハイデガー、一九五二年六月五日、手書きの手紙原本、NLArendt

この手紙は、アーレントの先のフライブルク訪問のあとに書かれている。すぐまえの手紙への最初の注を見よ。アーレントはハイデガーのこの手紙の指示に従って、ハインリッヒ・ブリュッヒャー宛ての一九五二年六月一三日の手紙（*Arendt-Blücher-Briefwechsel*, S. 288f.）からわかるように、重ねてのフライブルク訪問はしなかった。彼女が一五年後の一九六七年までハイデガーと再会しなかったことは、あらゆる点から見て確実である。一二六ページを見よ。

81

マルティン・ハイデガー、一九五二年一二月一五日、手書きの手紙原本、NLArendt

注（1）ハイデガーは一枚目の便箋に次のような補足を、手紙本文に斜めの角度で書き加えている。「印刷物郵便には「ロゴス」と「思索とはなにか？」の二論文が入っています」（後者は『メルクール』誌に掲載されたもの）。

注（2）正確な日付は一九五二年一〇月七日、講演のテーマは「ゲ

オルク・トラークル。彼の詩についての一論考』。――ゲルハルト・シュトローマン（一八八六―一九五七）はバーデン＝バーデンのサナトリウム《ビューラーヘーエ》の創立者にして所長、「トーマス・マンの『魔の山』に出てくる宮廷顧問官ベーレンスのような医師」(Safranski, *Ein Meister aus Deutschland*, S. 451f.) だった。

注（3）カール・ヤスパースからハイデガーへ、一九五二年七月二四日付 (*Heidegger-Jaspers-Briefwechsel*, S. 207–211).

注（4）アーレントは一九五二年七月三一日から八月八日まで、サン・モリッツ〔スイス〕にヤスパース夫妻を訪れていた。当地から彼女が夫へ書いた手紙を見よ (*Arendt-Blücher-Briefwechsel*, S. 319ff., S. 324f.)。

82

マルティン・ハイデガー、一九五三年一〇月六日、手書きの手紙原本、NLArendt

注（1）おそらく一九五三年九月二六日のハイデガーの六四歳の誕生日に、アーレントが手紙を書いたのだろう。

注（2）アーレントの引用句の宝庫にはゲーテの『西東詩集』のあまたの詩がふくまれていた。のちのハイデガー宛の手紙で、彼女はたぶん一九五〇年の再会との関連でだろう、そのなかの詩「限りなく Unbegrenzt」から引用している。一二六ページを見よ。

83

マルティン・ハイデガー、一九五三年一二月二一日、手書きの手紙原本、NLArendt

注（1）これらがどの写真かは不詳。

注（2）「技術への問い」と題する講演、バイエルン芸術アカデミーで一一月一八日におこなわれた。ザフランスキーは (*Ein Meister aus Deutschland*, S. 453f.) この催しについて、「この晩、五〇年代の精神的ミュンヘンを代表する人びと全員が参集した。……おそらくこれが戦後期ドイツでのハイデガーの最大の公的成功だった」と書いている。

注（3）クーアヘッセン芸術・科学協会。一一ページ以下を見よ。一九五三年の講演の題は「……詩人として人は住まう……」。

84

マルティン・ハイデガー、一九五四年四月二一日、手書きの手紙原本、NLArendt――便箋にはゴム印で、Heidegger, Freiburg i. Br.-Zähringen, Rötebuck 47 という頭書きが印されている――

注（1）『存在と時間』の英語への翻訳がエドワード・ロビンソン（カンザス大学）によって進行中で、アーレントがそのために尽力した。この次のアーレントの手紙、文書85を見よ。

注（2）ドイツ学のハンス・イェーガー（一八九八―一九七一）だろう。二〇年代にアメリカへ移住して、さまざまな大学で教えた。最後は（一九四七年以来）ブルーミントンのインディアナ大学のドイツ文学教授。ハイデガーについて二つの英語論文を発表している。ドイツ語では、Hans Jäger, *Heidegger und die Sprache*, Bern-München: Francke, 1971.

注（3）ここに名の挙がっている人物のうち、ハイデガーの著作の翻訳が出版されている者はいない。

注（4）一九五四年にプフリンゲンのネスケ社から『講演・論文集』という一巻にまとめられて出版された。

注（5）一九五三年四月二七日にカール・ヤスパースはバーゼルでのスイス神学者大会で、「ブルトマンの非神話化の真実と災い」をテーマに講演をおこない、それがドイツの雑誌『メルクール』の一

九五三年一一／一二月号に発表された。ブルトマンは『スイス神学展望』誌に反論を書き、ヤスパースは詳しい手紙でそれに答えた。この論争は一冊の本にまとめられて出版されている。Karl Jaspers und Rudolf Bultmann, *Die Frage der Entmythologisierung*, München: Piper (Serie Piper, 207), 1954. ——またアーレントのヤスパース宛の手紙（一九五三年七月一三日）も見よ。彼女はそこで彼のブルトマン攻撃にたいして詳しく考えを述べ、ある面では批判もしている。*Arendt-Jaspers-Briefwechsel*, S. 257-259.

注（6）Beda Allemann, *Hölderlin und Heidegger*, Zürich-Freiburg: Atlantis, 1954.

注（7）"Lettre sur l'humanisme I-II", in: *Cahiers du Sud* 40 (37), 1953, Nr. 319, S. 385-406; 1953-54, Nr. 320, S. 68-88. 訳者はロジェ・ミュニエ、彼は『形而上学とはなにか』（一九二九年、のちに『道標』に再録）も訳していて、ル・トールのゼミナール参加者グループの一員だった。

85

ハンナ・アーレント、一九五四年四月二九日、タイプライター書きの手紙の写し（署名は手書き）、HAPapers——タイプライターによる頭書きは、Hannah Arendt, 130 Morningside Drive, New York 27, N. Y.——

この手紙のカーボン複写をアーレントはロビンソンへ送ってあった。

注（1）この英訳版は一九六二年にニューヨークでハーパー&ロウ社から出た。M. H., *Being and Time*, translation of the 7th German edition by John Macquarrie and Edward Robinson. これは『存在と時間』の、いままで英米語圏でもっともよく使われてきた翻訳である。最近ではジョーン・スタンボーによる新訳が（やはり第七版を底本として）出ている。*Being and Time: A Translation of* Sein und Zeit, New York: State Universiy of New York Press, 1966（文書119注（5）も見よ）。

注（2）ロビンソン宛の一九五四年四月一六日付の手紙（用箋五枚にびっしりタイプしてある）の写しが、HAPapers (Cont. 59, Folder "Heidegger, Martin, correspondence regarding, 1952-74") に保管されている。

注（3）一九五三／五四年の冬、アーレントはプリンストン大学、ハーヴァード大学、ノートルダム大学で講義・講演をおこなった。このあとの手紙も見よ。

86

ハンナ・アーレント、一九五四年五月八日、タイプライター書きの手紙の写し、NLArendt

この写しには署名がない。裏面には、書きかけのまま、実際に送られた手紙には採り入れなかったのだろう補足的な一節がある。活動の分析の個所（二の項）の末尾（……若いころにあなたのもとで学んだものなしには、とても不可能なことでしょう）につづくはずの数行で、以下のとおり。「これは結局はわたしを現在の社会の分析へと必然的に向かわせます。労働＝社会（Arbeits-Gesellschaft）として、製作をも労働過程のなかへ取りこんでしまい、その結果、いわゆる使用財（Gebrauchsgüter）さえもはや使用のためではなく、ひたすら直接的な消費（Konsumation）のためにだけ生産する社会。政治的には、これが行き着く先は……」ここでテクストは切れている。——自分の仕事について述べているアーレントのこの手紙は、ある本の構想を暗に語っていて、それはシカゴ大学での講義（一九五六年四月）ののちにようやく『人間の条件』という題名のもとに最終的なかたちをとることになる。

注（1） ハイデガーの一九五四年四月二一日付手紙からの引用、一四ページを見よ。

注（2） ハイデガーが一九五〇年四月にアーレントへ書き送った詩の最初の節、七六ページを見よ。

注（3）『ヒューマニズムについて』の最初の英訳は、知られているかぎりでは一九六二年の出版。M. H., "Letter on Humanism," translated by Edgar Lohner, in *Philosophy in the Twentieth Century: Anthology*, edited and with introduction by William Barrett und Henry D. Aikin, New York: Random, Bd. 2 (1962), S. 271-302. 一一四ページも見よ。

注（4） フィリップ・ラーヴ（一九〇八－一九七三）のこと。ロシア生まれで、一九三四年から一九六九年までウィリアム・フィリップスとともに『パーティザン・レヴュー』を発行した。

注（5） Aristoteles, *Politik* 1332 b 12 を見よ。アーレントによるこの引用と解釈は、"Was ist Autorität?", in: *Fragwürdige Traditionsbestände im politischen Denken der Gegenwart*, S. 117-168, S. 146.

注（6） アガトンは善きもの／善、カロンは美しきもの。

注（7） プリンストン大学では「カール・マルクスと西洋政治思想の伝統」と題する六回の講義（一九五三年一〇月八日から一一月一二日）。ノートルダム大学では「哲学と政治。フランス革命以後における行動と思想の問題」と題して、一九五四年三月三日と四日におこなった三部からなる講義。個別の講演としては、特にハーヴァード大学での二度の講演があり、その一つは、全体主義の本質、およびそれを《理解する》という問題についてだったと推測される（"On the Nature of Totalitarianism: An Essay in Understanding," in: H. A., *Essays in Understanding*, S. 328-360 を見よ）。上記の諸講義が基礎となって、アーレントのドイツ語での著書 *Fragwürdige Traditionsbestände im politischen Denken der Gegenwart*（1957）が公刊されている。

注（8） フランスの哲学者ジャック・マリタン（一八八二－一九七三）は、一九四八年からプリンストン大学で教えていた。

注（9） アーレントの二度目の夫、ハインリッヒ・ブリュッヒャーは、一九五二年、アナンデイル・オン・ハドソン（ニューヨーク州）のバード・カレッジの哲学教授に就任。一九五〇年からはマンハッタン（ニューヨーク市）のニュー・スクール・フォア・ソーシャル・リサーチで美術史と哲学の講義をもっていた。

注（10）『全体主義の起原』のドイツ語版 *Elemente und Ursprünge totaler Herrschaft* は、一九五五年秋にフランクフルト・アム・マインのオイロペーイシェ・フェアラークスアンシュタルト社から出版された。

注（11） 一一三ページを見よ。

注（12） HAPapers のなかに一九五三年七月一五日付のフーゴー・フリードリッヒ宛の手紙の写しが残されていて、そこにはハイデガーの《解釈》について彼女が考えを述べている長い一節がある。問題となっているのはハイデガーのトラークル解釈（「ゲオルク・トラークル。彼の詩についての論考」）で、以下のとおり。

「ハイデガーについて、私はあなたのご意見には賛成いたしかねます、とくに解釈という点に関してです。《暴力性》というのは、ピカソにおけるいわゆる《変形《デフォルマシオン》》にほかなりません。後者が生じたのは（本来すでにセザンヌにおいて成立して、そこからすべては始まったのですが）、絵画が世界をもはや模写するものではなくなったことによります（写真が、コクトーの有名なことばによれば、絵画をほんとうに解放してしまったのです）。だから遠近法の三次元空間を画面に出現させなくてもいい。画家はあたかも自分自身が絵の中心に座しているかのようにして描き、その中心から、本来人間的な三つの次元がいまや《平面的に》みずからを展開してゆくのです、上下へ、左右へ、前後へ。
　ハイデガーはもはや、私の思うに、当該作品についてまず報告してそれから注釈をほどこすというルポルタージュのかたちで解釈をおこなっているのではありません。そうではなく彼は自分を作品の中心点に据えるのです、彼自身はこれを（やはりまだ一つの伝統的な自己誤解のうちにあるようですが）das Ungesagte〔語られなかったこと〕と呼んでいます。いずれにせよそれは手つかずに空けておかれた空間のようなもので、そこに読者なり聴き手なりは席を占めることができる。ここから見るとき作品は、結果としてそこにある印刷されたもの（人が報告しうるもの）であることをやめて、反論が可能な、生きた発言というもとのすがたへ帰ってゆく。あなたの目に暴力的だと映るものは、私にはこの独特な生きいきした力だと見えます。つまり、作品自体のなかにひそんでいるこの空間に座していると、思考と思考されたことの区別、詩作と作られた詩の区別が、消えてしまうのです。そういう区別がそもそも存在しなかったはじめのとき、詩の成立のときと、まさにおなじに（イェーツをご存知でしょうか？　二〇世紀最大のイギリス詩人である彼は言いました。踊り手と踊りを別べつに注視することのできる者がいるだろうか、と。このことばはハイデガーに妥当します、ピカソに当てはまるのと同様に）。ハイデガーは作者が言わなかったことを（ときには言いたいと思っているように見えることも）言っているのではなく、言いがたいものの空間を注視しているのであって、それは偉大な作品一つひとつで異なるそれ固有の空間、そこから、まさにそのために、作品全体が成立しみずからを構築した空間であるのです。——この点でまさにピカソと同じに彼は巨匠だと私は思います。けれどもそのさい、《解釈する者》が《解釈されるもの》以上の重みをもってしまうことは、もちろん起こりうる。そういうとき、しかしそのときだけ、すべては《暴力的》になる。解釈者は作品に生命《いのち》を与えるのでなく爆破してしまうからです。私の見るところトラークル論ではこれが起きた、しかしそこにはほかにもかなり重大なことがあるように思います。トラークルは、個々の美しい詩行はあるにしても、けっして偉大な詩人ではないのです。さらに、このやり方はシンボルを扱うとなるとうまくいかない、ところがシンボルはトラークルでは大きな役割を果たしているのです」

注（13）　シカゴで開かれた政治学会の大会（一九五四年九月八日から一二日まで）で、アーレントは「最近のヨーロッパ哲学思想における政治への関心」について報告をおこなった。この報告で、はじめて彼女の《政治》哲学の輪郭が（一方ではヨーロッパの哲学的伝統から、他方ではアメリカの経験論的＝政治学の端緒から、一線を画するものとして）識別できるかたちで現われている。ハイデガーは、伝統との断絶にそなえる道をととのえた《歴史性》の哲学の代表者として紹介されている。「技術＝講演」は引用されているが、こまかく論じられてはいない。

87

マルティン・ハイデガー、一九五四年一〇月一〇日、手書きの手紙原本、NLArendt

注（1）　ギムナジウムの記念論文集への寄稿として、ハイデガーは「アレーテイア（ヘラクレイトス、断片一六）」を書いた。

注（2）　ようやく一九五九年になって論集『ことばへの途上にて』がネスケ社から刊行された。

88

マルティン・ハイデガー、一九五九年一二月一七日、手書きの手紙原本、NLArendt

注（1）『放下 *Gelassenheit*』および『ことばへの途上にて』。

注（2） アーレントは一九五九年の九、一〇月、ヨーロッパに滞在していた。ハンブルクでレッシング賞を授与され（九月二八日）、そのあとベルリンへ行ってから、イタリアへ旅し、一〇月二三日からは一週間ちかくバーゼルのヤスパースのもとにいて、そこからフランクフルト、ケルン、ブリュッセルへと旅をつづけた。九月二六日、ハイデガーの七〇歳の誕生日には、ハンブルクから祝電を打っている。――アーレントのこの旅は、これまでに出版されたカール・ヤスパース、ハインリッヒ・ブリュッヒャー、メアリー・マッカーシーとのそれぞれの往復書簡のなかで、詳しく報じられている。

注（3） *Literaturkalender Spektrum des Geistes*, 9. Jg., 1960, S. 111 に載っているピーパー社の広告を見よ。とりわけ『ラーエル・ファルンハーゲン、ロマン主義時代のあるドイツ・ユダヤ人女性の伝記』の著者として紹介されている。本書の図版12がそれである。

注（4） 別送の本に貼るための献辞を記した小さな紙片。――アーレント所有の『放下』はバード・カレッジの図書館に所蔵されている（献辞なし）。『ことばへの途上にて』のほうは所在が確認できない。

89

ハンナ・アーレント、一九六〇年一〇月二八日、タイプライター書きの手紙の写し、NLArendt――この写しには、手書きによる文案（訂正入り）があって、それもアーレント遺稿中に保存されている。ここに印刷したテクストは、修正したあとの手書き文案と一致している（すなわちタイプライター書きの手紙に同じ）。文案のほうには「ハンナ」と署名が入っている。

注（1） 『人間の条件』のドイツ語版のこと。アーレント自身の翻訳で、*Vita activa oder Vom tätigen Leben* という題名のもとに、一九六〇年にコールハマー社から出版された。

アーレント遺稿中にはこの手紙の写しと文案のほかに、インクで以下のような献辞を書きつけた小型のメモ用紙（US規格）が残されている。

ヴィタ・アクティーヴァについて
この本の献辞は空白のまま。
どうしてあなたに捧げることができましょう、
信頼するあなたに、
わたしは忠実でありつづけるとともに
不実でもあったのです、
どちらも愛のゆえに。

これからすると彼女はこの献辞を送らなかったことになる。ハイデガーが出版社から受け取っただろう『ヴィタ・アクティーヴァ』の一冊は、所在が確認できない。――アーレントへの手紙でハイデガーは一度もこの作品について立ち入った話はしていないが、心には留めていて、少なくとも一度はふたりの会話で採り上げられているらしい（そのような会話については、文書105注（1）を見よ）。

90

マルティン・ハイデガー、一九六五年四月一三日、印刷された礼状の裏面に手書きの記入、NLArendt

注（1） 哲学者ハンス゠ゲオルク・ガダマー（一九〇〇年生まれ）はマールブルク時代のハイデガーの教え子のひとり。Hans-Georg Gadamer, *Philosophische Lehrjahre: Eine Rückschau*, Frankfurt/Main: Klostermann, 1977, 特にその S. 210–221 を見よ。マールブルクで教授資格を得て私講師をつとめたあと、一九三七年にその員外教授、一年後にはライプツィヒ大学の正教授になった。

九四七年にはライプツィヒを去り、まずはフランクフルト・アム・マイン、ついで一九四九年からはハイデルベルクの大学で教えた（一九六八年に退官）。著作の多くで直接・間接にハイデガーに取り組んでいる。とくに *Heideggers Wege : Studien zum Spätwerk*, Tübingen : Mohr, 1983 を見よ。

注（2）　アーレントは一九五八年に通信会員としてアカデミーに迎え入れられ、それ以来、彼女の住所は毎年公表される会員一覧に載るようになった。

91

マルティン・ハイデガー、一九六六年一〇月六日、手書きの手紙および同封物二つ、NLArendt

注（1）　一九二四／二五年冬学期における最初の出会いを暗に指している。文書1とその注（1）、および文書12注（6）を見よ。

注（2）　ハイデガー著作一覧（xix ページ）の *Heraklit : Seminar Wintersemester 1966/1967*（Klostermann, 1970）を見よ。――フッサールの弟子で私設助手だったオイゲン・フィンク（一九〇五－一九七五）は、一九四八年からフライブルク大学の哲学および教育学教授をつとめていた。アーレントと彼は学生時代からの知己である。

注（3）　一九六二年にハイデガーはギリシャにはじめて旅した。そのときのスケッチは「滞在」という標題のもとに、エルフリーデの七〇歳の誕生日に捧げられている。このギリシャ旅行で（それまでに二度計画され、二度とも取り消されていた）、ハイデガーは《長年の願い》を満たし、その後比較的短いあいだを置いて（一九六四年と一九六六年に）二度目と三度目の旅をして、四度目は（妻を伴わずに）一九六七年四月にアテネの科学・芸術アカデミーの招きで出かけている。最後となった旅は一九六七年五月、夫妻でエーゲ海の島々を訪れた。詳しくは、Martin Heidegger und Erhart Kästner, *Briefwechsel 1953-1974*, hrsg. von Heinrich W. Petzet, Frankfurt/Main : Insel, 1986 さらには、Petzet, *Auf einen Stern zugehen*, S. 112f., S. 172ff. を見よ。

注（4）　この詩は一九二七年になってはじめて印刷されて『園亭』に収められている。Friedrich Hölderlin, *Sämtliche Werke* (*Stuttgarter Hölderlin-Ausgabe*, hrsg. von Friedrich Beissner), Band 2（1951）, S. 299（Text）, S. 918（Lesarten und Erläuterungen）を見よ。そこに印刷されているのは、ハイデガーが引用しているのと一個所だけ相違がある。第一節の四行目、"hohem Glanz" ではなく "frohem Glanz" となっている。

注（5）　この絵葉書には、画面の左手に泉が見えている（ゲオルク・ヴォルフ「山小屋の近くで湧き水が、木材で囲った管から箱型の木桶に音をたてて流れおちる……」）。この写真は Biemel, *Martin Heidegger*, S. 71 に載っている。アーレントがもらった絵葉書は、マルバッハのドイツ文学資料館に保存されている。

92

ハンナ・アーレント、一九六六年一〇月一九日、タイプライター書きの手紙原本（署名は手書き）。用箋には印刷された頭書き「Hannah Arendt, 370 Riverside Drive, New York 25, N. Y.（そこにハイデガーの手書きによる10025という加筆がある）、NLHeidegger――NLArendt にこの手紙の手書きの草稿が残されていて、本書に載せた発送された手紙とはわずかな相違がある。

注（1）　草稿では "Den der Frühling das Herz brach, den macht es der Herbst wieder heil." ［本書に載っているテクストでは "Denen der Frühling das Herz bracht und brach, denen macht es der Herbst wieder heil."］

注（2） この発言の裏付けとなるのは、一九六三年にアーレントがハインリッヒ・ブリュッヒャーとともにした四週間のギリシャ旅行。カール・ヤスパースに宛てて彼女はこう書いている（一九六三年四月一四日）。「……昨日はエギナ島へ行きました、あそこの寺院は島全体をぐるりと見渡せる丘の頂きにあって、おそらくもっとも美しい寺院。旅立つまえにもういちど行こうと決めたところです」(*Arendt-Jaspers-Briefwechsel*, S. 536)

注（3） ゲーテ『西東詩集』のなかの詩「限りなく Unbegrenzt」からの引用。*Goethes Werke*, Hamburger Ausgabe in 14 Bänden, Hamburg : Wegner, Bd. 2 (5. Aufl., 1960), S. 23.

93

マルティン・ハイデガー、一九六七年八月一〇日、手書きの手紙原本、NLArendt

注（1） 七月二六日に、アーレントはバーゼルからフライブルクへやってきて、ヴァルター・ベンヤミンについての講演をおこなった――これは「ヴァルター・ベンヤミン」という標題で一九六八年に英語およびドイツ語版で発表されている。フライブルク大学大講堂でのこの講演をお膳立てしたのは、マサチューセッツ大学の大西洋研究所である（そこのマーク・ラトナー教授はハイデガー翻訳者J・グレン・グレイの友人だった。グレイについては文書97注（2）を見よ）。ハイデガーはその準備段階から知らされていて、当日、みずから大講堂に姿をあらわして事情通たちをおどろかせた。アーレントとハイデガーは一九五二年に会って以来（文書80の注を見よ）、おそらくこれが最初の再会だった――ちなみにこの一日まえには、パウル・ツェランが山小屋にハイデガーを訪ねるという歴史的出来事があった（これについては Gerhart Baumann, *Erinnerungen an Paul Celan*, Frankfurt am Main : Suhrkamp, 1986, S. 59ff.）。アーレントは講演の翌日にまたあらためてハイデガーと会い、彼はレクラム版で出たばかりの『芸術作品の起源』を一冊、献辞を添えて彼女に贈った。

注（2） アーレントは盛大な拍手で迎えられて、"Verehrter Martin Heidegger, meine Damen und Herren!〔尊敬するマルティン・ハイデガー、紳士淑女のみなさん〕という呼びかけで講演をはじめた（ヨアヒム・W・シュトルクの情報による）。

注（3） おそらく Wilhelm Goerdt, hrsg., *Die Sowjetphilosophie*, Basel-Stuttgart : Schwabe, 1967 の編者ゲールトによる序文のことだろう。

94

ハンナ・アーレント、一九六七年八月一一日、タイプライター書きの手紙原本（署名は手書き）、NLHeidegger――バーゼルのホテル・オイラーの便箋を使っている

注（1） 一九六七年六月三日から八月一三日まで、バーゼル美術館で大々的なパウル・クレー展が催されていた。そのまえにニューヨークのグゲンハイム美術館で開かれた展覧会と同じもの。――パウル・クレー（一八七九―一九四〇）はハイデガーが親近感をもって取り組んでいた造形芸術家のひとりで、その作品を彼は一九五九年にデイヴィッド・トンプスンのコレクションでも見ていた（Petzet, *Auf einen Stern zugehen*, S. 154ff. を見よ）。Günter Seubold, "Heideggers nachgelassene Klee-Notizen," in : *Heidegger Studies*, Vol. 9, 1993, S. 5-12 を参照されたい。

注（2） アーレントはこの講演をのちに本に載せて発表したとき、マラルメのこのアフォリズムの出典を書き加えている。H. A., "Walter Benjamin" (Ausg. 1989), S. 241f. を見よ。

95

マルティン・ハイデガー、一九六七年八月一二日、手書きの手紙原本、NLArendt

96

マルティン・ハイデガー、一九六七年八月一八日、手書きの手紙原本、NLArendt

注(1)　この次の手紙を見よ。

97

ハンナ・アーレント、一九六七年九月二四日、タイプライター書きの手紙と同封物の原本（署名は手書き）、NLHeidegger

注(1)　おそらく『道標』に収録されているこの標題の論文の棒組みゲラ刷りだろう。アーレントがその二三ページから引用している個所は、HGA, Bd. 9, S. 466（下線はない）。

注(2)　おそらく、ハーパー&ロウ社の《ハイデガー＝プロジェクト》のことを言っているのだろう（一三二ページ以下にあるアーレントの一九六七年一一月二七日の手紙を見よ）。——J・グレン・グレイ（一九一三—一九七七）はアメリカの哲学者。コロラド・スプリングスにあるコロラド大学で教えていて、妻のアーシュラ・グレイと共同でハイデガーのさまざまな著作を英訳した。六〇年代以来、夫妻はアーレントともハイデガーとも緊密な接触をとっていた。——フレッド・ウィークはハーパー&ロウ社のハイデガー著作担当の編集者で、自分でも翻訳をしていた。

注(3)　この手紙からアーレントはエルフリーデ・ハイデガーのファースト・ネームをいつも正しく綴るようになった。つまり真ん中の母音をieと綴らずに、Elfrideと。

注(4)　アーレントによる出典表示は、Franz Kafka, *Gesammelte Schriften*, New York : Schocken, 1946によっている。——アーレントによるカフカのこの寓話の解釈については、『過去と未来の間』S. 11ff. および『思考』S. 198ff. も参照されたい。

98

マルティン・ハイデガー、一九六七年九月二九日、手書きの手紙原本、NLArendt

注(1)　どの『カフカ書簡集』をアーレントが送ったのかは突き止められなかった。一九六七年には『カフカ全集』（マックス・ブロート編）中の一巻、*Briefe an Felice und andere Korrespondenz aus der Verlobungszeit* (hrsg. von Erich Heller und Jürgen Born）が、出版社ショッケン・ブックスの翻刻権取得版としてフランクフルトのS・フィッシャー社から出ている。

注(2)　Alexandre Kojève, *Introduction à la lecture de Hegel : Leçons sur la phénoménologie de l'esprit de 1933 à 1939 à l'école des hautes études*, réunies et publiées par Raymond Queneau, Paris : Gallimard, 1947, ^{2}1962（ドイツ語ではその一部が *Hegel : Eine Vergegenwärtigung seines Denkens. Kommentar zur 〈Phänomenologie des Geistes〉*, hrsg. von Iring Fetscher, Stuttgart : Kohlhammer, 1958として出ている）。どちらの版をアーレントが送ったのかは不明。

注(3)　八月一七日にアーレントがバーゼルからフライブルクへ来たことを指す。一二八ページを見よ。

注(4)　文書100およびその注(1)を見よ。

注(5)　アーレントに与えられたのは学術的散文にたいするジークムント・フロイト賞。授賞式は一九六七年一〇月二一日におこなわ

れた（彼女は欠席）。

99

マルティン・ハイデガー、一九六七年一〇月三〇日、手書きの手紙原本と同封物、NLArendt

注（1）マルバッハのドイツ文学資料館の写真資料のなかに一一枚からなる一連のハイデガーの肖像写真がある。アーレントが八月一七日金曜日の訪問のとき、彼女のミノックス・カメラで撮ったものらしい。小型サイズの標準焼き付けで、裏面にアーレントの手で番号が記されている（さらに四枚は郵便葉書大に焼き増したものが加えてある）。本書の図版15、さらには文書151を見よ。

注（2）ゲオルク・トラークルの詩。ハイデガーはその第一連をここに引用している。Georg Trakl, *Die Dichtungen*, in: *Georg Trakl-Gesamtausgabe*, hrsg. von Wolfgang Schneditz, 3 Bde., Salzburg: Otto Müller, 1948, Bd. 1, S. 148. またハイデガーの "Die Sprache im Gedicht," in: HGA, Bd. 12, S. 75も見よ。

注（3）ゲオルク・トラークルの詩（前掲書S.81）、ハイデガーが引用しているのは第四連。

† 両方の詩にあるschweigenという動詞は通常は沈黙するという自動詞として使われる。

100

ハンナ・アーレント、一九六七年一一月二七日、タイプライター書きの手紙原本（署名は手書き）、NLHeidegger

注（1）おそらく絵葉書（現在はマルバッハのドイツ文学資料館蔵）のことを言っているのだろう。この絵葉書の裏にはハイデガーの手でつぎのように記されている。

「ドナウ河上流
　ヘルダーリンの「イスター」」

（「イスター」はドナウ河のラテン＝ギリシャ名。）「イスター」は未完成のまま伝えられてきたフリードリッヒ・ヘルダーリンの賛歌で、ハイデガーは一九四二年夏学期にこの賛歌についての講義（*Hölderlins Hymne "Der Ister"*）をおこなっている。絵葉書は一九六七年九月二九日のハイデガーの手紙に同封されていたのだろう。

注（2）一六六、および一六七ページを見よ。

注（3）Friedrich Gottlieb Klopstock, Fragment "Von der Darstellung" (1779), in: ders., *Sämtliche Werke*, Bd. 10 (1855), S. 193–201, S. 199f.

注（4）大学での騒乱、ヴェトナム戦争への抗議、そしてそれらがアメリカの政治的＝文化的生活に及ぼしている影響のことを言っている。これらの経験を総括したアーレントの著作としては、とりわけ『暴力について』を見よ。

注（5）William Manchester, *Death of a President: November 20–November 25, 1963*, New York: Harper & Row, 1967; ドイツ語版は *Der Tod des Präsidenten, 20. bis 25. November 1963*, aus dem amerikanischen von Karl Berisch, Frankfurt/Main: Fischer, 1967. —— Svetlana Alliluyeva, *Only One Year*, translated from the Russian by Paul Chavchavadze, New York-Evanston: Harper & Row, 1969; ドイツ語版は Swetlana Allilujewa, *Das erste Jahr*, aus dem Russischen von Xaver Schaffgotsch, Wien etc.: Molden, 1969.

101

ハンナ・アーレント、一九六八年三月一七日、タイプライター書きの手紙原本（署名は手書き）、NLHeidegger

注（1）『思索とはなにか』の英訳版。M. H., *What Is Called Thinking?*, translated and with an introduction by J. Glenn Gray, New York: Harper & Row, 1968.

102

マルティン・ハイデガー、一九六八年四月一二日、手書きの手紙原本、NLArendt

注（1）文書143および文書148注（5）を見よ。

注（2）H. A., "Walter Benjamin." 文書93注（1）も参照されたい。

103

ハンナ・アーレント、一九六八年八月二三日、タイプライター書きの手紙原本（署名は手書き）、NLHeidegger

104

マルティン・ハイデガー、一九六八年九月六日、電報原本、NLArendt

注（1）第二回ル・トール・ゼミナールに出ていた。――ルネ・シャール（一九〇七－一九八八、フランスの抒情詩人で、抵抗運動の一員だった）とハイデガーは一九五五年にパリで知り合い、友情が生まれ育って、ハイデガーはしばしばプロヴァンスへ旅行した。一九六六年からはル・トールでゼミナールも開かれた。ハイデガーの著作一覧の『ル・トール・ゼミナール』を見よ（xxiii ページ）。

105

マルティン・ハイデガー、一九六八年九月一一日、手書きの手紙原本、NLArendt

アーレントは『思索日記』に、「フライブルク――ハイデガー、12・9・68 写真――アフロディテ――ヴィタ・アクティーヴァ」と記入している。

106

ハンナ・アーレント、［一九六九年二月二八日］、手書きの手紙原本、NLHeidegger――ホテル・オイラー・バーゼルの便箋が使われている――

カール・ヤスパースが二月二六日に死去し、内輪の葬儀が三月三日に、バーゼル大学の公的な追悼式はその翌日におこなわれた。葬儀ではアーレントは聖書のことばをドイツ語とヘブライ語で語った（Klaus Piper, in: *Erinnerungen an Karl Jaspers*, hrsg. von Klaus Piper und Hans Saner, München-Zurich: Piper, 1974, S. 186 を見よ）。三月四日の式での彼女の公的な追悼の辞は、*Arendt-Jaspers-Briefwechsel*, S. 719 以下にも載っている。

107

マルティン・ハイデガー、一九六九年三月一日、手書きの手紙原本、NLArendt

108

エルフリーデ・ハイデガー、一九六九年四月二〇日、タイプライター書きの手紙原本、NLArendt――署名は手書き（「マルティーン」という署名は彼自身の手で）――

注（1）一九三六／三七年冬学期、一九三七年夏学期、および一九

三九年夏学期の講義で、これらはＨＧＡの第四三、四四、および四七巻に収められて公刊された。

109

ハンナ・アーレント、エルフリーデ・ハイデガー宛、一九六九年四月二五日、タイプライター書きの手紙の写し、NLArendt

注（1）クルト・ヴォルマン（一九〇〇－一九九一）、この数行あと、および一九六九年五月一七日の手紙（二四二ページ以下）を見よ。

注（2）当時の部長はデイヴィッド・C・マーンズ。アーレントが彼を知っていたのは、おそらく彼女自身の遺稿を国会図書館に渡すための協議をすでに一九六四年にしていたからだろう。

注（3）グレン・グレイの一九六九年四月一三日の手紙、HAPapers（Cont. 10）に保管されている。

110

エルフリーデ・ハイデガー、一九六九年四月二八日、タイプライター書きの手紙原本（署名は手書き）、NLArendt――マルティン・ハイデガーによる手書きの追記がある――

注（1）どういう写真とフィルムのことなのかは、突きとめられなかった。編者へのハンス・ザーナーからの報告によると、アーレントはヤスパースのデスマスク（写真）をハイデガーへ送るように頼んでいた。しかし彼がこの依頼を果たせたのは六月になってからで、ハイデガーは一九六九年八月にそれにたいする礼状を出している。

111

ハンナ・アーレント、エルフリーデ・ハイデガー宛、一九六九年五月一七日、タイプライター書きの手紙原本（一つだけ、あとから手書きで付け加えられた文がある、署名は手書き）、NLHeidegger――NLArendtには、手書きの追加部分と署名のない写しが保存されているが、そのほか、原本では下端ぎりぎりにタイプで打ってある最後の段落と結びの挨拶が、写しには欠けている――

注（1）M. H., *Introduction into Metaphysics*, übers. von Ralph Manheim, New Haven: Yale University Press, 1959.

注（2）一九四九年から一九五二年まで、アーレントは《ユダヤ文化再建》の実務責任者をつとめていた。文書46注（1）を見よ。

112

マルティンおよびエルフリーデ・ハイデガー、一九六九年六月四日、タイプライター書きの手紙原本（署名は両方とも手書き）、NLArendt――便箋には印刷された頭書きがある。Martin Heidegger, Freiburg i. Br.-Zähringen, Rötebuck 47――

113

マルティン・ハイデガー、一九六九年六月二三日、手書きの手紙原本、NLArendt

114

マルティン・ハイデガー、一九六九年八月二日、手書きの手紙原本、NLArendt

注（1）フルカード（一九三八年生まれ、今日では生存中のフランス詩人のうちもっとも重要なひとり）は、一九七一年にルネ・シャールを顕彰する一巻の本を編纂し、そのなかにハイデガーの詩が“Gedachtes/Pensivement”という題名で発表された。一七二ページ、さらに一四六ページおよび文書119注（4）を見よ。

注（2） これについての詳細は、"Das Martin-Heidegger-Archiv," in: Bernhard Zeller, *Marbacher Memorabilien: Vom Schiller-Nationalmuseum zum Deutschen Literaturarchiv, 1953-1973*, Marbach am Neckar: Deutsche Schillergesellschaft, 1995, S. 479ff. にある。

注（3） アーレントと夫ハインリッヒ・ブリュッヒャーは五月末からヨーロッパにいた。主としてマッジョーレ湖北部イタリア語圏スイスにある小さな町テーニャでの休暇滞在だった。

注（4） ハイデガーとハンス・ヨーナス（文書31注（4）を見よ）は、ヨーナスの願いでチューリッヒで会った。このときの会話についてのヨーナスの印象に関しては、この次の手紙を見よ。さらには、ヨーナスはユルゲン・ヴェルナーとのインタヴューでこの会話を回顧して語っている（Jürgen Werner, "Von der Macht des Guten: Der Philosoph Hans Jonas," in: *Frankfurter Allgemeine Magazin*, Nr. 500, 29. Sept. 1989, S. 13-24, S. 18 und 20).——ハイデガーが、ヨーナスは「神学からすっかり離れてしまったようだ」と言っているのは、一九六四年にヨーナスの講演「ハイデガーと神学」が火をつけた論争を暗にさしての感想かもしれない（文書119注（12）を見よ）。

115

ハンナ・アーレント、一九六九年八月八日、タイプライター書きの手紙原本（結びの挨拶と署名は手書き）、NLHeidegger

注（1） 第二回ル・トール＝ゼミナールの記録が一九六九年に私家版で出た。"Séminaire tenu par le Professeur Martin Heidegger sur la Differenzschrift de Hegel."

注（2） G. W. F. Hegel, *Jenenser Logik: Metaphysik und Naturphilosophie*, aus dem Manuskript hrsg. von Georg Lasson, Leipzig: Meiner (Philosophische Bibliothek, 18a), 1923.

注（3） G. W. F. Hegel, *Differenz des Fichte'schen und Schelling'schen Systems der Philosophie*（1801）のこと。このヘーゲル論文の学生版（Hamburg: Meiner [Philosophische Bibliothek, 62a]）を一冊、アーレントはこのあとハイデガーから贈りものとしてもらった。それには手書きで「ハンナへ、一九六九年の夏の記念に——マルティン」と献辞が記されている。マルバッハのドイツ文学資料館蔵。

116

ハンナ・アーレント、一九六九年九月、タイプライター原稿のゼロックスコピー（べつの小さな紙に手書きの献辞）、NLHeidegger

もう一部がHAPapersに保存されているこの原稿は、アーレントのラジオ講演のもととなったもので、講演は一九六九年九月二五日にニューヨークで録音され、バイエルン放送の「夜のスタジオ」で放送された。録音テープは保存されている。この講演版とごくわずかに異なる印刷版"Martin Heidegger ist achtzig Jahre alt"は、最初は『メルクール』誌に（Heft 10, 1969, 注記を本文中に組み込んだ形式で）発表され、のちには『暗い時代の人びと』〔ドイツ語版〕に（注記は最初の原稿と同じに脚注）再録されている。——本書には、ハイデガーへ送られたテクストを変更なしに載せてあるが、脚注だけは本書のやり方に合わせて注記部分へ移して、ごくわずかな訂正を加えてある。

注（1） 『法律』775.

注（2） *Aus der Erfahrung des Denkens*（1954), p. 9.

注（3） *Zur Sache des Denkens*（1969).

注（4） たとえば Jean Beaufret, *op. cit.*, p. 51.

注（5） *Wegmarken*（1967). 一九二九年から一九六二年までのエ

ッセイ、講演、講義を集めた論集の題名。

注（6）一九三五年から一九四六年までの論文集『森の道』(1950)の緒言より。

注（7）"Das Ende der Philosophie und die Aufgabe des Denkens," in: *Zur Sache des Denkens* を見よ。

注（8）前掲書の第一部として、「講演『存在と時間』についてのゼミナールの記録」が収録されている。

注（9）*Gelassenheit* (1959), p. 15.

注（10）*Op. cit.*, p. 16.

注（11）*Nietzsche* (1961), Bd. I, p. 618, *Zur Sache des Denkens*, pp. 61, 30, 78, und Heideggers Vorwort zu William J. Richardson, S. J., *Heidegger: Through Phenomenology to Thought*, The Hague 1963.

注（12）ヘーゲルが一八〇七年にツィルマンへ宛てた手紙にある。

注（13）*Sophist* 263 および *Theaitet* 190 a を見よ。

注（14）*Theaitet* 155 d.

注（15）ヘラクレイトス断片16の解釈を語ったさいのことば。*Vorträge und Aufsätze* (1967), Teil III, p. 55.

注（16）あるパルメニデス解釈にさいして述べたことば。*Zur Sache des Denkens*, p. 75.

注（17）*Gelassenheit*, p. 45.

注（18）*Einführung in die Metaphysik* (1953), p. 10.

注（19）*Theaitet* 173 d-176.

注（20）*Politik* 1259 a 6ff.

注（21）*Staat* 388.

注（22）この逸脱行為は、憤慨がおさまり無数の誤報がある程度まで訂正されたあとの今日では、概して《誤り》と呼ばれるようになっているが、それは多面的な様相を示していて、とりわけヴァイマル共和国時代の特徴が見てとれる。いまではヴァイマル期は、次に来た恐ろしい時代との対比で薔薇色の光に輝いているように見られているが、あの時代を生きていた者たちにとっては、けっしてそうではなかったのだ。しかもハイデガーの誤りの内容は、当時ざらにあった《誤り》とはかなりちがう。国民社会主義のうちに「地球大で明確となった技術と近代的人間との出会い」[*Einführung in die Metaphysik*, S. 152.——編者]を見ることに思いいたった者が、彼のほかにいただろうか——ただし、ヒトラーの『わが闘争』のかわりに、イタリア未来派のいくつかの著作を読んでいた人は別だろう、ファシズムは国民社会主義とちがってそれらの著作をときどき援用していた。この誤りは、もっとはるかに決定的な過誤とくらべれば取るに足りない——国会炎上の直後に成立していたゲシュタポ地下牢や強制収容所の拷問地獄での現実から目をそむけて、もっと意味がある領域だと自称するところに逃げこんでしまったという過ちである。一九三三年のあの春に実際になにが起きたかを、ドイツの民衆詩人でポピュラーソング作詞家のローベルト・ギルベルトは、忘れがたい四行詩に当時すでにこう書いていた。

だれもうノックなど必要としない、
ドアというドアを斧でぶち破る——
国民は潰瘍が破れて膿を吐く
ペスト患者のように。

["Aufbruch der Nation" (1933), in: Gilbert, *Meckern ist wichtig, nett sein kann jeder* (1950), Ausgabe Berlin: Arani, 1982, S. 67.——編者]

この《誤り》をハイデガーはまもなく悟って、その後は当時のドイツの大学でふつうだったよりもかなり大きな危険を冒すことまでしている。しかし同様のことは無数の知識人やいわゆる学者については主張できない。ドイツの中だけにかぎらず、彼らはいまでもなお、ヒトラー、アウシュヴィッツと民族殺戮、恒常的な人口対策としての「不適格者根絶」について語るよりも、それぞれの思いつきと好みでプラトン、ルター、ヘーゲル、ニーチェ、あるいはハイデガー、［エルンスト・］ユンガー、あるいはシュテファン・ゲオルゲにしがみついて、汚水から生まれたあの恐ろしい現象を人文科学や思想史の言語で化粧直しするのを好んでいる。現実回避はいまでは職業にまでなっていると言えるだろう。汚水がまったくかかわりをもたなかった精神性への逃避ではなく、観念と《イデー》のお化けの国への逃避である。その国は経験された現実や経験されうるどんな現実からも遠く離れて、たんなる《抽象》にはまりこんでいて、そこでは思想家たちの偉大な思想は堅牢さをすべて失い、雲ができるときのように絶えずたがいに結び合い流れ込みあって、輪郭がぼやけてしまうのである。

注（23）　*Gelassenheit*, pp. 32-34.

117

ハンナ・アーレント、一九六九年九月、ハイデガーの八〇歳の誕生日に贈呈された祝詞集「タブラ・グラトゥラトリア」中の一葉、手箱入りのこれらの祝詞はハイデガー家所蔵。

この寄稿の草案はHAPapers（Cont. 59, Folder: "Heidegger, Martin, correspondence regarding, 1952-74"）にある。本書に載せたテクストは、ハイデガーの死後 *Dem Andenken Martin Heideggers: Zum 26. Mai 1976*, Frankfurt am Main: Klostermann, 1977, S. 9 に発表されたものによっている。題辞に選ばれているヘルダーリンの詩句は、彼の詩「多島海」の最後の部分（ヘリングラート版『全集』［正確な書誌は本書の文書62注（9）を見よ］, Bd. 4, S. 88-101, S. 101.［強調はアーレントによる］）。

118

マルティン・ハイデガー、一九六九年一一月二七日、手書きの手紙原本、NLArendt

注（1）　本書一四六－一五七ページの文書116。

注（2）　ハンス・ペーシュケ（一九一一年生まれ）は長年にわたって（一九四七－一九七八年）『メルクール』の編集発行者をつとめていた。『メルクール』のテクストというのはラジオ談話のこと。この談話は"Martin Heidegger ist achtzig Jahre alt"という題名で同誌に掲載された。

注（3）　一九六九年九月二七／二八日付の紙上にラジオ談話の抜粋が載った。

注（4）　本書一五七ページ以下の文書117。

注（5）　メスキルヒでの祝典については *Martin Heidegger zum 80. Geburtstag von seiner Heimatstadt Messkirch*（本書の「ハイデガー著作一覧」xxviiiページ）を見よ。――トゥルガウのアムリスヴィールでの祝いは公的祝賀会で（スイスの教師、ディーノ・ラレーゼが組織した）、九月二八日におこなわれた。そのときの様子は Zeller, *Marbacher Memorabilien*（正確な書誌は文書114注（2）にある）, S. 480, 482 を見よ。

注（6）　一九六九年六月二〇日と二一日、ハイデルベルク科学アカデミーで、「ハイデガーの哲学」を主題とするコロキウムがおこなわれ、講演者はジャン・ボーフレ、ハンス＝ゲオルク・ガダマー、カール・レーヴィット、およびカール＝ハインツ・フォルクマン＝シュルック（*Die Frage Martin Heideggers* という題名で公刊されている。正確な書誌はハイデガー著作一覧を見よ）。

注（7）　メスキルヒ市によって *Ansprachen zum 80. Geburtstag am 26. September 1969 in Messkirch* という題名で公刊。

注（8）一九六九年九月二四日にハイデガーとのテレビ・インタヴューが放映された（インタヴュアーはリヒャルト・ヴィッサー、一九二七年生まれ、このときはマインツ大学哲学教授）。この出来事を記録に残すべく、インタヴューのテクストとヴィッサーの手記が最初に公刊されたのは一九七〇年、アルバー出版社より（*Martin Heidegger im Gespräch*, hrsg. von Richard Wisser）。これはのちに *Antwort: Martin Heidegger im Gespräch*, hrsg. von Günther Neske und Emil Kettering, Pfullingen: Neske, 1988, S. 17-76 に再録されている。

注（9）アムリスヴィールではハンス＝ゲオルク・ガダマー、エーミール・シュタイガーが話をし、マルティン・ハイデガーは謝辞を述べた。シュタイガーとハイデガーのスピーチは『新チューリッヒ新聞』に載った（このあとの注を見よ）。ガダマーは *Die Frage Martin Heideggers* の公刊前の印刷本を贈呈。彼のアムリスヴィール・スピーチ（題は「思索者マルティン・ハイデガー」）は、ハイデルベルク科学アカデミーのこの出版物に収録されている（S. 62-68）。

注（10）Hans Jonas, "Wandel und Bestand: Vom Grunde der Verstehbarkeit des Geschichtlichen," in: *Durchblicke*（正確な書誌は本書、xxvii ページを見よ）、S. 1-26.

注（11）*Die Neue Zürcher Zeitung*, Nr. 579 (vom 21. 9. 1969, S. 51) には、ハイデガーの短い文章 "Zeichen" と、ギオン・コンドラウの寄稿文 Gion Kondrau, "Martin Heidegger und die schweizerische Psychiatrie: Zum 80. Geburtstag des deutschen Philosophen" が載った。――Nr. 606 (vom 5. 10. 69, S. 51f.) に載っていたのは特に、エーミール・シュタイガーのアムリスヴィール・スピーチ（"Martin Heidegger"）と、編集部が "Fragen nach dem Aufenthalt des Menschen" という題名をつけたハイデガーの謝辞。

注（12）テュービンゲン〔一九二七年三月〕およびマールブルク〔一九二八年二月〕でのハイデガーの講演「現象学と神学」がこの年に印刷され、それに添えて、アメリカのドリュー大学（ニュージャージー州マディソン）で「現代神学における非客観化的思考と語りの諸問題」をテーマに催された会議の主宰者宛のハイデガー書簡が、「神学的対話「現代神学における非客観化的思考と語りの諸問題」ための、主要な観点の若干の指摘」という標題でいっしょに発表されている。――この会議（一九六四年四月九―一一日）への出席をハイデガーが断わったため、ハンス・ヨーナスが主要講演者として招かれ、「ハイデガーと神学」と題する彼の批判的講演は、合州国内で論争を惹きおこした。この講演はドイツ語では、"Heidegger und die Theologie" という題でまず雑誌 *Evangelische Theologie* (24. Jg., 1964, S. 621-642) に発表され、ついで *Heidegger und die Theologie: Beginn und Fortgang der Diskussion* (hrsg. von Gerhard Noller, München: Kaiser, 1967, S. 316-340) に再録されている。本書一四五ページも見よ。

119

ハンナ・アーレント、一九六九年クリスマス。タイプライター書きの手紙原本（署名は手書き）、NLHeidegger

注（1）アーレントは一九六七年以来ニューヨークのニュー・スクール・フォア・ソーシャル・リサーチ大学院の《大学教授》という定職にあったが、その後もシカゴ大学（社会思想委員会）のかつての同僚や学生への義務を感じていて、一九七〇年一月にはすでに、《思考》をテーマに講義とセミナーをする用意があると彼らに言ってあった。そのまえに彼女はロヨラ大学で名誉博士号を授与されたが、これには、あるシンポジウムへの参加とそこでの講演の義務がともなっていた。アーレントのこのあとの手紙も参照されたい。

注（2）アーレントの『思索日記』には、一九六九年四月と九月の

両月、思索についての長い論述があり、その途上でとりわけハイデガーの『思索という事象へ』を論じている。のちの彼女の著作『精神の生活』の多くの考えが、核心のところではここに見てとれる。――アーレントは本書の文書116でも（一四六ページ以下）、さらには一九七〇年三月一二日の手紙でも（一六二ページ）、やはり『思索という事象へ』から引用している。

注（3）　正確な書名は Bruno Snell, *Die Entdeckung des Geistes: Studien zur Entstehung des europäischen Denkens bei den Griechen*, Hamburg: Claassen, 3., neu durchges. und abermals erw. Aufl., 1955. アーレントが挙げているページの数字は、この版のスネル著作集のそれと一致する。

注（4）　この手紙は HAPapers (Cont. 9) に保存されている。これはアーレントの手紙（こちらは保存されていないが、本書の一四六ページを見よ）への返事で、そのなかにフルカードがこう書いている個所がある。「ハイデガーといえば、あなたはこれをお聞きになっても別に驚いたりなさらないでしょうね、私たちにむかってあるとき口頭であなたを賞賛し、あなたのご本を読むようにと勧めた最初の人が、あの深遠な天才ハイデガーだったのです」

注（5）　アメリカ女性、ジョーン・スタンボー（一九三二年生まれ）は、一九六九年以降、ニューヨークのハンター・カレッジの哲学教授。フライブルク大学で学び、博士号を取得（ヴォルフガング・シュトルーヴェのもとでニーチェの研究）。ハイデガーのいくつかの著作を英訳している。最後に訳したのは『存在と時間』。文書85注（1）を見よ。

注（6）　アメリカの抒情詩人で劇作家（一九一七―一九七七）。ロバート（・キャル）・ローウェルはメアリー・マッカーシーの友人仲間にも属していたから、アーレントとマッカーシーの『往復書簡』でもたびたび言及されている。

注（7）　ドイツ語版は J. Glenn Gray, *Homo furens oder Braucht der Mensch den Krieg?*, Hamburg: Wegner, 1970（アーレントによる序文付き、訳者はモニカ・クルトケ）。

注（8）　アーレントは一年間、ニュー・スクール・フォア・ソーシャル・リサーチの授業から解放されていた。この「休暇」に財政的援助を与えたのはロックフェラー財団で、おかげで彼女は《vita contemplativa〔観想的生活〕》の構想（のちの『精神の生活』）に取り組んで仕事することができた。

119 a

ハンナ・アーレント、エルフリーデ・ハイデガー宛、一九六九年一二月二五日。タイプライター書きの手紙原本（署名は手書き）、NL Heidegger――用箋には“From the desk of Hannah Arendt”という印刷が入っている。

この手紙に同封されているのは、一九六九年八月一〇日付の『シアトル・タイムズ』に載った記事。見出しは、「マルティン　ハイデガー、ドイツのナチ時代における彼の役割を釈明」。その筆者ソフィー・ブルーメンソールはそのまえの六月二九日、やはり『シアトル・タイムズ』に一つの報告を発表し、それをハイデガーに送って態度表明をもとめていた。ハイデガーはその女性宛に手紙で回答するとともに、彼女の誤った主張を正しておいた。ブルーメンソールは彼の回答を上記の（二度目の）記事のなかに載せ、「個々の点での」自分の誤りを詫びはしたが、原則的なところでは非難をまたくりかえした。――ソフィー・ブルーメンソールへのハイデガーの手紙は、原文のまま、HGA第一六巻に収めて公刊されることになっている

120

ハンナ・アーレント、一九七〇年三月一二日、タイプライター書きの

手紙原本（署名は手書き）、NLHeidegger

注（1） 原文では ohne Gelände となっている――《手摺なしの思考 Denken ohne Geländer》をアーレントが原則に掲げていたことを考えると、これはタイプの打ち間違いとしか思えない。アーレントの《手摺なしの思考》については、彼女の "Diskussion mit Freunden und Kollegen in Toronto" (1972), S. 110 を見よ。

注（2） ハイデガーの『芸術と空間』。

注（3） Fritz Heidegger, "Ein Geburtstagsbrief", in: *Martin Heidegger zum 80. Geburtstag von seiner Heimatstadt Messkirch*, S. 58-63.

注（4） ヨハン・ハインリッヒ・カントからイマヌエル・カントへ宛てた一七八九年八月二一日の手紙。I. Kant, *Briefwechsel*, Auswahl und Anmerkungen von Otto Schöndörffer, bearbeitet von Rudolf Malter, 3., erw. Aufl., Hamburg: Meiner (Philosophische Bibliothek, 52a/b), 1986, S. 410-412. ――カントの弟のこの手紙は、ヴァルター・ベンヤミンのドイツ書簡集『ドイツの人びと』のなかで注釈され、そこに翻刻されている。Walter Benjamin, *Gesammelte Schriften*, unter Mitwirkung von Theodor W. Adorno und Gershom Scholem hrsg. von Rolf Tiedemann und Hermann Schweppenhäuser, Frankfurt am Main: Suhrkamp, Bd. 4 (1972), S. 156ff.

注（5） コロラド・スプリングスの、J・グレン・グレイが哲学を教えているコロラド・カレッジでの講演と、フォート・コリンズのコロラド州立大学での講演。一方の演題は「暴力と権力」、もう一つは「思考と道徳的考慮」。後者で扱われているのは、著書『イェルサレムのアイヒマン』への批判との関連でのアーレントの省察、ならびに《観想的生活 vita contemplativa》についての彼女のいだいている観念の最初の定式化である。

121

フリッツ・ハイデガーからハンナ・アーレントへ、一九七〇年四月二七日、手書きの手紙原本、NLArendt

注（1） 四月九日にハイデガーはバイエルン芸術アカデミーで、「芸術の定義への問い」と題する講演をおこなった。ミュンヘンからの帰途、四月一〇日にアウグスブルクで軽い卒中発作をおこして病院に運ばれた。一週間後にはすでに退院が可能となり、エルフリーデが付き添って寝台自動車でフライブルクへ帰った。――アーレントは彼女の『思索日記』に、「マルティン　卒中発作」と記している。

122

エルフリーデ・ハイデガー、一九七〇年五月一六日、タイプライター書きの手紙原本（署名は手書き）、NLArendt――便箋の頭書きは文書112と同じ。

注（1） 五月にアーレントは夫とともにテーニャへ出かけて、八月までヨーロッパに滞在した。

123

エルフリーデ・ハイデガー、一九七〇年七月二日、タイプライター書きの手紙原本（署名は手書き）、NLArendt――便箋の頭書きは文書112と同じ。

124

ハンナ・アーレント、一九七〇年七月二八日、タイプライター書きの手紙原本（署名は手書き）、NLHeidegger

注（1）　アーレントは七月二〇日にテーニャからフライブルクへ、約束の訪問に出かけた。明らかにひとりで（ハインリッヒ・ブリュッヒャーといっしょではなく）行ったようだ。彼女の『思索日記』には、七月二一日と二二日の日付で、こう書きとめられている。「Hei：「私には存在は有限だ」。私の反論への答えとして、ギリシャ人たちの解釈にさいして *φαίνεσθαι*〔Erscheinen そう思われる〕だけは妥当だと認めるが、*δοκεῖ μοι*〔私にはそれでいいと思える〕というのは認めない、という。ギリシャの《ペシミズム》についても話をした……」

注（2）　講演「芸術の由来と思索の使命」の原稿。このコピーはNLArendt に保存されていて、彼女はこの手紙のつづきで述べているのと一致する所見をそこに手書きで記している。

注（3）　ページの数字は講演原稿版による。この問題については本書一三三ページも参照されたい。

注（4）　ハンス・ザーナー（一九三四年生まれ）は長年カール・ヤスパースの個人的助手をつとめ、ヤスパースの死（一九六九年）ののちは遺稿の管理者。この当時は *Karl Jaspers in der Diskussion*（文書131注（4）を見よ）の出版を準備中だった。

注（5）　ヤスパースの『世界観の心理学』（一九一九年）にたいするハイデガーの批判、文書131以下を見よ。

注（6）　手紙のこの箇所にハイデガーは手書きで「断片三四」と出典を書き添えている。ドイツ語訳（ディールス＝クランツ）では、“Schein (meinen) haftet an allem”となっている。Hermann Diels, *Fragmente der Vorsokratiker*, hrsg. von Walther Kranz, 6., verb. Aufl., Bd. 1 (Nachdruck Berlin : Weidemann, 1951), S. 137 を見よ。

125

マルティン・ハイデガー、一九七〇年八月四日、手書きの手紙原本、NLArendt

注（1）　ページの数字は一九七〇年の私家用印刷版による。『四つのゼミナール……』（一九七七年）として印刷された版では一〇六ページ。

126

マルティン・ハイデガー、一九七〇年一一月九日、手書きの手紙原本（同封の詩「時間」も）、NLArendt――「エルフリーデ」の署名は本人の手による――

注（1）　一九七〇年一〇月三一日、ハインリッヒ・ブリュッヒャーが心筋梗塞で急逝した。ハイデガーはこれをグレン・グレイから知らされた。

注（2）　この手紙は保存されていない。ハイデガーの『現象学と神学』の献辞には、「一九二三年から一九二八年のマールブルク時代の友情の記念に、ルドルフ・ブルトマンに捧げる」とある。

注（3）　同封された「時間」という詩は、ルネ・シャールへのオマージュに印刷して載せた詩とことばは同じ（しかし詩行の区切り方はちがう）。ハイデガー著作一覧の xviii ページの《Gedachtes/Pensivement》を見よ。

127

ハンナ・アーレント、一九七〇年一一月二七日、タイプライター書きの手紙原本（署名は手書き）、NLHeidegger

注（1）　六二ページの詩「死」を見よ。

注（2）　「わたしは行く」ということばは、一一月一五日にバード・カレッジでおこなわれたハインリッヒ・ブリュッヒャーの葬儀を思い出しながら書かれたのだろう。ブリュッヒャーの同僚のひとりが

ソクラテスの『弁明』からあの有名なことばを読み上げたのである。「われわれはいま行かなくてはならない、わたしは死にに、きみたちは生きるために。どちらがいいかは、神のみぞ知る」。*Arendt-McCarthy-Briefwechsel*, S. 392 を見よ。

注（3）「有限性はもしかすると本来的実存の条件かもしれない」、M. H., *Vier Seminare...* (1977), S. 97 を見よ。

128

ハンナ・アーレント、一九七一年三月二〇日、タイプライター書きの手紙原本（署名は手書き）、NLHeidegger――この手紙の写しがNLArendt に残されているが、そちらには手書きの追記はない。ここに載せたテクストは原本にしたがっている――

注（1） M. H., *Phänomenologie und Theologie.* これには一九二八年の講演のほかにも、ハイデガーが一九六四年三月一一日にドリュー大学での会議に送った書簡（文書118注(12)を見よ）も収められている。

注（2） ハイデガーの『現象学と神学』（一九七〇年）に載っている書簡 “Einige Hinweise...”, S. 42 を見よ。引用中のかぎ括弧はアーレントおよび本書編者による。――この手紙の原本には、この個所の右端にハイデガーの手書きで次のような書き込みがある。O. Di. [Ontologische Differenz], vgl. “Die Sprache”, 7. X. 50 [HGA, Bd. 12, S. 7ff.].

注（3） 友人たちというのは、メアリー・マッカーシーとその夫ジェイムズ・ウェスト。この旅は彼らの招待によるものだった（*Arendt-McCarthy-Briefwechsel*, S. 410ff. を見よ）。

注（4） アレクサンドル・コジェーヴのことで、Kojevnikoff は彼の短縮されていない（ロシア）姓。言われている論文はおそらく“Le concept et le temps”, in: *Deucalion*. Cahiers publiés sous la direction de Jean Wahl 5 (*Etudes hégéliennes*)（= *Etre et Penser*, 40), Oktober 1955, S. 11-20.――《ヘーゲル解釈》というのは本書の文書98注(2)に正確な書誌を示してある本のことだろう。

129

マルティン・ハイデガー、一九七一年三月二六日、手書きの手紙原本、NLArendt

注（1） ハイデガーが多くの講義とゼミナールで取り組んでいた、ヘーゲルとの対決を言っているのだろう。彼のヘーゲル関係の公刊著作は、論文集『森の道』（《ヘーゲルの経験概念》）および『道標』（《ヘーゲルとギリシャ人たち》）にある。さらには『ドイツ観念論』と『ヘーゲルの精神現象学』の両講義、およびＨＧＡの『ヘーゲル』の巻を見よ。

注（2） アーレントは四月二〇日過ぎにチューリッヒからフライブルクへ出かけている。彼女の『思索日記』には《フライブルク、一九七一年四月二二日》の日付で、“Ent-sagen” についての記入がある。アーレントの注記によれば、“Ent-sagen〔断念する〕” というこの主題の語をハイデガー自身が彼女のノートブックに書きこんだという。

注（3） ヴァルター・ビーメル（一九一八年生まれ）は当時、アーヘン工科大学の哲学教授。一九七三年にローヴォールト叢書 “Rowohlts Monographien” の一巻として、*Martin Heidegger mit Selbstzeugnissen und Bilddokumenten* を公刊（正確な書誌は引用文献一覧の ix ページを見よ）。また二〇二ページも参照されたい。

注（4） M. H., “Gedachtes/Pensivement”.

注（5） フーゴー・フリードリッヒ、一八七ページも見よ。

130

マルティン・ハイデガー、一九七一年五月一七日、手書きの手紙原本、

NLArendt

注（1） H. A., *Walter Benjamin–Bertolt Brecht: Zwei Essays.* ハイデガーに送られた献辞入りのこの本は保存されている。献辞は「マルティンへ、あれやこれやを思い出しつつ／ハンナ、一九七一年四月三〇日」。——「あれやこれや」ということばは、引用符のあるのも、ないのも、ベルトルト・ブレヒトと関連があって、ハイデガーがこの手紙の少しあとのほうで"Wenig"〔少し〕と大文字で書いて引用符を付けているのも、ブレヒトを念頭においてのことである。連想されているのが、ブレヒトの詩「老子遁世の途上での『道徳経』成立の由来」の冒頭の数行であることは、ほぼまちがいない。

齢七十となり、からだが弱ってきたとき
安息への願いが師をかりたてた、
〔……〕
そこで彼は荷をこしらえた、必要なものを
少しだけ。それでもあれやこれやになった。

Bertolt Brecht, *Gesammelte Gedichte*, Bd. 2, Frankfurt/Main: Suhrkamp (edition suhrkamp, 836), 3.Aufl. 1981, S. 660 を見よ。アーレントは彼女のブレヒト論のなかで、これは「今世紀の詩のなかで……もっとも静かで慰めにみちたものの一つ」だと言っている（*Menschen in finsteren Zeiten*, S. 283）。

注（2） 四月のチューリッヒからフライブルクへの旅（この前の手紙への注(2)を見よ）のあと、アーレントがヨーロッパ旅行で滞在したのは、ミュンヘン、ケルン、ロンドン、ケンブリッジ。五月二四日にニューヨークに帰着。

注（3） 一九七一年五月二八日にバード・カレッジにおいて、卒業生の提唱によるハインリッヒ・ブリュッヒャー追悼式がおこなわれた。アーレントの一九七一年二月一三日付メアリー・マッカーシー宛の手紙を見よ（*Arendt-McCarthy-Briefwechsel*, S. 410）。

131

ハンナ・アーレント、一九七一年七月一三日、タイプライター書きの手紙原本（署名は手書き）、NLHeidegger——この手紙は写しがNLArendt に保存されていて、文面はまったく同じ——

注（1） M. H., *Erläuterung zu Hölderlins Dichtung.*

注（2） M. H., *On Time and Being*, translated and with an introduction by Joan Stambaugh, New York: Harper & Row, 1972.

注（3） クラウス・ピーパー（一九一一年生まれ）、カール・ヤスパースの著作の出版者、アーレントの著作もたくさん手がけている。

注（4） その後、*Karl Jaspers in der Diskussion*, hrsg. von Hans Saner, München: Piper, 1973 として出版された本のこと。そこに、ハイデガーが一九二〇年に書いたが当時は発表しなかった書評、"Anmerkung zu Karl Jaspers' 〈Psychologie der Weltanschauungen〉 (1919/21)"〔ヤスパースの『世界観の心理学』にたいする書評〕が収録されている。詳細はこのあとにつづく手紙を見よ。一六六ページも参照されたい。

注（5） ハンス・レスナー、この当時はピーパー社の出版部長。

注（6） シラクーザ近傍のギリシャ劇場の写真は保存されていないが、ハイデガーの二枚の肖像写真は（裏面にアーレントの手で「一九七〇年」と書いてある）、マルバッハのドイツ文学資料館写真部門にある。アーレントが一九七〇年夏に彼を訪問したさい、みずから撮影したものと思われる。

132

マルティン・ハイデガー、一九七一年七月一五日、手書きの手紙原本、NLArendt

注（1） 論集 *Karl Jaspers in der Diskussion*（正確な書誌はこのまえの手紙の注（4）を見よ）には、ユルゲン・ハーバーマスの寄稿 "Die Gestalten der Wahrheit"（最初は一九五八年二月二二日の『フランクフルター・アルゲマイネ・ツァイトゥング』に発表されたもの）も載っている。ハイデガーが批判している《論争文》は、また別のハーバーマスの論文 "Mit Heidegger gegen Heidegger denken: Zur Veröffentlichung von Vorlesungen aus dem Jahre 1935" で、一九五三年七月二五日の『フランクフルター・アルゲマイネ・ツァイトゥング』に発表されたもの。両論文とも J. H., *Philosophisch-politische Profile*, Frankfurt am Main: Suhrkamp (Bibliothek Suhrkamp, 265), 1971, S. 99-108 bzw. S. 67-92 に再録されている。

注（2） HGA第六一および六二巻、フライブルクでの一九二一／二二年冬学期および一九二二年夏学期の講義、同じく第三三巻、一九三一年夏学期の講義を見よ。もう一つの、一九二四年夏のアリストテレス講義（*Grundbegriffe der aristotelischen Philosophie*）は未刊〔二〇〇二年に刊行された〕。

133

ハンナ・アーレント、一九七一年七月二八日、タイプライター書きの手紙原本（署名は手書き）、NLHeidegger——この手紙は写しがNLArendt に保存されている。ここに印刷した原本のほうには、わずかな修正がほどこされている——

134

マルティン・ハイデガー、一九七一年八月四日、手書きの手紙原本（同封の詩「セザンヌ」も）、NLArendt

注（1） これが指しているのはとりわけ同封されている詩「セザンヌ」。これにつづく手紙も見よ。

135

ハンナ・アーレント、一九七一年八月一九日、タイプライター書きの手紙原本（署名は手書き）、NLHeidegger——この手紙は写しがNLArendt に保存されている。原本と写しは完全に同じ——

注（1） ハイデガーの肖像を描いた習作で、一九二五／二六年のころのもの。これはヤング＝ブルーエルによる伝記の写真の部に載っている。本書一八二、一八四ページも見よ。

注（2） ハイデガーの生前に発表された連詩 "Gedachtes/Pensivement"（HGA第一三巻に再録）に「セザンヌ」という題の詩が入っているが、これはアーレントへ送られた詩とは異同がある。——《想念》は、いまはまだ未刊のHGA第八一巻の題名となっているが、この巻は、ハイデガー自身が計画を立てた第一三巻（『思索の経験から』）を補うものとして、彼のその他の詩と、詩のかたちをとった思索とを載せることになっている。——「セザンヌ」という詩には三通りのテクストがある。第一はHGA第一三巻に出ているもの、第二は本書に載せたもの、第三は第八一巻に発表されるもの。

注（3） アーレントが同じ考えを述べている一九五ページも見よ。——そのような索引は今日までまだつくられていない。しかし一九六一年にはヒルデガルト・ファイクの作成による『ハイデガー《存在と時間》索引』がニーマイヤー社から出版され（第二版は一九六八年）、ハイデガーが一九七二年六月二二日の手紙（文書147）に書いているように、これは「同時に、『存在と時間』から見ているため、その意味で限定付きだが、その後の全著作のコンコーダンスにも」なっている。二一〇ページも見よ。——この索引は、その間にズザンネ・ツィーグラーがさらに手を加えて、第四版（一九九一年）が出ている。

注（4）　アーレントに宛てたグレン・グレイの一九七一年八月一五日付のこの手紙は、HAPapers（Cont. 10）に保存されている。

注（5）　この本はおそらくジョーン・スタンボー訳、*On Time and Being* だろう。文書131注（2）を見よ。

136

ハンナ・アーレント、［一九七一年九月二四日］、ハイデガー家に贈る花束に添えられたカード、テクストはニューヨークのヘッション&キャザー社の領収書による、NLArendt

137

ハンナ・アーレント、一九七一年一〇月二〇日、タイプライター書きの手紙原本（署名は手書き）、NLHeidegger――この手紙の写しもNLArendt に保存されている。原本との異同はない。

注（1）　ハイデガーはこのとき、乞われた意見書を書いてやっている。一八四ページを見よ。――フォルラート（一九三二年生まれ）は一九六九年にケルン大学で教授資格取得。一九七三年から一九七六年までニュー・スクール・フォア・ソーシャル・リサーチの大学院で教え、一九七六年からはケルン大学の政治哲学教授。

注（2）　ヴェルナー・マルクス（一九一〇－一九九四）は二〇年代にフライブルク大学で哲学を学び、その後ボン大学で司法試験をすませたが、一九三四年に国家公務員の職を追われて、まずパレスティナへ、ついでアメリカ合州国へ移住した。哲学の勉強をニュー・スクール・フォア・ソーシャル・リサーチの夜間コースで再開し、一九四九年にカール・レーヴィットのもとで、アリストテレスの存在論についての論文で博士号を取得。一九六四年にフライブルク大学の哲学正教授（フッサールとハイデガーの占めていた地位）となり、一九七〇年からはフライブルクのフッサール資料館の館長。

注（3）　ハイデガーのテクストを集めたレヴィ編纂の本は結局出なかった。――"Martin Heidegger ist achtzig Jahre alt" のフランス語訳の正確な書誌はつぎのとおり。H. A., "Martin Heidegger a quatre-vingt ans" (Traduction de Patrick Lévy [avec la collaboration de Barbara Cassin], revue et corrigée par l'auteur), in: *Critique* 27, Nr. 293, Oktober 1971, S. 918-929.

138

マルティン・ハイデガー、一九七一年一〇月二四日、手書きの手紙原本、NLArendt

注（1）　M. H., *Nietzsche*, traduit de l'allemand par Pierre Klossowski, Paris: Gallimard, 1971.

注（2）　アーレントが《ヴィタ・コンテンプラティーヴァ〔観想的生活〕》と呼んでいる企画との関連での、彼女の研究を指している。このあとの一八六ページも見よ。

139

マルティン・ハイデガー、一九七一年一〇月二八日、手書きの手紙原本、NLArendt――署名「エルフリーデ」は本人の手による――

注（1）　この二ページは遺稿中に残されていない。ハイデガーが言及している雑誌論文は、Ernst Vollrath, "Platons Anamnesislehre und Heideggers These von der Erinnerung in die Metaphysik", in: *Zeitschrift für philosophische Forschung* 23, 1969, S. 349-361.

140

ハンナ・アーレント、一九七二年二月二日、タイプライター書きの手紙原本（署名は手書き）、NLHeidegger——この手紙も写しがNLArendtに保存されている。原本と写しはまったく同一——

注（1）アーレントはエルンスト・フォルラートへの手紙（一九七二年二月一六日）で、もう少しはっきり書いている。「目下わたしたちのところでは、人員削減のせいで上を下への大騒動です。いまの大学ではどこでも削減が進行中ですが。加えてほかの困難ももちあがっています——ニュー・スクールのわれわれの哲学部はいったいどうなってしまうのやら」（出典——HAPapers, Cont.15, Folder "Vollrath, Ernst, 1970-75"）

注（2）ハンス・ヨーナスもそのひとり。

注（3）アーレントはニュー・スクール・フォア・ソーシャル・リサーチの大学院でのこの両コースを、「意志の歴史」という標題で学生に予告していた。それらはアーレントがギフォード講義第二部でおこなうことにしていた「意志」論の仕事につながっている（のちに『精神の生活』第二巻『意志』として出版）。このあとの一九五ページも見よ。

注（4）モーリス・メルロ＝ポンティ（一九〇八‐一九六一）、フランスの哲学者。

注（5）アーレントとウーヴェ・ヨーンゾン（一九三五‐一九八四）は一九六六年にニューヨークではじめて出会い、その後、友情が育っていった。三部作小説『記念の日々』（一九七〇、一九七一、一九七三）のなかでヨーンゾンは、アーレントの人物像をザイトリッツ伯爵夫人に托して描いている。両者の関係については、Bernd Neumann, "Korrespondenzen, Uwe Johnson und Hannah Arendt," in: *Du. Die Zeitschrift der Kultur*, Heft 10, Oktober 1992, S. 62-66を見よ。

マルティン・ハイデガー、一九七二年二月一五日、手書きの手紙原本（同封の詩「感謝」も）、NLArendt

注（1）ホルクハイマーのどの講演のことをハイデガーが言っているのかは不明——ホルクハイマー著作集 *Gesammelte Schriften* の編者グンツェリン・シュミット・ノーエールの協力を得て調べたが、判明しなかった。

注（2）Hans-Georg Gadamer, *Hegels Dialektik: Fünf hermeneutische Studien*, Tübingen: Mohr, 1971; ders., *Kleine Schriften*, Bd. 3, Tübingen: Mohr, 1971.

注（3）モーリス・メルロ＝ポンティ（一九〇八‐一九六一）の死後、さまざまな遺稿出版がなされている。*Le Visible et l'invisible*（1964）, *Eloge de la philosophie, et autres essais*（1965）, *La Prose du monde*（1969）, さらにソルボンヌ大学とコレージュ・ド・フランスでの彼の講義をまとめたものもある（一九六四もしくは一九六八）。

注（4）社会学者ヘルムート・シェルスキー（一九一二‐一九八四）は、ひじょうによく読まれたこの論文、"Die Strategie der 'Systemüberwindung'"（副題は"Der lange Marsch durch die Institutionen"）において、彼の言うところの「左翼過激派の政治戦略」の診断をおこなった。これはHelmut Schelsky, *Systemüberwindung, Demokratisierung und Gewaltenteilung. Grundsatzkonflikte der Bundesrepublik*, München: Beck, 1973, S. 19-37に再録されている。

注（5）Ernst Vollrath, "Politik und Metaphysik. Zum politischen Denken Hannah Arendts," in: *Zeitschrift für Politik*, N. F. 18, 1971, Heft 3, S. 205-232.

注（6）Sitzung der phil.-hist. Klasse am 12. Februar 1972 in Freiburg: "Herr Friedrich hält einen Vortrag über: 'Mallarmé, Die weiße Seerose. Eine Interpretation," in: *Jahrbuch der Heidelberger Akademie der Wissenschaften für das Jahr 1972*, Heidelberg: Winter, 1973, S. 39f. を見よ。さらに Hugo Friedrich, "Mallarmé, Le Nénuphar blanc: Aus einer Vorlesung (1952/1971)," in: ders., *Romantische Literaturen: Aufsätze I—Frankreich*, hrsg. von Brigitte Schneider-Pachaly, Frankfurt/Main: Klostermann, 1972, S. 227–236 も参照されたい。

注（7）　同封されていた詩「感謝」は、その最初の稿本が連詩"Gedachtes/Pensivement" に発表されていた（HGA, Bd. 13, S. 224 に再録）。もう一つ、第三稿もあって、それは全集第八一巻に収録の予定。

142

ハンナ・アーレント、一九七二年二月二一日、タイプライター書きの手紙の写し（署名は手書き）、NLArendt

注（1）　Joachim Fest, *Das Gesicht des Dritten Reiches: Profile einer totalitären Herrschaft*, München: Piper, 1963.

注（2）　Albert Speer, *Erinnerungen*, Berlin: Propyläen, 1969.

注（3）　ギュンター・ネスケは、ハイデガーが次の返事に書いているように「私の三人の出版者」のひとり。あとふたりは、ヴィットリオ・クロースターマンとヘルマン・ニーマイヤー。

143

マルティン・ハイデガー、一九七二年三月一〇日、手書きの手紙原本、NLArendt

注（1）　ハイデガーは一九七三年九月には、全集版問題についてのこの考えを変えている。二〇八ページを見よ。

注（2）《転回 Kehre》というのは、ハイデガー自身が彼の思索における根本的な方向転換をあらわすために導入した概念で、つまり「初期の実存的存在論への方向から、のちの存在の歴史の思索する方向への」転換である（ヴィンフリート・フランツェン）。《転回》はハイデガー解釈をめざす広範な努力の対象となっていて、《転回》はいつおこなわれたのか、果たしてあったのか、場合によっては何度起きたのかについて、またそれについてのハイデガー自身の発言をどう解釈するかについて、さまざまに異なる捉え方がある。その概観（W・フランツェンによる）が *Historisches Wörterbuch der Philosophie*, Bd. 4 (1976), Sp. 806–809 にある（この辞典の正確な書誌は文書62注（4）にある）。また Friedrich-Wilhelm von Herrmann, "Das Ende der Metaphysik und der andere Anfang des Denkens: Zu Heideggers Begriff der Kehre," in: ders., *Wege ins Ereignis: Zu Heideggers 'Beiträgen zur Philosophie'*, Frankfurt am Main: Klostermann, 1994, S. 64–84.——アーレントの解釈は、彼女の『思索日記』（日付は「一九六九年八月」）にこう記されている。「ペネローペの織るヴェールとしての思索。存在と時間は、存在論的差異にもとづく転回において〈破壊されて〉いる。存在論的差異がとりもどされるのは〈思索という事象〉三八ページにおいて。六一、七八ページ参照」。これらのページ番号はハイデガーの『思索という事象』による。

144

ハンナ・アーレント、一九七二年三月二七日、タイプライター書きの手紙原本（署名は手書き）、NLHeidegger——この手紙の写しは NLArendt に保存されているが、原本のほうはわずかな訂正と短い手書きの加筆がなされていて、ここに掲載した手紙は原本にしたがっている。

注（1） アーレントがどういう理由で当時（一九七一年末、一九七二年初頭）クラウス・ピーパーもしくはピーパー出版社に「猛烈に腹が立って」いたのかは不明。

注（2） このことばはヴァレリーの "Discours aux chirurgiens" (1938) のなかに、'Tantôt je pense et tantôt je suis' というかたちで出てくる。アーレントは出典を示さないままこれをたびたび引き合いに出していた。彼女の没後に出版された著作『精神の生活』第一巻第一九章の標題には、ヴァレリーのこのことばが原典どおりのかたちで使われている。

注（3） アーレントの遺稿管理人ロッテ・ケーラーの教示によれば、一九七二年にアーレントは以下の四つの名誉博士号を授与されている。ノートルダム大学の "Legum Doktor"（五月二一日）、フォーダム大学の "Doctor of Humane Letters"（六月三日）、プリンストン大学の "Litterarum Doctoris honoris causa"（六月六日）、ダートマス大学の "Doctor of Letters"（六月一一日）。前年にはイェール大学が "Doctor of Humane Letters" を授与（一九七一年六月一四日）。

注（4） 一九六七年にシカゴ大学学長となった法学教授エドワード・ハーシュ・リーヴァイ（一九一一年生まれ）のこと。アーレントは彼について、メアリー・マッカーシーへの一九六八年一二月二一日の手紙でも似たような言い方をしている。*Arendt-McCarthy-Briefwechsel*, S. 343 を見よ。

注（5） ヴィラ・セルベローニ。このあとの一九七ページを見よ。またメアリー・マッカーシーへの七二年八月二二日の手紙も見よ（*Arendt-McCarthy-Briefwechsel*, S. 454ff.）。

145

マルティン・ハイデガー、一九七二年四月一九日、手書きの手紙原本、NLArendt――署名の "und Elfride" はエルフリーデの手による――

注（1） 「アリストテレス哲学の根本概念」の講義のこと。序論の原稿と、講義全体の三つの筆記録がその後発見された。この講義はHGA第一八巻として公刊されることになっている〔二〇〇二年刊〕。

146

ハンナ・アーレント、一九七二年六月一八日、タイプライター書きの手紙原本（署名は手書き）、NLHeidegger――この手紙は写しがNLArendt に保存されている。ここに掲載した原本には、アーレントによる些少の技術的修正がほどこされている――

注（1） Friedrich Wilhelm Joseph von Schelling, *Philosophische Untersuchungen über das Wesen der menschlichen Freiheit* (1809).

注（2） ハイデガーの本『人間的自由の本質に関するシェリングの論文』はジョーン・スタンボーの英訳により、*Schelling on Human Freedom* という題名で一九七八年にオハイオ州立大学出版から出た。彼女が頼りにできたシェリング論文の英訳というのは、James Gutmann: *Of Human Freedom: A Translation of F. W. J. Schelling's 'Philosophische Untersuchungen ueber das Wesen ...'*; with a critical introduction and notes, by James Gutmann, Chicago: Open Court, 1936.

注（3） 一八五ページを見よ。

注（4） この二行はシュテファン・ゲオルゲの連詩 *Der Teppich des Lebens*（正確な書誌は文書15注（1）を見よ）S. 51 にある詩 "Der Täter" からの引用で、その個所は次のとおり。「どこを匕首でぶすりとやるかと、兄弟のからだを目で測ったことのない者／そいつの人生のなんと軽いことか、想念のなんと薄っぺらなことか／ドクゼリの痺れる実を食らったことのない者は！」

注（5） 文書135注（3）を見よ。

注（6） この本の編者としてヒルデガルト・ファイクの名が記されている。

注（7） ホテル・アスコットの住所は、アーレントの一九七二年七月二一日付手紙の頭書きにはラヴァーター街一五番地と記されている。

147

マルティン・ハイデガー、一九七二年六月二二日、手書きの手紙原本、NLArendt

148

ハンナ・アーレント、一九七二年七月二一日、タイプライター書きの手紙原本（署名と追記は手書き）、NLHeidegger――この手紙の写しはNLArendtに保存されている。ここに掲載した原本はホテル・アスコット・チューリッヒの用箋に書かれていて、手書きによる訂正および上記の追記がある――

注（1） 九月二六日はハイデガーの八三歳の誕生日。

注（2） アーレントが言っているのはおそらくカントの手書きの遺稿中にある二つの省察のことだろう。Refl. 5019 und Refl. 5036, in: *Kants Gesammelte Schriften*, hrsg. von der Preußischen Akademie der Wissenschaften, Dritte Abteilung（*Handschriftlicher Nachlaß*）, Bd. 5（1928）. アーレントはこれらを『思考』のS. 93で、ここに言っているのとおなじ意味で解釈している。

注（3） カール・フリードリッヒ・フォン・ヴァイツゼッカー（一九一二年生まれ、この当時は《科学＝技術世界の生活条件の研究》のためのマックス＝プランク研究所長）、一九三五年以来のハイデガーの知己。Carl Friedrich von Weizsäcker, "Erinnerungen an Martin Heidegger," in: *Erinnerungen an Martin Heidegger*, hrsg. von Günther Neske, Pfullingen: Neske, 1977, S. 239-247を見よ。このなかでヴァイツゼッカーは、ハイデガーを「一九七二年晩秋に」最後に訪ねたと語っている。――G・ベーメは上記の研究所の研究者。この対談は、"'Die Physik zu Ende denken': Die Philosophie Carl Friedrich von Weizsäckers"（in: *Merkur* 26, 1972, Heft 6, S. 593-597）として発表された。

注（4） ハーマン・メルヴィルのこの物語はアーレントが特別重視していた文学作品の一つ。彼女は『革命について』のなかで、《善と悪の問題、そしてそれらが人間的出来事の進行に果たす役割の問題》を論じたさいに、メルヴィルの詩人的洞察力を援用している（*Über die Revolution*, S. 103ff.）。

注（5） これは、後世になにを残すべきかについてのハイデガーの考え（一三六ページを見よ、また文書143も参照）と関連していて、《六〇ページ》というのが（のちには六五ページとも言っている）それを表わす符丁となっている。たとえばアーレントがJ・グレン・グレイ宛のある手紙（一九七五年八月一六日付、HAPapers, Cont. 10）で述べているところでは、ハイデガーはそのページ数以内で「彼の哲学の核心を書きしるし」たいと考えていた。

149

マルティン・ハイデガー、一九七二年九月一二日、手書きの手紙原本、NLArendt

150

マルティン・ハイデガー、一九七二年九月一七日、手書きの手紙原本、NLArendt

注（1） アーレントが九月二四日にフライブルクを訪ねたことは、

ハイデガーが『初期論文集』の一冊にしるした献辞によっても確証される。ハイデガー著作一覧の xvii ページを見よ。

注（2） ハイデガーのただひとりの妹マリー（一八九二―一九五六）の娘、クロティルデ・オシュヴァルト。彼女の夫ハインリッヒ・ラップはバート・ゼッキンゲンの公証人だった。文書78注（2）も見よ。

151

マルティン・ハイデガー、一九七二年一二月八日、手書きの手紙原本、NLArendt――「エルフリーデ」の署名は本人の手による――

注（1） アーレントが彼女のミノックス＝カメラで撮ったハイデガーの肖像写真の引伸しだろう。一三一ページを見よ。

注（2） スコットランドのアバーディーン大学におけるギフォード講義という舞台で、アーレントは連続講義をおこなうことになっていた。テーマとして彼女が選んだのは「精神の生活」（死後出版されたドイツ語訳は *Vom Leben des Geistes*）。一九七三年四月と五月におこなう最初の講義は「思考」という題名で予告されていた。

152

マルティン・ハイデガー、一九七三年二月二四日、手書きの手紙原本、NLArendt

153

注（1） 一九七三年春学期にグレン・グレイはニュー・スクール・フォア・ソーシャル・リサーチの大学院でヘーゲルについて講義とゼミナールをおこなった。アーレントはゼミナールに定期的に出席。グレイは彼女のアパートに泊まった。

マルティン・ハイデガー、一九七三年五月五日、手書きの手紙原本、NLArendt

注（1） アーシュラとグレン・グレイ夫妻の娘で、一九七二／七三年にDAAD〔ドイツ学術交流会〕の奨学金でフライブルク大学に留学中、アーレントの講義を聴きにアバーディーンへ出かけていった。明らかにハイデガーはこの手紙をアバーディーンへ出している。

154

マルティン・ハイデガー、一九七三年七月九日、手書きの手紙原本、NLArendt

注（1） 古典語学者フランシス・マクドナルド・コーンフォードの数多い出版物のうちの二冊のことだろうが、どの《巻》を指しているのか正確にはわからない。コーンフォードが二巻本として出版した著作はない。

注（2） Nadeschda Mandelstam, *Das Jahrhundert der Wölfe: Eine Autobiographie*, aus dem Russischen von Elizabeth Mahler, Frankfurt am Main: Fischer, 1970.

注（3） おそらくこの論文は Charles H. Kahn, "The Greek Verb 'to be' and the Concept of Being," in: *Foundations of Language: International Journal of Language and Philosophy* 2, 1966, S. 245–265.

155

注（4） Parmenides B 3.（ドイツ語ではディールス＝クランツ版によると "denn dasselbe ist Denken und Sein"〔なぜなら思考と存在は同じものだからである〕）。H. Diels, *Die Fragmente der Vorsokratiker*（正確な書誌は文書124注（6）を見よ）, Bd. 1, S. 231.

ハンナ・アーレント、一九七三年七月一八日、タイプライター書きの手紙原本（署名は手書き）、NLHeidegger

注（1）ヴァルター・ビーメルによるモノグラフィー、『マルティン・ハイデガー』。引用文献一覧のixページを見よ。

注（2）一三〇ページおよび一七一ページを参照されたい。彼の遺稿集は、この手紙に挙げられた題名*Essai d'une histoire raisonnée de la philosophie païenne*のもとに全部で三巻出ている（Paris: Gallimard, 1968, 1972, 1973）。

156

マルティン・ハイデガー、一九七三年七月二九日、手書きの手紙原本、NLArendt

注（1）Otto Pöggeler, *Der Denkweg Martin Heideggers*, Pfullingen: Neske, 1963.

注（2）《娘》というのは、養女のエーリカ・ダイレ、旧姓ビルレのこと。エルフリーデ・ハイデガーの八〇歳の誕生日を祝う一九七三年七月一日のこの家族の集いには、このほか、姪のクロティルデ・ラップ（旧姓オシュヴァルト）と孫娘ゲルトルート（息子イェルクの娘）も来ていた。

157

マルティン・ハイデガー、一九七三年一一月一九日、手書きの手紙原本、NLArendt

注（1）この《ツェーリンゲン・ゼミナール》（ハイデガー著作一覧、xxviページを見よ）は、ハイデガーのフライブルクの家（フィリバッハ二五番地）で、ジャン・ボーフレ、フランソワ・フェディエ、フランソワ・ヴザン、アンリ＝クサヴィエ・モンジス、ジャック・タミニオーが参加しておこなわれた。

注（2）アーレントの《消息Lebenszeichen》は保存されていないが、きっと彼女はその手紙で、ギフォード講義の第二シリーズでは《意志》をテーマにするつもりだと報告したのだろう。文書159注（1）および文書165注（1）を見よ。

注（3）『存在と時間』のジョーン・スタンボーによる翻訳は一九九六年に刊行された。正確な書誌は文書85注（1）を見よ。

158

マルティン・ハイデガー、一九七四年三月一四日、手書きの手紙原本、NLArendt

159

マルティン・ハイデガー、一九七四年六月二〇日、手書きの手紙原本、NLArendt

注（1）五月五日、アーレントはアバーディーンで心臓発作におそわれて、三週間ほど入院を余儀なくされ（最初のうちは集中治療室）、そのあとロンドンを経てテーニャに向かった。*Arendt-McCarthy-Briefwechsel*, S. 510ff. を見よ。中断された連続講義、「意志」は、一九七五年におこなわれることになったが（文書165注（1）を見よ）、アーレントの希望で一九七六年春へ再度延期された。しかしこれはついに実現しなかった。一九七五年一二月四日にアーレントは二度目の心臓発作で、還らぬ人となったのである。講義原稿「意志」は完成したかたちで遺された（『精神の生活』第二巻）。

注（2）フリードリッヒ＝ヴィルヘルム・フォン・ヘルマン（一九三四年生まれ）はこの当時（一九七二年から）ハイデガーの個人助

手だった。一九七九年に彼はフライブルク大学の哲学教授となる。ハイデガーの存命中にHGAの最初の巻（第二四巻、一九七五年）を出し、それからも、ハイデガーの死後は息子ヘルマン・ハイデガーが担当した全集の一二の巻の編集に当たった。ハイデガーとの共同作業および彼の編集上の指示について、フォン・ヘルマンが報じている論文がある。Friedrich-Wilhelm von Herrmann, "Die Edition der Vorlesungen Heideggers in seiner Gesamtausgabe letzter Hand," in: *Freiburger Universitätsblätter*, Heft 78, Dezember 1982, S. 85-102.

160

マルティン・ハイデガー、一九七四年六月二三日、手書きの手紙原本、NLArendt

161

ハンナ・アーレント、一九七四年七月二六日、タイプライター書きの手紙の写し（署名は手書き）、NLArendt

注（1）「人間的自由の本質」（一九三〇年夏学期）、および「思索と詩作」（一九四四／四五年冬学期）。

注（2）ハイデガーの『人間的自由の本質について』第二部（HGA, Bd. 31, S. 139ff.）を見よ。

注（3）アリストテレスのプロアイレシスを、アーレントは"choice in the sense of preference between alternatives one—rather than another"〔選択肢のうち一方を他方よりよしとするという意味での選択〕、（ヘルマン・フェッターによるドイツ語訳では）"die Wahl im Sinne des Vorziehens einer von mehreren Möglichkeiten"と解釈している。*Das Wollen*, S. 59を見よ。

注（4）第二回連続講義のシラバスは、出版された『意志』のテクストの「序論」と同一である。

注（5）M. H., *Vom Wesen der menschlichen Freiheit...*, 特にその最初の五パラグラフ（HGA, Bd. 31, S. 1-38）。

162

マルティン・ハイデガー、一九七四年九月一七日、手書きの手紙原本、NLArendt

注（1）これについては、先に挙げたフリードリッヒ＝ヴィルヘルム・フォン・ヘルマンの論文が詳しく述べている。文書159注（2）を見よ。また一九〇ページも参照。

注（2）アーレントは一九七四年秋学期にニュー・スクール大学院で、「精神の生活、第一部、思考」の講義をすることになっていた。これにつづけて第二部「意志」は一九七五年春におこなわれた。

163

マルティン・ハイデガー、一九七四年九月二六日すぎ、八五歳の誕生日祝詞集にたいする手書き礼状複製カード、および個人的添え書き、NLArendt

164

マルティン・ハイデガー、一九七五年六月六日、手書きの手紙原本、NLArendt

注（1）六月にアーレントはドイツ文学資料館で、とりわけカール・ヤスパースの遺稿と、それにふくまれる彼女自身との往復書簡に目を通す仕事をしていた。

注（2）おそらくアーレントがフライブルクへ行ったのはマルバッハ滞在を終えてからで、チューリッヒへ向かう途中で立ち寄ったら

しい（六月二九／三〇日）。チューリッヒからはさらにテーニャへ旅をつづけて、彼女の日程表から見てとれるかぎりでは、テーニャに七月一日に着いている。

注（3）　一九七五年四月一八日にアーレントはゾニング賞を授与された。これはデンマークの著作家・出版人C・J・ゾニングを記念して、一九五〇年以来二年ごとに、《ヨーロッパ文明》への特別の貢献があった人に与えられる賞である。コペンハーゲン大学での受賞式に出るために、このときアーレントはヨーロッパへ行っている。

注（4）　デイヴィッド・ファレル・クレルは M. H., *Basic Writings from Being and Time* (*1927*) *to The Task of Thinking* (*1964*), Harper & Row, 1977 の編者。さらに二巻本の『ニーチェ』も訳している（やはりハーパー&ロウ社刊、4 Bände, 1979, 1982）。前者、『基本的著作』には、『存在と時間』への《手引き》がついていて、そこに翻訳者について次のような説明がある。「翻訳はジョーン・スタンボーがJ・グレン・グレイおよび編者（D・F・クレル）の協力のもとにおこなった」

注（5）　ベルンハルト・ツェラー、この当時、マルバッハのドイツ文学資料館の館長。文書114注（2）を見よ。

165

ハンナ・アーレント、一九七五年七月二七日、タイプライター書きの手紙の写し、NLArendt

注（1）　「意志」をテーマにしたこの講義は、このあと再度、一九七六年春へ延期されたが、結局おこなわれなかった（文書159注（1）を見よ）。「意志」の原稿は完成していて、「思考」と同様に彼女の死後、メアリー・マッカーシーによって編纂出版された。ドイツ語では、*Das Denken* と *Das Wollen* の二巻からなる *Vom Leben des Geistes* として出ている。

注（2）　アーレントはニュー・スクール大学院での一九七六年春学期に、定年退職まえの最後の授業として《判断》についてのゼミナールをおこなう計画だった。「判断」は彼女の三部作『精神の生活』の第三部となるはずでもあったが、原稿は着手できないままに終わった。しかし *Das Urteilen*（英語版では *Lectures on Kant's Political Philosophy*）を見よ。

注（3）　文書135注（3）を見よ。

166

マルティン・ハイデガー、一九七五年七月三〇日、手書きの手紙原本、NLArendt

最初に挙げられた日（八月一二日）に訪問することに決まったらしい。アーレントの日程表への記入がその確証となるし、もう一つ、裏付けとなる献辞がある。ハイデガーは、手書きの小冊子として刊行されたヒルデガルト・ファイク追悼文（*Frau Dr. Hildegard Feick der langjährigen getreuen Mitarbeiterin zum Gedächtnis*）を、アーレントにこのとき手渡したらしく、マルバッハのドイツ文学資料館に保存されているこの小冊子には手書きで「ハンナに——マルティーン」という献辞と、「フライブルク　一九七五年八月一二日に」という日付がしるされている。——これがアーレントの最後のハイデガー訪問となった。彼女は一九七五年一二月四日、ニューヨークの自宅で死去。

167

マルティン・ハイデガー、ハンス・ヨーナス宛、一九七五年一二月六日、ウエスタン・ユニオン電報

電報の宛先は、Prof. Jonas, 9 Meadow Lane, New Rochelle, New York 10805 State. 日付は 12/06/75 となっていて、発信もこの日の

うちになされたようである。この電報とこのあとの手紙を、ローレ・ヨーナスが本書のためにハンス・ヨーナスの遺稿から提供してくださった。

168

マルティン・ハイデガー、ハンス・ヨーナス宛て、一九七五年一二月二七日、手書きの手紙、ハンス・ヨーナスの遺稿より

注（1） アーレントの葬儀は、一二月八日、リヴァーサイド・メモリアル・チャペル（ニューヨーク、マンハッタン）において、約三〇〇人の参会者を迎えて執りおこなわれた（Young-Bruehl, *Hannah Arendt*, S. 636f. を見よ）。追悼のことばを述べたのはハンス・ヨーナス、メアリー・マッカーシーのほか、出版者ウィリアム・ジョヴァノヴィッチ、およびアーレントの最後の助手ジェローム・コーン。ヨーナスの弔辞は、ニュー・スクール・フォア・ソーシャル・リサーチの出している雑誌『ソーシャル・リサーチ』に発表された（43. Jg., Spring 1976, S. 3-5）。さらにヨーナスは、一九七六年四月にニュー・スクールが開催した記念の会議において、もっと長めの批判的評価をおこない、これは『ソーシャル・リサーチ』のハンナ・アーレント追悼号（44. Jg., Spring 1977, S. 25-43）に掲載された。あとに挙げたほうの論文は、それに先立ってドイツ語で『メルクール』誌に "Handeln, Erkennen, Denken: Zu Hannah Arendts philosophischem Werk" という表題で発表されている（30. Jg., Oktober 1976, S. 921-935）。——これにはそのほかユルゲン・ハーバーマス、ドルフ・シュテルンベルガー、エーリッヒ・ヘラーが追悼論文を寄せている。「ハンナ・アーレントを記念して」と題したこの号の巻頭には、一九七六年五月二六日に死去したマルティン・ハイデガーの栄誉をたたえる論文 "Martin Heideggers langer Marsch durch die 'verkehrte Welt'" が載っている（S. 911-920）。その著者ヴィリー・ホッホケッペル——『メルクール』の編集責任者ハンス・ペーシュケは彼を論理実証主義の精通者で信奉者であると紹介している（S. 920）——は、アーレントをハイデガーへの《架け橋》として使って、彼女は「ハイデガーの意味を一度として本気で疑うことのなかった」少数の「きわめて自立した思想家」のひとりだと書いている（S. 913）——彼がそのほかに「きわめて自立した思想家」として名を挙げたのは、ジャン＝ポール・サルトル、カール・レーヴィット、C・F・フォン・ヴァイツゼッカー、さらにはヘルベルト・マルクーゼ。そして一九七五／七六年に出たハイデガー全集最初の二巻（Bd. 24, 21）に即して、彼女が《思索の教師》ハイデガーをどうとらえていたかを検討している。

注（2） たぶんこれはヨーナスがアーレントの葬儀でのべた追悼の辞の稿本だろう。

注（3） ハイデガー家への最後の訪問に、アーレントはテーニャからフライブルクへ出かけている。文書166の注を見よ。だがその数週間前に（七月末）、彼女は知られているかぎりではマルバッハからチューリッヒへ行く途中でフライブルクに立ち寄っていた。——八月の訪問についてアーレントはメアリー・マッカーシーに報告しているし（八月二二日付の手紙、*Arendt-McCarthy-Briefwechsel*, S. 546）、またそれよりまえにもっと詳しくジョン・グレン・グレイにも報告している（すでに引用した未公刊の八月一六日付の手紙〔文書148注(5)〕を見よ）。そこには、彼女がフライブルクから「ひじょうに落ちこんだ気持で」テーニャへ帰ってきたこと、これまでいちども見たことのないほどハイデガーが「近づきにくい」感じだったことが、しるされている。——かくて、ここに記録した物語の結末には一つの相違が残っている。彼の記憶は、彼女が二人の友人に報告したことと食いちがっているのだ。疑問はどうしても浮かんでくる、ほんとうはどうだったのか？

遺稿からの補足的記録文書

A1 ハイデガーからハンナ・アーレントへ

日付なし、手書きの二枚のメモ原本、NLArendt
――呼びかけ、挨拶、署名、ともになし。

［これらのメモは両方ともマルバッハのドイツ文学資料館に、76.890/13 および 76.890/14 の番号で保存されている。おそらく一九二五年の夏学期中に書かれたものと思われるが、正確に時期を確定することは不可能である］

今晩、森へ来てくれないか。
しかし一〇時ごろになってから。ぼくは八時まで試験があるし、そのあとは――学期末はひとり暮らしなので、ブルトマンのところへ夕食によばれている。
その時間なら、いつもより長く森にいられる。
もしきみが来られなくて、ぼくが無駄足を踏んだとしてもかまわないからね。

火曜日の晩九時。ベンチで待っている。もしひどい天気だったら、金曜日に。

A2 ハイデガーからハンナ・アーレントへ

日付なし、手書きの手紙原本、NLArendt

［日付なしで小さな紙片に書かれたこの短い手紙は、マルバッハのドイツ文学資料館に、76.891/3 の番号で保存されていて、右上にアーレントの手による鉛筆書きで「二六年二月」という日付が入れてある。］

愛するハンナ！

明日の朝（土曜日）八時半ごろ、ぼくらのベンチへ来てくれないか。
　会えるのを楽しみに。

きみの
M

A３　ハイデガーがアーレントのために

日付なし、メモ原本、NLAredt

［A４版を半分に切ったこの紙片は、NLArendt に 76.895/4 の番号で保存されている。筆跡とインクと紙から推して、一九五〇年、アーレントが合州国へ帰ってゆく前の二月か三月に書かれたものだろう。］

挨拶のお返しに

……*τῶν μεγάλων πάρεδρος ἐν ἀρχαῖς*
θεσμῶν. ἄμαχος γὰρ ἐμπαί—
ζει θεὸς Ἀφροδίτα.

ソポクレス『アンティゴネー』、*Ἔρως ἀνίκατε μάχαν* 799/801

［....ton megalon paredros en archais
thesmon' amachos gar empai—
zei theos Aphroita.］

《......die grossen durchweilend aus Beginn
die（bräutlichen）Bräuche；streitlos unbewindbar
denn im
Spiel bleibt spielend, ein Gott, Aphrodite.》

θεσμός［thesmos］については、ホメーロス『オデュッセイア』、23. 296 の *λέκτροιο παλαιοῦ θεσμὸν ἵκοντο*［lektroio palaiou thesmon hikonto］と比較せよ。

des Lagers, des uralten, Brauch suchten sie auf.

［二人は……昔ながらの寝台のある場所へ歩み寄った。］（松平千秋による日本語訳　岩波文庫）

［編者の注記。引用されている詩句は、ソポクレス『アンティゴネー』Ⅲ幕第二場、コロスの《スタシモン》（「恋ごころよ」）より。カール・ラインハルトのこの一節全体の［ドイツ語］訳は、ギリシャ語原典に特に密着していて、つぎのようになっている。「おまえは正しい者すらも不正へと誘い／道からはずれて破滅へと向かわせる。／おまえのもたらす混乱は／血族の相争うこの不和へさえみちびく。／だが花嫁となる美しいひとの眼から／勝ちを宣して輝きでるのは神々し

い魅力、／天上の聖なる法のかたえに座し、／敵するものなく勝負をつかさどるのは／女神アプロディテー」Sophokles, *Antigone*, übersetzt und eingeleitet von Karl Reinhardt, mit griechischem Text, Göttingen: Vandenhoeck & Ruprecht（Kleine Vandenhoeck-Reihe, 116/117), 3. Aufl., 1961, S.76ff.〕

〔呉茂一による日本語訳（岩波文庫版）では、「正しい者も、恋の思いには、不義へと心を／牽きゆがめられ、わが身を害う。／また、恋の思いこそ、血族間に／もののふの争いさわぎを掻き立て出した。／美しい花嫁御の眉輪に宿って、／人目に著るく恋情を唆る、／あえかさこそは勝を誇るもの、／広大な天地の法のかたえに座を占め。／抗うことを許さない愛の女神アプロディテーが、／神さびにすさびたもうゆえ」〕

A4　アーレントの詩　一九二三年から一九二六年

〔これらの詩は、それぞれの記された紙を綴じないままで（タイプライター複写）、合州国の国会図書館に保存されている（Cont. 79, Folder: "Miscellaneous: Poems and stories, 1925-42 and undated"）。日付は、紙間に挿まれた紙に記されているものによる。以下に、すでにエリザベス・ヤング＝ブルーエルによるアーレントの伝記（正確な書誌は引用文献、ixページを見よ）に発表されている詩を挙げておく。

一九二三／二四年冬――〔無題〕（どんな言葉も……）、「民謡風に」、「慰め」、「夢」、「倦怠」、「地下鉄」、「別れ」（おお　宙を漂う日々よ……）

一九二四／二五年冬――「わたしのなかに沈みこむ」

一九二五年夏――「夏の歌」、〔無題〕（なぜあなたは……）、「晩夏」

一九二五／二六年冬――「友人たちへ」、「夜に寄せて」

一九二三／二四年冬

［無題］

どんな言葉も闇を突き破れない――
どんな神も御手を挙げない――
どこへ目を向けても
畳々と積み重なる土地。
ほどけゆく形はなく、
ゆれ動く影もない。
そしていまなおわたしには聞こえてくる。
もう手遅れだ、手遅れだ、と。

民謡風に

また会いましょう
白い接骨木《にわとこ》の花が咲くとき、
あなたをクッションでくるみましょう、
なにひとつ不足ないようにしてあげましょう。

楽しみにしていましょう、
辛口の葡萄酒に、
薫る菩提樹に、
まだわたしたちがいっしょにいるのを見てもらうのを。

木の葉が散るとき
そのころには別れましょう。
迷い足掻いたとてなんになる？
苦しみに耐えるしかないのです。

慰め

いつかそういう時が訪れる、
とうに忘れてしまった
古い傷口が
ぱっくり開きそうになる時が。

いつかそういう日々が訪れる、
どんな秤も
生の重み、苦悩の重みを
測りえない日々が。

時は流れ、
日は過ぎゆく。
手もとに残る成果といえば、

たんに生きながらえていることだけ。

夢

足は悲愴な輝きのなかを漂ってゆく。
そしてわたし自身も
やはり踊っている、
重さから解放されて
闇のなかへ、虚空のなかへ。
過ぎ去った時間のひしめく空間も
歩みぬけてきた距離も
見失われた孤独も
踊りだす、乱舞する。

わたし自身も
踊っている。
生意気にもイロニーをもって測りつつ
わたしはなにひとつ忘れていない。
わたしは虚無を知っている
重さを知っている
わたしは踊る、踊る
イロニーの輝きのなかで。

倦怠

たそがれゆく宵――
ひっそりした嘆きが
鳥たちの呼び声にまだききとれる
わたしの創りだした鳥。

灰色の壁が
崩れ落ちてきて、
わたしの両手が
やっとまたわれに返る。

わたしの愛したものを
わたしは手につかまえておけない、
わたしのまわりにあるものを
そのままにして立ち去れない。

なにもかも沈んでゆく。
薄闇がたちのぼる。
無がわたしを屈服させる――
人生とはこういうものか。

地下鉄

闇からやってきて、
明るみのなかへ蛇のようにのたくり出る、
敏捷で向こう見ず、
人間の力のとりことなった
細身のからだ、
決められた道を
注意ぶかく守りつつ進む、
性急さには無関心に
漂うように揺れながら。
敏捷で　細身で　人間の力の
とりこであっても、
そんなことを意に介さず
流れるように闇のなかへ、
上にあるもののことは承知しつつ
身をくねらせて飛んでゆく
黄色いけだもの。

別れ

おお　宙をただよう日々よ、おまえたちへ手を
　差しのべさせておくれ。
わたしから逃げはしないね、虚空へも無時間へも
逃げこむすべはないのだから。

でも燃え立つ風が　もっと異様なしるしを
わたしに吹きつける。わたしは逃げはしない
阻まれていた時間の虚空のなかへは。

ああ　おまえたちは知っていた、わたしが自分に
　贈ったほほえみを。
知っていたね、わたしが黙ったまま　どんなに
　たくさんのことを隠していたか、
野原にねそべって、おまえたちと一体になろうとして。

でもいま　ついに抑えきれなかった血潮が呼んでいる、
わたしが一度も舵をとったことのない船に乗れと。
死は生のなかにある、そう　わかっていますとも。

おお　宙をただよう日々よ、だからおまえたちに
　　　　　手を差しのべさせておくれ。
おまえたちはわたしを失うのではない。そのしるしに
おまえたちに残していこう、この一ページと　炎とを。

一九二四年夏

［無　題］

あてどもなく日々を行く。
重みなしに言葉を語る。
なにも見えないまま闇に生きる。

舵なしの生。

わたしの上を蔽う　ただただおそろしいもの
大きな黒い新種の鳥のような、
夜の顔。

……に

わたしの願いの重い荷を受け取ってください。
人生はまだまだつづく、急ぎはしません。
世界にはたくさんの国々があり
テントで過ごす夜々も　あまたあるのです。
　いったいだれが知るでしょう
　人生の苦しみをはかる秤を。
おそらくのちの日々に

このすべてに区切りがつくのでしょう。

[無　題]

そんなものは幸福ではない
あの人たちが思うようなのは
熱心に寺院へかよって
前庭から祈禱をのぞき
自分では理解できない聖別式をながめ
やがていやな目つきで引き返してきて
失われた人生の愚痴をこぼすなんて。

幸福とはなんだろう
おのれ自身と一つである者にとって
つまずきが用意されているときにしか
つまずかない者
おのれを知ることは限界であり権利である者
名乗りをあげることが種属内の合図である者にとって。

一九二四／二五年冬

たそがれ

沈み行く薄明り
待ちわびつつ合図を送る――
流れは灰色

沈黙する薄明り
音もなく傾いてゆく
注意をうながしつつ嘆きつつ
音もなく語りつつ――
流れは灰色

慰めをもたらす薄明り
おだやかに癒しつつ
闇を指し示しつつ
新しいもののまわりをめぐりつつ――
流れは灰色

わたしのなかに沈みこむ

わたしは手を見つめる
――わたしとつながっているのに見知らぬもの――
そういうとき　わたしはどこの国にもいない、
ここも　いまもなく
なにという拠りどころもない。

すると世界を軽蔑しなくてはいけないかのような
　気がしてくる。
時なんて勝手に過ぎていけばいい、
ただ不吉なしるしだけはもうご免だ、と。

わたしは手を見つめる、
不気味なほど近い血縁のもの、
それでいて　べつのもの。
この手はわたし以上のものなのか
もっと高い意味をもっているのか。

一九二五年夏

夏の歌

夏のさかりの充溢のなかに
両手を差し入れて滑らせてゆこう
痛いほど四肢をいっぱいに伸ばそう
暗くて、重たい大地へのほうへ。

音をたてて風になびく草原
森の埋ずもれた小道
すべてがきびしく沈黙を守れと強要する、
わたしたちはたとえ苦しもうと、愛しあっていることを。

わたしたちの捧げもの、この充溢を
司祭の手が干からびさせてしまわないように。
上品で澄明な静寂のなかで
わたしたちの喜びが死んでしまわないように。

なぜなら水はどんどん流れて、
疲れがわたしたちをだめにしてしまいそうだから
そうなればわたしたちはいのちを手放すことになる
たとえ愛していようと、生きていようと。

［無題］

なぜあなたは　おずおずと　秘密のように
わたしに手をお与えになる？
そんなに遠い国からおいでですか？
わたしたちの葡萄酒を知らないほどに。

わたしたちのいちばん美しい炎の赤さをご存知ない
――そんなにひとりぼっちで生きている？――
相手の心臓と　そして血と
ひとつになったときの灼熱を？

愛する人とともに行く日の喜びを
あなたは知らないのでしょうか？
沈んだ心で立ち去る晩の
別れの憂鬱を？

こちらにいらっしゃい、わたしを好きになって。
あなたの灰色を考えてはいけません
どうしてご自分を信頼できないのでしょう
さあ　受け取ってください　与えてください。
そして花盛りの野をゆきましょう
――ケシやクローバーがいっぱい――

あとになって遠く隔たった世界で
それが痛みになるだろうにしても。
強烈な思い出が風のように
吹いてくるのを感じるときに。
おののきのなかで　わたしたちの魂が
夢のようにやさしく吹きよせてくるときに。

別れ

おまえはわたしたちに　なにひとつ長くは続かない
という悲しみを与え
多くのものが急いで差し出すのとおなじ希望を
贈ってくれる
おまえは　喜びと苦痛のさきぶれを示し
わたしたちに行く道を示して　心を開かせる。
おまえは　わたしたちの手をこれまでになくぴったり
重ねさせる
わたしたちは誠を信じつつも　曲がり角に来たのを
感じる
わたしたちは　ふたりがどんなに一体かを言えない。
できるのはただ涙することだけ。

晩夏

夕闇がわたしを包み隠した
びろうどのように柔らかに、苦悩のように重たく。

わたしはもはや知らない　愛するとはどういうことか
もはや知らない　燃え立つ野のきらめきを。
そしてすべてが漂い去ろうとする
わたしをしずかに休ませるためだけに。

彼を想い　彼をいとおしむ
まるではるかに遠い国にいるかのように
いまのわたしには彼の誘いはひとごとのよう
なにがわたしを呪縛していたのか　もうわからない。

夕闇がわたしを包み隠した
びろうどのように柔らかに、苦悩のように重たく。
そしてどこからも　新しい喜びと悲しみに
憤然と逆らう気持はおきてこない。

そしてわたしを呼んでいた明日のすべても
あれほど澄みきって深かった昨日のすべても
もはやわたしを惑わすことはできない。

わたしは知っている　見知らぬ土地の大きな海を
そして　だれも名前をつけない花を
いったいなにが　そんなわたしを滅ぼせるだろう。
夕闇がわたしを包み隠した
びろうどのように柔らかに、苦悩のように重たく。

一九二五／二六年冬

一〇月——昼まえ

秋のこの色褪せた光はわたしを苦しませる
わたしが無数の痛みをゆっくりと数えあげるとき
まなざしの曇ったわたしの眼の保養にと　すべてを
　照らしだす
わたしがこっそり眺め　選んでいるものを。

ああ　だれが吟味したがるだろうか　自分でつかんで
　いないことを
だれが言いたがるだろうか　のちになってはじめて
　白黒のつくことを——
たとえ両手でしっかりつかまえてみても　もう
　わからないのだから
なぜいまもなお　そのことに苦しんでいるのかは。

嘆き

ああ　日々は飛び去ってゆく　遊びのように役たたずに
時時刻刻は守るすべもなく責め苦の戯れに翻弄される。
上昇と下降をくりかえす時は
音もなくわたしを通りぬけてゆく
そしてわたしは古い歌をうたう
もう最初のひとふししか覚えていない歌を。

子どもだってこれほど夢うつつに　定められた道を
　行きはしない
老人だってこれほど辛さに耐えて　人生は長いと
　悟りはしない。

けれども歌は鎮めてはくれない
昔の夢も　青くさい知恵も
そして諦めさせてはくれない
幸せの美しい純粋さを。

友人たちへ

家なき者のまなざしが
おずおずとあなたたちを求めても
その声なき嘆きを信じて悲しんではいけません。
感じとってほしいのです、すべての陰にどんなに
　矜持をもって
こよなく純粋な物語がなお隠されているのかを。

感じてください、感謝と誠意の
ひそやかなおののきを。
そうすればわかってくださるでしょう、つねに
新たになった愛があなたがたに向けられているのだと。

夜に寄せて

慰める者よ、わたしの心臓にそっと身をかがめて
黙す者よ、痛みを鎮めておくれ。
おまえの影で　明るすぎるものすべてを覆って
おくれ——
わたしに疲労困憊を恵んで　眩しさから逃れさせて
おくれ。
おまえの沈黙が疼きを冷やしてくれるように
わたしが災いを闇にすっぽり隠せるように。
明るさが新しい顔々でわたしを苦しめても、
たゆまずつとめを果たす力を与えておくれ。

夜の歌

ひたすら日々は走りつづけ、
わたしたちの時を過ぎ去らせるばかり。
いつもおなじ暗いしるしのかずかずを
夜は黙ってわたしたちに用意するだろう。
夜はいつもおなじことを
おなじ調子で言いつのるにちがいない
新しい賭けを指し示すこともあるけれど
いつもわたしたちが試みたことのあるものばかり。
賑やかに　よそもののように　朝が誘いにやってくる、
そして暗く黙したまなざしを開かせ
千もの新たな心配ごとといっしょに
わたしたちに色とりどりの昼を返してくれる。
それでも影は居据わるだろう。
すると昼はびくびくと幕を閉じて
わたしたちを急流にゆだね
はるかな岸辺へと追いやってしまう。
わたしたちの故郷はこれらの影——
そして夜の暗いふところで
あまりにも深い疲れにぐったりするとき
わたしたちはしずかな慰めを希求する。

希望があればわたしたちは赦せる
あらゆる恐怖、あらゆる悩みを。
わたしたちの唇はいっそう黙しがちとなり――
音もなく昼が入ってくる。

A5　アーレントの『思索日記』より

（手書き）、一九五三年八月もしくは九月の記入

［マルバッハのドイツ文学資料館に93・37・16という番号で保管されている『思索日記』第XVII冊より。このテクストはジェローム・コーンによる英訳がすでに発表されている。Jerome Kohn, hrsg.: *Essays in Understanding*, S. 361-362 を見よ。］

ハイデガーはじつに誇らしげに言う、「人びとは言っているよ、ハイデガーは狐だと」。これは狐ハイデガーのほんとうのお話。

むかしむかし、狡猾さがまるっきり欠けている狐がおりました。たえず落し穴にはまってしまうばかりか、落し穴とそうではない穴を見分けることさえできないのです。この狐にはまだもう一つ、毛皮がどこかまともでないという欠点があって、そのため、狐人生の辛さにたいする天然の保護をまったく欠いていました。狐は若い時期ぜんぶを、他人の落し穴から落し穴へとさまよい歩いて過ごしたあげく、もはや毛皮のどこにも言うなれば無傷な個所は残っていないありさまになったとき、狐の世界から完全に身を退こうと決心して、狐穴づくりにとりかかりました。落し穴とそうではない穴を識別できないぞっとするほどの無知と、信じがたいほど豊富な落し穴経験のおかげで、彼は狐のあいだでは完全に新しい前代未聞の考えを思いつきました。巣穴として使う落し穴をつくって、そのなかに入り、これをふつうの狐穴だと詐称したのです（狡猾さからではありません、他人のつくった落し穴をいつもその連中の巣穴だとばかり思いこんできたからです）。それでも彼は彼なりに狡猾になろうと心を決めて、自分に合わせてこしらえた落し穴を、ほかの狐を落とす罠に仕立てようとしました。ところがこれもまた、落し穴というものについてのひどい無知を証明しただけでした。彼の落し穴にはすでに彼自身がいたのですから、ほかの狐は入ってきようがなかったのです。彼はこの結果に腹を立てました。狐はどんなに抜け目のないやつでもときには罠に落ちるものだと、だれでも知っているのですから。狐の落し穴、それも狐のうちいち

ばん落し穴経験の豊富な俺さまのこしらえた穴が、人間や狩人の仕掛けた穴に及ばないなんて、どうしてだ？　きっと、落し穴だとすぐわかるようにできていないせいだろうな。そこでわれらが狐の頭に、いい思いつきがひらめきました。落し穴をできるだけきれいに飾りたてて、一目でわかるしるしをいっぱい付けよう――みんなおいで、これは落し穴だよ、世界一美しい落し穴だよ、とはっきり呼びかけているしるしを。それからというもの、どんな狐もこの落し穴に罠と気付かずに迷いこむことはおよそありえないのは、完全に明らかでした。にもかかわらず、おおぜいやって来たのです。というのもこの落し穴を、われらが狐は自分の巣穴として使っていたからです。彼がわが家としている巣穴に、彼を訪ねたければ、彼の落し穴に入るしかありません。そこからはむろん、だれでも外へ出られましたが、彼自身は出られませんでした。落し穴は文字どおり彼のからだにぴったり合うように作られていたからです。けれども落し穴に住む狐は、自慢げに言いました。こんなにおおぜいが俺の落とし穴にやって来る、俺は狐のうちの第一人者になったのだ、と。そしてそれにはいくばくかの真実がありました。生涯ずっと落し穴のなかにいた狐以上に、落し穴の本質をよく知る者はいないからです。

編者のあとがき

本書の表題にある一九二五年と一九七五年という年は、ハンナ・アーレントとマルティン・ハイデガーの物語にとって、残された記録文書を基準にしてみると、かなめの位置にある年である。最初の記録は一九二五年二月一〇日付で、招かれてはいないのに一方的に押しかけてゆく手紙。ハイデガー教授は入学して最初の学期の女子学生に宛てて、「親愛なフロイライン・アーレント」と手書きで始めている、「どうしても今晩のうちに出かけていって、あなたの心に語りかけずにはいられません」。舞台となった場所は、ラーン川のほとりのマールブルク大学である。最後の記録文書、「親愛なハンナ」と呼びかけている手紙の日付は、一九七五年七月三〇日。アーレントからの問い合わせに応えて、招待の日時を伝え、「私たち」、つまりマルティン・ハイデガーと妻エルフリーデは、「きみの来訪を楽しみにしています」と述べている。一九七〇年に夫に先立たれていたハンナ・アーレントは、この招きを受けて休暇先のテーニャから、チューリッヒをへてフライブルクへ行った。一九七五年八月一二日、これが二人の最後に会った日となった。アーレントはそれからわずか数か月後の一九七五年一二月四日に、突然、ニューヨークで六九歳の生涯を閉じた。一七歳年長のハイデガーは彼女に少し遅れて、一九七六年五月二六日に没した。

かなめをなす二つの年号によって切り取られている時間はちょうど五〇年間。この年月は、本書に記録されている物語に特別な仕方で相貌を刻印したあの世紀の、ちょうど真中に位置している——最初と最後からそれぞれ同じ二五年を置いて。数の象徴論で言うと、また登場人物のほうから見ると、この五〇年間の真中であるとともに世紀の真中でもある一九五〇年という年も、やはり大きな意味をもっている。その年、マルティン・ハイデガーがさまざまな表現で寿いでいるあの出来事、「二五年という歳月の回帰と訪れ」、「再会」、「鳴りひびくソナタ」が、ハンナ・アーレントのイニシアティヴによって起こったのである。[1] この年のハイデガーの手紙（一九五〇年二月一五日）に、「われわれの人生の四半世紀」を取りもどさなくてはならない、という言葉がある。それにたいしてアーレントのほうは、ニューヨーク在住の友だちヒルデ・フレンケルとの手紙での対話で（一九五〇年二月一〇日）、「彼には、二五年のすべてがもう過去のことなのだとはどうしても思えないのです」と感想を語っているが、それでも（同じ未公刊の手紙に）、「ほんとうのところ、わたしがけっして忘れなかったのは正しかったと確証されて、うれしくてなりません」と書いている。[2]

当事者双方の受け取り方と意味判断がこれほど相反し、かけ離れているだけに、その後に生まれてきた観察者にとっては、残されている証言を解釈することはひじょうにむずかしい。まず第一に、残されている記録がきわめて不完全だということがある。保存されている手紙その他の文書全体のうち、ハンナ・アーレントのものは四分の一以下しかない。しかもそれらの史料的価値を押し下げているのは、すべてがかならずしも原本ではないことである。遺稿中の書簡草稿やタイプライター複写と同じものが果たして郵送されたか、あるいは先方に届いたかは、われわれには知りようがないことがしばしばなのだ。さらに、現存する断片的記録文書は、さまざまな段階での恋愛および友情の関係を証拠だてているのだが、断片であるがゆえに解釈者にきわめて困難な要求を課す。額面どおりの意味だけでなく、背後に隠された意味も読み解かなければ、理解できないことが多いのである――ハイデガーの場合、背後に意味が隠されていないことがありえようか？　しかしアーレントにしても、全般的に彼よりもわかりやすいかたちで表現はしているものの、少なからぬ謎をそこにふくませている。そしてこのふたりを結びつけている秘密はいっさい触れられないままで、彼によっても彼女によっても明かされることはない。秘密の深い次元をほのめかす表現はある。「たぐいまれな不意打ちで、存在はわれわれに稲妻のように閃く。／われわれは見張り、注視し――共振して一つになる。In Jähen, raren, blitzt uns Seyn. /Wir spähen, wahren-schwingen ein.」彼らは「共振」へ飛びこんでいったが、そこで体験されたことは赤裸々に言語化されてはいない。解釈のためには、むしろほかの（あちこちに散在する）個所での言明を援用しなければならないが、そこまでするのはこのあとがきの任ではないだろう。ただ、次のことだけを示唆するにとどめたい。この女性哲学者にとって、いったん言葉に固定されたものは理解の対象となる、そして理解とはすなわち、ハンナ・アーレントの場合、それについてじっくり考えること、自分自身と対決して論じあうこと、批判することなのだ。ハイデガーの先の二行詩は、彼女にそれをさせている。一九五一年夏、彼女は『思索日記』に、ニーチェの『悦ばしき智恵』からの引用をもとに次のように書いている。「もしも生が存在であるならば、「もっとも生きいきとしたもの」はもっともよく存在するものである。もしも「生けるものは死せるもののひじょうに稀有な一種にすぎない」(ニーチェ)ならば、もっとも生きいきとしたもの、もっともよく存在するものは、もっとも稀有であるということになる」。そしてこの個所に、ハイデガーを少し変えて引用し("Im Jähen, Raren, zeigt sich Sein …")、こうつづけている。「そうであれば普通の平均的なものすべては、頽廃であり、死せるものの一般的ありようへ向かう傾向である。」[3]――

これらの記録文書の公刊によって本書が果たすことになる私生活《レース・プリヴァータ》の「解明」は、こういうわけで限界がある――とはいえ、ふたりの手紙自体を包みかくしていた秘密には、これで風が通るようになった。これらの手紙の存在自体は、一九八二年のエリザベス・ヤング＝ブルーエルによるアーレントの伝記の出版によって世に知られていた。ヤング＝ブルーエルはその著『ハンナ・アーレント――世界への愛』[4]のなかで、主として口述資料から彼女が知りえたこと、すなわち、ハンナ・アーレントとマルティン・ハイデガーのあいだには――師弟間の精神的関係をこえて――親密な関係が存在していたことを、はじめて公表したのだった。そのさい手紙に言及したのだが、しかし同時に、それらは封印されていて見ることはできないと、はっきり断わっていた。この封印状態は、何事もなければおそらく本書の出版年よりずっとあとまでつづいたことだろう。ところが、ハンナ・アーレント＝ブリュッヒャー著作権信託《リテラリー・トラスト》の管理者の一人であるメアリー・マッカーシーが、ある日、エルジビエータ・エティンガーと知り合い、アーレントの伝記を書くという彼女の計画を支持して、未公開の往復書簡を閲覧できるように(当時はほかにもまだブリュッヒャーとの往復書簡も未公開だった)、遺稿の共同管理者であるロッテ・ケーラーに彼女を紹介した。こうしてエティンガーは封印されていた資料を見ることができたのである。しかし何年かののち、彼女は最初の予告に反して、伝記のうちのアーレント＝ハイデガー関係を扱った部分だけを単行本にして出版することに決めてしまった。[5]秘密を孕んだ手紙がこの小さな本のもっとも重要な原史料だった。英語で書かれたこの本は何か国語にも訳されて広く読まれた。しかし世間での注目のされ方は、この本の質とははなはだしく不釣合いだった。エティンガーは本の市場に自己流解釈のパンフレットを供給し、そして――意図してにせよ、そうでないにせよ――ハンナ・アーレントとマルティン・ハイデガーの関係を巷のおしゃべりの種にしてしまったのである。

視野が限られているうえに、洞察力と感情移入をおどろくほど欠いたまま書かれたこの本は、それでも一つだけよい結果をもたらした。父から遺稿の管理を委ねられていた息子のヘルマン・ハイデガーが、マルバッハのドイツ文学資料館に保存されている手紙を公表することは意味があるという説得に応じたのである。しかしこれについては外部に起因する動機だけが強調されるべきではない。なぜならそれとは無関係に、公刊すべき正当な理由があるからである。

かくて公共性の光が、二〇世紀思想史における二人の傑出した人物にふりそそぐこととなった――「思索の国の王」と、いうなれば「判断の国の女王」(そのすべての帰結をふくめてである――判断だとて「過誤」を免れうるわけではない!)であるふたりに。彼らの経歴と日常的境遇にたいする世の関心は、時代的条件のゆえにもともと大きかったのだが、この有名な人物の人生が相互に出会い、重なり合って、何十年もそのつながりが断ち切られることがなかったとなると、興味はもちろんいっそう強まってくる。

たしかに、世間のこういう欲求に譲歩しないという姿勢には、それなりの理由がある(そして本来このふたりの主人公はともに、生涯この意味でことを処してきた)。しかしそうすると、ありとあらゆる捏造や、センセーションを狙う際物や、ディレッタント的穿鑿を、野放しにすることになってしまう。なににつけ、「秘密」にされていることを特に好んで標的にしたがる時代にあっては、秘密は凡俗な日常的空想で補填されて本来の性格をあっさり奪われてしまうのだが、これにたいしてはむしろ、記録文書として残されている「ありのままの現実」を封印したままにしないことが、確実な対抗措置となるのではないか。いずれにせよ本書の公刊はこの意味で決定されたのである。

さらに手紙の書き手が有名であることからして、膨大な数の研究者、つまりアーレントあるいはハイデガーの仕事と人間を研究している専門家の大軍がいる。彼らはこのたびの公刊から、これまでわからなかったことの解明に資する細部をいろいろと読みとるだろう――あれこれの線をこれまでよりもっと正確にくっきりと示している細部や、この比類ない個人的・精神的関係の展開をさまざまな面で追うことのできる細部を。この観点から見れば、本書はすでに定着している趨勢をもう一歩すすめたにすぎない。それは一連の書簡集の死後出版というかたちであらわれていて、これらの出版は、アーレントならびにハイデガーのモザイク状の肖像をもっと完全なものにするのに役立っているのである。

　また、ここに公表された記録文書のうちの二〇年代のものは――かなりの程度、手紙や対話の当事者たちが誰であるかとは関係なく――一定の行動規範をもつ過去の性愛文化の証言となっているという点で特別である。そのような文化は、性の革命のあいだかそれ以後に成長した世代の人には奇異に感じられるかもしれないし、それゆえにかえって興味を惹くかもしれない。「内気さ《ショイ》」を示す言葉がたびたび出てくるが、これは、ここではテーマとして採りあげるわけにはいかないさまざまな理由から、態度挙措に沁みついていたものと思われる。これを裏返せば、相互の率直さが欠けているということだが、この欠如がはっきり意識にのぼるのはごく稀な瞬間だけにすぎない。ハンナ・アーレントがエルフリーデ・ハイデガーへの手紙に（一九五〇年二月一〇日）、「心を閉ざしたために生ずる罪というものがある」と書いたときがそれであり、またほとんど同じころマルティン・ハイデガーも、「たいていの場合われわれは多くを語りすぎる。だがときには少なすぎることもある」と認めている（一九五〇年二月八日）。

　このような交際のありようは、他方、書面での伝達において、苦しみや痛みがそれなりの限度を越えて表現されることはないという結果をともなう。かくて手紙の（招かれざる）読者は、ある「高みに引き上げられた」言語、一面ではあまりにもわずかしか語らず、他面では濃縮された〔＝詩化された〕言語の、受益者となる。ここに公開されたものはだから伝記的＝文化史的な意味だけでなく、文学的意味ももっているのである。ただしハイデガー風の「香気《アローマ》」に我慢ならない人は、また別の意見をおもちだろうが。

　現在まで保存されている文書資料のうち、この個人的関係を記録にとどめているものはすべて、マルバッハのアーレントならびにハイデガーの遺稿と、ワシントン（DC、USA）のハンナ・アーレント・ペイパーズから、ここにはじめて集められて載せられている。内訳は、彼から彼女への手紙、葉書、短い連絡が一一九通、彼女の手になる文書が三三、これは写しもしくは下書きとしてしか残っていないものが多い。さらにハイデガーの妻エルフリーデとアーレントが交わした手紙が数通（文書49、108、109、110、111、119a、122、123）と、フリッツ・ハイデガーが一九七〇年に、アウグスブルクで軽い脳出血を起こした兄マルティンのその後の健康状態を伝えた手書きの短信が一通（文書121）。手紙形式での通信のほかにも、一連の他の文書が載せてある。ハンナ・アーレントがマルティン・ハイデガーのために一九二五年四月にケーニヒスベルクで書き、カッセルで彼に手渡した原稿「影」、さらには、マルティン・ハイデガーが一九五〇年の再会後、その年と翌五一年にハンナ・アーレントのために書いた詩——彼女がクルト・ブルーメンフェルトに宛てて、「ドイツ語が数篇のひじょうに美しい詩を得ていっそう豊かになった」のは自分が機因であったのだと、誇らしげに書くことができた詩である。[6] これらの詩（文書50、54、56、58、61、63、67、75、および図版1、10）のほとんどが、並なみならず多くを解き明かしてくれる記録文書であって、手紙の文章ではせいぜい行間に滲みでていただけのことを言葉へ高めて表現している。さらに本書には、これらより美しさにおいて劣るにしても、ハンナ・アーレントについて多くを教えてくれる彼女の詩も載せてある（補遺、文書A4）。これらは一九二三年から一九二六年の時期に書かれたもので、そのうち数篇はすでにヤング＝ブルーエルによって発表されている。ハイデガーの初期の手紙からは、彼女が恋人に自作の詩を渡して読んでもらっていたことがわかる。だからここに印刷した詩のあれこれは、おそらく「マルティンのために」書かれたものだろう。全般的にこれらの補足的証言は若いころのハンナ・アーレントの精神的・心的状態をいくらか伝えているから、初期の文通にはほとんど完全に欠けている彼女の声を、これによってせめて二、三の音色だけでも聴きとることができるだろう。ほかにもなお、アーレントが一九五三年の八月か九月に彼女の『思索日記』に書いた「狐ハイデガーのほんとうの話」（文書A5）と、一九六九年九月二六日のハイデガーの八〇歳の誕生日への贈りものとした文章（文書116および117）も、本書に収録した。——

手紙その他の証言が消失せずに生きのびられたのは、ハンナ・アーレントのおかげである。いまこうして公共性の光に照らされることになった文書のほとんどを、だいじに保管してきて資料館に委ねたのは、彼女だった。公刊を願っていたか、あるいは想像だけでもしていたかどうか——これについてはまったく知りようがない。いずれにせよ彼女はハイデガーからもらった詩に日付を書き込み、そしておそらく自分で筆写もしていた。彼女にとってこれらの詩と手紙はきわめて大切だったので、最後には特別な場所に——彼女の寝室に置かれていた書棚兼用机の引出しに——保管していた。体験したことの意味についての彼女の観念と、忘却へ沈めてしまうまいとする願いは、強烈に心に刻印されていたにちがいない。もしそうなら、彼女がハイデガーとの申し合わせを無視して個人的記録文書を破棄しなかった理由はそこにある。ヘルマン・ハイデガーによると、彼の父はそういう約束があったと彼に打ち明けたという――それからすると、ハイデガーは初期の手紙をもともと保存しておかなかったのだろう。

ハイデガーの遺稿は、全集刊行の長期にわたる作業の過程で幾重にも調べつくされてきたから、アーレントの手紙がそのなかから今後まだ見つかるということは、ほとんどありえない。フリッツ・ハイデガーの遺稿からも、ハイデガー家の話によれば、欠けている手紙はやはり出てこなかった。したがって、いまに伝えられてきた手紙はすべて――たとえ断片的であろうと――一つ残らず本書に発表されているとして、話をすすめるしかない。マルティン・ハイデガーの手紙はすべて手書きである――写しはまったく存在しない。アーレントのほうは、はじめのころだけは手書きだった。だからこの時期の手紙は残っていても、彼女が保存していた下書きだけである。のちにタイプライターで書くようになってからは、いくつかはカーボン・コピーが残されており、いくつかは手紙原本がハイデガーの遺稿中に保存されている。[7]

この往復書簡集の特殊性の一つは、これらのことがすでに示しているとおり、マルティン・ハイデガーの声が全体のほとんどを占めていることである。もう一つの特殊性は、通信が緊密におこなわれていた時期と、はっきり途絶していた時期、そして一連の中間的段階があったこと。ここに公表された記録文書をもとにふたりの関係の歴史をざっと眺めてみれば、そのことははっきりわかるだろう。しかしその歴史は事実に即して語られるべきであって、それを超えて解釈をほどこす意図は編者にはない。アーレント＝ハイデガー＝論議の重要な諸側面に言及はするが、それについて詳しく、ましてや包括的に論じることは、ここではおこなうわけにいかない。

関係の三つの「高まり」の時期が識別できる。第一期は「一九二四年一一月」に始まって（文書54の、この題名の詩を見よ）、一九二五年二月には具体性を帯び（文書1－3）、ついで離ればなれになったせいで減速を経験するが（文書4－8）、四月にカッセルで会うことで（文書9－12）ダイナミックな高まりを見せる。一九二五年夏学期には何回もの（ひそかな）逢瀬とともに（文書13－27）体験は安定期を迎え、それが二〇年代後期へ――一九二六年一月に突然ハンナ・アーレントが終止符を打った（文書35）にもかかわらず――余韻をひいてゆく（文書28－44）。この時期の最初に恋の体験がある。それを彼は、「デモーニッシュなものがぼくをひっつかんでしまった」と表現し（文書3）、この力を創造的に活用することになる――『存在と時間』が成立してゆく時期に。このマールブルク時代は、のちに彼が（『現象学への私の道』に）書いているように、「もっとも刺激に満ち、集中できた、波乱万丈の」時期だった。かくて彼が恋人へ宛てた多くの手紙が、生産作業の「壮大な」経験や（文書28以下）、「暴力の時期」（文書35）について報告していて、それらの諸条件、それらの喜びと苦しさを反映している。

この恋の体験は彼女にとっても彼におとらず重要なものとなり、それについて彼女の記録文書はごくわずかしか残されていないとはいえ、それなりに光を当ててくれている。原稿「影」（文書11）はいわば《それ以前の《クオー・アンテ》》状態を物語る資料であって、人生のこの期がどう終わったかについては、ある手紙の下書き（文書42）のなかに一種の誓約のかたちをとった自己省察が見いだされる。「あなたがお示しくださった道は、わたしが思った以上に長くて困難です。それは長い人生まるごとを要します。この道の孤独さはみずから選んだもので、わたしに似つかわしい唯一の生の可能性です」。いまではもはや、「無定見な実験……のままに人生を送る」（文書11）ようなことはない。彼がすでに見てとったと思ったように、「すべての〈影〉は立ち去った」（文書39）のである。

これにつづくのが、おもに時代の政治状況によって条件づけられたほぼ二〇年の休止期で、その始まりを証言しているのがハイデガー書簡（文書45）である。一九三二／三三年の冬に書かれたこの手紙は、私的関係を超えた大きな意味をもっている。ハイデガーはそのなかで——学長職につく少し前のことだ——、彼は反ユダヤ主義者だという当時明らかに人びとの口にのぼっていたらしい非難に答えている。アーレントがこの非難を手紙で彼に伝えたのだが、その手紙は残されていない。彼の返答が彼女を満足させたとはとても思えないが、彼女は直接それに反応はせず、当面は意図的に、その後はおそらく情勢に阻まれて、沈黙を守ったらしい。ようやく一九四八年になってからだろう（文書62を見よ）、それまでハイデガーの側からもなされなかった連絡の試みを、彼女はあらためてしようとしている。ついに一九五〇年二月六日、彼女は新しい始まりの第一歩を踏み出した——「うむをいわせぬ内的衝動」のままに（文書48を見よ）、彼女自身と彼女の哲学にたいする誠実さから。その理由はなんだったのか。本書に公表された文書は明確な答えを与えてはいない。——

一九五〇年二月七日に、いずれにせよ第二の「高まりの」時期がはじまる。この日の夕刻、マルティン・ハイデガーはハンナ・アーレントをフライブルクのホテルに訪ねた。昼間に彼女からの手紙で、彼女の滞在を知らされたあとである。一九五〇年から一九五四年までの時期の手紙はひじょうに数が多く（文書47―87）、そこからは、どのようにして信頼がふたたび甦ったか、もしくは新たにされたかが読みとれる。「なんとすばらしいことか、ほとんど言わず語らずのうちに、じかに励しの火をともしてくれるこの理解、それは、早くに築かれて悪や混乱によっても揺るがなかった、はるか遠くからひびきあう親和力からくるのです。もっとも信頼する者からもう二度と離れないこと、これが、それぞれに危難、苦境、身を守れぬ無力さをあとにしてきたきみと私を、たすける力となってくれますように」（文書55）。

それと同時に、やはりハイデガーの手になるものが圧倒的に多いこの時期の文書は、五〇年代初期のハイデガーの伝記に関心のある者すべてにとっての宝庫でもある。このころは、教職活動禁止と一身上の立場の不安定さ（一九五一年まで）に加えて、国民社会主義への加担にたいする人身攻撃や世間の風当たりが、彼の人生に大きな影を落としていたあの時期に当たるが、それとほとんど時を同じくして、彼自身、予想もしなかった名声の高まりを戦後ドイツにおいてもたらした時期でもある。同じように大きな意味をもつのは、彼がみずからの「思索方法」について語っている多くの個所だろう。

ハンナ・アーレントは背景にとどまったままで、この時期の文書から彼女の発展と伝記について読者が知りうることはほとんどない。それでも一度だけ彼女は自分の仕事について報告していて（文書86）、そこの一節は、『人間の条件』（一九五八年）ないしは『ヴィタ・アクティーヴァ』への軌道がすでにどれほど早くに（一九五四年）設定されたかを感じさせる。のちに（一九六〇年）彼女は、おそらくついに彼が見ることのなかったある献辞のなかで（文書89注（1）を見よ）、「最初のフライブルクの日々」、つまり一九五〇年と一九五二年のフライブルク訪問のときの対話に、感謝をこめて言及している。

彼の仕事についていえば、ふたりのあいだには当時「ことばについての対話」が始まっていて、その余韻が手紙から聞きとれる。たとえば（一九五一年七月一四日）、「われわれが言語についてあの白樺への道で交わした会話」をよく思い出す、あるいは何年ものち、七五歳の誕生日への彼女の祝意にたいする数か月遅れの礼状のなかに（一九六五年四月一三日）、「ことばについてわれわれの交わした会話を思い出すことしばしばです」。

一九五五年から一九六五年までの一〇年間には闇がたれこめていて、この時期の文書で残されているのは、たったいま引用した手紙をふくめて三つしかない（文書88―90）。直接の出会いの休止期間はもっと長く、一九五二年から一九六七年までのあいだ、マルティン・ハイデガーとハンナ・アーレントはおそらく会っていない。この中断の理由は多面にわたっているが、そのうちいくつか、本書に発表されている記録文書にもはっきりヒントの見いだせる明白な理由を挙げておこう。ハインリッヒ・ブリュッヒャーへ宛てた手紙では、アーレントはエルフリーデ・ハイデガーについてずいぶんと露骨な描写をしているところもあるが、それらの手紙からすると、思想的・政治的立場の違いと女の嫉妬が一役買っているといえる。さらには、ハイデガーと彼の同僚カール・ヤスパースとのあいだの緊張をはらんだ関係も——このふたりのあいだでハンナ・アーレントは「本来の《Und》」（文書64）の役を担っていた——、大きな意味をもっていたことは確かである。ほかにも特に挙げうる理由としては——ハイデガーもアーレントもこの時期にはそれぞれ自分の「問題《ザッヘ》」に取り組んでいて、相手の「やっていること《トライベン》」をどちらかといえば批判的に見ていたということがある（たとえば、すでに言及したアーレントのお話、「《狐》ハイデガー」を見よ、これは本書の補遺に収録してある）。

　それだけにいっそう驚きは大きいのだが、いよいよ最後の一〇年間になって、第三の「高まり」の時期がくる。一九六六年一〇月一四日のアーレントの六〇歳の誕生日に寄せたハイデガーの手紙（文書91）で、彼は「秋」という主調音を打ち出している。彼女もその音に合わせて（文書92）、「春に心をずたずたに引き裂かれた者を、秋がふたたび癒してくれるのですね」と書く。そしてこれを読む私たち観客は、往復書簡と呼ぶに値する手紙のやりとりを（文書91－166）この晩年期にいたってはじめて目のあたりにするのである。私たちは一つの相互交換、ギヴ・アンド・テイクをともに味わう——きちんと勘定すべきだとすれば、彼女がもらったもののほうがおそらく多いだろうが。秋は実りの時であり、個人的＝私的な面でのほんとうの和解の時であって、いまやしだいにエルフリーデ・ハイデガーも、こんどはアーレントの側からも手が差しのべられて宥和の輪へ引きこまれている。だが背景では、そこここで精神的競合が丁丁発止の音をかすかにひびかせているのが聞きとれるようだ。ある緊張が——いまでは同等者どうしのあいだの緊張関係が——残っていて、ハンナ・アーレントの《瞑想的生活《ヴィタ・コンテンプラティーヴァ》》の企画はそこから得るところがあったことが証明できる。この時期の手紙に出てくる多くの副次的テーマのなかでは、アングロサクソン言語圏でのハイデガー作品の翻訳と普及、そして遺稿の整理と処置方法が重要なものとして挙げられるだろう。人生からの引退が手紙の書き手双方の心を占めている——哲学的には、「静けさ《シュティレ》」

というキーワードのもとに高い意味を付与されているが、しかしマルティン・ハイデガーとその妻の場合には、「隠居所」の建設で実に具体的なものともなっている（文書138、130、136）。「密度と厳密さをもっと高めて考える」（一九七一年八月四日）という努力が彼の手紙には感じとれるし、彼女のほうも自分の仕事をなんとか仕上げたいという願いを表白している。「わたしはいまある本を手がけていて――『ヴィタ・アクティーヴァ』のいわば第二巻のようなものですが――、なんとかなりそうな可能性はまだあります」と、彼女は一九七一年三月二〇日に書き、この作品ができあがったなら彼に献じることを許してもらえるかと訊いている。

一九六九年、マルティン・ハイデガーが八〇歳の誕生日を迎えたこの年は、特別に祝われた――公的にも、私的にも。ハンナ・アーレントは、思考することを教えてくれた「師」に感謝し、そしてラジオ講話「八〇歳のマルティン・ハイデガー」で彼の栄誉をたたえた――この講話はすぐに有名になり、そのテクストは『メルクール』誌の九月号に載った。またしても彼女は数の象徴的解釈を援用しつつ、彼に送ったタイプライター原稿コピー（文書116）に書いている、「あなたのために／一九六九年九月二六日に寄せて／四五年を経たのちも／かつてと変わらずに――ハンナ」。誕生日のまえには彼女は夫とともにハイデガー夫妻を訪ねていたし（文書114）、マルティン・ハイデガーが誕生日に授かった数かずの栄誉については、一九六九年一一月二七日の彼の手紙で知らされている（文書118）。

マルティン・ハイデガーが八〇歳の誕生日を迎えるより前に、カール・ヤスパースが死去した。バーゼルでの追悼式（一九六九年二／三月）の直後、ハンナ・アーレントはフライブルクへ行く（文書106）。そのとき以来――特に一九七〇年にハインリッヒ・ブリュッヒャーをも喪ってからは――《フライブルク》というアドレスは彼女にとってますます大切さを増してゆく。彼女はヨーロッパ逗留ごとにフライブルクへ旅し、一九七二年と一九七五年には年に二回も訪ねている。一九七一年七月一三日には、「あなたの著作は、わたしがどこにいてもつねにそばにあって、いわば恒常的な環境になっています」と告白する。彼女の死後に出版された著書『精神の生活』はそれを裏書している。そして彼の手紙には（一九七二年六月二二日）――これを読む私たちがおどろいて目をしばたたくにせよ、しないにせよ――「きみ自身の仕事のことを少しは聞かせてほしいものだ。ほかには、まだなにかを学ぶという機会が私にはまったくないのです」。彼の著書『カントと形而上学の問題』の増補第四版が一九七三年に出たときには、その一冊に「心からの挨拶とともにハンナ・アーレントへ贈る——マルティン・ハイデガー」と記している。これは著作家ハンナ・アーレントを、つまり彼女の仕事を、ついに認めたということだろう——以前の時期には彼女がせつに求めても得られなかった評価である。彼女への最後の献辞は、協力者ヒルデガルト・ファイクへの追悼文の私家印刷版に記したもので、以前からすでにそうだったように、「パルメニデスの後裔」たる彼は簡潔に「ハンナのために——マルティン」と書いている。

ふたりの関係の三つの高揚期は、それぞれの冒頭に掲げてある言葉によって、はっきりと特徴づけられている。一九五〇年の《再会《ウイーダー＝ブリック》》は、マルティン・ハイデガーが詩の題名とした語で（八五ページを見よ）、それ以前の《まなざし《ブリック》》を前提としているのだが、このまなざしは事実、完全に実在したのだった。「講壇の私をみつめていた」まなざし（文書60、また五七ページも見よ）——「まなざし」と「稲妻《ブリッツ》」を融合させ、「持続しつづける」最初の始まりを創出する出来事。彼はヘラクレイトスの“τὰ δὲ πάντα οἰακίζει κεραυνός”という言葉を、一九五〇年の再会の記念に彼女に手渡した『森の道』に記して、それをこう訳している。「しかし眼前にあるものすべてを、まなざしが舵をとる。」そしてふたりの関係の《秋》はこの始まりから生命を得て生きてゆくという予想が、おのずと浮かんでくるのである。

まなざし——再会——秋。内在性から得られたこの構造は、あくまでも当事者たちから出ている創造的な契機をふくんでいる。本書ではこれをテクスト部分の章分けに使うというかたちで活かした。《エピローグ》には——ローレ・ヨーナス夫人が同意してくださったおかげで——ハンス・ヨーナス遺稿から二つの文書を掲載することができた。一つは、マルティン・ハイデガーがハンス・ヨーナスと、ハンナ・アーレントの死を悲しむ友人たちに宛てて、ニューヨークへ打った弔電、もう一つは、少しあとに書かれたやはりヨーナス宛の手紙である（文書167、168）。——

編集技術上のことでは、すでに出版されているアーレント＝ヤスパース、ハイデガー＝ヤスパース、およびハイデガー＝ブロッホマンの各書簡集を、[8]特に考慮に入れる必要があった。それらはテクストと注記部分をどういうかたちにするかの参考になった。双方の遺稿管理者、ロッテ・ケーラー博士ならびにヘルマン・ハイデガー博士の同意を得て、最初に決定された編集方針の一つは、読者にできるかぎり手を加えないままの記録文書を提示することだった。そのためハイデガー＝ブロッホマン往復書簡集の前例にならって、テクストには注記の番号を入れてない。[9†]冒頭の呼びかけと結びの挨拶には手を加えず、後者については、外形上もできるかぎりもとのかたちのままにしてある。テクスト自体にも、読みやすくするためのごく慎重な変更しか加えていない。たとえば、"und"という語はすべて短縮せずに綴りなおし、はっきりそれとわかる名前の略記（ヤスパースを表わす《J》、フライブルクを表わす《Frbg》など）は復元し、読者にとって意味のある情報につながると思える場合だけは編者によるかぎ括弧付きの挿入をおこなう、といった変更である。また明らかに不注意による間違いは、いちいち断わらずに訂正した。手紙の書き手が下線を付すか、隔字体で書くかしている個所は、ここのテクストでは斜体字〔本訳書では傍点〕で印刷し、言及されている公刊本すべての題名もやはり斜体字〔本訳書では『』〕にしてある（ふたりの書き手はともに、本の題名にはたいてい引用符をつけている）。終始問題となったのは句読法だった。アーレントの場合、コンマが欠けていたり、ときどき間違った位置にあったりするが、明らかに不注意による間違いだと判断できるかぎりは訂正しておいた。ハイデガーのダッシュの線は、彼の手書きではピリオッドやコンマと区別できなかったり、あるいはそれらの代わりに使われていたりすることが多いのだが、変えたほうが理解しやすくなると思える少数の個所では修正を加えた。コンマが欠けているために読者が読みにくくて困りそうなところに、コンマを補った個所もいくつかある。

注記の部では、それぞれの文書番号のもとに、まずその記録文書の書誌事項を、ついで前後の脈絡についての情報を示してあるが、その場合も大体において、すぐ前か後の記録文書を読めば関連が明らかになることがらには注釈をほどこしていない。全般に参照指示や注釈は極力抑えて、伝記および著作成立の経緯にかかわる情報、つまり「知る」という意味での〔推測や解釈を排した〕情報に限定した。個々の概念や思想を論ずることは、本書の枠組に収まりきれないからしていない。マルティン・ハイデガーの語法について一定の知識が読者にあることを、前提とせざるをえなかった。他面では、手紙の書き手はふたりとも概してかなり正確に自分を語っているから、彼らがその場その場で語りかけ、あるいはみずから展開している考えは、著作と引き合わせて読むことができる。この理由から、引用されているアーレントならびにハイデガーの著作の詳細な一覧表を、巻末に掲げておいた（x–xxviii ページ）。この著作一覧は注記への補足として考えられたものである。テクストのなかで初期段階での題名で言及されているアーレントやハイデガーの著作について、正確な書誌事項を知りたいときは、注記ではなく著作一覧を見ていただきたい。

マルティン・ハイデガーにとっても、ハンナ・アーレントにとっても――最後にもう一度思い起こしていただきたいのだが――、疑念や逡巡があった場合もつねに「人生」より「仕事」のほうが重要だった。ここに提示された記録文書では「人生」のほうが優位を占めているが、それでもなお人生と仕事がどれほど強く綯い合わされているかが、はっきりと浮かびあがってくる。感受性のある読者はさらに、仕事――著作――にくまなく息づいている精神のいくばくかを、いくたびも感じとることだろう。そして望むらくは、ここに記録された物語を緻密に読み、問い、みずから思考しつつ判断し、おそらくまた新たに問いなおし、あるいはあらためて著作を読みなおすというやり方でのみ、この物語の主人公たちを追跡する用意のある方々が、できるかぎり多からんことを。

謝辞

ロッテ・ケーラー博士がハンナ・アーレントによって保存されていた証拠資料の閲覧許可を早い時期に私に与え、それ以来、助言と協力をもって支えてくださったことに感謝します。――本書がそもそも成立しえたのは、ヘルマン・ハイデガー博士が私に多大な信頼を寄せてくださったおかげでした。彼の父の筆跡を活字に置き換えるにさいしても、内容の多くの細かな点についても、ひじょうに多くの時間をついやし、驚嘆すべき忍耐をもってたすけてくださったことに感謝します。――そのほかにも、手紙や面談をつうじて私の疑問点の解明をたすけてくださった多くの方々に感謝します。私が教示を乞い、答えていただき、その後もさらに協力いただいた方々の数は桁はずれに多いために、ここではひとまとめにお礼を申しあげるにとどめるしかありません。ひとりだけ感謝をこめて名前を挙げたいのは、この間に格別な連携が生まれた助言者、（そして私によってほとんど不当なほどの「辛酸」を嘗めさせられた助言者）、ヨアヒム・W・シュトルク教授です。本書の編集に関して彼が重要な役割を担うことになったのは、アーレントの所有していたハイデガー文書をニューヨークで彼女から手ずから受け取り、マルバッハへ運んだのは彼であったからでもあります。――最後に、アーレント関連の事情解明で奮闘をともにしたわが戦友、インゲボルク・ノルトマン博士、また、いくたびも対話をかさね、このあとがきを批判的に読んでくださったエルフリーデ・ユーナー博士に、感謝したいと思います。

トゥツィングにて、一九九八年一月

ウルズラ・ルッツ

1　このときの出来事の外面的事実に関しては、本書に発表されている証言のみならず、ハンナ・アーレントが夫ハインリッヒ・ブリュッヒャーに宛てた手紙（書簡集の書誌は本書、viiiページを見よ）からも、また彼女が友だちのヒルデ・フレンケルに宛てた手紙（未公刊、ワシントンの国会図書館蔵のHannah Arendt Papers）からも、かなり正確に再構成することができる。この少しあとの記述も参照されたい。

2　「フライブルク問題はなんともすさまじく現実ばなれしていました」と、アーレントはこの前日にハインリッヒ・ブリュッヒャーへ書いている。「まるで時間は存在しないかのような」「話され方」だったという。（*Arendt-Blücher-Briefsechsel*, S. 209).

3　ハイデガーの二行詩と、アーレントの『思索日記』のここに引用した部分は、本書に自筆のものが載せてある（図版1および16）。

4　ドイツ語版は *Hannah Arendt: Leben, Werk und Zeit*. 正確な書誌は本書、ixページを見よ。

5　Elzbieta Ettinger, *Hannah Arendt Martin Heidegger*, New Haven-London: Yale University Press, 1995; ドイツ語版は（übers. von Brigitte Stein）: *Hannah Arendt Martin Heidegger: Eine Geschichte*, München-Zürich: Piper（Serie Piper, 1904), 1995. この出版の経緯と騒動については、ロッテ・ケーラーの投書を見よ、*The New York Review of Books*（21. März 1996, S. 52)。

6　一九五一年四月一日の手紙、*Arendt-Blumenfeld-Korrespondenz*（正確な書誌は本書、viiiページを見よ）, S. 52.

7　保存されてきた記録文書の正確な書誌事項は、それぞれの文書にたいする注記の冒頭に示してある（二二五－二九六ページ）。本書に掲載された稿本についての書誌事項は、「収録文書一覧」（xxix-xxxiiiページ）から読みとれるようになっている。

8　これら三つの往復書簡集の書誌は、本書の「引用文献」（viiiページ）に掲載。

9　例外は文書116で、このテクストにはハンナ・アーレント自身が注を入れている。

†　この日本語訳版では、わかりやすくするために、本文中に注記の番号を入れてある。

訳者あとがき

本書は、ハンナ・アーレントとマルティン・ハイデガーが、長い空白期をはさみながらも、一九二五年から七五年まで半世紀にわたって交わした往復書簡の翻訳である。

だが、往復書簡といっても、これは世の常のそれではない。ほとんどがいわゆるラヴ・レターである上、その当事者が、片や二十世紀を代表する政治哲学者アーレントであり、片や間違いなく二十世紀最大の哲学者ハイデガーである。二十世紀恋愛史とでもいったものが考えられるとしたら、やはり特筆されるべきラヴ・アフェアーの記録ということになろう。

といっても、単に有名思想家どうしの恋だからというわけではない。この恋が、二十世紀中葉の世界政治の大波に弄されながらも、いちずに貫かれた恋だからである。ふたりが最初に出会った一九二四年には、アーレントはまだ十八歳の女子学生であり、ハイデガーにしても、すでに妻子はあったが、三十五歳のまだ無名の大学助教授でしかなかった。だが、彼らの恋の第一期が終わる一九三三年には、ナチス政権が成立するとともに、ユダヤ系のアーレントはパリへの亡命を余儀なくされ、やがて四一年にはアメリカに渡って、その地で、全体主義批判と反ユダヤ主義批判を軸に大政治哲学者に成長してゆく。一方ハイデガーは、その三三年にフライブルク大学長に就任し、それと同時にナチスに入党して、一時期はかなり積極的にこの運動に加担する。反ユダヤ主義者というレッテルさえ貼られたらしい。ふたりの命運ははっきり分かれてゆくのである。

当然、第二次大戦終結後ハイデガーは教職を追放されるが、その戦後ドイツに戦勝国アメリカから「ユダヤ文化再興」という団体に派遣されてアーレントが訪れ、ふたりは再会する。今度は彼らの過去の関係を知ったハイデガー夫人エルフリーデも交じえた複雑な関係のなかでふたりの想いは再燃し、多少の曲折にあっても、ともに生涯にわたって献身的な愛を燃やしつづける。一九二五年に始まったその愛は、結局は七五年のアーレントの死まで、二十世紀ただなかの五十年間つづいたことになる。やはり「世紀の恋」と言ってよさそうである。

ふたりのこの関係については、すでに一九九五年にエルジビエータ・エティンガーが『アーレントとハイデガー』(大島かおり訳、みすず書房、訳書は一九九六年)においてセンセーショナルなかたちで公表し、それを材料にフランスの才女カトリーヌ・クレマンが一九九六年に小説仕立ての『恋愛小説――マルティンとハンナ――』（永田千奈訳、角川春樹事務所、訳書は一九九九年）まで書いており、それぞれに話題になったから、すでによく知られているであろうが、この往復書簡がいわばその原資料なのである。

この恋のこまかい経緯についても、この往復書簡が、ハイデガー夫人の逝去を待ちはしたものの、思いのほか早く公開されることになったいきさつについても、「編者のあとがき」にくわしく述べられているので、ここでくりかえすことはしない。ただ、この往復書簡集で特に目立つことにだけふれておけば、往復書簡とはいうものの、特に第一期（「まなざし」）にあっては、収録されているのがハイデガーの書簡だけで、アーレントのものは、彼女のもとに残されていた数通分の下書きと一通の覚え書（「影」）にとどまる。ということは、アーレントの方ではハイデガーの手紙を一通一通大切に保存していたが、妻子のあるハイデガーの方では、アーレントからもらった手紙をそのつど処分していたということであろう。そのため、この時期のアーレントの気持や行動は、ハイデガーの手紙や他の資料（当時のアーレントのほかの人に宛てた手紙）から推測するしかないことになる。

たとえば一九二六年一月一〇日付のハイデガーの書簡（文書35）から、この直前にアーレントがマールブルクを離れる決心をし、それをハイデガーに告げたらしいことがうかがえるが、この書簡だけからではその委細は分からない。アーレントはこのあと、一九二六年夏学期からハイデルベルクのヤスパースのもとで勉強を始めるのだが、その時期にもハイデガーとの関係はつづく。このころすでにハイデガーとヤスパースのあいだに深い親交のあったことは、前後のハイデガーの書簡からもうかがわれる。こうして、ハイデガー―アーレント―ヤスパース三人の奇妙な関係が成立する。エリザベス・ヤング＝ブルーエルの『ハンナ・アーレント伝』（荒川幾男ほか訳、晶文社）や、ファリアス、オット、ザフランスキー、ペツェットらの手になる数かずのハイデガー伝、それに『ハイデッガー＝ヤスパース往復書簡』（渡邊二郎訳、名古屋大学出版会）、遺稿となったヤスパースの覚え書『ハイデッガーとの対決』（児島洋ほか訳、紀伊國屋書店）、まもなく大島かおりの翻訳で出る予定の『アーレント＝ヤスパース往復書簡』、さらにアーレント夫妻の『アーレント＝ブリュッヒャー書簡集』（雑誌『みすず』に邦訳連載中）などと読み合わせることによって、アーレントが「と（und）」の役割を果たした、この三人の織りなす思想図にもっと光が当てられることになるであろう。

この往復書簡集がアーレントの思想やハイデガーの哲学の研究のためにもつ意味ははかりしれないが、永いあいだハイデガー研究に携ってきた私が特に裨益されたのは、一九五〇年五月六日付のハイデガーの書簡（文書62）である。ここでハイデガーは、一九二〇年代の自分の思索への回顧をおこなっている。また一九五一年七月一四日付の書簡（文書74）からは、のちに『道標』に収録されるもっとも重要な論文の一つ、「フュシスの本質と概念について――アリストテレス『自然学』第二巻第一章――」がこの年の夏学期の演習に由来するものであることを知ったし、一九七二年二月一五日付の書簡（文書141）からは、メルロ＝ポンティがハイデガーに会うためにフライブルクを訪れる八日前に急逝したことを教えられた。この種のことを数えあげはじめたらきりもない。

ハイデガーが、すでに世間では大きな評価を受けているアーレントの仕事をなかなか認めようとしないらしいあたりも面白いし、アーレントに推められて晩年のハイデガーが、マンデリシタームの自伝やメルヴィルの『ビリー・バッド』を読もうとしている（はたして読みあげたかどうかは不明だが）ことも興味深い。

なお、一言しておきたいのは、書簡中に頻出するハイデガーの詩についてである。私たち訳者ふたりには、これらの詩を十分に評価し、詩のかたちで日本語に移す力が欠けていた。そこで本文中にはその大意を伝える程度の訳文を出すことしかできなかった。それを補うために、ハイデガーの詩だけは巻末に原文をまとめて収録しておいたので、彼の詩に特別のご関心をおもちの方は、ぜひこれをご対照いただきたい。

この翻訳は大島かおりが着手したものであるが、哲学者であるハイデガーの手になる書簡が多いということで、途中から木田元が参加し、ふたりのあいだでくりかえし訳稿を交換し、協力して成ったものである。ハイデガーとアーレントの詩について、ドイツ文学者の小竹澄栄さんにご相談申し上げ、数かずのご助言とご教示をいただいた。そのお礼と、ご助言を十分に生かしきれなかったお詫びとを申し上げたい。私たちの翻訳の進行に伴走し、完成に漕ぎつけてくださったみすず書房の栗山雅子さんにも、心からお礼申し上げる。

木田　元

人名索引

ア行

アイヒ　Günther Eich　261
アインシュタイン　Albert Einstein　143
アウグスティヌス　Augustinus　22, 24, 73, 195, 207, 239, 251
アリストテレス　Aristoteles　82, 97, 101, 102, 107, 108, 118, 151, 155, 175, 193, 196, 203, 207, 236, 268, 286, 287, 290, 294
イェーガー　Hans Jaeger　114, 266
イェーツ　William B. Yeats　269
イェルク　→ハイデガー, J.
ヴァイスマン　Willi Weismann　260
ヴァイツゼッカー　Carl F. von Weizsäcker　197, 291, 296
ヴァイツマン　Leopold (Poldi) Weizmann　195
ヴァイル＝メンデルスゾーン　Anne Weil-Mendelssohn　259
ヴァレリー　Paul Valéry　89, 101, 191, 260, 290
ヴィエッタ, D.　Dory Vietta　261
ヴィエッタ, E　Egon Vietta　103, 261
ヴィエッタ, S.　Silvio Vietta　261
ウィーク　Fred Wieck　129, 133, 273
ヴィーゼ　Benno von Wiese　245, 255
ヴィッサー　Richard Wisser　280
ウィリアムズ　Elizabeth Williams　114
ウェスト, J.　James R. West　171, 176, 284
ウェスト, M.　Mary West　→マッカーシー
ヴェルナー　Jürgen Werner　277
ヴォルフ, G.　Georg Wolff　271
ヴォルフ, H.　Helene Wolff　140, 189
ヴォルフ, K.　Kurt Wolff　140, 189
ヴォルマン　Curt Wormann　140, 142, 143, 276
ヴザン　François Vezin　293
エックハルト　Meister E. Eckhart　89, 204, 255
エッペルスハイマー　Hans W. Eppelsheimer　143
エティンガー　Elżbieta Ettinger　315
エピクテトス　Epiktet　207
エールカース　Friedrich Oehlkers　257
エルツェ　F. W. Oelze　256
オッシュヴァルト, C.　Clothilde Oschwald　198, 264, 292, 293
オッシュヴァルト, M.　Marie Oschwald　198, 292
オット　Hugo Ott　242, 246, 248, 255, 256
オーバーシュリック　Gerhard Oberschlick　244
オルテガ・イ・ガセー　José Ortega y Gasset　262
オルフ　Carl Orff　88, 99, 100, 255, 259

カ行

ガダマー　Hans-Georg Gadamer　122, 187, 270–71, 279, 280, 288
カッシーラー　Ernst Cassirer　54, 248
カービシュ　Richard Kabisch　35, 242
カフカ　Franz Kafka　89, 129, 130, 131, 133, 147, 255, 273
ガブリエル　Leo Gabriel　261
カールソン　Clayton Carlson　181
カーン　Edith Kern　114
カント, I.　Immanuel Kant　34, 37, 82, 128, 129, 131, 133, 150, 156, 163, 194, 197, 207, 243, 282, 291
カント, J.　Johann H. Kant　98, 103, 147, 157, 282
キシール　Theodore Kisiel　236, 238, 253
キーツ　John Keats　106
キルケゴール　Sören Kierkegaard　98
ギルベルト　Robert Gilbert　278
グァルディーニ　Romano Guardini　88, 255
クウィント　Josef Quint　205
クセノパネス　Xenophanes　167

クラウディウス Matthias Claudius 100
クランツ Walther Kranz 283, 292
クルトケ Monika Kruttke 281
グルリット Willibald Gurlitt 37, 243
グレイ，G. J. Glenn Gray 129, 131, 134, 135, 136, 137, 139, 141, 143, 159, 161, 163, 166, 167, 173, 181, 187, 200, 201, 208, 209, 210, 211, 272, 273, 275, 276, 281, 282, 283, 287, 291, 292, 295, 296
グレイ，S. Sherry Gray 200, 292
グレイ，U. Ursula Gray 139, 187, 273, 292
クレー Paul Klee 127, 272
グレフラート Mathias Greffrath 243
クレル David F. Krell 210, 295
クレールヘン →ベーアヴァルト，C.
クロースターマン Vittorio Klostermann 168, 289
クロプシュトック Friedrich G. Klopstock 133, 274
ケイジン Alfred Kazin 239
ゲオルゲ Stefan George 21, 147, 195, 238, 239, 257, 279, 290
ケースター Kurt Köster 143
ゲーテ Johann W. Goethe 97, 144, 266, 272
ケネディ John F. Kennedy 134
ケラー Gottfried Keller 83, 253
ケーラー Lotte Köhler 249, 290, 315, 324, 326, 327
ゲールト Wilhelm Goerdt 272
コクトー Jean Cocteau 268
コジェーヴ（コジェヴニコフ） Alexandre Kojeve（Kojevnikoff） 130, 171, 202, 273, 284
コッホ Joseph Koch 205, 255
コメレル Max Kommerell 95, 257-58
コーン Jerome Kohn 296, 311
コンドラウ Gion Condrau 264, 280
コーンフォード Francis M. Cornford 201, 292

サ行

ザーナー Hans Saner 166, 173, 174, 176, 177, 183, 185, 187, 243, 253, 275, 276, 283
ザフランスキー Rüdiger Safranski 242, 248, 254, 260, 266
サルトル Jean-Paul Sartre 185, 296
ジーヴェルト Gustav Siewerth 204, 206
シェーラー Max Scheler 23, 148, 239, 245
シェリング F. W. J. Schelling 185, 187, 191, 192, 194, 195, 196, 290 [146. n1]
シェルスキー Helmut Schelsky 187, 192, 288
ジートラー Wolf Jobst Siedler 188, 189, 190
シャイト Samuel Scheidt 37
シャウムブルク＝リッペ公 Albrecht Prinz zu Schaumburg-Lippe 261
シャーデヴァルト Wolfgang Schadewaldt 90, 255
シャール René Char 138, 145, 172, 275, 276, 283
ジャレル Randall Jarrell 263
シュタイガー Emil Staiger 100, 106, 115, 259, 263, 264, 280
シュティフター Adalbert Stifter 65-66, 94-95, 251
シュテルン Günther Stern 39, 53, 243-4, 247, 249, 254
シュテルンベルガー Dolf Sternberger 105, 263, 296
シュトルーヴェ Wolfgang Struwe 281
シュトルク Joachim Storck 258, 261, 272, 326
シュトローマン Gerhard Stroomann 111, 266
シュペーア Albert Speer 188, 289
シュペルリ Theophil Spoerri 106, 263
シュミット・ノーエール Gunzelin Schmid Noerr 288
シュルツ Walter Schulz 199
ジョヴァノヴィッチ William Jovanovich 189, 296
ショッケン Salman Schocken 143
ジョーン →スタンボー
スターリン Josef Stalin 74, 134
スタンボー Joan Stambaugh 161, 163, 166, 173, 179, 181, 183, 185, 187, 192, 193, 195, 196, 200, 204, 205, 206, 267, 281, 285, 287, 290, 293, 295
スネル Bruno Snell 160, 161, 181
スミス John W. Smith 114
セザンヌ Paul Cézanne 180, 268, 286

ソクラテス　Sokrates　197, 284
ゾーデン　Hans von Soden　241
ゾニング　C. J. Sonning　295
ソポクレス　Sophokles　99, 249, 298

タ行

ダイレ　Erika Deyle　203, 293
タミニオー　Jacque Taminiaux　293
タレース　Thales　155, 156
ツィーグラー　Susanne Ziegler　286
ツィルマン　Christian G. Zillmann　278
ツィンメルン　Werner Graf Zimmern　91
ツェラー　Bernhard Zeller　210, 277, 279, 295
ツェラン　Paul Celan　260, 272
ティリッヒ　Paul Tillich　87, 98, 100, 112, 254-55, 263
ディールス　Hermann Diels　283, 292
ディルタイ　Wilhelm Dilthey　83, 113
デカルト　René Descartes　187, 238
デプフナー枢機卿　Kardinal Julius Döpfner　186
トゥキュディデス　Thukydides　241
ドゥンス・スコートゥス　Johannes Duns Scotus　195, 207
トマス　Thomas von Aquin　207
トラークル　Georg Trakl　111, 268, 269, 274
トンプスン　David Thompson　272

ナ行

ナトルプ　Paul Natorp　242
ニーチェ　Friedrich Nietzsche　109, 134, 143, 152, 183, 192, 156, 250, 252, 263, 279, 281, 315
ニーマイヤー　Hermann Niemeyer　179, 181, 183, 189, 289
ニュートン　Isaac Newton　97
ネスケ　Günther Neske　188, 189, 261, 280, 289, 291
ノルトマン　Ingeborg Nordmann　326

ハ行

バイセル　Henry E. Beissel　114
ハイデガー, D.　Dorothea Heidegger　91, 93, 99, 101, 256, 261
ハイデガー, E.　Elfride Heidegger　40, 56, 57, 58, 59, 60, 63, 64, 70, 73, 75, 84, 89, 90, 91, 93, 94, 95, 98, 99, 101, 103, 107, 111, 112, 113, 115, 117, 120, 121, 124, 127, 128, 129, 132, 134, 135, 136, 137, 139, 140, 141, 142, 144, 161, 163, 164, 165, 168, 169, 172, 174, 176, 178, 179, 181, 183, 184, 186, 187, 190, 191, 193, 194, 196, 198, 199, 201, 203, 204, 205, 206, 208, 210, 236, 246, 249, 265, 271, 273, 275, 276, 281, 282, 283, 292, 293, 313, 317, 322
ハイデガー, F.　Fritz Heidegger　76, 115, 130, 136, 159, 160, 163, 164, 205, 242, 264, 282, 317, 319,
ハイデガー, G.　Gertrud Heidegger　293
ハイデガー, H.　Hermann Heidegger　40, 98, 107, 159, 203, 242, 246, 258, 294, 316, 318, 324, 326
ハイデガー, J.　Johanna Heidegger　46, 242
ハイデガー, J.　Jörg Heidegger　11, 40, 98, 107, 159, 203, 236, 237, 258, 261, 293
ハイデガー, M.　Marie Heidegger　→オシュヴァルト, M.
ハイデガー, T.　Thomas Heidegger　107, 264
バイナー　Ronald Beiner　239
ハイネ　Heinrich Heine　142
ハウプトマン　Gerhart Hauptmann　143
パウロ　Paules（使徒）　207
パスカル　Blaise Pascal　98
バッハ　Johann Sebastian Bach　69
パッヘルベル　Johann Pachelbel　37
ハーバーマス　Jürgen Habermas　175, 177, 286, 296
ハムスン　Knut Hamsun　49, 186
ハルダー　Richard Harder　90, 255
ハルトマン　Nicolai Hartmann　241, 242
パルメニデス　Parmenides　111, 113, 119, 124, 133, 190, 201, 203, 278, 292
ピカソ　Pablo Picasso　147, 268, 269
ヒトラー　Adolf Hitler　278, 279
ピーパー　Klaus Piper　173, 174, 175, 176, 177, 179, 191, 275, 285, 290
ビーメル　Walter Biemel　171, 182, 183, 202, 240, 245, 271, 284, 293
ヒルデ　→フレンケル
ヒンク　Walter Hinck　263
ピンダロス　Pindar　160, 241
ファイク　Hildegard Feick　196, 210, 286, 291, 295, 324

ファルンハーゲン　Rahel Varnhagen von Ense　10, 236, 247
フィッカー　Ludwig von Ficker　111
フィリップス　William Phillips　268
フィンク　Eugen Fink　124, 165, 206, 211, 271
フェスト　Joachim Fest　188, 289
フェッター　Hermann Vetter　294
フェディエ　François Fédier　293
フォルクマン＝シュルック　Karl-Heinz Volkmann-Schluck　279
フォルラート　Ernst Vollrath　182, 183, 184, 187, 287, 288
フォン・ヘルマン　Friedrich-Wilhelm von Herrmann　206, 207, 238, 289, 293, 294
ブクステフーデ　Dietrich Buxtehude　37
ブセ　Wilhelm Bousset　35, 242
フッサール　Edmund Husserl　8, 9, 10, 11, 23, 32, 36, 37, 44, 46, 54, 148, 187, 235, 236, 237, 240, 241, 243, 244, 245, 257, 271, 287
ブーバー　Martin Buber　109, 264
プファイファー　F. Pfeiffer　205
フュルスト，E.　Ernst Fürst　236
フュルスト，K.　Kate Fürst　236
ブラウニング　Elisabeth Barrett Browning　247
ブラック　Georges Braque　71, 147
プラトン　Platon　100, 118, 120, 124, 133, 146, 148, 152, 153, 155, 156, 157, 192, 238, 258, 279
ブラムバッハ　Rainer Brambach　261
フランク　Erich Frank　246
フランツェン　Winfried Franzen　289
フリードリッヒ　Hugo Friedrich　58, 119, 172, 187, 231, 249, 268, 284, 289
フリートレンダー　Paul Friedländer　54, 241, 248
ブリュッヒャー（アーレントの夫）　Heinrich Blücher　60, 64, 70, 75, 98, 100, 102, 103, 106, 109, 113, 119, 121, 126, 127, 128, 129, 130, 132, 134, 135, 136, 137, 139, 141, 142, 144, 159, 161, 163, 165, 167, 173, 184, 239, 249, 261, 263, 265, 268, 270, 272, 277, 282, 283, 285, 315, 322, 323, 327
フルカード　Dominique Fourcade　145, 146, 161, 274, 281
ブルクハルト　Jacob Burckhardt　199
ブルトマン　Rudolf Bultmann　30, 31, 34, 37, 39, 40, 113, 115, 119, 167, 168, 240, 242, 244, 266, 267, 283, 297
プルファー　Max Pulver　88
ブルム　Fritz Blum　30, 240
ブルーメンソール　Sophie Blumenthal　161, 281
ブルーメンフェルト　Kurt Blumenfeld　318
ブレイク　William Blake　91
ブレッカー　Walter Bröcker　12, 237
ブレッカー＝オルトマンス　Käte Bröcker-Oltmanns　237
プレトリウス　Prätorious　37
ブレヒト　Bertolt Brecht　285
フレンケル，He.　Hermann Fränkel　100, 259
フレンケル，Hi.（女友だち）　Hilde Fränkel　62, 64, 71, 75, 76, 84, 90, 91, 250, 251, 252, 314
ブロート　Max Brod　255, 273
ブロッホ　Hermann Broch　87, 101, 103, 105, 107, 255, 260, 261
ブロッホマン　Elisabeth Blochmann　239, 246, 247, 258, 324
ベーアヴァルト，C.（クレールヘン）　Clara Beerwald　28, 35, 240, 242
ベーアヴァルト，M.（アーレントの母）　Martha Beerwald　7, 12, 33, 35, 44, 47, 49, 50, 53, 66, 90, 235, 256
ペゲラー　Otto Pöggeler　202, 293
ヘーゲル　G. W. F. Hegel　37, 98, 130, 147-48, 152, 155, 171, 185, 187, 199, 202, 243, 273, 277, 278, 279, 284, 288, 292
ペーシュケ　Hans Paeschke　158, 279, 296
ベートーヴェン　Ludwig van Beethoven　72, 75
ベーメ　Gernot Böhme　197, 291
ヘラー　Erich Heller　273, 296
ベーラウ　Johannes Boehlau　12, 237
ヘラクレイトス　Heraklit　99, 100, 101, 103, 113, 119, 124, 165, 249, 253, 258, 259, 262, 269, 278, 324
ヘリングラート　Norbert von Hellingrath　106, 109, 254, 257, 263, 279
ヘルダーリン　Friedrich Hölderlin　12, 35, 70, 98, 99, 102, 106, 109, 112, 113, 124, 137, 172, 173, 254, 257, 258, 260, 263, 271, 274, 279, 285
ヘルマン　→ハイデガー，H.

ベン　Gottfried Benn　105, 256, 263
ベンヤミン　Walter Benjamin　126, 163, 272, 282
ホイヤー　Wolfgang Heuer　256
ホーフスタッター　Albert Hofstadter　179, 181
ボーフレ　Jean Beaufret　101, 102, 109, 145, 182, 184, 259-60, 265, 277, 279, 293
ボス　Medard Boss　264
ホッブズ　Thomas Hobbes　118
ホッホケッペル　Willy Hochkeppel　296
ポーデヴィルス，C.　Clemens Graf Podewils　261
ポーデヴィルス，S.　Sophie D. Gräfin Podewils　261
ホフマンスタール　Hugo von Hofmannsthal　140
ホメーロス　Homer　133, 241, 298
ホルクハイマー　Max Horkheimer　186, 288

マ行

マチス　Henri Matisse　104, 221, 262
マッカーシー　Mary McCarthy（McCarthy-West）　171, 176, 254, 270, 281, 284, 285, 290, 295, 296, 315
マラルメ　Stéphane Mallarmé　126, 127, 132, 187, 272, 288, 289
マリタン　Jacques Maritain　119, 268
マルヴィッツ　Alexander von der Marwitz　10, 236
マルクーゼ　Herbert Marcuse　296
マルクス，K　Karl Marx　118, 268
マルクス，W　Werner Marx　182, 287
マルティン　Bernd Martin　248
マン　Thomas Mann　240, 266
マーンズ　David C. Mearns　276
マンチェスター　William Manchester　134, 274 [100. n5]
マンデリシュターム　Nadesha Mandelstam　201, 292 [154. n2]
ミッシュ　Georg Misch　54, 248
ミュニエ　Roger Munier　267
メラー　Josef Meller　242
メルヴィル　Herman Melville　197, 198, 291
メルロ＝ポンティ　Maurice Merleau-Ponty　185, 187, 192, 288
モンジス　Henri-Xavier Mongis　293
モンテーニュ　Montaigne　176
モンテスキュー　Montesquieu　118

ヤ行

ヤコービー　Paul Jakoby　12, 30, 237, 245
ヤーコプスタール　Paul Jacobsthal　54, 241, 248
ヤスパース，G　Gertrud Jaspers　266
ヤスパース，K　Karl Jaspers　36, 38, 40, 45, 46, 47, 49, 50, 56, 61, 82, 83, 88, 94, 111, 115, 119, 138, 148, 152, 166, 174, 175, 177, 178, 183, 187, 238, 242, 243, 244, 245, 246, 247, 248, 250, 252, 253, 255, 256, 257, 263, 266, 267, 270, 272, 275, 276, 283, 285, 294, 322, 323, 324, 325
ヤング＝ブルーエル　Elisabeth Young-Bruehl　240, 245, 263, 286, 296, 299, 315
ユーナー　Elfriede Üner　326
ユンガー，E.　Ernst Jünger　140, 279
ユンガー，F.　Friedrich Georg Jünger　261
ヨーナス，H.　Hans Jonas　39, 46, 145, 146, 159, 180, 182, 184, 191, 230, 244, 245, 277, 280, 288, 295, 296, 324
ヨーナス，L.　Lore Jonas　296, 324
ヨーンゾン　Uwe Johnson　185, 187, 253, 288

ラ行

ライプニッツ　Gottfried Leibniz　101, 134
ラインハルト　Karl Reinhardt　99, 100, 259, 298
ラーヴ　Philip Rahv　268
ラスク　Emil Lask　83, 253
ラップ，C.　→オッシュヴァルト，C.
ラップ，H.　Heinrich Rapp　198, 292
ラトナー　Marc Ratner　272
ラレーゼ　Dino Larese　279
リーヴァイ　Edward Hirsch Levi　290
リッカート　Heinrich Rickert　236
リヒテンシュタイン　Heinz Lichtenstein　9, 192, 193, 195, 196, 236
リーヒナー　Max Rychner　112
リュッツェラー　Paul Michael Lützeler　260
リューデマン　Hermann Lüdemann　34, 242
リルケ　Rainer M. Rilke　70, 101, 142, 247, 260, 261, 262 [74. n8]
ルター　Martin Luther　279

レヴィ　Patrick Lévy　182, 183, 184, 287
レーヴィット　Karl Löwith　34, 108, 241-42, 248, 264, 279, 287, 296
レスナー　Hans Rössner　174, 179, 285
ローウェル　Robert Lowell　161, 281
ロス　William D. Ross　108, 264
ロビンソン　Edward Robinson　114, 116, 117, 266, 267

文献一覧

略号／略記されている引用文献

Cont.	=	Container〔文書函〕
Dok.	=	Dokument〔記録文書〕
H. A.	=	ハンナ・アーレント（1906年10月14日生，1975年12月4日没）
HAPapers	=	ワシントンD. C. の国会図書館所蔵，Hannah Arendt Papers
HGA	=	マルティン・ハイデガー『全集』*Gesamtausgabe : Ausgabe letzter Hand*, im Verlag Vittorio Klostermann
M. H.	=	マルティン・ハイデガー（1889年9月26日生，1976年5月26日没）
NLArendt	=	アーレントの遺稿のうちマルバッハのドイツ文学資料館所蔵のもの
NLHeidegger	=	マルバッハのドイツ文学資料館所蔵のハイデガー遺稿

Arendt-Blücher-Briefe 『アーレント＝ブリュッヒャー書簡集』
Hannah Arendt und Heinrich Blücher, *Briefe 1936-1968*, hrsg. und mit einer Einführung von Lotte Köhler, München-Zürich : Piper, 1996.
〔「アーレント＝ブリュッヒャー往復書簡」矢野久美子・初見基訳，みすず497・505号，2002，2003年，不定期連載中（一部)〕

Arendt-Blumenfeld-Korrespondenz 『アーレント＝ブルーメンフェルト往復書簡』
Hannah Arendt und Kurt Blumenfeld, *"...in keinem Besitz verwurzelt" : Die Korrespondenz*, hrsg, von Ingeborg Nordmann und Iris Pilling, Hamburg : Rotbuch, 1995.

Arendt-Broch-Briefwechsel 『アーレント＝ブロッホ往復書簡』
Hannah Arendt und Hermann Broch, *Briefwechsel 1946-1951*, hrsg. von Paul Michael Lützeler, Frankfurt am Main : Jüdischer Verlag, 1996.

Arendt-Jaspers-Briefwechsel 『アーレント＝ヤスパース往復書簡』
Hannah Arendt und Karl Jaspers, *Briefwechsel 1926-1969*, hrsg. von Lotte Köhler und Hans Saner, München : Piper, 1985.

Arendt-McCarthy-Briefwechsel 『アーレント＝マッカーシー往復書簡』
Hannah Arendt und Mary McCarthy, *Im Vertrauen : Briefwechsel 1949-1975*, hrsg. und mit einer Einführung von Carol Brightman, aus dem Amerikanischen von Ursula Ludz und Hans Moll, München : Piper, 1995.
〔『アーレント＝マッカーシー往復書簡』キャロル・ブライトマン編，佐藤佐智子訳，法政大学出版局・叢書ウニベルシタス，1999年〕

Biemel, *Martin Heidegger*　ビーメル『マルティン・ハイデガー』

Martin Heidegger mit Selbstzeugnissen und Bilddokumenten, dargestellt von Walter Biemel, Reinbeck bei Hamburg : Rowohlt (rororo-bildmonographien, rm 200), 1973.

〔ヴァルター・ビーメル『ハイデガー』茅野良男訳，理想社，1985 年〕

Heidegger-Blochmann-Briefwechsel　『ハイデガー＝ブロッホマン往復書簡』

Martin Heidegger und Elisabeth Blochmann, *Briefwechsel 1918-1969*, hrsg. von Joachim Storck (Marbacher Schriften), 2., durchges. Aufl., Marbach am Neckar 1990.

Heidegger-Jaspers-Briefwechsel　『ハイデガー＝ヤスパース往復書簡』

Martin Heidegger und Karl Jaspers, *Briefwechsel 1920-1963*, hrsg. von Walter Biemel und Hans Saner, Frankfurt am Main : Klostermann, und München-Zürich : Piper, 1990. おなじものが（ペーパーバックで）ピーパー叢書の一巻として（第 1260 巻）1992 年に出ている

〔『ハイデガー＝ヤスパース往復書簡 *1920-1963*』W・ビーメル/H・ザーナー編，渡邊二郎訳，名古屋大学出版会，1994 年〕

Ott, *Martin Heidegger*　オット『マルティン・ハイデガー』

Hugo Ott, *Martin Heidegger : Unterwegs zu seiner Biographie*, durchgesehene und mit einem Nachwort versehene Neuausgabe, Frankfurt/New York : Campus (Reihe Campus, 1056), 1992.

〔フーゴ・オット『マルティン・ハイデガー　伝記への途上で』北川東子・藤沢賢一郎・忽那敬三訳，未來社，1995 年〕

Petzet, *Auf einen Stern zugehen*　［ペツェット『一つの星をめざして』］

Heinrich Wiegand Petzet, *Auf einen Stern zugehen : Begegnungen und Gespräche mit Martin Heidegger, 1929-1976*, Frankfurt am Main : Societäts-Verlag, 1983.

Safranski, *Ein Meister aus Deutschland*　ザフランスキ『ドイツの一巨匠』

Rüdiger Safranski, *Ein Meister aus Deutschland : Heidegger und seine Zeit*, München : Hanser, 1994.

〔リュディガー・ザフランスキー『ハイデガー　ドイツの生んだ巨匠とその時代』山本尤訳，法政大学出版局，1996 年〕

Young-Bruehl, *Hannah Arendt*　ヤング＝ブルーエル『ハンナ・アーレント』

Elisabeth Young-Bruehl, *Hannah Arendt : Leben, Werk und Zeit*, aus dem Amerikanischen von Hans Günter Holl, Frankfurt am Main : Fischer, 1986.

〔エリザベス・ヤング＝ブルーエル『ハンナ・アーレント伝』荒川幾男・原一子・本間直子・宮内寿子訳，晶文社，1999 年〕

アーレントの言及されている著作

以下にアルファベット順で挙げてある著作題名のあとに，つぎのような図式にしたがって必要な事項が示してある．かぎ括弧内にそのドイツ語版もしくは英語版の題名 — 冒頭に掲げた題名の初版の正確な書誌事項 — その著作への言及のある本書のページ番号

"Concern with Politics in Modern European Thought" (1954) — [いままでのところドイツ語版はない]

In : *Essays in Understanding*, S. 428-447. — 119, 271 ページ

〔「近年のヨーロッパ哲学思想における政治への関心」『アーレント政治思想集成』第 2 巻，齋藤純一・山田正行・矢野久美子訳，みすず書房，2002 年〕

Das Denken — [Thinking]

Vom Leben des Geistes を見よ

Denktagebücher

未公刊〔2002 年刊. *Denktagebuch 1950 bis 1973*, 2 Bände, Herausgegeben von Ursula Ludz und Ingeborg Nordmann in Zusammenarbeit mit dem Hannah-Arendt-Institut (Dresden), München-Zürich : Piper〕. 第 1 冊は国会図書館蔵（HA Papers, Cont. 79），第 2 冊から第 28 冊はマルバッハのドイツ文学資料館蔵（背丁番号 93. 37. 1-27）. — 250, 251, 254, 258, 259, 265, 275, 280, 282, 284, 289, 310, 315, 318 ページ，図版 16

"Diskussion mit Freunden und Kollegen in Toronto (November 1972)" — ["Hannah Arendt on Hannah Arendt"]

Übersetzt von Ursula Ludz, in : *Ich will verstehen*, S. 71-113. — 282 ページ

Eichmann in Jerusalem : Ein Bericht von der Banalität des Bösen — [Eichmann in Jerusalem : A Report on the Banality of Evil]

Übersetzt von Brigitte Granzow, von der Autorin durchgesehene und ergänzte deutsche Ausgabe, München : Piper, 1964. — 244, 282 ページ

〔『イェルサレムのアイヒマン — 悪の陳腐さについての報告』大久保和郎訳，みすず書房，1969 年〕

Elemente und Ursprünge totaler Herrschaft — [The Origins of Totalitarianism]

Von der Verfasserin übertragene und neubearbeitete Ausgabe, Frankfurt am Main : Europäische Verlagsanstalt, 1955. — 119, 251, 268 ページ

〔『全体主義の起原』3 巻，大久保和郎・大島通義・大島かおり訳，みすず書房，1972/

74 年〕

Essays in Understanding, 1930-1954 — ［これまでのところドイツ語版はない］
Hrsg. von Jerome Kohn, New York : Harcourt Brace, 1994. — 268, 310 ページ
〔『アーレント政治思想集成』全 2 巻，齋藤純一・山田正行・矢野久美子訳，みすず書房，2002 年〕

Fragwürdige Traditionsbestände im politischen Denken der Gegenwart : Vier Essays — ［のちに *Between Past and Future/Zwischen Vergangenheit und Zukunft* に組み込まれた］
Aus dem Englischen übertragen von Charlotte Beradt, Frankfurt am Main : Europäische Verlagsanstalt, o.J. (1957). — 268 ページ

"Hermann Broch und der moderne Roman" — ［"The Achievement of Hermann Broch"］
In : *Der Monat* 1 (1948-49), Nr. 8-9, S. 147-151. — 255 ページ

The Human Condition — *[Vita activa]*
Chicago : Chicago University Press, 1958. — 267, 321 ページ
〔『人間の条件』志水速雄訳，中央公論社，1973 年〕

Ich will verstehen : Selbstauskünfte zu Leben und Werk — ［英語版はない］
Mit einer vollständigen Bibliographie hrsg. von Ursula Ludz, München-Zürich : Piper (Serie Piper, 2238), 1996.

Der Liebesbegriff bei Augustin : Versuch einer philosophischen Interpretation — *[Love and Saint Augustine]*
Berlin : J. Springer (Philosophische Forschungen, 9), 1929. — 239 ページ
〔『アウグスティヌスの愛の概念』千葉眞訳，みすず書房，2002 年〕

The Life of the Mind — *[Vom Leben des Geistes]*
2 Bände (*Thinking* ; *Willing*), New York : Harcourt Brace Jovanovich, 1978. — 281, 292, 293 ページ
〔『精神の生活』，上巻『思考』下巻『意志』，佐藤和夫訳，岩波書店，1994 年〕

Macht und Gewalt — *[On Violence]*
Von der Verfasserin durchgesehene Übersetzung aus dem Englischen von Gisela Uellenberg, München : Piper (Serie Piper, 1), 1970. — 163, 274, 282 ページ
〔『暴力について』高野フミ訳，みすず書房，1973 年；山田正行訳，2001 年〕

"Martin Heidegger ist achtzig Jahre alt" — ［"Martin Heidegger at Eighty"］
In : *Merkur* 23 (1969), Heft 10, S. 893-902.* — 279, 287, 323 ページ

Menschen in finsteren Zeiten — [Men in Dark Times]
Hrsg. von Ursula Ludz, München-Zürich : Piper, 1989. — 261, 263, 277, 285 ページ
〔『暗い時代の人びと』安部斎訳，河出書房新社，1972 年〕

"Organisierte Schuld" — ["Organized Guilt and Universal Responsibility"]
In : *Die Wandlung* 1 (1945-46), Heft 4, S. 333-344. — 63, 250 ページ

The Origins of Totalitarianism — [Elemente und Ursprünge totaler Herrschaft]
New York : Harcourt, Brace, 1951. — 101, 103, 119, 260, 261, 268 ページ

Rahel Varnhagen. Lebensgeschichte einer deutschen Jüdin aus der Romantik — [Rahel Varnhagen : The Life of a Jewess]
Mit einer Auswahl von Rahel-Briefen und Zeitgenössischen Abbildungen, München : Piper, 1959. — 236, 270 ページ，また図版 12 も見よ
〔『ラーエル・ファルンハーゲン — ドイツ・ロマン派のあるユダヤ女性の伝記』大島かおり訳，みすず書房，1999 年〕

"Thinking and Moral Considerations" — ["Über den Zusammenhang von Denken und Moral"]
In : *Social Research* 38 (1971), S. 417-446. — 163, 282 ページ

"Über den Zusammenhang von Denken und Moral" — ["Thinking and Moral Considerations"]
Übersetzt von Ursula Ludz, in : *Zwischen Vergangenheit und Zukunft*, S. 128-155. — 163, 282 ページ

Über die Revolution — [On Revolution]
München : Piper, o. J. (1965). — 291 ページ
〔『革命について』志水速雄訳，中央公論社，1975 年〕

Das Urteilen : Texte zu Kants Politischer Philosophie — [Lectures on Kant's Political Philosophy]
Hrsg. und mit einem Essay von Ronald Beiner, aus dem Amerikanischen von Ursula Ludz, München : Piper, 1985. — 210, 239, 295 ページ
〔ベイナー『カント政治哲学の講義』浜田義文監訳，法政大学出版局，1987 年〕

Vita activa oder Vom tätigen Leben — [The Human Condition]
Stuttgart : Kohlhammer, 1960. — 121, 171, 270, 321, 323 ページ

＊　バイエルン放送でなされたラジオ講演の原稿は，本書の 179-192 ページと 330-332 ページに載せてある．

Vita contemplativa
Vom Leben des Geistes を見よ

Vom Leben des Geistes —*[The Life of the Mind]*
2 Bände (*Das Denken* ; *Das Wollen*), aus dem Amerikanischen von Hermann Vetter, München : Piper, 1979. — 171, 239, 273, 281, 288, 290, 291, 293, 323 ページ

"Walter Benjamin" — ["Walter Benjamin"]
In : *Merkur* 22 (1968), Heft 1-2, S. 50-65 ; Heft 3, S. 209-223 ; Heft 4, S. 305-315. — 127, 136, 272, 275 ページ

Walter Benjamin-Bertolt Brecht : Zwei Essays — 〔英語版はない．二論文とも *Men in Dark Times* に収められている．のちに出たドイツ語版 *Menschen in Finsteren Zeiten* も同様〕
München : Piper (Serie Piper, 12), 1971. — 172, 285 ページ

Das Wollen
Vom Leben des Geistes を見よ

Zwischen Vergangenheit und Zukunft : Übungen im politischen Denken I — *[Between Past and Future]*
Hrsg. von Ursula Ludz, München-Zürich : Piper (Serie Piper, 1421), 1994. — 273 ページ
〔『過去と未来の間』引田隆也・齋藤純一訳，みすず書房，1994 年〕

引用されているブリュッヒャー，ブルーメンフェルト，ブロッホ，ヤスパース，マッカーシーとの各往復書簡集については，正確な書誌事項は viii ページ以下の「略記されている引用文献」一覧を見よ．

ハイデガーの言及されている著作

以下にアルファベット順に挙げてある著作のあとに，つぎのような図式にしたがって必要な事項が示してある．題名 — 成立に関する事項がある場合はかぎ括弧内に — 最初の出版の正確な事項 — 場合によっては献呈本について — その著作の収録されているHGAの巻名 — 言及のある本書のページ番号

"Aletheia (Heraklit, Fragment 16)"
In : *Festschrift zur Feier des 350 jährigen Bestehens des Heinrich-Suso-Gymnasiums in Konstanz*, Konstanz 1954, S. 60-76 In : *Vorträge und Aufsätze*, S. 257-282. — 97, 258, 269, 278 ページ
〔『ロゴス・モイラ・アレーテイア』ハイデッガー選集第33巻，宇都宮芳明訳，理想社，1983年に収録〕

Der Anfang des abendländischen Denkens. Heraklit
Heraklit の項を見よ

"Anmerkungen zu Karl Jaspers' 'Psychologie der Weltanschauungen' (1919/21)"
[1921年6月にヤスパースに送ったが，当時は公刊しなかった] — In : *Karl Jaspers in der Diskussion*, hrsg. von Hans Saner, München : Piper, 1973, S. 70-100 — In : *Wegmarken* (HGA, Bd. 9, S. 1-44). — 166, 174, 183, 283, 285 ページ
〔『道標』ハイデッガー全集第9巻，辻村公一・ハルトムート・ブッナー訳，創文社，1985年に収録〕

Aufenthalte : Der Mutter zum siebzigsten Geburtstag — Ein Zeichen des Beschenkten
Hrsg. von Luise Michaelsen, Frankfurt am Main : Klostermann, 1989. — 271 ページ

Aus der Erfahrung des Denkens
Pfullingen : Neske, 1954 ——番号を付した50冊の私家印刷版，日付なし．その第50番の一冊に手書きの献辞：「四半世紀の山小屋の静寂と嵐／記念にハンナへ／マルティン／一九五〇年三月四日」，マルバッハのドイツ文学資料館蔵 — In : HGA, Bd. 13 (1983), S. 75-86. — 116, 194, 277, 286 ページ
〔『思惟の経験より』ハイデッガー選集第6巻，辻村公一訳，理想社，1960年〕
〔HGA, Bd. 13 は『思惟の経験から』ハイデッガー全集第10巻，東専一郎，芝田豊彦，ハルトムート・ブッナー訳，創文社，1994年に収録〕

"Bauen-Wohnen-Denken"
［ダルムシュタットでの講演，1951年8月5日；シュロス・ヴァルヘン，1951年8月20日］— In : *Mensch und Raum*, Darmstadt（Darmstädter Gespräch 2）1952, S. 72-84 — In : *Vorträge und Aufsätze*, S. 145-162. — 102, 105, 261, 262 ページ

Beiträge zur Philosophie（*Vom Ereignis*）
［原稿，1936-1938年成立］ HGA, Bd. 65 (1989). — 253 ページ

"Brief an Emil Staiger"
In : Emil Staiger, "Zu einem Vers von Mörike : Ein Briefwechsel mit Martin Heidegger", in : *Trivium* 9, 1951, S. 1-16 — In : HGA, Bd. 13, S. 93-109. — 100, 259, 264 ページ
〔『思惟の経験から』ハイデッガー全集第13巻，創文社，に収録〕

Casseler ［*Kasseler*］ *Vorträge*
Wilhelm Diltheys Forschungsarbeit... を見よ

"Dasein und Wahrsein"
"Wahrsein und Dasein" を見よ

"Dasein und Zeitlichkeit"
［1924］——献辞「一九二五年四月二〇日と二一日の記念に．M」としるされた手書き原稿，NLArendt — In : HGA, Bd. 64（未刊）. — 17, 238, 253 ページ

Denken und Dichten
［1944/45年冬学期講義］ In : HGA, Bd. 50 (1990), S. 90-160. — 207, 294 ページ
〔『1. ニーチェの形而上学 2. 哲学入門—思索と詩作』ハイデッガー全集第50巻，秋富克哉・神尾和寿・ハンス＝ミヒャエル・シュパイアー訳，創文社，2000年〕

Der Deutsche Idealismus（*Fichte, Schelling, Hegel*）*und die philosophische Problemlage der Gegenwart*
［1929年夏学期講義］— HGA, Bd. 28 (1997). — 284 ページ

"'*...dichterisch wohnet der Mensch...*'"
［ビューラーヘーエ講演，1951年10月6日；チューリッヒ講演，1951年11月5日；カッセル，1953年12月11日］— In : *Akzente* 1, 1954, Heft 1, S. 57-71 — タイプライター原稿の写しに献辞「H／M」，NLArendt — In : *Vorträge und Aufsätze*, S. 187-204. — 106, 117, 263, 266 ページ

"Das Ding"/"Über das Ding"
［バイエルン芸術アカデミーでの講演（*Einblick in das was ist* 所収の "Das Ding" にごくわずかに加筆），1950年6月6日］— In : *Gestalt und Gedanke : Ein Jahrbuch*,

hrsg. von der Bayerischen Akademie der Schönen Künste, München : Oldenbourg, 1951, S. 128-148 — 抜刷りに，手書きの献辞「ハンナへ一九五一年のクリスマスに／M.」をしるした紙片貼付，マルバッハのドイツ文学資料館蔵 — In : *Vorträge und Aufsätze*, S. 163-185. — 84, 88, 91, 106, 254, 255, 264 ページ

"Einblick"
Einblick in das was ist を見よ

Einblick in das was ist
[ブレーメン講演 "Das Ding-Das Ge-stell-Die Gefahr-Die Kehre", 1949 年 12 月；おなじくビューラーヘーエにて，1950 年 3 月 25，26 日] — 連続講演全体の最初の公刊は（1950 年 3 月の「清書」原稿と二つの「写し」をもとに）HGA, Bd. 79（1994), S. 1-77. — 70, 84, 89, 91, 95, 254 ページ
〔『技術論』ハイデッガー選集第 18 巻，小島威彦・アルムブルスター訳，理想社，1965 年. "Das Ding"：『物』茅野良男訳，人類の知的遺産 75「ハイデッガー」講談社，1984 年所収. "Die Kehre"：「転回」は部分のみ収録〕

Einführung
Einführung in die Metaphysik を見よ

Einführung in die Metaphysik
[1935 年夏学期講義]　Tübingen : Niemeyer, 1953 — HGA, Bd. 40（1983). — 110, 115, 142, 162, 249, 276, 278 ページ
〔『形而上学入門』川原栄峰訳，平凡社ライブラリー，1994 年；『形而上学入門』ハイデッガー全集第 40 巻，岩田靖夫・ハルトムート・ブッナー訳，創文社，2000 年〕

Einführung in die phänomenologische Forschung
[1923/24 年冬学期講義] — HGA, Bd. 17（1994). — 236 ページ
〔『現象学的研究への入門』ハイデッガー全集第 17 巻，加藤精司・アイロス・ハルダー訳，創文社，2001 年〕

Einleitung in die Philosophie
[1928/29 年冬学期講義] — HGA, Bd. 27（1996). — 193 ページ

"Das Ende der Philosophie und die Aufgabe des Denkens"
[パリでの講演，1964 年 4 月 21-23 日にユネスコが主催したシンポジウム "Kierkegaard vivant" にて] — In : *Zur Sache des Denkens*（1969), S. 61-80. — 160 ページ
〔『哲学の終りと思惟の使命』川原栄峰訳（『生けるキルケゴール』人文選書 3，人文書院，1967 年），*Zur Sache des Denkens*：『思索の事柄へ』辻村公一，ハルトムート・ブッナー訳，筑摩書房，1973 年にも収録〕

Erläuterungen zu Hölderlins Dichtung

[1936-1968] — Frankfurt am Main : Klostermann, 1944 — 手書きの献辞「ハンナへ，ハインリッヒを偲びつつ／一九七一年四月／マルティン」としるされた一冊が（4., erweiterte Aufl., Frankfurt am Main : Klostermann, 1971）マルバッハのドイツ文学資料館蔵＊ — HGA, Bd. 4 (1981). — 98, 102, 172, 258, 260, 285 ページ
〔『ヘルダーリンの詩の解明』ハイデッガー選集第3巻，手塚富雄・斎藤信治・土田貞夫・竹内豊治訳，理想社，1955年；『ヘルダーリンの詩作の解明』ハイデッガー全集第4巻，濱田恂子・イーリス・ブッハイム訳，創文社，1997年〕

Der Feldweg
[1949] — Frankfurt am Main : Klostermann, 1953 — In : HGA, Bd. 13, S. 87-90. — 116 ページ
〔『野の道・ヘーベル一家の友』ハイデッガー選集第8巻，高坂正顕・辻村公一訳，理想社；HGA, Bd. 13 :『思惟の経験から』ハイデッガー全集第13巻（創文社）にも収録〕

"Die Frage nach der Bestimmung der Kunst"
［バイエルン芸術アカデミーでの講演，1970年4月9日］— 印刷されてなく，原稿は残っていない. — 282 ページ

"Die Frage nach der Technik"
［バイエルン芸術アカデミーでの講演（*Einblick in das was ist* のなかの "Das Ge-Stell" にもとづく)，1953年11月18日 — In : *Gestalt und Gedanke : Ein Jahrbuch*, hrsg. von der Bayerischen Akademie der Schönen Künste, Bd. 3, München : Oldenbourg, 1954, S. 70-108 — In : *Vorträge und Aufsätze*, S. 13-44. — 113, 116, 119, 266, 269 ページ
〔『技術論』ハイデッガー選集第18巻，小島威彦・アルムブルスター訳，理想社，1965年〕

"Fragen nach dem Aufenthalt des Menschen"
［アムリスヴィールでの八〇歳記念祝典における謝辞，1969年9月28日］— In : *Neue Züricher Zeitung*, Nr. 606, 5. 10. 1969, S. 51 — In : HGA, Bd. 16（未刊). — 280 ページ

Frühe Schriften, 1912-1916
Mit bibliographischem Nachweis und Register von Friedrich-Wilhelm von Herrmann, Frankfurt am Main : Klostermann, 1972 — 手書きの献辞「ハンナへ，一九七二年九月二四日の訪問の記念に／フライブルク i. Br. ／マルティン」としるされた一冊が，マルバッハのドイツ文学資料館蔵. — HGA, Bd. 1 (1978). — 198, 291 ページ
〔『初期論文集』ハイデッガー全集第1巻，岡村信孝，丸山徳次，ハルトムート・ブフナー，エヴェリン・ラフナー訳，創文社，1996年〕

＊ この献辞は，1983年5月14日からマルバッハ・アム・ネッカーのシラー国立博物館が開催した展覧会 *Klassiker in finsteren Zeiten 1933-1945* のカタログ第一巻（S. 365）に，複製印刷されている.

"Gedachtes/Pensivement"

Für René Char in freundschaftlichem Gedenken/Pour René Char pensant et repensant à lui en amitié, übersetzt von Jean Beaufret und François Fédier, in : *René Char*, hrsg. von Dominique Fourcade, Paris : L'Herne, o. J. (1971), S. 169-187 — In : HGA, Bd. 13, S. 221-224. — 168, 180, 187, 283, 284, 286, 289 ページ

〔『思惟の経験から』ハイデッガー全集第 13 巻（創文社）に収録〕

"Das Gedicht"

［フリートリッヒ・ゲオルク・ユンガーの七〇歳の誕生日に寄せる講演，アムリスヴィールにて，1968 年 8 月 25 日］— In : *Erläuterungen zu Hölderlins Dichtung* (HGA, Bd. 4, S. 182-192). — 167 ページ

〔『ヘルダーリンの詩作の解明』ハイデッガー全集第 4 巻（創文社）に収録〕

Gelassenheit

Pfullingen : Neske, 1959 — In : HGA, Bd. 13, S. 37-74, und HGA, Bd. 16（未刊）. — 172, 185, 195, 269, 270, 278, 288, 290 ページ

〔『放下』ハイデッガー選集第 15 巻，辻村公一訳，理想社，1963 年；後半部分「放下の所在究明に向って」のみ『思惟の経験から』ハイデッガー全集第 13 巻（創文社）に収録；『野の道での会話』ハイデッガー全集第 77 巻，麻生建・クラウス・オピリーク訳，創文社，2001 年〕

"Georg Trakl : Eine Erörterung seines Gedichtes"

［ビューラーヘーエでの講演，ゲルハルト・シュトローマンの六五歳の祝いに，ゲオルク・トラークルを偲んで，1952 年 10 月 7 日］— In : *Merkur* 7, 1953, Heft 3, S. 226-258（のちに題名は "Die Sprache im Gedicht" となる）. — 111, 265, 269 ページ

〔『言葉への途上』ハイデッガー全集第 12 巻，亀山健吉・ヘルムート・グロス訳，創文社，1996 年に収録；"Die Sprache im Gedicht"：『詩と言葉』ハイデッガー選集第 14 巻，三木正之訳，理想社，1963 年〕

Grundbegriffe der aristotelischen Philosophie

［1924 年夏学期講義］— HGA, Bd. 18〔2002 年刊〕. — 193, 196, 286, 290 ページ

Die Grundprobleme der Phänomenologie

［1927 年夏学期講義］— HGA, Bd. 24 (1975 ; ²1989). — 192 ページ

〔『現象学の根本諸問題』ハイデッガー全集第 24 巻，溝口兢一・松本長彦・杉野祥一・セヴェリン・ミュラー訳，創文社，2001 年〕

Hegel

［Die Negativität (1938/39), Erläuterung der "Einleitung" zu Hegels "Phänomenologie des Geistes" (1942)］— HGA, Bd. 68 (1993). — 284 ページ

Hegels Phänomenologie des Geistes
[1930/31 年冬学期講義] — HGA, Bd. 32 (1980, ³1997). — 284 ページ
〔『ヘーゲル『精神現象学』』ハイデッガー全集第 32 巻，藤田正勝，アルフレド・グッツォーニ訳，創文社，1987 年〕

"Heraklit"
"Aleteia..." ; *Heraklit* を見よ

Heraklit
[1943 年と 1944 年の講義：1. Der Anfang des abendländischen Denkens ; 2. Logik. Heraklits Lehre vom Logos] — HGA, Bd. 55 (1979,³1994). — 59, 77, 83, 87, 249, 252 ページ
〔『ヘラクレイトス』ハイデッガー全集第 55 巻，辻村誠三・岡田道程・アルフレド・グッツォーニ訳，創文社，1990 年〕

Heraklit : Seminar Wintersemester 1966/1967
Mitverfasser : Eugen Fink, Frankfurt am Main : Klostermann, 1970 — 手書きの献辞「ハンナの／ために／マルティン」がしるされた一冊がバード・カレッジ（Annandale-on-Hudson, N. Y., USA）の図書館蔵 — In : HGA, Bd. 15 (1986), S. 9-261. — 124, 165, 271 ページ

"Die Herkunft der Kunst und die Bestimmung des Denkens"
[アテネの科学・芸術アカデミーでの講演，1967 年 4 月 4 日] — In : *Distanz und Nähe : Reflexionen und Analysen zur Kunst der Gegenwart*, hrsg. von Petra Jaeger und Rudolf Lüthe, Würzburg : Königshausen & Neumann, 1983, S. 11-22 — In : HGA, Bd. 80 (未刊). — 165, 283 ページ

Hölderlin
Erläuterungen zu Hölderlins Dichtung を見よ

Hölderlins Hymne "Der Ister"
[1942 年夏学期講義] — HGA, Bd. 53 (1984 ; ²1993). — 274 ページ
〔『ヘルダーリンの讃歌『イスター』』ハイデッガー全集第 53 巻，三木正之，エルマー・ヴァインマイアー訳，創文社，1987 年〕

Holzwege
[1935-1946] — Frankfurt am Main : Klostermann, 1950 — 手書きの献辞，「……ギリシャ語……／しかし現前するものすべてを，まなざしが舵をとる／ヘラクレイトス 64／ハンナ・アーレントに一九五〇年二月七日の思い出に／フライブルク i.Br.／マルティン・ハイデガー」がしるされた一冊は，マルバッハのドイツ文学資料館蔵 — HGA, Bd. 5 (1977). — 59, 94, 108, 110, 114, 180, 265, 278, 284, 324 ページ
〔『杣径』ハイデッガー全集第 5 巻，茅野良男・ハンス・ブロッカルト訳，創文社，

1988 年〕

Humanismusbrief

Über den Humanismus を見よ

Kant und das Problem der Metaphysik

［= Kantbuch, 最初の成立は 1929 年］— 増補第四版（Klostermann, 1973）の一冊に，手書きの献辞をしるした紙片貼付：「ハンナ・アーレントに／心からの挨拶をこめて　マルティン・ハイデガー」，マルバッハのドイツ文学資料館蔵 — HGA, Bd. 3 (1991). — 82, 89, 98, 103, 246, 255, 260, 323 ページ

〔『カントと形而上学の問題』ハイデッガー選集第 19 巻，木場深定訳，理想社，1967 年；『カントと形而上学』暉峻凌三訳，世界大思想全集，哲学・文芸思想篇 20，河出書房，1954 年〕

Kants These über das Sein

［キールでの講演，1961 年 5 月 17 日］— Frankfurt am Main : Klostermann, 1963 — In : *Wegmarken* (HGA, Bd. 9, S. 445-480). — 128, 273 ページ

〔『有についてのカントのテーゼ』ハイデッガー選集第 20 巻，辻村公一訳，理想社，1972 年；『道標』ハイデッガー全集第 9 巻（創文社）にも収録〕

Kasseler Vorträge

Wilhelm Diltheys Forschungsarbeit を見よ

"Die Kehre"

［ブレーメンでの講演（*Einblick in das was ist* を見よ）］— 最初の発表は，in : *Die Technik und die Kehre*, S. 37-47 — In : HGA, Bd. 79, S. 68-77. — 199 ページ

〔『技術論』ハイデッガー選集第 18 巻（理想社）に収録〕

Die Kunst und der Raum—L'art et l'espace

Übersetzt von Jean Beaufret und François Fédier, St. Gallen : Erker, 1969 — 手書きの献辞，「ハンナの／ために／マルティン」がしるされた一冊が，バード・カレッジ（Annandale-on-Hudson, N. Y., USA）の図書館蔵 — In : HGA, Bd. 13, S. 203-210. — 159, 162, 282 ページ

〔『思惟の経験から』ハイデッガー全集第 13 巻（創文社）に収録；「芸術と空間」『芸術哲学の根本問題』竹市明弘訳，晃洋書房，1978 年〕

Logik

［1928 年夏学期講義］— *Metaphysische Anfangsgründe der Logik...* を見よ

Logik. Die Frage nach der Wahrheit

［1925/26 年冬学期講義］— HGA, Bd. 21 (1976). — 23, 36, 192, 239, 243, 245 ページ

〔『論理学—真性への問い—』ハイデッガー全集第 21 巻，佐々木亮，伊藤聡，セヴェリン・

ミュラー訳，創文社，1989 年〕

Logik als Frage...
Über Logik als Frage nach dem Wesen der Sprache を見よ

"Logos"/ = "*Λόγος*" : Das Leitwort Heraklits"
［ブレーメン・クラブでの講演，1951 年 5 月 4 日］— In : *Festschrift für Hans Jantzen*, Berlin : Gebr. Mann, 1951, S. 7-18 — タイプライター原稿の写しに，手書きの献辞：「H／M」，NLArendt — In : *Vorträge und Aufsätze*, S. 207-229. — 83, 99, 101, 103, 104, 110, 261, 262, 265 ページ
〔『ロゴス・モイラ・アレーテイア』ハイデッガー選集第 33 巻（理想社）に収録〕

"Mein Weg in die Phänomenologie"
［ヘルマン・ニーマイヤーの八〇歳誕生日記念に書かれた（1963)］— In : *Zur Sache des Denkens* (1969), S. 81-90. — 236, 239, 320 ページ
〔『思索の事柄へ』（筑摩書房）に収録〕

Metaphysische Anfangsgründe der Logik im Ausgang von Leibniz
［1928 年夏学期講義］— HGA, Bd. 26 (1978 ; ²1990). — 49, 239 ページ
〔『論理学の形而上学的な始元諸根拠—ライプニッツから出発して』ハイデッガー全集第 26 巻（創文社)〕

Nietzsche I/Nietzsche II
Pfullingen : Neske, 1961 — HGA, Bd. 6, 2 Halbbde. : Bd. 1 (1996), Bd. 2 (1997). — 134, 159, 180, 183, 192, 278, 287, 295 ページ
〔(途中までの訳)『ニーチェ I 美と永遠回帰』細谷貞雄監訳，杉田泰一・輪田稔訳，平凡社ライブラリー，1997 年；『ニーチェ II ヨーロッパのニヒリズム』細谷貞雄監訳，加藤登之・船橋弘訳，平凡社ライブラリー，1997 年.（全訳)『ニーチェ』1, 2, 3, 薗田宗人訳，白水社，1976／77 年〕

Nietzsche. Der Wille zur Macht als Kunst
［1936/37 年冬学期講義］— HGA, Bd. 43 (1985). — 139, 143, 276 ページ
〔『ニーチェ，芸術としての力への意志』ハイデッガー全集第 43 巻，薗田宗人・セバスティアン・ウンジン訳，創文社，1992 年〕

Nietzsches Lehre vom Willen zur Macht als Erkenntnis
［1939 年夏学期講義］— HGA, Bd. 47 (1989). — 139, 143, 276 ページ

Nietzsches metaphysische Grundstellung im abendländischen Denken : Die ewige Wiederkehr des Gleichen
［1937 年夏学期講義］— HGA, Bd. 44 (1986). — 139, 143, 276 ページ

Ontologie des Daseins/Ontologie : Hermeneutik der Faktizität
[1923年夏学期講義] — HGA, Bd. 63 (1988 ; ^{2}1992). — 82 ページ
〔『オントロギー（事実性の解釈学）』ハイデッガー全集第63巻，篠憲二・エルマー・ヴァインマイアー，エベリン・ラフナー訳，創文社，1992年〕

Parmenides
[1942/43年冬学期講義] — HGA, Bd. 54 (1982, ^{2}1992). — 83 ページ
〔『パルメニデス』ハイデッガー全集第54巻，北嶋美雪・湯本和男・アルフレド・グッツオーニ訳，創文社，1999年〕

Phänomenologie und Theologie
[テュービンゲンでの講演，1927年3月9日（正しくは7月8日）；マールブルク，1928年2月14日] — Frankfurt am Main : Klostermann, 1970 (mit Beigabe : "Einige Hinweise auf Hauptgesichtspunkte für das theologische Gespräch über 'Das Problem eines nichtobjektivierenden Denkens und Sprechens in der heutigen Theologie' ", S. 37-47) — In : *Wegmarken* (HGA, Bd. 9, S. 45-67 ; Beigabe S. 68-78). — 159, 168, 169, 171, 280, 283 ページ
〔『現象学と神学』ハイデッガー選集第28巻，渡部清訳，理想社，1981；『道標』ハイデッガー全集第9巻（創文社）にも収録〕

Platon : Sophistes
[1924/25年冬学期講義] — HGA, Bd. 19 (1992). — 113, 120, 124, 159, 192, 195, 238, 271 ページ

Prolegomena zur Geschichte des Zeitbegriffs
[1925年夏学期講義] — HGA, Bd. 20 (1979, ^{2}1988, ^{3}1994). — 39, 192, 238, 244 ページ
〔『時間概念の歴史への序説』ハイデッガー全集第20巻，常俊宗三郎・嶺秀樹・レオ・デュムペルマン訳，創文社，1988年〕

Das Rektorat 1933/34
Die Selbstbehauptung der deutschen Universität を見よ

Schellingbuch/der Schelling
Schellings Abhandlung... を見よ

Schellings Abhandlung Über das Wesen der menschlichen Freiheit ⟨1809⟩
[1936年夏学期講義] — Hrsg. von Hildegard Feick, Tübingen : Niemeyer, 1971 — In : HGA, Bd. 42 (1988). — 185, 186, 190, 290 ページ
〔『シェリング講義』木田元・迫田健一訳，新書館，1999年〕

Sein und Zeit : Erste Hälfte
In : *Jahrbuch für Philosophie und phänomenologische Forschung* 8, Halle a. d. Saale

: Niemeyer, 1927 — HGA, Bd. 2 (1977). — 44, 47, 109, 110, 116, 126, 130, 134, 139, 146, 150, 160, 189, 196, 204, 206, 238, 242, 245, 267, 281, 286, 293, 295, 319 ページ

〔『存在と時間』上下，細谷貞雄訳，ちくま学芸文庫，1994 年；『有と時』ハイデッガー全集第 2 巻，辻村公一・ハルトムート・ブッナー訳，創文社，1997 年；Tatschen und Gedanken：『30 年代の危機と哲学』（平凡社ライブラリー）に収録．ただし，「事実と思想」の訳はなし〕

Die Selbstbehauptung der deutschen Universität—Das Rektorat 1933/34 : Rede, gehalten bei der feierlichen Übernahme des Rektorats der Universität Freiburg i. Br. am 27. Mai 1933 ; Das Rektorat 1933/34 : Tatsachen und Gedanken [1945]

Hrsg. von Hermann Heidegger, Frankfurt am Main : Klostermann, 1983 — In : HGA, Bd. 16 (未刊). — 253 ページ

〔『30 年代の危機と哲学』清水多吉・手川誠士郎編訳，平凡社ライブラリー，1999 年に収録（「ドイツ的大学の自己主張」菅谷規矩雄・矢代梓訳）〕

Séminaires du Thor

[1966, 1968, 1969] — Aus dem Französischen von Curd Ochwadt, in : *Vier Seminare* (HGA, Bd. 15, S. 271-421). — 145, 165, 169, 260, 275, 277, 283 ページ

〔『四つのゼミナール』ハイデッガー全集別巻第 1 巻，大橋良介・ハンス・ブロッカルト訳，創文社，1985 年に収録〕

Sophistes-Kolleg

Platon : Sophistes を見よ

Sprachbuch

Unterwegs zur Sprache を見よ

“Die Sprache”

[ビューラーヘーエ講演，マックス・コメレルを記念して 1950 年 10 月 7 日；ヴュルテンベルク図書館協会，1951 年 2 月 14 日] — In : *Unterwegs zur Sprache* (HGA, Bd. 12, S. 7-30). — 87, 95, 97, 99, 101, 257, 284 ページ

〔同上に収録〕

“Die Sprache im Gedicht : Eine Erörterung von Georg Trakls Gedicht”

[最初は：“Georg Trakl...”] — In : *Unterwegs zur Sprache* (HGA, Bd. 12, S. 31-78). — 274 ページ

〔『言葉への途上』ハイデッガー全集第 12 巻（創文社）に収録〕

Sprachvortrag/meine “Sprache”

“Die Sprache” を見よ

Die Technik und die Kehre

Pfullingen : Neske（Opuscula aus Wissenschaft und Dichtung, 1), 1962（"Die Frage nach der Technik" と "Die Kehre" を収めてある）— 手書きの献辞「ハンナの／ために／マルティン／フライブルク，一九七二年七月二〇日」がしるされている一冊が，バード・カレッジ（Annandale-on-Hudson, N. Y., USA）の図書館蔵 — HGA, それぞれの題名の項を見よ — 199 ページ

〔『技術論』ハイデッガー選集第 18 巻（理想社)〕

Technik-Vortrag

"Die Frage nach der Technik" を見よ

"Theologie und Philosophie"

Phänomenologie und Theologie を見よ

"Über das Ding"

"Das Ding" を見よ

Über den Humanismus

［ジャン・ボーフレへの書簡，1946 年秋］— Frankfurt am Main : Klostermann, 1949. — 手書きの献辞，「ハンナ・アーレントへ記念に／マルティン／一九五〇年三月一〇日」がしるされた一冊が，マルバッハのドイツ文学資料館蔵 — In : *Wegmarken* (HGA, Bd. 9, S. 313-364). — 114, 116, 118, 172, 259, 267 ページ

〔『「ヒューマニズム」について』渡邊二郎訳，ちくま学芸文庫，1997 年；『道標』ハイデッガー全集第 9 巻（創文社）にも収録；『ヒューマニズムについて』ハイデッガー選集第 23 巻，佐々木一義訳，理想社，1974 年；『ヒューマニズムについて』桑木務訳，角川文庫（名著コレクション 19, 1984 年)〕

Über Logik als Frage nach dem Wesen der Sprache

［1934 年夏学期講義］— HGA, Bd. 38〔1998 年刊〕. — 115, 119 ページ

Unterwegs zur Sprache

Pfullingen : Neske, 1959 — HGA, Bd. 12 (1985). — 121, 180, 269 ページ

〔『言葉への途上』ハイデッガー全集第 12 巻（創文社)〕

Der Ursprung des Kunstwerkes

［フライブルク芸術学協会での講演，1935 年 11 月 13 日］— 公刊本（ハンス＝ゲオルク・ガダマーの序文付き，Stuttgart : Reclam, 1967）に手書きの献辞：「再会の思い出にハンナへ／フライブルク，一九六七年七月二七日／マルティン」，マルバッハのドイツ文学資料館蔵 — In : *Holzwege* (HGA, Bd. 5, S. 1-74). — 272 ページ

〔『芸術作品の根源』関口浩訳，平凡社[illegible]，[illegible]年；『芸術作品のはじまり』ハイデッガー選集第 12 巻，菊池栄一郎訳，理想社，1961 年；『杣径』ハイデッガー全集第 5 巻（創文社）にも収録〕

Vier Seminare : Le Thor 1966, 1968, 1969, Zähringen 1973
Frankfurt am Main : Klostermann, 1977 — in : HGA, Bd. 15 (1986). — 283 ページ
〔『四つのゼミナール』ハイデッガー全集別巻第1巻（創文社）〕

“Vom Wesen der Macht”
[原稿，1938/40年成立] — In : HGA, Bd. 69 (1998). — 73, 251 ページ

Vom Wesen der menschlichen Freiheit : Einleitung in die Philosophie
[1930年夏学期講義] — HGA, Bd. 31 (1982 ; ^{2}1994). — 207, 294 ページ
〔『人間的自由の本質について』ハイデッガー全集第31巻，齋藤義一・ヴォルフガンク・シュラーダー訳，創文社，1987年〕

Vom Wesen der Sprache
[1933年夏学期ヘルダー＝ゼミナール] — HGA, Bd. 85 (未刊). — 95, 258 ページ

Vom Wesen der Wahrheit
Frankfurt am Main : Klostermann, 1943 — 手書きの献辞：「ハインリッヒ・ブリュッヒャーへドイツから心をこめた挨拶として／一九五〇年三月／マルティン・ハイデガー」がしるされた一冊（1949年版）が，マルバッハのドイツ文学資料館蔵 — In : *Wegmarken* (HGA, Bd. 9, S. 177-202). — 116 ページ
〔『真理の本質について　プラトンの真理論』ハイデッガー選集第11巻，木場深定訳，理想社，1961年；『道標』ハイデッガー全集第9巻（創文社）にも収録〕

Vom Wesen des Grundes
[エドムント・フッサール七〇歳記念論集への寄稿 — In : *Jahrbuch für Philosophie und phänomenologische Forschung. Ergänzungsband*, Halle a.d.Saale : Niemeyer, 1929, S. 71-110 ; 同時に独立の本としてもやはりニーマイヤーから出版] — 公刊本（Frankfurt am Main : Klostermann, 1949）の一冊に手書きの献辞：「記念にハンナへ／マルティン／一九五〇年三月一〇日」，マルバッハのドイツ文学資料館蔵 — In : *Wegmarken* (HGA, Bd. 9, S. 123-175). — 250 ページ
〔『根拠の本質』斎藤信治訳，理想社，1939年；『道標』にも収録〕

Vorträge und Aufsätze
Pfullingen : Neske, 1954 — 三部に分けて出た版（1967）のそれぞれの一冊に手書きの献辞：「ハンナの／ために／マルティン」，バード・カレッジ（Annandale-on-Hudson, N. Y., USA）の図書館蔵 — HGA, Bd. 7 (未刊). — 115, 120, 180, 266 ページ

“Wahrsein und Dasein. Aristoteles, Ethica Nicomachea 2”
[ケルンのカント協会，その他での講演，ケルンでは1924年12月4日] — In : HGA Bd. 80 (未刊). — 82, 253 ページ

"Was heißt Denken ?"

［バイエルン放送での講演，1952 年 5 月 14 日］— In：*Merkur* 6（1952), Heft 7, S. 601-611 — In : *Vorträge und Aufsätze*, S. 129-143. — 265 ページ

Was Heißt Denken ?

［1951/52 年冬学期および 52 年夏学期講義］— Tübingen : Niemeyer, 1954 — 手書きの献辞「ハンナの／ために／マルティン／フライブルク，一九五四年七月七日」がしるされた一冊が，バード・カレッジ（Annandale-on-Hudson, N. Y., USA）の図書館蔵 — HGA, Bd. 8（未刊). — 106, 108, 110, 115, 134, 136, 180, 256, 265 ページ

〔『思惟とは何の謂いか』ハイデッガー全集別巻第 3 巻，四日谷啓子・ハルトムート・ブフナー訳，創文社，1986 年〕

Wegmarken

Frankfurt am Main : Klostermann, 1967 — HGA, Bd. 9（1976 ; ²1996). — 131, 134, 137, 194, 267, 277, 284 ページ

〔『道標』（ハイデッガー全集第 9 巻，創文社)〕

Wilhelm Diltheys Forschungsarbeit und der gegenwärtige Kampf um eine historische Weltanschauung

カッセルでの 10 回の講演，1925 年 4 月 16 日—4 月 21 日，Nachschrift von Walter Bröcker, hrsg. von Frithjof Rodi, in : *Dilthey Jahrbuch* 8, 1992-93, S. 143-180. — 10, 11, 113, 237, 266 ページ

"Wissenschaft und Besinnung"

［講演，シャウインスラントでの die Arbeitsgemeinschaft wissenschaftlicher Sortimenter の大会にて，1953 年 5 月 15 日；マールブルク，1953 年 12 月 9 日；チューリッヒ，1954 年 2 月 1/2 日］— In : *Börsenblatt für den Deutschen Buchhandel* 10, Nr. 29, vom 13. April 1954, S. 203-211 — In : *Vorträge und Aufsätze*, S. 45-70（1953 年 8 月 4 日のミュンヘンでの会議 "Die Künste im technischen Zeitalter" の準備のために小さなグループで語られた版にもとづく). — 113, 115, 120 ページ

〔「科学と沈思」新井恵雄訳，理想 518・519 号，1976 年，理想社〕

"Zähringer Seminar"

［1973 年 9 月 6-8 日］— In : *Vier Seminare*（HGA, Bd. 15, S. 372-407). — 203, 293 ページ

〔『四つのゼミナール』創文社ハイデッガー全集別巻第 1 巻に収録〕

"Zeichen"

In : *Neue Züricher Zeitung*, Nr. 579, vom 21. Sept. 1969 — In : HGA, Bd. 13, S. 211-[illegible]

〔『思惟の経験から』創文社ハイデッガー全集第 13 巻に収録〕

"Zeit und Sein"
［フライブルク大学の学部共通学習での講演，1962年1月31日，およびトットナウベルクでのゼミナール，1962年9月11-13日］— In : *Zur Sache des Denkens* (1969), S. 1-60. — 160, 173, 285, 287 ページ
〔『思索の事柄へ』（筑摩書房）に収録〕

Zollikoner Seminare : Protokolle-Gespräche-Briefe
［ゼミナール1959-1969年；対話1961-1972年；書簡1947-1971年］— Hrsg. von Medard Boss, Frankfurt am Main : Klostermann, 1987. — 264 ページ
〔『ツォリコーン・ゼミナール』M. ボス編，木村敏・村木詔司訳，みすず書房，1991年〕

Zur Sache des Denkens
Tübingen : Niemeyer, 1969 — HGA, Bd. 14（未刊）. — 159, 160, 162, 173, 277, 278, 281, 285, 289 ページ
〔『思索の事柄へ』（筑摩書房）〕

"Zürcher Seminar"
1951年11月6日，（講演 " '...dichterisch wohnet der Mensch...' " のあとの）討議の記録，in : HGA, Bd. 15 (1986), S. 423-439. — 263 ページ

Gadamer, Hans-Georg (Hrsg.)
Die Frage Martin Heideggers : Beiträge zu einem Kolloquium mit Heidegger aus Anlaß seines 80. Geburtstages von Jean Beaufret, Hans-Georg Gadamer, Karl Löwith, Karl-Heinz Volkmann-Schluck (Sitzungsberichte der Heidelberger Akademie der Wissenschaften, Philosophische-historische Klasse, Jg. 1969, 4. Abhandlung) Heidelberg : Winter, 1969. — 159, 242, 279 ページ
〔（レーヴィットの講演のみ）『ヘーゲルからハイデッガーへ　現象学的存在論』レーヴィット，村岡晋一・瀬嶋貞徳・平田裕之訳，作品社，2001年〕

Klostermann, Vittorio (Hrsg.)
Durchblicke : Martin Heidegger zum 80. Geburtstag, Frankfurt am Main : Klostermann, 1970. — 159, 280 ページ

[Stadt Meßkirch, Hrsg.]
Ansprachen zum 80. Geburtstag [des Ehrenbürgers Professor Dr. Martin Heidegger] am 26. September 1969 in Meßkirch ——手書きの献辞「ハンナの／ために／マルティン／フライブルク，一九七〇年三月九日」がしるされた一冊が，バード・カレッジ（Annandale-on- Hudson, N. Y., USA）の図書館蔵 — 159, 279 ページ

[Stadt Meßkirch, Hrsg.]
Martin Heidegger zum 80. Geburtstag von seiner Heimatstadt Messkirch, Frankfurt am Main : Klostermann, 1969 ——手書きの献辞「ハンナとハインリッヒに／マルティンとエルフリーデ」がしるされた一冊が，マルバッハのドイツ文学資料館蔵. — 159, 163, 279, 282 ページ

収録文書一覧

1. M. H., 1925. 2. 10；手紙原本，手書き，NLArendt
2. M. H., 1925. 2. 21；手紙原本，手書き，NLArendt
3. M. H., 1925. 2. 27；手紙原本，手書き，NLArendt
4. M. H., 1925. 3. 2；絵葉書原本，手書き，NLArendt
5. M. H., 1925. 3. 6；絵葉書原本，手書き，NLArendt
6. M. H., 1925. 3. 21；手紙原本，手書き，NLArendt
7. M. H., 1925. 3. 24；手紙原本，手書き，NLArendt
8. M. H., [1925]. 3. 29；絵葉書原本，手書き，NLArendt
9. M. H., 1925. 4. 12；手紙原本，手書き，NLArendt
10. M. H., [1925]. 4. 17；手紙原本，手書き，NLArendt
11. H. A., 1925. 4.；「影」，原稿原本，手書き，HAPapers
12. M. H., 1925. 4. 24；手紙原本，手書き，NLArendt
13. M. H., 1925. 5. 1；手紙原本，手書き，NLArendt
14. M. H., 1925. 5. 8；手紙原本，手書き，NLArendt
15. M. H., 1925. 5. 13；手紙原本，手書き，NLArendt
16. M. H., 1925. 5. 20；手紙原本，手書き，NLArendt
17. M. H., [1925. 5. 21/22]；メモ原本，手書き，NLArendt
18. M. H., [1925]. 5. 29；手紙原本，手書き，NLArendt
19. M. H., 1925. 6. 14；手紙原本，手書き，NLArendt
20. M. H., 1925. 6. 22；手紙原本，手書き，NLArendt
21. M. H., 1925. 6. 25；手紙原本，手書き，NLArendt
22. M. H., 1925. 7. 1；手紙原本，手書き，NLArendt
23. M. H., 1925. 7. 9；手紙原本，手書き，NLArendt
24. M. H., [1925]. 7. 17；手紙原本，手書き，NLArendt
25. M. H., 1925. 7. 24；手紙原本，手書き，NLArendt
26. M. H., [1925]. 7. 31；手紙原本，手書き，NLArendt
27. M. H., 1925. 8. 2；手紙原本，手書き，NLArendt
28. M. H., [1925]. 8. 23；手紙原本，手書き，NLArendt
29. M. H., 1925. 9. 14；手紙原本，手書き，NLArendt
30. M. H., 1925. 10. 7；絵葉書原本，手書き，NLArendt
31. M. H., 1925. 10. 18；手紙原本，手書き，NLArendt
32. M. H., 1925. 11. 5；手紙原本，手書き，NLArendt
33. M. H., 1925. 12. 10；手紙原本，手書き，NLArendt
34. M. H., 1926. 1. 9；手紙原本，手書き，NLArendt
35. M. H., 1926. 1. 10；手紙原本，手書き，NLArendt
36. M. H., 1926. 7. 29；手紙原本，手書き，NLArendt
37. M. H., 1927. 12. 7；手紙原本，手書き，NLArendt

38. M. H., 1928. 2. 8；手紙原本，手書き，NLArendt
39. M. H., 1928. 2. 19；手紙原本，手書き NLArendt]
40. M. H., 1928. 4. 2；手紙原本，手書き，NLArendt
41. M. H., [1928]. 4. 18；手紙原本，手書き，NLArendt
42. H. A., 1928. 4. 22；手紙の下書き，手書き，NLArendt
43. H. A., 日付なし［1929］；手紙の下書き，手書き，NLArendt
44. H. A., 日付なし［1930. 9.］；手紙の下書き，手書き，NLArendt
45. M. H., 日付なし［1932/33. 冬］；手紙原本，手書き，NLArendt
46. M. H., 1950. 2. 7；手紙原本，手書き，NLArendt
47. M. H., 1950. 2. 8；手紙原本，手書き，NLArendt
48. H. A., 1950. 2. 9；手紙の写し，タイプライター，NLArendt
49. H. A., エルフリーデ・ハイデガー宛，1950. 2. 10；手紙の写し，タイプライター，NLArent
50. M. H., [1950. 2.]；詩五篇，手書き，NLArendt
51. M. H., 1950. 2. 15；手紙原本，手書き，NLArendt
52. M. H., 1950. 2. 27；手紙原本，手書き，NLArendt
53. M. H., 1950. 3. 10；A・シュティフターの「石灰石」，手書き，NLArendt
54. M. H., 1950. 3. 11；連作詩「剝奪された恩寵から……」，手書き，NLArendt
55. M. H., 1950. 3. 19；手紙原本，手書き，NLArendt
56. M. H., [1950. 3.]；詩四篇，手書き，NLArendt
57. M. H., 1950. 4. 12；手紙原本，手書き，NLArendt
58. M. H., [1950. 4.]；詩二篇，手書き，NLArendt
59. M. H., 1950. 5. 3；手紙原本，手書き，NLArendt
60. M. H., 1950. 5. 4；手紙原本，手書き，NLArendt
61. M. H., [1950. 5.]；連作詩「鳴りひびくソナタより」，手書き，NLArendt
62. M. H., 1950. 5. 6；手紙原本，手書き，NLArendt
63. M. H., [1950. 5.]；詩五篇，手書き，NLArent
64. M. H., 1950. 5. 16；手紙原本，手書き，NLArendt
65. M. H., 1950. 6. 27；手紙原本，手書き，NLArendt
66. M. H., 1950. 7. 27；手紙原本，手書き，NLArendt
67. M. H., 1950. 9. 14；手紙原本（同封で詩「波」），手書き，NLArendt
68. M. H., 1950. 9. 15；手紙原本，手書き，NLArendt
69. M. H., 1950. 10. 6；手紙原本，手書き，NLArendt
70. M. H., 1950. 11. 2；手紙原本，手書き，NLArendt
71. M. H., 1950. 12. 18；手紙原本，手書き，NLArendt
72. M. H., 1951. 2. 6；手紙原本，手書き，NLArendt
73. M. H., 1951. 4. 1/2；手紙原本，手書き，NLArendt
74. M. H., 1951. 7. 14；手紙原本，手書き，NLArendt
75. M. H., [1951. 7.]；詩「アンリ・マティスのデッサンに寄せて」，手書き，NLArendt
76. M. H., 1951. 10. 2；手紙原本，手書き，NLArendt
77. M. H., 1951. 12. 14；手紙原本，手書き，NLArendt

78. M. H., 1952. 2. 17；手紙原本，手書き，NLArendt
79. M. H., 1952. 4. 21；手紙原本，手書き，NLArendt
80. M. H., 1952. 6. 5；手紙原本，手書き，NLArendt
81. M. H., 1952. 12. 15；手紙原本，手書き，NLArendt
82. M. H., 1953. 10. 6；手紙原本，手書き，NLArendt
83. M. H., 1953. 12. 21；手紙原本，手書き，NLArendt
84. M. H., 1954. 4. 21；手紙原本，手書き，NLArendt
85. H. A., 1954. 4. 29；手紙の写し，タイプライター，HAPapers
86. H. A., 1954. 5. 8；手紙の写し，タイプライター，NLArendt
87. M. H., 1954. 10. 10；手紙原本，手書き，NLArendt
88. M. H., 1959. 12. 17；手紙原本，手書き，NLArendt
89. H. A., 1960. 10. 28；手紙の写し，タイプライター，NLArendt
90. M. H., 1965. 4. 13；印刷礼状カードの裏面に手書き，NLArendt
91. M. H., 1966. 10. 6；二枚の同封物のある手紙の原本，手書き，NLArendt
92. H. A., 1966. 10. 19；手紙原本，タイプライター，NLHeidegger
93. M. H., 1967. 8. 10；手紙原本，手書き，NLArendt
94. H. A., 1967. 8. 11；手紙原本，タイプライター，NLHeidegger
95. M. H., 1967. 8. 12；手紙原本，手書き，NLArendt
96. M. H., 1967. 8. 18；手紙原本，手書き，NLArendt
97. H. A., 1967. 9. 24；同封物のある手紙原本，タイプライター，NLHeideger
98. M. H., 1967. 9. 29；手紙原本，手書き，NLArendt
99. M. H., 1967. 10. 30；同封物のある手紙原本，手書き，NLArendt
100. H. A., 1967. 11. 27；手紙原本，タイプライター，NLHeidegger
101. H. A., 1968. 3. 17；手紙原本，タイプライター，NLHeidegger
102. M. H., 1968. 4. 12；手紙原本，手書き，NLArendt
103. H. A., 1968. 8. 23；手紙原本，タイプライター，NLHeidegger
104. M. H., 1968. 9. 6；電報原本，NLArendt
105. M. H., 1968. 9. 11；手紙原本，手書き，NLArendt
106. H. A., [1969. 2. 28]；手紙原本，手書き，NLHeidegger
107. M. H., 1969. 3. 1；手紙原本，手書き，NLArendt
108. エルフリーデ・ハイデガー，1969. 4. 20；手紙原本，タイプライター，NLArendt
109. H. A., エルフリーデ・H宛，1969. 4. 25；手紙の写し，タイプライター，NLArendt
110. エルフリーデ・H, 1969. 4. 28；手紙原本，タイプライター，NLArendt
111. H. A., エルフリーデ・H宛，1969. 5. 17；手紙原本，タイプライター，NLHeidegger
112. M. u. E. H., 1969. 6. 4；手紙原本，タイプライター，NLArendt
113. M. H., 1969. 6. 23；手紙原本，手書き，NLArendt
114. M. H., 1969. 8. 2；手紙原本，手書き，NLArendt
115. H. A., 1969. 8. 8；手紙原本，タイプライター，NLHeidegger
116. H. A., [1969. 9.；「八〇歳のマルティン・ハイデガー」]，原稿原本，タイプラ

イター，NLHeidegger
117. H. A., [1969. 9.]；『タブラ・グラトゥラトリア』への寄稿，ハイデガー家所蔵
118. M. H., 1969. 11. 27；手紙原本，手書き，NLArendt
119. H. A., 1969. クリスマス；手紙原本，タイプライター，NLHeidegger
119a. H. A., エルフリーデ・H宛，1969. 12. 25；手紙原本，タイプライター，NL Heidegger
120. H. A. 1970. 3. 12；手紙原本，タイプライター，NLHeidegger
121. フリッツ・ハイデガー，H. A.宛，1970. 4. 27；手紙原本，手書き，NL Arendt
122. エルフリーデ・H，1970. 5. 16；手紙原本，タイプライター，NLArendt
123. エルフリーデ・H，1970. 7. 2；手紙原本，タイプライター，NLArendt
124. H. A., 1970. 7. 28；手紙原本，タイプライター，NLHeidegger
125. M. H., 1970. 8. 4；手紙原本，手書き，NLArendt
126. M. H., 1970. 11. 9；手紙原本（同封で詩「時間」），手書き，NLArendt
127. H. A., 1970. 11. 27；手紙原本，タイプライター，NLHeidegger
128. H. A., 1971. 3. 20；手紙原本，タイプライター，NLHeidegger
129. M. H., 1971. 3. 26；手紙原本，手書き，NLArendt
130. M. H., 1971. 5. 17；手紙原本，手書き，NLArendt
131. H. A., 1971. 7. 13；手紙原本，タイプライター，NLHeidegger
132. M. H., 1971. 7. 15；手紙原本，手書き，NLArendt
133. H. A., 1971. 7. 28；手紙原本，タイプライター，NLHeidegger
134. M. H., 1971. 8. 4；手紙原本（同封で詩「セザンヌ」），手書き，NLArendt
135. H. A., 1971. 8. 19；手紙原本，タイプライター，NLHeidegger
136. H. A., [1971. 9. 24]；花束に添えて送ったカード，NLArendt
137. H. A., 1971. 10. 20；手紙原本，タイプライター，NLHeidegger
138. M. H., 1971. 10. 24；手紙原本，手書き，NLArendt
139. M. H., 1971. 10. 28；手紙原本，手書き，NLArendt
140. H. A., 1972. 2. 2；手紙原本，タイプライター，NLHeidegger
141. M. H., 1972. 2. 15；手紙原本（同封で詩「感謝」），手書き，NLArendt
142. H. A., 1972. 2. 21；手紙の写し，タイプライター，NLArendt
143. M. H., 1972. 3. 10；手紙原本，手書き，NLArendt
144. H. A., 1972. 3. 27；手紙原本，タイプライター，NLHeidegger
145. M. H., 1972. 4. 19；手紙原本，手書き，NLArendt
146. H. A., 1972. 6. 18；手紙原本，タイプライター，NLHeidegger
147. M. H., 1972. 6. 22；手紙原本，手書き，NLArendt
148. H. A., 1972. 7. 21；手紙原本，タイプライター，NLHeideger
149. M. H., 1972. 9. 12；手紙原本，手書き，NLArendt
150. M. H., 1972. 9. 17；手紙原本，手書き，NLArendt
151. M. H., 1972. 12. 8；手紙原本，手書き，NLArendt
152. M. H., 1973. 3. 31；手紙原本，手書き，NLArendt
153. M. H., 1973. 5. 5；手紙原本，手書き，NLArendt
154. M. H., 1973. 7. 9；手紙原本，手書き，NLArendt

155. H. A., 1973. 7. 18；手紙原本，タイプライター，NLHeidegger
156. M. H., 1973. 7. 29；手紙原本，手書き，NLArendt
157. M. H., 1973. 11. 19；手紙原本，手書き，NLArendt
158. M. H., 1974. 3. 14；手紙原本，手書き，NLArendt
159. M. H., 1974. 7. 20；手紙原本，手書き，NLArendt
160. M. H., 1974. 7. 23；手紙原本，手書き，NLArendt
161. H. A., 1974. 7. 26；手紙の写し，タイプライター，NLArendt
162. M. H., 1974. 9. 17；手紙原本，手書き，NLArendt
163. M. H., 1974. 9. 26 以後；礼状，手書き，NLArendt
164. M. H., 1975. 6. 6；手紙原本，手書き，NLArendt
165. H. A., 1975. 7. 27；手紙の写し，タイプライター，NLArendt
166. M. H., 1975. 7. 30；手紙原本，手書き，NLArendt
167. M. H., ハンス・ヨーナス宛，1975. 12. 6；電報
168. M. H., ハンス・ヨーナス宛，1975. 12. 27；手紙，手書き

補　遺

A1. M. H., 日付なし［おそらく 1925 年夏学期］；手紙原本，手書き，NLArendt
A2. M. H., 日付なし［1926. 2.］；手紙原本，手書き，NLArendt
A3. M. H., 日付なし［1950. 2. もしくは 3.］；《挨拶のお返しに》［ソポクレス『アンティゴネー』799/801］, 書きつけた紙の原本，NLArendt
A4. H. A., 1923-1926；21 篇の詩，タイプライター，HAPapers
A5. H. A., 1953. 8/9.；『思索日記』への記載［「狐ハイデガーのほんとうのお話」, 手書き，NLArendt

図版の出所

ハンナ・アーレント著作権信託：図版 3, 4, 5, 6, 7, 13, 14
マルバッハ・ドイツ文学資料館（ハンナ・アーレント部分遺稿）：図版 1, 8, 9, 10, 11, 15, 16
Dr. ヘルマン・ハイデガー：図版 2
©有限会社ミュンヘン・ピーパー出版 1959：図版 12

ハイデガーの詩（原文）

[OHNE TITEL]

In Jähen, raren, blitzt uns Seyn.
Wir spähen, wahren — schwingen ein.

〔翻訳は本書61ページを参照〕

DU

Wurf der Flamme,
Frühgefreyte!
Dies das Tor,
an dessen Tiefe
jäh empor
zur stillen Weite
— daß Es riefe —
Wiederfinden sich verlor.

〔61ページ〕

DAS MÄDCHEN AUS DER FREMDE

Die Fremde,
die Dir selber fremd,
sie ist:
Gebirg der Wonne,
Meer des Leids,
die Wüste des Verlangens,
Frühlicht einer Ankunft.
Fremde: Heimat jenes einen Blicks,

der Welt beginnt.
Beginn ist Opfer.
Opfer ist der Herd der Treue,
die noch aller Brände
Asche überglimmt und —
zündet :
Glut der Milde,
Schein der Stille.
Fremdlingin der Fremde, Du —
Wohne im Beginn.

〔62 ページ〕

ENTSPRECHUNG

Gottlos der Gott
allein, sonst keins
der Dinge —
erst wieder Tod
entspricht
im Ringe
dem Frühgedicht
des Seyns.

〔62 ページ〕

TOD

Tod ist das Gebirg des Seyns
im Gedicht der Welt.
Tod entrettet Deins und Meins
an's Gewicht, das fällt —
in die Höhe einer Ruh
rein dem Stern der Erde zu.

Für die Freundin der Freundin

〔62 ページ〕

NOVEMBER 1924

Stürzte aus entzogenen Gnaden
nur die eine mir noch zu!
　　Daß auf allen künftigen Pfaden
　　bis ins Herz der reinen Ruh
　　immer wahrer ich bereue:
　　　　mir erneue jene kindlich Scheue,
　　　　deren Blick Vertrauen klagte,
　　　　ahnend dann, wie ich versagte.

〔67ページ〕

DER MENSCH

Wer kennt die Stille, der sich Welt entweitet?
Wer wagt zu wohnen, wo das Glück entgleitet?
Wer ruft die Jähe in ihr Jahr?
Wem neigt Ereignis zu die Wahr
des Seyns?
Wer entspricht
dem Gedicht?

〔67ページ〕

DER RUF

Im fernen Gang der Nähe
wohne;
schone
ihrer wilden Jähe
milden Blick
ins überewigte Geschick,
dem *sie* gehören,
die den Ruf er-hören:
　　“Das Geschenk”

Dort birgt
sich, wirbt
des Seyns Gelenk.

〔67 ページ〕

WELT

Im Tausch der Blicke
durchs Geviert
ruhn die Geschicke
steht der Hirt
zieht der Riß
geht die Berufung
durchs Verließ
im Bau der Stufung

〔68 ページ〕

DIE STERBLICHEN

Ankunft sind wir
Gang im Weltspiel
Klang aus Neigen
Sang, der einfiel,
Rückkehr ; blind schier,
bang im Reigen.

〔68 ページ〕

PERSONA

Ihr wollt vom Ich fort zur Person
und wißt nicht, daß ein *Ton*
erst klingen muß *durchs* Bild :
Der Ton der Stille,

stillend ohne Wille,
mild im Tönen,
weil erlitten aus Versöhnen,
das ein Nievergessen gründet,
fernstes Herz mit fernstem bündet.

〔68 ページ〕

DAS EREIGNIS

Aus Licht und Laut
ist Welt getraut.
Wer bleibt die Braut,
von wem er-schaut?
Das Ereignis hat die Liebe
— daß *ihre* Scheu
die Herrin bliebe —
an den Unter-Schied enteignet,
ihm zur Treu
Getrenntestes geeignet
in ein Suchen, das nur findet,
wenn es jeden Fund verwindet
in den Kranz des Selben.
Licht: Lichten: Aufgehend — Hervorgehenlassen:
Φύσις
Laut: Lauten: Brechen der Stille und Sammlung der Stille:
Sammlung des stillenden Versammelns:
("Lesens": Weinlese).
Λόγος

〔68 ページ〕

[OHNE TITEL]

Weß' Ohr ist wach für dies Gedicht?
Bang herrscht noch das Gestell.

Zuvor kommt Wüste, bis es bricht.
Lang ruht Gedicht im Quell.

〔69 ページ〕

FÜNF JAHRFÜNFTE
H. übers Meer

Ist denn diese
überwährte Form
im Geheimnis solcher Zeit
doch die Wiese
aller stillsten Sterne,
die den goldnen Herbst verleiht?

〔71 ページ〕

MÄRZANFANG
Für H.

Ihre Gebärde *ist* sein "entwerde"!
ins Wohnen aus ihr.
Sie blühen: die Zier
der Krone des Seyns:
Trunk dunkelsten Weins.

〔71 ページ〕

"HOLZWEGE"
für H.

Laß hier den Namen
Dir und mir
zur *einen* Zier:

daß früher Samen

späte Reife
sie begreife,

der wir verkamen,
die erst kommt :
als Glut, die frommt.

(eines Dinges verkommen : noch nicht ankommen bei...)

〔72 ページ〕

DENKEN

Ein Gegenblick zum Blitz des Seyns
ist Denken ;
denn, von ihm erschlagen,
schlägt es in die Fuge
eines Wortes : Blick und Blitz,
die — nie Besitz —
sich überschenken
aus dem Kruge
eines Weins
verborgener Reben.
Sie entstreben
einer Erde,
die dem Hirten Himmel werde.

〔72 ページ〕

[OHNE TITEL]

Wahre in die tiefste Kluft
Deiner Seele alles Leid.
Denn *sie* öffnet sich der Luft
eines unbegangenen Hains,
Drin der Schmerz wohnt, das Geschmeid,

geschmiedet uns zum Hort des Seyns,
wo die Flamme in Kristall genesen,
wo Gesetz dem Feuer wurde: aus dem Wesen.

———

nesen: *νέομαι*, liebevoll wiederkehren.
νόστος: Ein- und Heimkehr
ge-nesen: Die Sammlung in die Heimkehr.
Wesen: währen des Wahren

〔75ページ〕

[OHNE TITEL]

Oh wie weit
ist jeder Weg
durch Nähe!

Oh wie seid
ihr ohne Steg.
Wer sähe

Doch die Gunst
der hohen Huld
im Lichte

Einer Kunst,
die *als Geduld*:
Verzichte

Schüfe, frey
ins eine Mal
der Liebe,

Daß sie: — sey
wenn keine Wahl

mehr bliebe ?

Mal : wie Denk-mal ; zugleich : mal, *μέτρον*
Maß ; zugleich : Fleck, ausgesparter Zeit-Raum.

〔76 ページ〕

AUS DER SONATA SONANS
In einem Sturm

DER TON

Im Erklingen
läßt der dunkle Ton
sich hell verschwingen
in das frühste Schon
in das längste Dann,
daran Eins das Andere gewann,
aus dem Selben fern entrückt
in das Selbe, nah verzückt
zum fernher sanften Finde-Kuß :
der Innigkeiten Überfluß.

〔78 ページ〕

Nur Dir

— UNS EREIGNEND —

Daß er ausklang
dieser Berg-Gang
in den höchsten Aufgang

Deiner tiefsten Ankunft...

Was ist — uns ereignend — Zu-kunft ?

Andres nicht denn jene hohe
Flut der reinen Lohe,
heil gewahrt,
gedacht und zart.

〔78ページ〕

Nur Dir

DAS LICHT

Nimmer bist Du auszufinden,
wo Dein unergründliches Umwinden
sich der holden Gunst ent-schließt,
Wilde in die Milde schießt.

Daß ein Lichtschein diesem Hort
des Seyns ent-springt ins hohe Wort,
weiht zum Opfer solches Schenken,
läßt uns in das Selbe *denken*

Denkend fließt erfülltes Seyn
im eigenen Wesen aus und ein.

〔79ページ〕

SCHÖNE...

Im herben Duft des langen Leides
wuchs Deine Schönheit, daß sie Beides —
Mild, Wilde — in Dein hohes Lieben einte,
sich aus unvergossen aufbewahrten Tränen,

aus dem nie im “Du und Ich” gestillten Sehnen,
ihren Glanz erst, ihre Glut erweinte.

〔79ページ〕

Nur Dir

ΠΥΡ ΑΕΙΖΩΟΝ
Πῦρ ἀείζωον
ἅπτόμενον μέτρα καὶ ἀποσβεννύμενον μέτρα
Heraklit Frg. 30.
Glut-Licht währig wahrendes
ent-zückend Maaße und ent-rückend Maaße

Dein — aus Schmerz erblitzter
Nähe — großgestöhntes,
im Vertrautesten Versöhntes
“Ja !”
bleibt da.

Und bringt als tiefgeschützter
Schrei gestillter Wonnen
mir zur Nacht den Schein
der unerlöschten Sonnen
aus dem fernsten Schrein,
darin das Eine Selbe —
— das ins Maaß entflammte Feuer —
sich verfremdet in das Selbe,
im Geheueren ungeheuer.

〔79ページ〕

Nur Dir

"GEDACHT UND ZART"

"Gedacht"—
Oh hilf mir wagen,
dies zu sagen.
Hör ! "Gedacht"
heißt jetzt :
entwacht :
entsetzt
in alle Klüfte jenes Grimms,
dem Klag um Klage
deines Blutes, oh vernimm's,
entstürzt und mein Zu-Dir
fortan ins "wehe ! frage !"
wirft, deß' Scheit Du mir
mit jedem Kommen bürdest als die Last,
die nah, je näher, tiefer faßt,
am Schwingen jeder Rührung zerrt,
am Zarten der Berührung zehrt.

Gedacht : entwacht...
die Ruh verwehrt,
das Glück versperrt.

"Gedacht *und* zart"
der Brand des Leides
schmiede, scheid' es,
frey im "und" zur Fahrt
geringt.

Erklungenes klingt.
Es sinkt
ins Nieerklagte,
singt ins Ungewagte,

das ereignend, aus dem Kranz geartet,
Liebes, Leides in das Selbe zartet.

〔80 ページ〕

Nur Dir

[OHNE TITEL]

Und so nenn' es,
Du Vertraute,
Dir
in Deinem Herzen.

Dann verbrenn' es
mir,
der's schaute,
zwischen zweien Kerzen.

Uns der Kuß der Nähe
aus dem Guß der Jähe.

〔81 ページ〕

SONATA SONANS

Erklungenes klingt.
Es sinkt
ins Nieerklagte,
singt ins Ungewagte,
das ereignend, aus dem Kranz geartet,
Liebes, Leides in das Selbe zartet.

---

zartôn (ahd) : liebkosend einladen

〔84 ページ〕

DIE FLUH

Oh wie fern
Erde! ist Dein Stern?
Rätselring der Ruh
um den Firn der Fluh,
die Welt verspart,
ein Spiel Dir zart
ein Sterben stillt,
das weitgewillt
ins Gunstgefild
des letzten Gottes:
ferner Gnaden
langes Lehen, lindes Laden.

Die Fluh: der Fels (so genannt der Tod, der Welt durchragt.)

〔84ページ〕

DAS GEHEIMNIS WÄCHST.

Fünf Jahrfünfte
lang um lang
verbarg die Zeit
uns in den Wirren
eins dem andern,
hieß Dich wandern,
ließ mich irren;
hielt's bereit
wohl. Immer bang,
ob noch eine ihrer Künfte
uns errette
in die Stätte,
die das einstig Zu-Getraute

rein verkläre ins Vertraute,
daraus ein neu Gesetz erblühe,
heilen Anfangs Saat und Frühe.

〔85ページ〕

DER WIEDER-BLICK
Zum 6. Februar 1950

Wenn Liebe in das Denken steigt,
hat ihr schon Seyn sich zugeneigt.

Wenn Denken sich der Liebe lichtet,
hat Huld ihm Leuchten zugedichtet.

〔85ページ〕

SPRACHE

“Ach!”

Du Wink der Wonne,
Laut des Leides,
Einfalt ihrer Innigkeit;
Riß der Stille,
Frühste Fuge nächster Nähe.

“Ach!”

Wie gäh entsprichst Du ihrer Jähe,
im Entsprechen nicht erst deutend
und gesprochen nichts bedeutend,
selbst erwinkt
zum wingen Lied
dem Gespräch entklingt,
das zum Wort verschwingt,

dem Schmied,
der Stille erst zur Stille kettet,
Einfalt in die Dinge rettet.

"Ach!" Du "Ach!"
Kehr frey zurück
in Deinen Kranz
und tanz
den Schmerz des Seyns
am Herd der Welt,
deß' Glut verflammt,
dieweil sie hellt,
was ihr entstammt.

Du "Ach!"

Des Ungesprochenen ärmste Sage,
aber Hort dem Wort:
die erste Antwort
und die letzte Frage.

〔86ページ〕

Dir

WELLEN

Eingestillt in das Geläut der Glocken,
die das Meer zu seinen Wellen prägt,
streift die Hand durch das Gedicht der Locken,
deren Duft in hohe Hellen trägt.

〔92ページ〕

Dir

ZU EINER ZEICHNUNG
VON HENRI MATISSE

Verrätseltes der edlen Weite —
Oh Du groß Gesicht —

Verhalten flicht
aus reinem Flug
in einen Zug
der Bahn gewiß
Dich jäh *ein* Riß.

Er sah
das Ferne nah.
Er freyte.

(freyen: schonen ins Wesen)

〔104 ページ〕

Aus "Gedachtes"

ZEIT

Wie weit?
Erst wenn sie steht, die Uhr
im Pendelschlag des Him und Her
hörst Du: sie geht
und ging und geht
nicht mehr.
Schon spät am Tag
die Uhr
nur blasse Spur

zur Zeit,
die, nah der Endlichkeit,
aus ihr ent-steht.

〔168ページ〕

CEZANNE

Gerettet die drängend-bezweifelte Zwiefalt
des “Anwesend”,
verwandelt im Werk zur Einfalt.×)

Kaum noch bemerkliches Zeichen des Pfades,
der in das Selbe verweist
das Dichten und Denken.

Das nachdenksam Gelassen,
das inständig Stille
der Gestalt des alten Gärtners Valtier
am chemin des Lauves.

×) vgl. *Was heißt Denken ?*, 1954, S. 144
vgl. *Unterwegs zur Sprache*, 1959, S. 269

〔180ページ〕

DANK

2. Fassung

Gelassen gehören der rufenden Eignis,
rufend den Weg vor die Ortschaft
des fugsamen Denkens
gegen sich selber — —
verhaltnes Ver-Hältnis.

Armselig verwahrt ein Geringes
ungesprochen Vermächtnis :

Sagen 'Αλήθεια,
Nennen die Lichtung:
　Entbergen den Vorenthalt
　alter Befugnis
　aus währendem An-Fang.

〔188ページ〕

著者略歴

(Hannah Arendt, 1906-1975)

ドイツのハノーファー近郊リンデン生まれ．1941年，アメリカに亡命．バークレー，シカゴ，プリンストン，コロンビア各大学の客員教授を歴任．著書『アウグスティヌスの愛の概念』(1929，みすず書房 2002)『全体主義の起原』1-3 (1951，みすず書房 1972，1974，2017)『活動的生』(1960，みすず書房 2015)『ラーエル・ファルンハーゲン』(1959，みすず書房 1999)『エルサレムのアイヒマン』(1963，みすず書房 1969，2017)『革命について』(1963，筑摩書房 1995)『暗い時代の人々』(1968，筑摩書房 2005)『過去と未来の間』(1968，みすず書房 1994)『暴力について』(1969，みすず書房 1973，2000)『精神の生活』上下 (1978，岩波書店 1994) 他．歿後に編集されたものに『アーレント政治思想集成』全2巻 (みすず書房 2002)『思索日記』全2巻 (法政大学出版局 2006)『責任と判断』(筑摩書房 2007)『政治の約束』(筑摩書房 2008)『反ユダヤ主義—ユダヤ論集1』『アイヒマン論争—ユダヤ論集2』(みすず書房 2013) など．またヤスパース，メアリー・マッカーシー，ハインリヒ・ブリュッヒャーとの往復書簡も邦訳されている．

(Martin Heidegger, 1889-1976)

ドイツのメスキルヒ生まれ．フライブルク大学教授 (1929-45)．1933年，同大学学長を務める．著書『存在と時間』(1927，ちくま学芸文庫 1994)『カントと形而上学の問題』(1929，理想社 1967)『根拠の本質』(1929，理想社 1939)『ヘルダーリンの試作の解明』(1937，創文社 1997)『「ヒューマニズム」について』(1949，ちくま学芸文庫 1997)『形而上学入門』(1953，平凡社ライブラリー 1994)『ニーチェⅠ 美と永遠回帰』『ニーチェⅡ ヨーロッパのニヒリズム』(1961，平凡社ライブラリー 1997)『ツォリコーン・ゼミナール』(ボス編 1987，みすず書房 1991) 他多数．

訳者略歴

大島かおり〈おおしま・かおり〉 1931年生まれ．訳書 アーレント『全体主義の起原』2，3 (共訳) スレーリ『肉のない日』フィールド『天皇の逝く国で』アーレント『ラーエル・ファルンハーゲン』『アーレント＝ヤスパース往復書簡 1926-1969』(全3巻)『反ユダヤ主義—ユダヤ論集1』『アイヒマン論争—ユダヤ論集2』(共訳，いずれもみすず書房) 他多数．

木田　元〈きだ・げん〉 1928年生まれ．中央大学名誉教授．2014年歿．著書『現象学』『ハイデガー』『メルロ＝ポンティの思想』『哲学と反哲学』『ハイデガーの思想』『偶然性と運命』(以上 岩波書店)『哲学以外』(みすず書房)．訳書 フッサール『ヨーロッパ諸学の危機と超越論的現象学』(共訳，中央公論社) アドルノ『否定弁証法』(共訳，作品社) ハイデガー『シェリング講義』(共訳，新書館) メルロ＝ポンティ『眼と精神』『見えるものと見えないもの』(共訳，みすず書房) 他．

ハンナ・アーレント／マルティン・ハイデガー
アーレント＝ハイデガー往復書簡
1925-1975

大島かおり・木田元共訳

2003年8月22日　初　版第1刷発行
2018年5月17日　新装版第1刷発行

発行所 株式会社 みすず書房
〒113-0033 東京都文京区本郷2丁目20-7
電話 03-3814-0131(営業) 03-3815-9181(編集)
www.msz.co.jp

本文印刷所 精興社
扉・表紙・カバー印刷所 リヒトプランニング
製本所 誠製本

Printed in Japan
ISBN 978-4-622-08711-3
[アーレントハイデガーおうふくしょかん]